2019-2020 年
上海国际金融中心
建设蓝皮书

主编 吴大器

上海人民出版社

我们走在大路上(代前言)

《上海国际金融中心建设蓝皮书》已经整整出版发行 14 本,斗转星移,光阴似箭。按照原先的设想,2020 年是上海国际金融中心基本建成的时段,如今也已顺利实现跨越。

2006 年,上海金融学院按照国家战略的方向型引领,开始编写《上海国际金融中心建设蓝皮书》,每年 1 册,由上海人民出版社出版。其记录一年来的金融市场、机构等的发展,剖析相应的数据事项,研究当年的核心热点,汇集相应的建言献策。2016 年,上海立信会计学院和上海金融学院合并组建上海立信会计金融学院,"蓝皮书"编写发行继续进行。如今,2020 年上海国际金融中心建设已实现历史性跨越。

从 2006—2020 年的 15 年历程来看,蓝皮书的编撰可以划分为三个段落。第一阶段为 2006—2009 年,主编为储敏伟、贺瑛、朱德林。作为初创时期的起步探索,付出超出想象的努力,夯实基础,形成基本构架。第二阶段为 2010—2013 年,时任主编为储敏伟、吴大器、贺瑛。作为后危机时代国际金融中心建设纪录的开始,编写以基本概述、分析和专题深度研究为体例,突出当年的研究重点,逐步形成相应影响力。第三阶段为 2014—2020 年,主编为吴大器。作为多项国家战略推进区域的上海,上海国际金融中心已经与系统化国际大都市的国家战略体系衔接组合。编写站在广义视野,注重研究系统集成下的金融辐射、融合型内容,更加突出了建言献策的篇幅。特别是 2018 年 6 月,"蓝皮书"主编吴大器在"上海金融大讲坛"与全球金融中心指数创立者,来自英国的马克先生进行了"国际金融中心建设与陆家嘴对话"的国际交流,全面依据《上海国际金融中心建设蓝皮书》积累的国际视野、国家对标、上海责任,宣传上海金融,展示中国金融的豪迈步伐。2014—2020 年,相应建言献策两次获得上海市人民政府颁布的"上海决策咨询奖"。2018年，"蓝皮书"同样获得"上海市哲学社会科学成果奖"的著作奖项，彰显了一代作者群体的初心和情怀。"我们走在大路上"，"蓝皮书"见证了上海国际金融中心的历史跨越，所有参与者也伴随成长，收获成熟，走向成功……历史记载了这段难忘的历程。

《2019—2020年上海国际金融中心建设蓝皮书》大致体例如下：

第一编是2019年上海国际金融中心建设概览与分析，由第一章上海金融市场的发展、第二章上海金融机构发展分析、第三章国际金融中心排名组成，主要体现这一年的市场、机构和国际比较。

第二编是上海国际金融中心若干专项研究，由第四章见证上海国际金融中心历史跨越、第五章强化上海陆家嘴金融城金融功能的研究、第六章上海自贸试验区发展知识产权金融研究、第七章上海天然气交易市场发展研究组成。本编主要进行15年来的上海金融发展跨越、历史节点和若干原创性研究综述，专项进行上海陆家嘴金融面向"十四五"规划的功能研究，专项开展上海自贸试验区推进知识产权金融的研究，也对上海天然气交易市场发展启动相应研究，体现了这两年蓝皮书关注的若干重要内容。

第三编是发挥金融独特功能，促进上海全面发展的决策咨询建言，由第八章上海浦东新区"十四五"科技金融制度、产品（产业）、资金供给的方向研究、第九章长三角三维高质量推进模型下的经济保障集成系统金融样本研究、第十章依托科创板，推进落实上海新一轮生物医药产业行动方案的机制与效果评价研究、第十一章优化上海天使投资政策研究、第十二章浦东新区增强金融服务浦东实体经济功能研究组成。这一编的章节都是上海市、浦东新区层面的决策咨询课题中的建言献策成果，并得到上海市委、市政府领导层面的批示，体现了"蓝皮书"应用型和建言务实管用的特征，受到政府相应职能部门的重视和采纳。

对于这本蓝皮书，我们仍然努力践行着学习、记载、思考、谋划、凝聚、集成、创新、成长的初心。我们将在忠实体现"前瞻思考、集成建言、持续超越"中走向"十四五"，走向上海国际金融中心无比辉煌的2.0时代。

吴大器

2021年1月18日

目　录

Contents

City's Financial Functions

第一编

2019 年上海国际金融中心建设概览与分析

面对错综复杂的国际形势和国内经济下行压力,上海国际金融中心建设在 2019 年取得重要突破,综合金融实力和品牌影响力有了长足的进步。根据中国经济信息社和上海金融业联合会联合的数据,2019 年,上海金融景气指数延续增长态势,指数同比增长 490 点,涨幅为 9.5%。从 2006 年至 2019 年,指数年均复合增长率达到 14.3%,反映出上海国际金融中心建设的强劲韧性和潜能。从一级指标看,金融市场涨幅领先,同比增长 21.3%;金融创新、金融机构紧随其后,分别增长 9.5% 和 9.3%;金融人才、金融生态和金融国际化景气度稳步提高,增幅依次为 4.0%、3.0% 和 2.0%。

第一章　2019年上海金融市场的发展

2019年,上海金融市场交易总额为1 934.3万亿元,同比增长16.6%,IPO募资额、股票市场再融资额、债券市场发行额等指标均有较大幅度提高,有力支持了实体经济的融资需求。上海已逐步形成集股票、债券、货币、外汇、商品期货、黄金等金融要素为一体的多元化金融市场体系,拥有各类持牌金融机构超过1 600家,其中外资金融机构占30%以上。

第一节　2019年信贷市场

2019年,上海全年各项存款同比多增,信贷增长处于合理区间,结构进一步优化。至2019年末,全市中外资金融机构本外币各项存款余额132 820.27亿元,较同期全国存款增速高1.1个百分点,比年初增加11 679.94亿元。年末人民币存款余额12.33万亿元,同比增长9.5%,增速比上月末和上年同期分别高0.1个和2.4个百分点。2019年末,上海本外币贷款余额79 843.01亿元,比年初增加5 609.84亿元,同比增长9%,较同期全国贷款增速低2.9个百分点。年末人民币贷款余额7.38万亿元,同比增长9.3%,增速比上月末高0.6个百分点,较上年同期低1.1个百分点(见表1-1)。

表1-1　2019年中外资金融机构本外币存贷款情况

指　　　标	绝对值 (亿元)	比年初增减额 (亿元)
各项存款余额	**132 820.27**	**11 679.94**
♯住户存款	33 295.40	4 712.03
非金融企业存款	56 339.73	2 708.56

（续表）

指　　　标	绝对值 （亿元）	比年初增减额 （亿元）
财政性存款	2 774.37	267.99
机关团体存款	14 111.15	731.10
非银行业金融机构存款	19 695.91	2 599.70
各项贷款余额	**79 843.01**	**5 609.84**
♯住户贷款	25 280.22	2 059.18
非金融企业及机关团体贷款	50 030.78	3 361.87
非银行业金融机构贷款	427.18	81.77
♯人民币个人消费贷款	22 393.43	1 486.73
♯住房贷款	14 351.73	1 037.72
汽车消费贷款	4 227.64	101.23

资料来源:2017 年上海市国民经济和社会发展统计公报。

一、各项存款同比多增,储蓄存款明显增长

2019 年,上海市本外币各项存款同比增加 11 679.9 亿元,多增 3 025.6 亿元(见图 1-1)。

（一）全年人民币存款增加 1.07 万亿元,外币存款增加 122 亿美元

全年人民币存款增加 1.07 万亿元,同比多增 3 166 亿元。其中,住户存款增加 4 643 亿元,同比多增 1912 亿元;非金融企业存款增加 2 580 亿元,同比少增 1 589 亿元;财政性存款增加 268 亿元,同比多增 691 亿元;非银行业金融机构存款增加 2 629 亿元,同比多增 2 785 亿元。12 月,人民币存款增加 699 亿元,同比多增 183 亿元。

年末外币存款余额 1 360 亿美元,同比增长 9.9%。全年外币存款增加 122 亿美元,同比多增 11 亿美元。12 月,外币存款减少 9 亿美元,同比少减 0.1 亿美元。

（二）全年人民币个人和非金融企业大额存单增加 3 516 亿元

分部门看,全年人民币个人存款中大额存单、活期存款和定期存款分别增加 2 368 亿元、1 212 亿元和 806 亿元,同比分别多增 807 亿元、587 亿元和 1 627 亿元;结构性存款增加 67 亿元,同比少增 918 亿元。

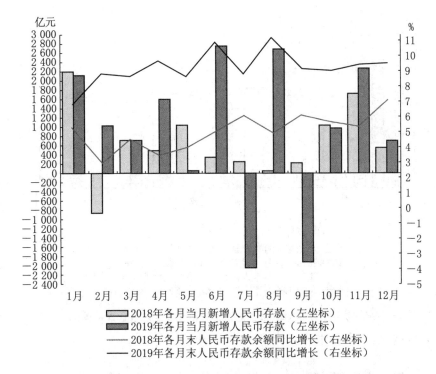

图 1-1　2017—2019 年上海市金融机构人民币存款增长变化

资料来源：中国人民银行上海总部。

全年人民币境内非金融企业大额存单、协定存款和活期存款分别增加 1 148 亿元、1 024 亿元和 810 亿元，同比分别多增 818 亿元、1 447 亿元和 1 555 亿元；结构性存款增加 423 亿元，同比少增 1 021 亿元；定期存款和保证金存款分别减少 497 亿元和 879 亿元，同比分别少减 323 亿元和多减 5 263 亿元。

二、各项贷款同比少增，贷款结构持续优化

2019 年，上海市本外币贷款累计增加 5 609.8 亿元，同比少增 126.8 亿元（见图 1-2）。

（一）全年人民币贷款增加 5 298 亿元，外币贷款增加 31 亿美元

2019 年末，上海本外币贷款余额 7.98 万亿元，同比增长 9%，较同期全国贷款增速低 2.9 个百分点。年末人民币贷款余额 7.38 万亿元，同比增长 9.3%，增速比上月末高 0.6 个百分点，较上年同期低 1.1 个百分点。

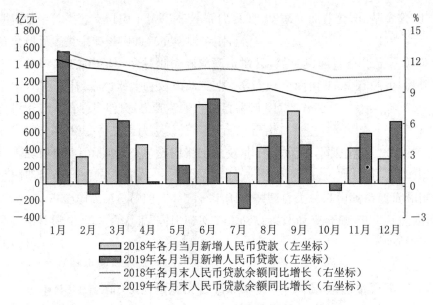

图 1-2   2017—2019 年上海市金融机构人民币贷款增长变化

资料来源:中国人民银行上海总部。

全年人民币贷款增加 5 298 亿元,同比少增 1 005 亿元。分部门看,住户部门贷款增加 2 061 亿元,其中,短期贷款增加 230 亿元,中长期贷款增加 1 831亿元;非金融企业及机关团体贷款增加 3 145 亿元,其中,短期贷款增加 59 亿元,中长期贷款增加 2 249 亿元,票据融资增加 606 亿元;非银行业金融机构贷款增加 86 亿元。12 月,人民币贷款增加 721 亿元,同比多增 434 亿元。

年末外币贷款余额 863 亿美元,同比增长 3.8%。全年外币贷款增加 31 亿美元,同比多增 160 亿美元。12 月,外币贷款增加 1 亿美元,同比多增 49 亿美元。

(二) 全年人民币境内非金融企业固定资产贷款增加 1 836 亿元,个人住房贷款增加 1 038 亿元

全年人民币境内非金融企业固定资产贷款、并购贷款和融资租赁贷款分别增加 1 836 亿元、356 亿元和 234 亿元,同比分别多增 871 亿元、77 亿元和 148 亿元;票据融资和经营贷款分别增加 606 亿元和 135 亿元,同比分别少增 508 亿元和 646 亿元。

全年新增人民币住户消费贷款中,个人住房贷款增加 1 038 亿元,同比多增 445 亿元;个人汽车消费贷款增加 101 亿元,同比少增 404 亿元;个人其他消费贷款增加 348 亿元,同比少增 357 亿元。

(三)非金融企业贷款行业投向相对均衡,信贷结构更趋优化

全年新增的境内非金融企业本外币贷款(不含票据融资)按贷款投向划分,主要投向房地产业、租赁和商务服务业、制造业、建筑业、高新技术服务业和电力热力燃气及水生产供应业,六个行业贷款分别增加 1 100 亿元、788 亿元、323 亿元、179 亿元、176 亿元和 166 亿元,同比分别少增 29 亿元、多增 698 亿元、86 亿元、少增 41 亿元、51 亿元和多增 97 亿元。投向境内大型企业的本外币贷款增加 1 138 亿元,同比少增 431 亿元;中型和微型企业本外币贷款分别增加 1 834 亿元和 303 亿元,同比分别多增 589 亿元和 234 亿元;小型企业本外币贷款减少 623 亿元,同比少减 501 亿元。

本外币房地产开发贷款增加 549 亿元,同比少增 71 亿元。按贷款用途分,住房开发贷款增加 272 亿元,同比少增 28 亿元,其中保障性住房开发贷款增加 164 亿元,同比多增 19 亿元;商业用房开发贷款增加 427 亿元,同比多增 71 亿元。

三、积极推动利率市场化改革,企业贷款利率降至近年低点

2019 年 12 月,辖内地方法人金融机构新增贷款中 LPR 运用占比达 91.3%,走在全国前列,有效推动了实体经济融资成本下降。12 月,上海市人

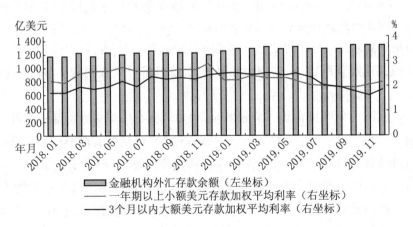

图 1-3 2016—2019 年上海市金融机构外币存款余额及外币存款利率

资料来源:中国人民银行上海总部。

民币贷款加权平均利率为 5.4%,同比下降 21 个基点;上海市企业贷款加权平均利率为 4.9%,同比下降 23 个基点,小微企业贷款降至近三年新低。

第二节　2019 年货币市场

2019 年,在松紧适度、稳字当先的政策指导下,货币市场保持平稳运行,交易量持续增长,参与主体进一步增加。利率中枢进一步下行,全年利率宽幅震荡、波动较大,流动性分层从凸显到改善。

一、市场稳步发展,深度广度提升

(一)货币市场交易量持续稳步增长

2019 年,货币市场累计成交 971 万亿元,同比增长 13%。其中,信用拆借累计成交 152 万亿元,同比增长 9%;质押式回购累计成交 810 万亿元,同比增长 14%;买断式回购累计成交接近 10 万亿元,同比下降 32%。信用拆借日均成交量 6 065 亿元,质押式回购日均成交量 3.2 万亿元,买断式回购日均成交量 386 亿元。交易量的稳步增长意味着货币市场活跃度有了进一步的提高。

2019 年第四季度,银行间同业拆借市场成交量 32.07 万亿元。2019 年 9 月至 12 月,同业拆借月加权平均利率分别为 2.43%、2.24%和 1.70%,呈逐月下跌态势。

2019 年第四季度,银行间质押式回购市场成交量 202.86 万亿元。2019 年 9 月至 12 月,质押式回购加权平均利率分别为 2.57%、2.29%和 2.10%,呈逐月下跌态势。

2019 年第四季度,央行逆回购操作量 16 000 亿元,逆回购到期量 13 200 亿元,实现净投放 8 030 亿元。

2019 年公开市场操作主要有以下特点:一是全年资金投放量小于资金回笼量,净回笼资金 13 340 亿元。二是逆回购仍是公开市场操作中的主要工具,全年净回笼 2 400 亿元,共执行逆回购操作 100 次,同比大幅减少。三是 MLF 成为中长期流动性投放的主要工具,但投放力度有所减弱,为 2018 年的 75%。四是通过 SLF 和抵押补充贷款(PSL)完成的货币投放量较 2018 年有所上升,投放量分别增长 25%、77%。五是通过国库现金定存投放的货币量减少,仅为 2018 年的 34%。

表 1-2 2019 年 2—12 月央行公开市场业务投放与回笼资金情况

单位:亿元

2019 年	货币净投放	央行CBS操作到期	央行CBS操作	正回购操作	正回购到期	逆回购操作	逆回购到期	国库现金定存	国库现金定存到期	MLF及TMLF投放	MLF及TMLF回笼
2 月	−8 250	0	15	0	0	3 600	7 000	0	1 000	95	3 930
3 月	−6 925	0	0	0	0	1 300	3 900	0	0	0	4 325
4 月	999	0	0	0	0	3 000	3 000	0	0	4 674	3 675
5 月	6 540	0	0	0	0	6 800	1 500	800	0	2 000	1 560
6 月	1 045	0	25	0	0	8 250	7 950	0	0	7 400	6 630
7 月	−4 528	0	0	0	0	5 100	10 700	1 000	0	6 977	6 905
8 月	780	0	50	0	0	7 100	5 700	0	800	5 500	5 320
9 月	−1 615	0	50	0	0	8 000	6 200	0	1 000	2 000	4 415
10 月	−300	0	60	0	0	6 200	9 300	600	0	2 000	0
11 月	1 565	0	60	0	0	3 000	3 300	500	600	6 000	4 035
12 月	6 765	50	60	0	0	6 800	800	0	500	6 000	4 735

资料来源:中债网,国研网金融研究部整理。

(二) 交易期限结构以短期为主

整体来看,2019 年前 11 个月,同业拆借市场 7 天以内期限成交量占比约为 98%;质押式回购 7 天以内期限成交量占比约为 95%。虽然货币市场交易以 7 天以内短期交易为主,但在月末季末时点,也会出现长期限成交量占比升高情况。

(三) 参与主体进一步增加

2019 年,本币市场参与机构已达 3 万余家,拆借市场参与机构也已达近 2 200 家。随着越来越多的机构参与到银行间市场中来,银行间市场的广度得到进一步提升。

二、利率中枢下行,波动幅度加大

(一) 货币市场利率较上年整体降低

2019 年,我国银行部门流动性合理充裕,货币市场利率较上年呈现整体降低态势。具体来看,2019 年回购市场隔夜基准回购利率(BR001)均值较上年下行 29BP 至 2.19％,7 天基准回购利率(BR007)均值较上年下行 19BP 至 2.60％。拆借市场隔夜 Shibor 日均利率较上年下降 29BP,7 日 Shibor 日均利率下降 15BP,2 周、1 个月和 3 个月 Shibor 日均利率分别下降 62BP、71BP 和 91BP。

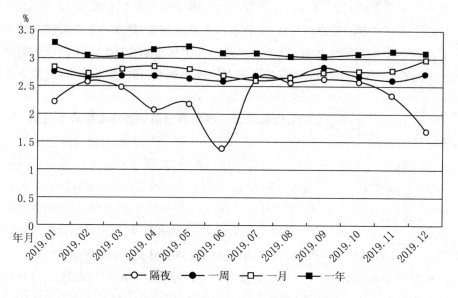

图 1-4   2019 年我国 SHIBOR 利率运行情况

资料来源:中国人民银行,国研网金融研究部整理。

　　与此同时,资金利率存在时点波动,呈现月初时点下降,月末、季末、缴税时点升高特点。从全年高点来看,2 月下旬,缴税叠加公开市场集中到期,资金利率明显上行;3 月下旬,在季末因素影响下,资金利率再度上行;4 月中旬,经济数据向好,货币政策偏谨慎,季度缴税规模较大,资金面偏紧,资金利率速上行,达年内高点。从全年低点来看,1 月,中国人民银行公布降准,资金利率低位运行;6 月,为缓解市场紧张情绪,中国人民银行通过下调符合条件中小银行的存款准备金率、重启 28 天逆回购投放、增加再贴现和 SLF 额度、超额续作 MLF 等手段向市场投放大量流动性,资金利率一路下行,隔夜品种回购加权利率一度下行至 1％以下,达年内低点。

　　(二) 全年利率宽幅震荡,波动加大,期限利差上升高

　　2019 年,货币市场利率整体呈现宽幅震荡走势,波动加大(尤其是隔夜品

种)。此外,利率期限利差整体上升,且利差波动加大(见图 1-4)。这主要由以下两方面原因造成:一方面,隔夜品种成交量明显大于 7 天,交易更活跃,且在新交易方式推广和普遍应用的助推下,隔夜利率能够更加敏感地反映市场供需情况,在宽松时点,快速下行,在紧张时点,亦快速上行,波动性加大;另一方面,在全年流动性环境较为宽松的背景下,宽松时点隔夜利率下行较快,下行幅度明显大于 7 天品种,期限利差上升。

(三) 流动性分层从凸显到改善

2019 年 5 月,非银机构以及部分中小存款类金融机构的信用债融资成本陡然上升,流动性分层现象再度凸显。在人民银行稳健调控下,流动性分层情况得到改善。截至 2019 年 12 月 13 日,隔夜和 7 天品种全市场加权价格与存款类金融机构加权价格平均利差分别为 6BP 和 13BP,较 2018 年分别下降 2BP 和 17BP。

与此同时,2019 年月末时点全市场和存款类金融机构利差波动明显小于 2018 年,这说明非银机构跨月、跨季难的情况得到明显缓解。这一方面得益于我国多层次资本市场建设以及监管指标体系的进一步发展和完善;另一方面得益于 2019 年稳健货币政策下银行间体系流动性的"合理充裕"。

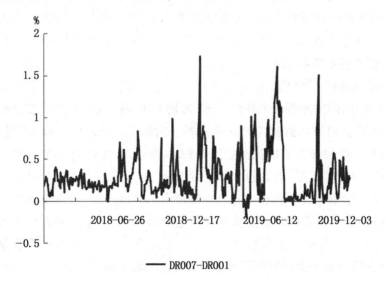

图 1-5　2018—2019 年隔夜和 7 天品种利差走势

资料来源:Wind 资讯。

第三节　2019 年外汇市场

2019 年，人民币外汇市场累计成交 29.12 万亿美元（日均 1193 亿美元），同比增长 0.2%（见表 1-3）。其中，银行间外汇市场成交 25.01 万亿美元；即期和衍生产品分别成交 11.36 万亿和 17.76 万亿美元。根据 2019 年国际清算银行(BIS)外汇和衍生产品市场调查，人民币已成为全球第 8 大交易货币，交易额占全球外汇交易量约为 4.3%。

一、人民币汇率市场化程度显著提高

2019 年，人民币汇率在合理均衡水平上保持稳定，弹性增强。从全年表现看，在贸易保护主义升级、金融市场波动加大等影响下，很多非美货币对美元汇率呈现下跌态势。如欧元对美元贬值 2.3%，新兴市场货币指数下跌 1.3%。在中美经贸摩擦直接冲击下，人民币对美元境内即期汇率(CNY)小幅贬值 1.4%，在全球非美货币中的表现整体居中。从波动幅度看，2019 年，人民币对美元汇率最高点与最低点之间的变动幅度达 7.7%，是近年来的较高水平。与其他主要货币相比，人民币双向波动的弹性居中，总体处于相对合适的水平。

二、外汇市场交易平稳增长

（一）即期外汇交易平稳增长

2019 年，即期市场累计成交 11.36 万亿美元，同比增长 3%。在市场分布上，银行对客户即期结售汇（含银行自身，不含远期履约）累计 3.42 万亿美元，下降 0.4%；银行间即期外汇市场累计成交 7.94 万亿美元，增长 4%，其中美元交易份额为 96%。

（二）远期外汇交易减少

2019 年，远期市场累计成交 3 806 亿美元，同比下降 30%。在市场分布上，银行对客户远期结售汇累计签约 3 047 亿美元，其中结汇和售汇分别为 2 249 亿和 798 亿美元，分别下降 33%、增长 6% 和下降 67%，6 个月以内的短期交易占 70%，较 2018 年上升 5.0 个百分点；银行间远期外汇市场累计成交 760 亿美元，下降 13%。

（三）掉期交易减少

2019年，外汇和货币掉期市场累计成交16.53万亿美元，较上年下降1%。在市场分布上，银行对客户外汇和货币掉期累计签约1 195亿美元，增长15%，其中近端结汇/远端购汇和近端购汇/远端结汇的交易量分别为1 030亿和165亿美元，分别增长12%和41%；银行间外汇和货币掉期市场累计成交16.41万亿美元，下降1%。掉期交易是银行管理本外币流动性的一个重要工具，尤以短期为主，银行间掉期交易中3个月及以下交易的占比为86%。

（四）外汇期权交易增长

2019年，期权市场累计成交8 500亿美元，同比增长0.3%。在市场分布上，银行对客户期权市场累计成交2 688亿美元，增长14%；银行间外汇期权市场累计成交5 812亿美元，下降5%。

表1-3 2019年外汇交易情况

交 易 品 种	交易量（亿美元）
即期	113 561
银行对客户市场	34 188
银行间外汇市场	79 374
远期	3 806
银行对客户市场	3 047
其中：3个月（含）以下	1 474
3个月至1年（含）	1 318
1年以上	255
银行间外汇市场	760
其中：3个月（含）以下	546
3个月至1年（含）	176
1年以上	37
外汇和货币掉期	165 329
银行对客户市场	1 195
银行间外汇市场	164 134
其中：3个月（含）以下	141 884

(续表)

交　易　品　种	交易量（亿美元）
3个月至1年（含）	21 344
1年以上	906
期权	**8 500**
银行对客户市场	**2 688**
其中：买入期权	1 355
卖出期权	1 333
其中：3个月（含）以下	1 006
3个月至1年（含）	1 442
1年以上	241
银行间外汇市场	**5 812**
其中：3个月（含）以下	3 779
3个月至1年（含）	2 011
1年以上	23
合计	**291 196**
银行对客户市场	**41 118**
银行间外汇市场	**250 079**
其中：即期	113 561
远期	3 806
外汇和货币掉期	165 329
期权	8 500

注：数据均为单边交易额，采用四舍五入原则。
数据来源：国家外汇管理局、中国外汇交易中心。

三、外汇市场参与者结构基本稳定

　　银行自营交易延续主导地位（见图1-6），2019年银行间交易在整个外汇市场的占比从2018年的84.8％上升至85.2％；非金融客户交易的占比从14.4％下降至14.0％；非银行金融机构交易的市场份额为0.8％，与2018年基本一致。2019 年 BIS 外汇和衍生产品市场调查显示,对冲基金、券商等非银行金融机构交易约占国际外汇市场的 30%,表明我国外汇市场参与者结构多样化仍有较大空间。

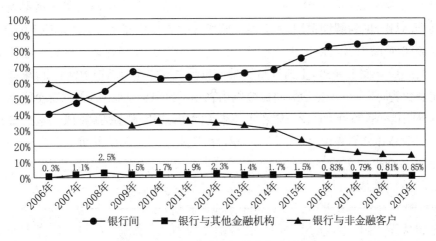

图 1-6 中国外汇市场的参与者结构

资料来源:2019 年中国国际收支报告。

第四节 2019 年期货市场

2019 年,上海期货交易所累计成交量 14.1 亿手,同比增长 20.12%,占全国期货市场总成交量的 35.64%;累计成交金额 96.9 万亿元,同比增长 18.89%,占全国成交总额的 33.4%。中国金融期货交易所股指期货和国债期货累计成交 66.3 百万手,同比增长 143.6%;累计成交金额 69.6 万亿元,同比增长 166.5%。(见表 1-4)

一、2019 年上海期货交易所的发展

(一) 成交量和成交额都有所上升

2019 年第一季度,上海期货交易所累计成交量为 293 048 380 手,累计成交金额为 186 290.17 亿元,同比分别增长 17.88% 和下降 0.18%,分别占全国市场的 38.07% 和 33.22%。2019 年第一季度,上海期货交易所品种成交额最大的三个品种分别为螺纹钢、锌和镍,成交金额分别为 38 831.95 亿元、

23 223.01 亿元和 20 844.18 亿元。

2019 年第二季度,上海期货交易所累计成交量为 305 315 854 手,累计成交金额为 201 772.33 亿元,同比分别增长 8.43％和 0.18％,分别占全国市场的 31.64％和 27.84％。2019 年第二季度,上海期货交易所品种成交金额最大的三个品种分别为螺纹钢、镍和黄金,分别成交 44 203.83 亿元、29 943.52 亿元和 26 046.23 亿元。

2019 年第三季度,上海期货交易所累计成交量为 436 184 869 手,累计成交金额为 325 853.58 亿元,同比分别增长 36.83％和 45.11％,分别占全国市场的 37.50％和 38.00％。2019 年第三季度,上海期货交易所品种成交金额最大的三个品种分别为螺纹钢、镍和白银,分别成交 46 999.39 亿元、71 118.05 亿元和 69 061.10 亿元。

表 1-4　2019 年上海期货交易所交易统计

交易品种	累计成交金额 (亿元)	同比增长 (％)	累计成交量 (万手)	同比增长 (％)
铜	174 502	−32.8	7 304	−28.7
铝	45 492	−32.2	6 552	−29.7
锌	144 003	−30.9	14 213	−23.1
黄　金	299 925	238.9	9 242	186.6
天然橡胶	128 966	−12.4	10 770	−12.9
燃料油	85 420	254.5	35 344	350.0
螺纹钢	338 939	−16.0	93 034	−12.4
线　材	137	17.3	35	10.7
铅	12 717	−33.8	1 542	−24.4
白　银	178 771	284.7	28 565	238.0
石油沥青	65 467	49.0	20 582	47.4
合　计	1 474 337	12.7	227 182	18.2

数据来源:上海期货交易所。

2019 年第四季度,上海期货交易所累计成交量为 377 420 630 手,累计成交金额为 255 546.49 亿元,同比分别增长 15.60％和 25.99％,分别占全国市场的 35.48％和 33.50％。2019 年第四季度,上海期货交易所品种成交金额最大的三个品种分别为螺纹钢、白银和镍,分别成交 113 994 501 亿元、53 014 641 亿元和 52 006 740 亿元。

（二）新增20号胶和不锈钢两个期货品种

2019年8月12日，作为上海期货交易所继原油期货后第二个国际化品种，20号胶期货在上期所子公司上海国际能源交易中心正式挂牌交易。20号胶期货作为境内特定品种，采用"国际平台、净价交易、保税交割、人民币计价"的模式，全面引入境外交易者参与。20号胶期货的推出，意义重大。一方面，基于我国天然橡胶自身庞大的市场规模，20号胶期货有利于构建全球天然橡胶市场的定价体系，推进我国期货市场对外开放，进一步扩大我国天然橡胶期货市场在国际上的影响力，是服务国家"一带一路"倡议的有力举措。另一方面，20号胶期货又可以服务我国橡胶工业的发展，助力我国轮胎产业从制造大国迈向制造强国，服务我国天胶企业"走出去"，为他们提供价格风险管理的工具，帮助企业锁定成本、守住利润。

2019年9月25日，全球首个不锈钢期货在上海期货交易所挂牌交易。我国不锈钢产量在全球占比较高，近年产量持续增长使近十年来我国不锈钢粗钢产量占全球比重不断上升。2018年，我国不锈钢粗钢产量占全球粗钢产量的52.6%，超过世界总产量的一半以上，是全球最大的不锈钢生产国。不锈钢期货的推出将进一步提高我国在不锈钢市场的国际定价话语权。

（三）新增天然橡胶和黄金期权

2019年1月28日，全球首个天然橡胶期权在上海期货交易所正式上市。根据天然橡胶期权合约，标的物为天然橡胶期货合约（10吨），交易单位为1手天然橡胶期货合约，最小变动价位为1元/吨，涨跌停板幅度与天然橡胶期货合约涨跌停板幅度相同，合约月份与天然橡胶期货合约月份相同。首批上市交易的天胶期权合约共计192个，对应的标的期货合约为RU1905、RU1906、RU1907、RU1908、RU1909、RU1910、RU1911、RU2001。其中，天胶期货主力1905合约对应的买权和卖权合约分别为12个。天然橡胶期权上市后，将为相关企业提供更精细的风险管理工具，有助于降低天然橡胶"保险＋期货"项目的成本，更好地服务国家脱贫攻坚战略和乡村振兴战略。

2019年12月20日，黄金期权在上海期货交易所正式挂牌交易。作为黄金期货的衍生品，黄金期权正式上线后，成为黄金的保险品，将进一步丰富黄金企业的风险管理工具，满足企业精细化、个性化的风险管理需求，提升企业的风险管控能力，增强企业的市场竞争力。

二、中国金融期货交易所的发展

（一）成交量和成交金额都出现大幅度增长

2019 年第一季度，中国金融期货交易所累计成交量为 13 239 587 手，成交金额为 129 749.28 亿元，同比分别增长 140.34％和 128.08％，分别占全国市场的 1.72％和 23.14％。2019 年第一季度，中国金融期货交易所品种成交额最大的三个品种分别为沪深 300 股指期货、中证 500 股指期货和 10 年期国债期货，分别成交 52 085.0 亿元、32 886.00 亿元和 24 309.73 亿元。

2019 年第二季度，中国金融期货交易所累计成交量为 18 824 963 手，成交金额为 194 050.29 亿元，同比分别增长 220.42％和 231.80％，分别占全国市场的 1.95％和 26.77％。2019 年第二季度，中国金融期货交易所品种成交额最大的三个品种分别为沪深 300 股指期货、中证 500 股指期货和上证 50 股指期货，分别成交 84 248.06 亿元、57 512.80 亿元和 26 334.80 亿元。

2019 年第三季度，中国金融期货交易所累计成交量为 17 379 649 手，成交金额为 182 687.79 亿元，同比分别增长 141.24％和 169.20％，分别占全国市场的 1.49％和 21.30.77％。2019 年第三季度，中国金融期货交易所品种成交额最大的三个品种分别为沪深 300 股指期货、中证 500 股指期货和上证 50 股指期货，分别成交 70 636.12 亿元、54 038.56 亿元和 20 689.98 亿元。

2019 年第四季度，中国金融期货交易所累计成交量为 16 966 183 手，成交金额为 189 722.79 亿元，同比分别增长 96.78％和 143.28％，分别占全国市场的 1.59％和 24.87％。2019 年第四季度，中国金融期货交易所品种成交额最大的三个品种分别为沪深 300 股指期货、中证 500 股指期货和 2 年期国债期货，分别成交 60 102.42 亿元、54 353.47 亿元和 29 975.06 亿元（见表 1-5）。

表 1-5　2017 年中国金融期货交易所交易统计

交易品种	累计成交金额（亿元）	同比增长（％）	累计成交量（万手）	同比增长（％）
股指期货	548 039	248.2	5 325	225.8
国债期货	148 158	42.7	1 303	19.9
合　　计	696 197	166.5	6 628	143.6

数据来源：中国金融期货交易所。

（二）成功上市境内首个股指期权——沪深 300 股指期权

作为我国资本市场上首个指数期权产品，沪深 300 股指期权于 2019 年 12 月 23 日上市交易。相比于上证 50，沪深 300 指数的成分股个数更多、成交更活跃、波动性更大。我国沪深 300 指数样本覆盖了沪深市场中规模最大、流动性最好的 300 只股票，其流通市值占全市场比重较高，成分股行业分布较为分散，拥有较强的抗操纵性。

沪深 300 股指期权首批上市合约月份为 2020 年 2 月（IO2002）、2020 年 3 月（IO2003）、2020 年 4 月（IO2004）、2020 年 6 月（IO2006）、2020 年 9 月（IO2009）和 2020 年 12 月（IO2012）。沪深 300 股指期权上市初期实施交易限额制度。自沪深 300 股指期权上市首日至 2020 年 3 月的第 3 个星期五（2020 年 3 月 20 日），客户该品种日内开仓交易的最大数量为 50 手，单个月份期权合约日内开仓交易的最大数量为 20 手。自 2020 年 3 月的第 4 个星期一（2020 年 3 月 23 日）至 6 月的第 3 个星期五（2020 年 6 月 19 日），客户该品种日内开仓交易的最大数量为 100 手，单个月份期权合约日内开仓交易的最大数量为 50 手。

（三）启动国债期货做市交易和期转现业务

2019 年 1 月 17 日，中国金融期货交易所正式启动国债期货期转现交易。期转现交易，是指交易双方协商一致，同时买入（卖出）交易所期货合约和卖出（买入）交易所规定的有价证券或者其他相关合约的交易行为。期转现是境外主流交易所的通行做法，在我国商品期货市场也有近 20 年历史。国债期货期转现交易具有五大特点：期货端既可平仓也可开仓；期现货同时达成，锁定基差；价格由双方在一定范围内协商达成；盘中实时确认期货持仓变化；期货端价格不计入结算价。作为集中交易方式的补充，期转现可增强期现联动、降低基差风险。我国国债期货市场是以机构为主的专业化市场，引入期转现交易有利于满足机构投资者协商议价、灵活交易等多样化需求，促进风险管理功能发挥，更好维护市场稳定健康发展。

国债期货期转现交易启动首日运行良好，市场参与积极。全天共达成 15 笔期转现交易，成交量为 750 手。现券成交以国债为主，其次是政策性金融债。中信期货、平安期货等 9 家会员，以及来自北京、上海、广东、江苏、湖北、重庆地区的 10 家机构参与了交易。

第五节   2019年黄金市场

2019年,上海黄金交易所总交易金额28.76万亿元,同比增长33.18%。其中,黄金成交量6.86万吨,同比增长0.12%,成交金额21.49万亿元,同比增长15.69%。上金所国际业务板块(简称"国际板")2019年成交量25.91万吨,同比增长814.35%;成交金额3.67万亿元,同比增长99.11%。其中,黄金成交量0.82万吨,同比增长25.19%,成交金额2.62万亿元,同比增长48.22%。

一、黄金市场交易活跃

(一)黄金价格创九年新高

2019年初,黄金价格在1 300美元/盎司附近横盘震荡。5月至8月,受风险事件持续升级及美联储货币政策转向的影响,黄金开始强势上涨模式。9月以来,受美联储继续降息、中美贸易摩擦暂缓及英国硬脱欧风险暂时释放等因素影响,黄金高位回调整理,但在1 450.00美元/盎司附近有较强支撑。年末,伦敦现货黄金定盘价为1 523.00美元/盎司,比2018年末上涨241.35美元/盎司,涨幅18.83%。上金所黄金Au99.99合约年初开盘价283.98元/克,最高价369.24元/克,最低价277.50元/克,年末收盘价340.80元/克,比2018年末上涨19.75%,全年加权平均价308.70元/克,同比上涨13.74%。

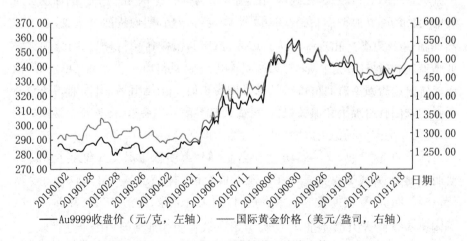

图1-7   2019年国内外黄金价格走势

全年,受国内黄金进口规模下降的影响,市场实物供给总体偏紧,导致黄金的国内外价差水平同比提升。黄金的国内外价差平均幅度为 2.46 元/克,同比扩大 0.99 元/克,增长 67.35%;白银的国内外价差平均幅度为 280.29 元/千克,扩大 15.01 元/千克,增长 5.66%;铂金的国内外价差平均幅度为 8.48 元/克,同比缩小 5.96 元/克,下降 41.27%。

（二）黄金市场交易较为活跃

2019 年,黄金竞价市场成交量 2.71 万吨,同比增长 32.75%。其中,现货实盘合约成交 5 214.17 吨,同比下降 22.63%,实物需求有所下滑;延期交收合约成交 2.19 万吨,同比增长 60.09%,投资交易需求增幅较大。黄金询价市场全年成交量 4.03 万吨,成交金额 12.64 万亿元,同比增长 0.09%。黄金定价市场全年共进行 488 场 1 489 轮交易,平均每场 3.05 轮,共成交 1 168.96 吨,同比下降 20.73%,成交金额 3 624.12 亿元,同比下降 9.35%,日均成交 4.79 吨,日均成交金额 14.85 亿元。

（三）自营与代理交易均大幅增长

黄金竞价交易主体中,自营成交 1.40 万吨,同比增长 23.61%,代理机构成交 6 176.93 吨,同比增长 17.98%,代理个人成交 6 871.65 吨,同比增长 80.18%。白银竞价方面,自营成交 42.72 万吨,同比增长 403.62%,代理机构成交 43.31 万吨,同比增长 74.03%,代理个人成交 87.08 万吨,同比增长 93.39%。会员自营、会员代理机构及个人等各交易主体规模的普遍增长共同促进了竞价交易量增长。其中,黄金自营份额占 51.79% 和白银自营业务的增长,表明会员仍是黄金市场的主要参与者,且在白银市场上活跃度有所增强。

（四）成功上线沪纽金延期产品

上金所积极推进与 CME 跨市场合作,于 2019 年 10 月 14 日正式挂牌沪纽金延期产品,为投资者提供参与国际黄金市场新渠道,为推进中国黄金市场国际化进程,上海国际金融中心建设发挥积极作用。全年,沪纽金延期合约成交量 38.02 吨,成交金额 128.48 亿元;日均成交量 667.07 千克,日均成交金额 2.25 亿元。

二、询价市场能级大幅提升

（一）询价交易金额小幅增长

2019 年,黄金询价累计成交 4.03 万吨,成交金额 12.64 万亿元,同比增长

0.09％；其中，中国外汇交易中心平台成交 2.49 万吨，交易所平台主板业务成交 0.98 万吨，国际板业务 0.56 万吨，分别占 62％、24％、14％。

（二）产品供给结构化创新

2019 年 7 月，上线白银期权产品，询价市场大类结构进一步完善。全年白银询价累计成交 4.64 万吨，成交金额 1 775.68 亿元，助力线下白银实物向交易所体系集聚。履约担保产品完成系统开发，于 2020 年元旦技术上线；完成业务制度起草、意见征集、业务推广等相关配套工作，持续推进履约担保产品建设。

（三）价格基准建设持续深化

2019 年元旦正式开启黄金询价期权波动率曲线线上报价功能；2019 年 6 月 6 日起向全市场公开发布询价黄金期权波动率和白银远期价格曲线。依托询价期权隐含波动率曲线建设，推动期权资管、衍生应用向"上海金"市场积聚，询价衍生价格基准正在成为深化"上海金"品牌建设的新元素。

（四）国内外黄金市场联动效应加强

分阶段制定、完成询价市场延长交易时间方案。2019 年 1 月 21 日起增加银行间市场 15：00—17：00 交易时段；2019 年 6 月 10 日起增加交易所平台询价市场 11：30—13：30 交易时段，目前系统业务运行平稳。

（五）各类市场要素加快集聚

加大对中小金融机构、国际机构的服务支持力度。银行间市场进一步扩容，银行间市场参与机构增长 12％，形成银行间、银企、国际板询价充分联通的市场格局。进一步发挥经纪公司的市场功能，经纪机构进一步扩容，新增中诚宝捷思、平安利顺、天津信唐三家货币经纪公司开展询价经纪业务。《上海黄金交易所黄金租借业务总协议（2019 年版）》《上海黄金交易所银行间黄金询价业务交易规则（2019 年修订版）》对市场正式发布，市场基础设施水平进一步提升。

三、国际板市场功能初步显现

2014 年 9 月 18 日，上海国际黄金交易中心有限公司（简称"上金国际"）正式开业运营，上金国际集中管理上金所的国际业务，负责上金所国际板市场的具体运营。根据中国人民银行的批复，上金国际经营范围为组织安排黄金、白银、铂金、钯金等贵金属产品和相关衍生品交易，并提供相应的中介服务。

成立 5 年来,上金国际在人民银行和上金所的带领下,充分利用政策、区位和资源优势,积极服务"一带一路"国家战略,发展势头良好,市场功能初步显现,对国际黄金市场的影响力正在逐步增强。

（一）国际会员入会积极,国际板市场容量不断扩大

2019 年,上金国际成功招募 6 家公司成为国际会员。2019 年末,上金国际已发展国际会员 79 家,国际客户 85 家,基本覆盖全球重要的商业银行、贵金属企业和投资机构,市场参与主体规模进一步扩大,交易参与度不断提升。

（二）资金清算路径顺畅,跨境资金流转效率提高

国际板资金清算路径顺畅,资金跨区调拨规模可测、渗透风险可控。2019 年,国际板净额资金清算量 1 893.33 亿元,日均清算量 7.76 亿元,同比增长 49.94%。国际会员实现资金划转 1 602.39 亿元,其中转入资金 591.79 亿元,转出资金 1 010.60 亿元。跨境资金流出 477.45 亿元。截至 2019 年底,国际板共在中国银行等 9 家保证金存管银行开立 8 个 FT 账户和 1 个境外结算专用账户;国际会员已开立 182 个 FT 账户,其中 FTE 账户 91 个,FTN 账户 91 个;境外账户 28 个。

（三）国际板作为黄金进口渠道的作用日益显现

2019 年,国际板进口渠道依然保持畅通,通过国际板进口的黄金占比持续提升,已成为国内黄金进口的重要渠道。

（四）仓储体系进一步完善

2019 年 7 月,国际板深圳仓库正式启用,不仅进一步完善国际板的仓储体系,提升国际板黄金实物的供给效率,更是对进一步辐射"一带一路"沿线国家和地区,丰富国际板黄金进口渠道功能,深化服务实体经济功能,在加快推进国内黄金产业结构优化升级上具有重要意义。

第六节　2019 年保险市场

一、保险业务稳步增长,其中人身险保费收入增长较快

2019 年,保险公司原保险保费收入 1 720.01 亿元,比上年增长 22.4%。其中,财产险公司原保险保费收入 643.39 亿元,增长 10.5%;人身险公司原保险保费收入 1 076.62 亿元,增长 30.7%。保险赔付支出 654.90 亿元,增长 12.6%。其中,财产险业务原保险赔款支出 306.12 亿元,增长 12.7%;寿险业

务原保险给付225.15亿元,增长8.3%;健康险业务原保险赔款给付100.77亿元,增长22.6%;意外险业务原保险赔款支出22.87亿元,增长15.5%。

表1-6　2019年1—12月上海保险业经营数据

保险业经营情况

项　　目	单位:亿元、万件
	本年累计/截至当期
原保险保费收入	1 720
1. 财产险	525
2. 人身险	1 195
(1) 寿险	839
(2) 健康险	265
(3) 人身意外伤害险	91
保险金额	18 743 039
保单件数	1 576 228
原保险赔付支出	655
1. 财产险	306
2. 人身险	349
(1) 寿险	225
(2) 健康险	101
(3) 人身意外伤害险	23

注:1. 本表数据是保险业执行《关于印发〈保险合同相关会计处理规定〉的通知》(财会〔2009〕15号)后,各保险公司按照相关口径要求报送的数据。

2. 原保险保费收入为按《企业会计准则(2006)》设置的统计指标,指保险企业确认的原保险合同保费收入。

3. 原保险赔付支出为按《企业会计准则(2006)》设置的统计指标,指保险企业支付的原保险合同赔付款项。

4. 资金运用余额、资产总额和净资产为期末数据,其余为本年累计数据。

5. 上述数据未经审计。

6. 因计算的四舍五入问题,加总数据可能存在细微误差。

资料来源:上海银保监局。

表 1-7　2019 年 1—12 月上海财产保险公司原保险保费收入情况

财产保险公司经营情况	
	单位:亿元、万件
项　　目	本年累计/截至当期
原保险保费收入	643
其中:	
企业财产保险	39
家庭财产保险	13
机动车辆保险	258
工程保险	6
责任保险	96
保证保险	32
农业保险	8
健康险	54
意外险	64
原保险赔款支出	349
保险金额	17 724 391
其中:	
机动车辆保险	82 026
责任险	1 324 805
农业保险	231
健康险	1 432 463
意外险	11 496 001
保单件数	1 571 349
其中:	
机动车辆保险	1 133
责任险	433 394
货运险	212 275

（续表）

项　　目	本年累计/截至当期
保证保险	162 912
健康险	147 584
意外险	511 664

注：1. 本表数据是保险业执行《关于印发〈保险合同相关会计处理规定〉的通知》（财会〔2009〕15 号）后，各保险公司按照相关口径要求报送的数据。

2. 原保险保费收入为按《企业会计准则（2006）》设置的统计指标，指保险企业确认的原保险合同保费收入。

3. 原保险赔款支出为按《企业会计准则（2006）》设置的统计指标，指保险企业支付的原保险合同赔付款项。

4. 资产总额为期末数据，其余为本年累计数据。

5. 上述数据未经审计。

6. 因计算的四舍五入问题，加总数据可能存在细微误差。

资料来源：上海银保监局。

表 1-8　2019 年 1—12 月上海人寿保险公司原保险保费收入情况

人身险公司经营情况

单位：亿元、万件

项　　目	本年累计/截至当期
原保险保费收入	1 077
其中：	
寿险	839
意外险	27
健康险	211
保户投资款新增交费	708
投连险独立账户新增交费	17
原保险赔付支出	306
保险金额	1 018 649
其中：	
寿险	22 262
意外险	899 347

（续表）

项　目	本年累计/截至当期
健康险	97 039
保单件数	4 879
其中：	
寿险	227
其中：	
普通寿险	170
意外险	3 307
健康险	1 346

注：1. 本表数据是保险业执行《关于印发〈保险合同相关会计处理规定〉的通知》（财会〔2009〕15号）后，各保险公司按照相关口径要求报送的数据。

2. 原保险保费收入为按《企业会计准则（2006）》设置的统计指标，指保险企业确认的原保险合同保费收入。

3. 原保险赔付支出为按《企业会计准则（2006）》设置的统计指标，指保险企业支付的原保险合同赔付款项。

4. 均为本年累计数据。

5. 人身保险公司保户投资款新增交费为依据《保险合同相关会计处理规定》（财会〔2009〕15号），经过保险混合合同分拆、重大保险风险测试后（投连险除外），未确定为保险合同的部分，为本年度投保人交费增加金额。

6. 人身保险公司投连险独立账户新增交费为依据《保险合同相关会计处理规定》（财会〔2009〕15号），投连险经过保险混合合同分拆、重大保险风险测试后，未确定为保险合同的部分，为本年度投保人交费增加金额。

7. 上述数据未经审计。

8. 因计算的四舍五入问题，加总数据可能存在细微误差。

资料来源：上海银保监局。

二、金融科技引领上海保险业发展深度参与"五个中心"建设

2019年，金融科技成为上海保险创新的主要领域。上海保险业为寻求新的利润增长点，以场景金融为核心，构建金融新业态，打造丰富便捷的服务生态圈。同时，广泛运用人工智能、大数据、云计算、区块链、生物识别等一系列前沿技术，推动业务创新转型发展，如在2019年度"上海金融创新奖"获奖项目中，中国太保"风险雷达"风险大数据项目获三等奖。

作为中国太保自主研发的全流程风险管理与系统化防灾防损的线上化、智能化、可视化风控平台,"风险雷达"风险大数据项目融合风险大数据,创新风险评估体系,实现自然灾害和承保业务的风险识别及预警,向客户提供全周期精准防损服务通过对一体化风险大数据库建设、风险查勘平台再造、基于GIS地图的自然灾害风险评估、预警与防灾资源联动等重大问题反复调研分析,2018年11月,中国太保创新推出"风险雷达"系统并试点上线;2019年1月18日,中国太保产险42家分公司全部上线使用。经过2年多的持续建设,"风险雷达"系统日益强大,面向承保、理赔、精算、风勘、客户,提供多角色、多类型的综合风险服务产品,在数字化风勘、风险大数据集成、客户风险建档、台风量化损失预警、精准防灾服务等方面创新突破,截至目前,已累计完成30余万份风勘报告,提出17万余条客户风险改善建议,建立20多万个客户风险档案。"风险雷达"首次在保险业内实现了根据客户风险特征提供精准的台风临前防灾服务,通过风险数据的采集、存储、建模、建档的全流程管理,实现数据驱动的精准防灾减灾应用。"风险雷达"后台根据巨灾模型预估的各保单预期损失数据,以及风险数据库提供的标的风险标签、客户风险档案等特征量,按预设规则自动生成防台"重点标的"清单,并向一线防台力量发布台风临前现场防灾任务。中国太保防汛团队立即通过"太爱勘"微信小程序接受到任务,逐单走访客户,提示并协助客户落实防灾措施,并按要求在标的现场用"太爱勘"采集载有水印信息的照片,确保防台服务落到实处。在2019年长三角地区抗击"利奇马"台风防灾运用中,合计为社会减损近2.5亿元,在业内创新了台风巨灾预警—防灾—防损的全流程全方位风险防控模式。

第七节　2019年证券市场

一、市场回顾

(一)交易概况

2019年上交所各类证券成交总额283.48万亿元。其中,沪市股票总市值35.55万亿元,较2018年末增长31.9%,股票现货成交金额54.38万亿元,较2018年增长35.3%,日均成交2 228.87亿元。

上交所债券挂牌1.5万只,较2018年末增长24.1%。债券托管量10.14

万亿元,较2018年末增长20.92%,占市场金额的约10%。二级市场债券成交金额221.79万亿元,较2018年末增长2.2%。其中现券成交6.42万亿元,回购成交215.37万亿元。全年上交所债券市场融资5.52万亿元,较2018年末增长26%。

上交所ETF期权合约累计成交6.23亿张,其中认购期权3.42亿张,认沽期权2.81亿张。日均成交255.25万张,较2018年增长96.15%。日均持仓343.41万张,较2018年增长88.93%。日均成交面值733.67亿元,较2018年增长113.39%。日均权利金成交金额13.89亿元,较2018年增长87.7%。上交所期权投资者账户总数为41.33万,较2018年增长34.28%。其中,机构投资者交易约占47.56%。

基金挂牌总数292只,市值总规模超过6 265亿元,全年累计成交金额约为6.9万亿元,基础资产类别覆盖股票、债券、货币、黄金以及境外资产(港股、美股、欧股等)等。上交所ETF市场在国内占主导地位。市值、成交规模境内占比超过八成。ETF上市产品数量为193只,市值规模约5 963亿元,分别较2018年末增长44%和37%。ETF市场投资者达到260人,较2018年翻番。

科创板首批公司于2019年7月22日在上交所上市。截至年末,科创板全年成交1.33万亿元,日均成交119.94亿元。全年上市股票70只,市价总值8 637.64亿元。

2019年,上证综指开盘2 497.88点,最高3 288.45点,最低2 440.91点,年末收于3 050.12点,涨幅22.3%。上证180指数开盘6 815.02点,最高9 119.27点,最低6 661.63点,年末收于8 877.77点,涨幅30.39%。

2019年,沪股通成交49 914亿元,日均使用额度10.11亿元,使用率1.94%;港股通成交13 743亿元,日均使用额度10.03亿元,使用率2.39%。

截至2019年末,上交所投资者开户数24 398万户。

(二)证券发行与上市

2019年,上市公司数达到1 572家,较2018年末增加122家,沪市上市股票数达到1 615只。股票筹资总额5 145.33亿元,较2018年下降15.84%。上市公司总股本40 199亿股,流通股35 170亿股。

2019年,上交所的股票市场筹资总额排名第一,交易额排名第四,总市值排名第四。

二、市场概况

表 1-9   2019 年上海证券市场概况

	2019 年	2018 年	2017 年
上市证券数(个)	17 623	14 069	12 219
上市股票数(个)	1 615	1 494	1 440
上市公司数(个)	1 572	1 450	1 396
新上市公司数(个)	123	57	214
发行股本(亿股)	40 199.420	37 708.961	35 288.347
流通股数(亿股)	35 170.215	33 497.241	31 119.446
市价总值(亿元)	355 519.705	269 515.015	331 324.817
流通市值(亿元)	301 254.524	232 698.747	281 365.673
全年成交金额(亿元)	2 834 818.76	2 646 248.80	3 063 862.43
日均股票现货成交金额(亿元)	2 228.87	1 654.18	2 081.02
全年股票现货成交数量(亿股)	53 792.15	37 234.65	43 799.31
日均股票现货成交数量(亿股)	220.46	153.23	179.51
全年股票现货成交笔数(万笔)	323 495.91	224 326.86	240 145.08
日均股票现货成交笔数(万笔)	1 325.80	923.16	984.201 2
上证综合指数年度最高	3 288.453	3 587.032	3 450.495
上证综合指数年度最低	2 440.907	2 449.197	3 016.531
上证综合指数年末收盘	3 050.124	2 493.896	3 307.172
平均市盈率(倍)	14.549	12.493	18.161
换手率 1(发行股本)%	139.569	102.267	128.734
换手率 2(流通股本)%	157.592	115.194	144.988

资料来源:上海证券交易所。

三、股票市场

（一）2019 年各月股票现货成交股数、成交金额和市盈率

表 1-10　2019 年上海股票市场概况

月份	成交股数（亿股）	成交金额（亿元）	市盈率
1	3 392.64	28 097.34	12.99
2	4 475.18	38 548.28	14.80
3	8 705.26	83 135.44	15.51
4	7 495.31	75 714.26	15.45
5	4 476.02	43 268.03	13.41
6	3 988.32	38 597.26	13.82
7	3 731.15	40 036.18	13.88
8	3 709.70	42 763.72	13.69
9	3 964.56	45 727.61	13.82
10	2 644.48	29 840.92	13.93
11	3 060.53	33 732.44	13.72
12	4 149.00	44 382.54	14.55

资料来源：上海证券交易所。

（二）2019 年主板成交股数最多的前 10 种股票

表 1-11　2019 年主板成交股数最多的前 10 种股票

序号	股票代码	股票简称	成交股数（亿股）	占主板成交股数的比例（%）
1	600010	包钢股份	655.50	1.23
2	601288	农业银行	618.09	1.16
3	600157	永泰能源	513.87	0.96
4	601099	太平洋	460.24	0.86
5	601398	工商银行	445.93	0.83
6	601899	紫金矿业	423.20	0.79
7	601668	中国建筑	404.59	0.76
8	600050	中国联通	382.42	0.71
9	600030	中信证券	361.26	0.68
10	601988	中国银行	301.41	0.56

资料来源：上海证券交易所。

(三) 2019 年主板成交金额最多的前 10 种股票

表 1-12 2019 年主板成交金额最多的前 10 种股票

序号	股票代码	股票简称	成交金额(亿元)	占主板成交金额的比例(%)
1	601318	中国平安	12 493.64	2.35
2	600519	贵州茅台	9 180.66	1.73
3	600030	中信证券	8 282.90	1.56
4	600036	招商银行	4 148.98	0.78
5	600352	浙江龙盛	4 090.14	0.77
6	601688	华泰证券	3 918.28	0.74
7	600536	中国软件	3 821.11	0.72
8	600887	伊利股份	3 605.69	0.68
9	601166	兴业银行	3 525.54	0.66
10	600703	三安光电	3 518.53	0.66

资料来源:上海证券交易所。

(四) 2019 年科创板成交股数最多的前 5 种股票

表 1-13 2019 年科创板成交股数最多的前 5 种股票

序号	股票代码	股票简称	成交股数(亿股)	占科创板成交股数的比例(%)
1	688009	中国通号	100.96	33.06
2	688007	光峰科技	8.13	2.66
3	688008	澜起科技	7.85	2.57
4	688002	睿创微纳	7.22	2.36
5	688010	福光股份	6.74	2.21

资料来源:上海证券交易所。

(五) 2019 年科创板成交金额最多的前 5 种股票

表 1-14 2019 年科创板成交金额最多的前 5 种股票

序号	股票代码	股票简称	成交金额(亿元)	占科创板成交金额的比例(%)
1	688009	中国通号	1 016.73	7.64
2	688008	澜起科技	578.19	4.34
3	688012	中微公司	509.03	3.82
4	688029	南微医学	501.15	3.76
5	688018	乐鑫科技	491.53	3.69

资料来源:上海证券交易所。

（六）2019 年融资交易前 5 种证券

表 1-15 2019 年融资交易前 5 种证券

序号	股票代码	股票简称	融资买入额（万元）	卖券还款额（万元）	合计（万元）
1	601318	中国平安	18 212 950.36	8 537 317.88	26 750 268.24
2	600030	中信证券	14 425 961.31	5 943 937.55	20 369 898.86
3	600519	贵州茅台	11 989 083.62	5 033 383.95	17 022 467.57
4	600352	浙江龙盛	8 373 425.29	2 959 234.05	11 332 659.34
5	600536	中国软件	6 955 387.18	2 412 636.53	9 368 023.71

资料来源：上海证券交易所。

（七）2019 年融券交易前 5 种证券

表 1-16 2019 年融券交易前 5 种证券

序号	股票代码	股票简称	融券卖出额（万元）	买卖还券额（万元）	合计（万元）
1	510500	500ETF	1 810 346	1 671 626	3 481 973
2	510300	300ETF	1 721 575	1 384 015	3 105 591
3	510050	50ETF	1 585 637	769 043	2 354 681
4	600837	海通证券	562 261	385 627	947 888
5	601318	中国平安	499 453	396 585	896 039

资料来源：上海证券交易所。

四、上市公司情况

2019 年，沪市首发上市企业 123 家，募集资金 1 844 亿元。主板新上市公司 53 家，募集资金 1 020 亿元；科创板新上市公司 70 家，募集资金 824 亿元。

（一）2019 年主板 10 家市价总值最大的上市公司

表 1-17 2019 年主板 10 家市价总值最大的上市公司

序号	股票简称	股票代码	市价总值（亿元）	占主板上市公司市价总值比重（%）
1	601398	工商银行	15 853.20	4.57
2	600519	贵州茅台	14 860.82	4.28
3	601288	农业银行	11 780.11	3.40

（续表）

序号	股票简称	股票代码	市价总值(亿元)	占主板上市公司市价总值比重(%)
4	601857	中国石油	9 440.06	2.72
5	601318	中国平安	9 257.60	2.67
6	601988	中国银行	7 777.25	2.24
7	600036	招商银行	7 752.36	2.23
8	601628	中国人寿	7 261.16	2.09
9	600028	中国石化	4 883.00	1.41
10	600900	长江电力	4 043.60	1.17

资料来源：上海证券交易所。

（二）2019 年科创板 5 家市价总值最大的上市公司

表 1-18   2019 年科创板 5 家市价总值最大的上市公司

序号	股票简称	股票代码	市价总值(亿元)	占科创板上市公司市价总值比重(%)
1	688008	澜起科技	809.06	9.37
2	688111	金山办公	755.58	8.75
3	688009	中国通号	596.57	6.91
4	688012	中微公司	494.21	5.72
5	688363	华熙生物	400.32	4.63

资料来源：上海证券交易所。

（三）2019 年末主板 10 家流通市值最大的上市公司

表 1-19   2019 年末主板 10 家流通市值最大的上市公司

序号	股票简称	股票代码	流通市值(万元)	占主板上市公司流通市值比重(%)
1	601398	工商银行	15 853.20	5.28
2	600519	贵州茅台	14 860.82	4.95
3	601288	农业银行	10 850.64	3.62
4	601857	中国石油	9 440.06	3.15
5	601318	中国平安	9 257.60	3.09
6	601988	中国银行	7 777.25	2.59

序号	股票简称	股票代码	流通市值（万元）	占主板上市公司流通市值比重（%）
7	600036	招商银行	7 752.36	2.58
8	601628	中国人寿	7 261.16	2.42
9	600028	中国石化	4 883.00	1.63
10	600900	长江电力	4 043.60	1.35

资料来源：上海证券交易所。

五、债券市场

2019 年，上交所债券市场融资 5.52 万亿元，同比增长 26%。其中：地方政府债券发行 1.95 万亿元，同比增长 8.4%；公司债券发行 2.77 万亿元（含公开发行公司债、非公开发行公司债券、可交换债券、可转换债券），同比增长 53.4%；资产支持证券发行 0.73 万亿元，同比增长 4.5%；政策性金融债发行 635 亿元，同比增长 693.7%。

2019 年，上交所债券总成交 221.79 万亿元，同比增长 2.2%。其中现券成交 6.42 万亿元，同比增长 25.2%；回购成交 215.37 万亿元。债券现券及回购日均交易量 0.93 万亿元，市场占比 17.5%。

截至 2019 年末，上交所债券挂牌 1.5 只，较 2018 年末增长 24.1%。债券托管量 10.14 万亿元，同比增长 20.92%，占全市场总量约 10%。

六、基金

继 2018 年飞速发展，产品发行数量及资产规模创历史新高后，2019 年上交所基金市场实现持续爆发式发展。截至 2019 年 12 月 31 日，基金挂牌总数 292 只，市值总规模超过 6 265 亿元，全年累计成交量约为 6.9 万亿元，基础资产类别覆盖股票、债券、货币、黄金以及境外资产（港股、美股、欧股等）等。

ETF 市场在国内占主导地位。市值、成交规模境内占比超过八成，交易量稳居亚洲第一，市场规模已跃居亚洲第二。截至 2019 年 12 月 31 日，上交所共有 193 只 ETF，市值规模约 5 963 亿元，分别较 2018 年末增长 43% 和 37%。ETF 市场投资者达 260 万人，较 2018 年翻番。沪市 ETF 全年总成交金额约 6.8 万亿元，占国内 ETF 市场总成交金额的 78%。其中，权益型 ETF

（含跨境 ETF）总成交金额约 2.4 万亿元,较 2018 年增长 75％。截至 12 月 31 日,国内 ETF 规模排名前 10 的产品中(不包含货币 ETF)有 8 只在上交所上市。

2019 年,上交所权益类 ETF 市场亮点不断:一是宽基 ETF 再创新高,上证 50ETF、中证 500ETF 规模一度突破 500 亿元。二是行业 ETF 迎来大发展,证券 ETF 规模突破百亿,成为首只规模破百亿的行业 ETF。三是主题 ETF 受到市场青睐,科技龙头 ETF 份额两月增长 4 倍,半导体 ETF 份额较发行之初上涨近 4 倍,5GETF 首募规模超 40 亿元,持续获得市场关注,刷新主题 ETF 领域的新发及规模增长记录。

2019 年上交所 LOF 基金市场平稳发展。配合科创板设立,丰富中小投资者投资科创板渠道,11 只科创主题封闭式基金成功设立,募集规模超百亿。截至 2019 年底,上交所普通 LOF 产品共 82 只,产品规模 115.3 亿元,分别较 2018 年增长 22％和 169％,2019 年全年总成交金额 220.6 亿元。分级产品基金共 11 只,产品规模 10.5 亿元,总成交金额 72.4 亿元。

七、衍生产品

2019 年,上交所股票期权市场运行平稳,规模稳步增长。2019 年,上交所 ETF 期权合约累计成交量 6.23 亿张,其中认购期权 3.42 亿张,认沽期权 2.81 亿张。日均成交量 255.25 万张,较 2018 年增长 96.15％。日均持仓 343.41 万张,较 2018 年增长 88.93％。累计成交面值 17.90 万亿元,日均成交面值 733.67 亿元,较 2018 年增长 13.39％。累计权利金成交 3 388.78 亿元,日均权利金成交 13.89 亿元,较 2018 年增长 87.7％。其中,上证 50ETF 期权经过近 5 年的发展已经成为全球主要的 ETF 期权品种之一。2019 年,上证 50ETF 期权合约全年累计成交 6.18 亿张,其中认购期权 3.39 亿张,认沽期权 2.79 亿张,日均成交 253.29 万张,单日最大成交 626.67 万张。年末持 379.14 万张,日均持仓 342.00 万张,单日最大持仓 515.25 万张。

累计成交面值 17.71 万亿元,日均成交面值 725.74 亿元,累计权利金成交 3 359.12 亿元,日均权利金成交 13.77 亿元。2019 年 12 月 23 日,沪深 300ETF 期权上线。

2019 年,沪深 300ETF 期权合约累计成交 478.27 万张,其中认购期权 276.01 万张,认沽期权 202.26 万张,日均成交 68.32 万张,单日最大成交

100.30 万张。年末持仓 77.14 万张,日均持仓 49.04 万张,单日最大持仓 77.14 万张。累计成交面值 1 934.30 亿元,日均成交面值 276.33 亿元,累计权利金成交 29.66 亿元,日均权利金成交 4.24 亿元。

投资者结构较为合理。截至 2019 年末,上交所期权投资者账户总数为 41.33 万,较 2018 年增长 34.28%。其中,机构投资者交易约占 47.56%,个人投资者交易约占 52.44%。

市场总体风险可控。2019 年,上交所股票期权市场日均成交持仓占 0.77,日期现成交占 0.48,投机交易(方向性交易)占 23.39%。2019 年,期权市场质量指数平均值为 129(100 以上代表流动性好、定价效率高),市场质量逐步改善;期权市场风险指数平均值为 53(60 以下代表风险较小),市场风险较小。

期权经济功能逐步发挥。随着期权市场规模稳步扩大,越来越多的投资者使用期权进行保险和增强收益,保险和增强收益的交易占比分别达 12.87% 和 43.77%。市场日均受保市值为 178.60 亿元,单日受保市值最高达到 272.99 亿元。

第二章　2019年上海金融机构发展分析

2019年，上海市经济发展总体平稳、稳中有进、进中固稳，经济增长保持韧性、服务经济支撑作用进一步增强，新动能加快培育，改革开放全面深化，城市能级和核心竞争力进一步提升。金融业加快开放创新，实现平稳发展。上海国际金融中心建设和自贸试验区金融改革加快推进。2019年，上海新增各类金融机构54家。至2019年末，在沪持牌金融机构总数达1 659家，其中，上海市银行业金融机构法人211家，包括中资银行法人5家、外资银行法人18家，新型农村金融机构139家。2019年上海新增金融机构提升了金融中心的国际化程度和国际影响力，提升了金融中心的创新水平和高质量发展，扩大了金融中心的开放性和普惠性。

第一节　2019年上海金融机构发展概况

2019年，上海市金融机构加快开放创新，实现平稳发展，支持实体经济力度持续加大，上海国际金融中心建设和自贸试验区金融改革加快推进。2019年，上海银行业金融机构各项存款同比多增，各项贷款同比少增，贷款结构持续优化。证券期货业金融机构交易提升，保险业金融机构保障民生功能提升。金融市场总体稳健，自贸试验区金融创新改革步伐加快，上海国际金融中心建设深入推进。2019年末，上海市中外资金融机构本外币存、贷款余额分别为13.3万亿元和8万亿元，同比分别增长9.7%和9.0%。

一、金融机构积极支持长三角G60科创走廊建设

建设长三角G60科创走廊是推动长三角高质量一体化发展的重要载体，

是落实长三角区域一体化发展这一国家战略的重要组成部分。2019年11月8日,由中国人民银行上海总部倡议推动、G60科创走廊九城市与有关金融机构共同研究形成的《金融支持长三角G60科创走廊先进制造业高质量发展综合服务方案》发布。

《方案》以促进长三角G60科创走廊先进制造业发展与金融服务优化、推动先进制造产业集群高质量一体化发展为核心任务,重点聚焦长三角G60科创走廊重大科技创新及研发项目,重点支持从事人工智能、集成电路、生物医药、高端装备、新能源、新材料、新能源汽车七大领域的科创企业与制造业企业。服务理念为:以支持先进制造业特别是科创企业发展为目标,力争做到"四个对接"。一是金融机构与科创产业对接,推动多边协作,优化服务模式,搭建产融结合的大生态链。二是金融市场与企业成长路线对接,量身定制,打造企业全生命周期的综合金融服务,提升金融服务的适配性。三是金融供给与国家创新战略对接,不仅有效增加科创金融供给总量,更注重改革创新,引导金融资源向先进制造业企业和科创企业倾斜。四是金融创新与市场需求对接,探索金融服务的新技术、新手段、新渠道,提升专业服务,满足多元化、动态化的市场需求。

《方案》从缓解融资难,推动信贷产品与服务方式加快创新;缓解融资贵,推动科技企业融资成本有效降低;缓解不适配,推动开展跨市场、跨类别、跨地域合作;缓解不对称,推动建设多功能、多维度、多领域的资源共享平台四个方面,提出了15条具体举措:

(1)创新"信用类科技贷"产品。针对"轻资产、好信用"的科创企业,综合运用"知识产权质押贷款、股权质押贷款、订单融资、税基贷"等产品予以支持。

(2)加大供应链金融业务创新力度。依托先进制造业产业链核心企业,运用区块链技术开展仓单质押贷款、应收账款质押贷款、票据贴现、保理、国际国内信用证等供应链金融创新,提高制造业产业链整体融资效率。深化应收账款融资服务平台推广应用,扩大动产担保统一登记试点,降低银企对接成本。

(3)用好再贷款资金助力长三角G60科创走廊先进制造业发展。将中国人民银行再贷款资金聚焦长三角G60科创走廊的科技创新、先进制造业等重点领域民营、小微企业,并积极配套自有资金进一步加大信贷投放,提升金融有效供给。

(4)提升政策性担保基金支撑效果。推动政策性担保机构共享担保创新经验,降低或取消对政策性担保业务的盈利要求,进一步扩大担保服务对象,放大担保倍数。不断充实政策性担保机构资本金,持续加大财政投入。推广责任共担制度,提高再担保比例,发挥好信用增进和风险分担作用。

(5) 推广"远期共赢"利率定价机制。引入利率期权概念,探索初创期企业与金融机构共赢新模式,缓解融资成本压力。

(6) 创新"LPR＋科创"优惠定价方案。顺应利率定价转轨的新形势,挂钩货币市场利率走势,为发展势头较优、财务状况较好的科创企业与先进制造业企业定制动态报价,享受最优惠利率报价水平。

(7) 承诺"利率外零费用"优惠。对符合条件的初创期、成长期企业,免除合同约定贷款利率之外的融资业务相关收费,让融资成本变得完全透明。

(8) 优化担保收费机制。坚持政策性担保"保本微利"的业务定位,优化现行担保定价模式,逐步将收费机制从"按年收费"向"一次性收费"转变。

(9) 深化"投贷联动"模式探索。支持设立功能性子公司,发挥银行系投资基金优势,共同满足科创企业的结构化融资需求。探索推出"上市贷"等科技金融产品,进一步完善"债权＋股权"的跨界联动模式。

(10) 拓宽先进制造业发债渠道。支持和辅导先进制造业企业用好企业债、中期票据、定向工具等多品种债务融资工具,调整债务结构。推广债券创新品种,为企业量身定制债券承销、境外发债、集合发债等服务。支持和辅导先进制造业企业发行资产支持票据,改善企业流动性状况。

(11) 探索境内外联动的模式。针对企业产业整合需求,为科创企业境内外战略引资、股权或资产转让、并购投资等活动提供撮合交易与融资服务。对成熟期、进入海外市场的科创企业,定制专业的流动性管理、外汇服务方案,提供本外币一体化金融服务。

(12) 设立长三角 G60 科创走廊战略投资母基金。探索设立财政资金发起、社会资金参与的长三角 G60 科创走廊战略投资母基金,以分设债转股投资基金、股权投资子基金、再担保基金,有效满足长三角 G60 重大科技创新及研发项目的大规模融资需求与担保需求。

(13) 建立科创企业名录库与重点科技项目建设信息库。长三角 G60 科创走廊联席办公室与有关部门合作,多维度采集企业知识产权、研发投入、创新能力、业绩成长等信息,建立"长三角 G60 科创企业名录库"与"长三角 G60 重点科技项目建设信息库",向银行及时充分地提供信息,缓解融资信息不对称问题。

（14）提升科技金融服务站功能，培训"科创金融特派员"。长三角 G60 科创走廊联席办公室会同有关部门，进一步发挥科技金融服务站的作用，联合开展科创金融辅导与培训，促进金融资源与产业园区、产业基地等科创资源对接，推动金融机构精准服务。

（15）推进长三角 G60 科创走廊企业信用信息共享服务平台建设。打通税务、市场监管、法院、水、电、气等政务部门信息壁垒，促进实时政务大数据处理和分析，完善企业信用信息体系。优化信用信息评分评级模型，丰富企业信用信息报告，以提高企业融资成功率。

二、金融机构积极打造大都市型普惠金融体系

2019 年，上海金融机构以守初心、担使命、补短板为出发点，结合上海国际大都市的城市特色，大力发展小微金融、科技金融和民生金融，打造大都市型的普惠金融体系。

（一）小微企业金融服务持续增量扩面降本提质

上海银行业金融机构信贷支持力度不断加大。一是信贷投放持续增长。截至 2019 年末，上海银行业银行类金融机构小微企业（含同口径个体工商户和小微企业主）贷款余额 13 351.68 亿元，其中单户授信 1 000 万元以下小微贷款（含同口径个体工商户和小微企业主）余额 3 859.16 亿元，同比增长 25.96%；中资法人银行单户授信总额 1 000 万元以下小微企业贷款（含同口径个体工商户和小微企业主）余额 634.65 亿元，同比增长 31.99%，高于各项贷款增速 17.66 个百分点。二是信贷结构持续优化。从担保方式来看，2019 年，小微企业贷款中信用贷款、保证贷款、抵（质）押贷款分别占 16.52%、20.40% 和 57.60%。分机构看，大型银行普惠小微贷款增幅大，2019 年同比增长 90.62%，中型银行和本地法人银行 2019 年同比分别增长 20.56% 和 31.99%。

金融机构服务覆盖面持续拓宽。一是授信户数显著增加。上海银行业金融机构回归本源、聚焦小微、下沉重心，小微企业授信户数快速增长。至 2019 年末，中资法人银行单户授信总额 1 000 万元以下（含同口径个体工商户和小微企业主）小微企业贷款余额户数 3.34 万户，较年初增加 1.32 万户，同比增长 64.91%。二是户均余额明显下降。上海银行业金融机构新增贷款更加注重向普惠小微主体倾斜，小微企业户均贷款余额明显降低。至 2019 年末，中资

法人银行单户授信总额 1 000 万元以下（含同口径个体工商户和小微企业主）小微企业贷款户均 160.33 万元，较年初下降 17.92％。

金融组织体系和产品服务不断创新。一是机构体系建设不断健全。上海银行业金融机构不断完善普惠金融体系建设，多数银行成立普惠金融专门部门或工作领导小组，地方银行逐步回归本源，重点向社区和乡镇延伸拓展。二是金融产品日益丰富。上海银行业金融机构以创新信用贷款产品、推广无还本续贷、优化期限管理、拓宽抵（质）押物范围，发展应收账款融资及开展小微企业银行转贷款业务等举措提高普惠金融服务能力。积极运用供应链融资，专利权、商标权质押等产品，引入外部机构、探索无担保、无抵押信用贷款模式，有效缓解了企业融资难、抵押担保难等问题。据统计，在沪银行共有 331 余款小微企业特色信贷产品。三是服务模式不断创新。上海银行业金融机构积极开展"银税互动"，借助上海市大数据普惠金融应用，获取企业纳税、工商年检、行政处罚等信息，提高获客、授信和风险管理效率，努力解决小微企业融资服务可获得性较低的问题。

金融服务便利程度持续提高。一是优化小微企业审批流程，合理设定小微企业授信审批条件，权限下放，缩短审批时间。二是优化审批方式，通过年审制、循环授信、无还本续贷等方式提升服务效率。三是发展数字普惠改善综合金融服务，提升服务便利性，体验更好。

信贷风险总体可控。上海银行业金融机构在多措并举改善小微企业金融服务的同时，也十分注重防范信贷风险，积极推动技术创新，提高风险控制能力；不断丰富增信措施，对防范小微企业信贷风险起到了积极作用。2019 年，上海全口径小微企业贷款不良率 1.16％，远低于全国平均水平。

（二）科技金融持续发力支持科创中心建设

2019 年，上海科技金融生态体系进一步完善，科技创新土壤得到进一步培育。为积极推进《上海银行业支持上海科创中心建设的行动方案（2017—2020 年）》落地实施，2019 年 8 月，上海银保监局发布《关于上海银行保险业进一步支持科创中心建设的指导意见》，就进一步支持科技创新工作提出三大方面的要求：一是紧扣科创中心建设任务，实施"精准科贷"策略；二是优化内部流程，坚持科技金融机制建设；三是加强外部合作，推进科技金融产品创新。按照《指导意见》规划，监管部门将在科技金融转型重点机构监管评级中，将科技金融成果列为加分项，提高监管评分，并逐步扩大至全市金融机构。银行科技支行业务发展应对标《行动方案(2017—2020 年)》各项要求,对于任务完成率距离目标偏差度较大的机构,将予以摘牌。

在政策引导下,上海科技金融供给进一步扩大,2019 年科技金融贷款余额近 2 800 亿;科技金融专业化经营机制体制进一步深化,专业化服务水平及效能得到提升;科创小微企业融资渠道不断拓宽,创新产品层出不穷;投贷联动试点工作进一步深化,银行与企业互惠共赢;知识产权质押贷款得到有益探索,科技金融内生发展动力得到增强;科技金融服务不断完善,科技创新成果不断丰富。

(三) 民生金融框架初具雏形

2019 年 7 月 15 日,国务院召开经济形势专家和企业家座谈会,李克强总理强调,以改善民生为导向培育新的消费热点和投资增长点,增加养老、托幼、教育、健康等领域优质供给,拓展“互联网＋生活服务”。民生领域的投资将成为上海经济增长的发动机,是改变经济增长动力、全面建成小康社会的需要,更是金融机构转变发展方式,加大民生金融发展,大力推进业务转型的良好时机。2019 年 8 月,中国银保监会办公厅印发《关于推动银行业保险业支持养老、家政、托幼等社区家庭服务业发展试点方案的通知》(银保监办发〔2019〕165 号),按照相关要求上海银保监局在上海市内开展推动银行保险业支持养老、家政、托幼等社区家庭服务试点工作,引导银行保险机构积极创新金融工具服务民生,改善民生领域的金融抑制现象,加大弱势领域和薄弱环节的金融资源配置,促进和谐社会发展,最终促进银行保险业的高质量发展。试点工作开展以来,银行业从制度建设、产品设计和组织架构完善等方面提高民生行业信贷服务水平,保险业通过推动住房反向抵押养老保险、涉老责任险和意外险产品提升责任险服务水平。同时,银行保险业创新产品,服务都市现代农业发展,主动作为,满足企业“走出去”和贫困人口“导入型”金融服务需求。

(四) 多元化融资渠道得到扩展

建立多层次的适应不同客户需求的金融机构是发展普惠金融、提供低成本金融服务的必要条件,上海市已发展起包括银行、保险、证券以及小额贷款公司、融资担保公司、融资租赁、典当行、地方资产管理公司等新型机构在内的功能完备的多元化金融服务供给体系。传统和新型、大型和小型、线上和线下金融组织机构共同发展的格局逐步形成,银行、证券、保险业等金融组织机构分业经营、相互协作的金融服务体系逐步完善,小额贷款公司、融资担保机构、融资租赁、典当行、地方资产管理公司等迅速发展。不同机构之间的协同效应得到充分发挥,实现综合化、一体化服务以降低普惠金融服务风险。

上海银保监局鼓励上海市内银行扎根基层,服务社区,为小微企业、"三农"和城市居民提供更有针对性、更加便利的金融服务,积极引导上海辖区保险机构持续加大对农村保险服务网点的资金、人力和技术投入。上海证监局积极推动辖区证券业机构发挥专业能力,支持辖区机构为小微企业、民营企业及涉农企业提供金融服务。上海市金融工作局鼓励小额贷款公司、融资担保公司、融资租赁公司、典当行、地方资产管理公司等各类新型机构不断提高创新性和灵活性,为在传统金融体系中较难获得支持的特殊群体开辟了新的融资渠道,是发展普惠金融的重要补充。

(五)金融服务政策支持体系更加健全

2019年,上海市继续加大对普惠金融政策支持力度,发挥政策"指挥棒"在市场行为中"四两拨千斤"的作用:充分利用货币政策精准发力,发挥定向降准对于普惠金融的精准滴灌,加大支小再贷款和再贴现支持;不断优化差异化的监管政策,持续分类实施"两增两控"目标考核,督导银行改进内部考核激励机制;进一步加大各项普惠金融专项财政资金、中小企业财政贴息、风险补偿和考核激励机制,搭建银税合作平台,引导金融资源优先和集中投向最需要融资支持的小微、民营、科创、"三农"、养老等薄弱领域;不断优化营商环境,营造公平竞争的市场环境,深入推进"放管服"改革。

同时,加强信贷、产业、财税、投资政策的协调配合,综合运用财政贴息、税收优惠、差别税率、先税后补等财税政策工具,提高金融资源配置效率。

三、上海自由贸易试验区金融市场体系日益完善

2019年以来,聚焦习近平总书记交给上海的三项新的重大任务,强化四大功能,上海自贸试验区金融开放创新取得积极进展。一是上海自贸试验区临港新片区正式设立。落实国务院批准的《中国(上海)自由贸易试验区临港新片区总体方案》,出台新片区管理办法,完善新片区管理体制,加快推进落实总体方案明确的78项重点任务,发布实施"特殊支持政策50条",支持人才发展、支持金融业创新发展等一系列重大政策。目前,新片区新设企业4 025家,签约落地重点产业项目168个,总投资821.9亿元。二是全面落实国家支持自贸试验区深化改革创新若干措施,统筹推动上海自贸试验区投资贸易自

由化便利化,持续深化上海自贸试验区"三区一堡"建设。

2019 年,上海自由贸易试验区投资环境进一步优化,市场准入管理新体制不断完善。《市场准入负面清单(2019 年版)》正式印发实施,共列入事项131 项,相比 2018 年版减少 20 项,放开一批有含金量的措施,移出部分不符合清单定位的措施,持续推动缩短负面清单长度。服务"一带一路"的桥头堡作用持续发挥。浦东新区企业在新加坡、捷克等 32 个"一带一路"沿线国家投资近 454 个项目,中方投资额达 74.2 亿美元。

2019 年,上海自由贸易试验区金融市场体系日益完备。自由贸易账户功能不断拓展,实现本外币一体化管理,成为境外融资、结售汇便利化等许多重要金融改革的基础。截至 2019 年 12 月末,累计开立 FT 账户 13.1 万个,全年跨境人民币结算总额 38 112 亿元,同比增长 49.4%,占全市 39.0%;跨境人民币境外借款总额 42.63 亿元,增长 6.9 倍(见表 2-1)。

2019 年,上海自由贸易试验区政务服务更加高效透明。商事登记制度改革不断深化,在超市、药店、便利店等 14 个行业全覆盖实现"一业一证"改革,平均办理时间缩短约 90%。注重放管结合,建立健全事中事后监管机制,加强协同监管、集约监管、信用监管,发出《行业综合许可证》40 张,确保行业健康发展。

表 2-1 2019 年中国(上海)自由贸易试验区主要经济指标及其增长速度

指　　标	单位	绝对值	比上年增长(%)
一般公共预算收入	亿元	588.60	−9.2
外商直接投资实际到位金额	亿美元	79.63	17.6
全社会固定资产投资总额	亿元	725.68	13.7
规模以上工业总产值	亿元	4 652.35	−2.5
社会消费品零售额	亿元	1 602.90	5.8
商品销售总额	亿元	43 008.39	4.5
服务业营业收入	亿元	5 787.30	9.9
外贸进出口总额	亿元	14 841.80	4.4
♯出口额	亿元	4 493.50	3.8
期末监管类金融机构数	个	921	3.8

数据来源:上海统计网。

2019年7月,国家外汇管理局上海市分局印发《关于印发〈进一步推进中国(上海)自由贸易试验区外汇管理改革试点实施细则(4.0版)〉的通知》(上海汇发〔2019〕62号),从简政放权、贸易和投资便利化、总部经济发展、离岸金融服务四个方面为上海自贸试验区创新试点增加新动能。

《实施细则》既体现上海市场自主创新的内容,也涵盖其他自贸试验区或特殊经济区域探索推广的经验。一是继续加大简政放权力度,降低市场的"脚底成本"。区内主体可在线上申请行政许可业务,如进出口单位名录登记、境内个人参与境外上市公司股权激励计划登记等;将外债注销登记功能下放至银行直接办理,取消办理时间限定。二是不断提升贸易投融资便利化程度,建立健全宏观审慎资本流动管理。在区内试点资本项目外汇收入支付便利化,支持非投资性外资企业真实、合规的境内股权投资;支持选择"投注差"借用外债的企业调整为以跨境融资宏观审慎管理模式借用外债,并允许合理的融资提款币种、偿还币种与签约币种不一致。三是持续优化跨境资金集中运营,服务总部经济和结算中心发展,降低区内企业适用《跨国公司跨境资金集中运营管理规定》(汇发〔2019〕7号)开展跨境资金池业务的国际收支规模门槛。对区内企业,将"上年度本外币国际收支规模1亿美元"门槛降低为"上年度本外币国际收支规模5 000万美元",继续鼓励总部企业做大做实。四是实现跨境金融联动,提升离岸服务辐射能级。区内银行可向境外机构发放办理贸易融资贷款,并提供外汇NRA账户服务,支持银行向境外机构提供外汇NRA账户资金质押外汇贷款服务。

第二节　2019年上海新增金融机构概况

2019年,上海市金融机构按照加强宏观调控和金融切实服务实体经济的总体精神,坚持稳健货币政策,适时加强逆周期调节,加大对民营、小微企业支持力度,聚焦习近平总书记交给上海的三项新的重大任务,坚持新发展理念,坚持以供给侧结构性改革为主线,努力以稳增长的硬任务实现高质量发展的硬道理,以自身发展的确定性有效应对外部环境的不确定性,服务小微民营科创企业,优化营商环境。

2019年,上海市全年实现生产总值(GDP)38 155.32亿元,按可比价格计算,比上年增长6.0%,增速比上年低0.9个百分点。其中,第一产业增加值

103.88 亿元,同比下降 5%;第二产业增加值 10 299.16 亿元,同比增长 0.5%;第三产业增加值 27 752.28 亿元,同比增长 8.2%。第三产业增加值占上海市生产总值的比重为 72.7%,同比提高 1.8 个百分点。按常住人口计算的上海市人均生产总值为 15.73 万元,同比增长 26.2%。

2019 年,上海市经济发展总体平稳、稳中有进、进中固稳,经济增长保持韧性、服务经济支撑作用进一步增强,新动能加快培育,改革开放全面深化,城市能级和核心竞争力进一步提升。2019 年,上海市金融业实现增加值 6 600.6 亿元,比上年增长 11.6%,占全市生产总值的 17.3%。

2019 年,上海国际金融中心建设深入推进,上海在最新全球金融中心指数(GFCI)中连续三年排名第 5 位。金融中心开放创新深入推进,21 个金融业对外开放项目落地,引进摩根大通证券、野村东方国际证券成为国家首批批准的外资控股证券公司。交银理财公司、中银金融科技公司等落户上海。新兴金融机构的出现和集聚,进一步推动上海国际金融中心基础功能完善。至 2019 年末,上海市全年新增持牌金融机构 54 家。至 2019 年末,在沪持牌金融机构总数达 1 659 家,其中,上海市银行业金融机构法人 211 家,包括中资银行法人 5 家,外资银行法人 18 家,新型农村金融机构 139 家。

2019 年末,上海市中外资金融机构本外币资产总额 16.5 万亿元,同比增长 7.1%;各项存款余额 13.28 万亿元,同比增长 9.7%,较同期全国存款增速高 1.1 个百分点;各项贷款余额 7.98 万亿元,同比增长 9%,较同期全国贷款增速低 2.9 个百分点。2019 年末,全市金融机构不良贷款余额 731.69 亿元,不良贷款率为 0.93%,比上年末微增 0.14 个百分点,不良率较全国低 0.93 个百分点。其中,逾期 90 天以上贷款占不良贷款的比例为 88.7%,同比下降 0.06 个百分点。

2019 年,上海总行级专营机构平稳发展,中小银行资金营运中心密集落户上海,如宁波银行资金营运中心、杭州银行资金营运中心等。中银金融科技公司、交银理财公司、中金上海长三角科创发展大基金落户上海。至 2019 年末,通过债券通渠道进入中国债券市场的境外投资者 487 家(按法人机构),债券通报价机构共计 47 家。继 2018 年全球第三大资管公司道富、全球知名对冲基金 Two Sigma 等 12 家重量级国际知名资管机构落地后,全球领先的资产管理机构法巴资管、荷兰最大的资产管理机构荷宝资产、韩国最大的资管机构未来资产等在内的 10 家境外知名资管公司一起进入上海,落户陆家嘴金融城。至 2019 年末,已有 51 家国际知名资产管理机构在陆家嘴设立了 71 家外商独资资产管理公司,全球资管规模排名前十的机构有 9 家落户上海,其中全国的外资资管机构中约 90% 选择了上海。

2019 年末,上海辖内共设立外资法人银行 18 家,同比减少 2 家,资产总额 14 478 亿元。2019 年末,共有 30 个国家和地区的营业性银行业金融机构落户上海,各类外资银行营业性机构共 229 家。

2019 年末,上海市共有 57 家法人保险机构,较上年同期新增 4 家。其中,财产险公司 20 家,人身险公司 22 家,共有 108 家省级保险分支机构,比上年末增加 3 家,其中,财产险公司分支机构 53 家,寿险公司分支机构 52 家,再保险公司 3 家。

2019 年,上海市原保险保费收入累计 1 720 亿元,同比增长 22.35%。其中,财产险公司原保险保费收入 524.9 亿元,同比下降 9.8%;人身险公司原保险保费收入 1 195.1 亿元,同比上升 45.9%。产、寿险公司原保险保费收入比例为 30∶70。中、外资保险公司原保险保费收入比例为 78∶22,外资保险公司占比同比上升 2 个百分点。

2019 年,上海市全年保险赔付支出累计 654.9 亿元,同比增长 12.6%,同比增速提高 6.7 个百分点。其中,财产险业务原保险赔款支出 306.12 亿元,同比增长 12.7%;寿险业务原保险给付 225.15 亿元,同比增长 8.3%;健康险业务原保险赔款给付 100.77 亿元,同比增长 22.6%;意外险业务原保险赔款支出 22.87 亿元,同比增长 15.5%。2019 年末,上海市保险密度为 7 084 元/人,保险深度为 5%。

2019 年,上海证券业金融机构交易提升,机构数量及资产规模保持增长。2019 年末,上海共有总部设在辖内的证券期货基金公司 118 家,其中证券公司 27 家,比上年增加 2 家;基金管理公司 57 家,比上年增加 3 家;期货公司 34 家,比上年增加 1 家。证券投资咨询机构 17 家,证券期货基金各类分支机构 1 107 家;外资代表处 39 家(包括 1 家境外证券期货交易所驻沪代表处)。证券公司、基金公司、期货公司等多类主要机构的数量均居全国首位。

2019 年末,上海资本市场各类机构共计 7 035 家,其中,上市公司 308 家,比上年增加 21 家,占全国的 8.15%;科创板上市公司 13 家,占全国的 18.58%,总市值 2418 亿元,占全国 27.68%;新三板挂牌公司 715 家,比上年减少 188 家,占全国的 7.99%。

2019 年,上海市金融机构提供的社会融资规模增量为 8 640.1 亿元,同比增长 37.6％,同比多增 2 363.2 亿元。表内融资占全市社会融资规模的比重为 62.2％,同比下降 23.8 个百分点。委托贷款、信托贷款和未贴现的银行承兑汇票三项表外融资降幅收窄,同比少减 1 615.6 亿元。直接融资为 4 246.3 亿元,同比多增 773.2 亿元,其中,企业债券融资增加 2 743.7 亿元,同比多增 728.9 亿元,非金融企业境内股票融资 403.1 亿元,同比多增 217 亿元。

2019 年,上海证券业金融机构继续保持较快增长。年末,上海证券市场上市证券 17 623 只,比上年末增加 3 554 只。其中,股票 1 615 只,增加 121 只。2019 年通过上海证券业金融机构(证券市场)股票筹资 5 145.33 亿元,比上年减少 15.8％;发行公司债 34 986.49 亿元,比上年增长 37.9％。

2019 年金融市场机构(包含外汇交易机构)交易总额达 1 934.31 万亿元,比上年增长 16.6％。上海证券交易机构各类有价证券总成交金额 283.48 万亿元,增长 7.1％。其中,股票成交金额 54.38 万亿元,增长 35.3％;债券成交金额 6.41 万亿元,增长 25.0％。上海期货交易机构各品种总成交金额 112.52 万亿元,比上年增长 19.3％。中国金融期货交易机构总成交金额 69.62 万亿元,增长 1.7 倍。全国银行间货币和债券交易机构成交金额 1 454.31 万亿元,增长 15.2％。2019 年,上海黄金交易机构各黄金品种累计成交 6.86 万吨,同比增长 1.63％,成交金额 21.52 万亿元,同比增长 17.5％。

2019 年,通过上海钻石交易机构的钻石交易金额为 42.35 亿美元,至 2019 年末,累计实现钻石交易总额达 548.08 亿美元。2019 年末,上海钻石交易机构(钻交所)已有会员 562 家,其中外资会员 195 家,约占会员总数的 54％,来自以色列、比利时、南非、日本、美国、印度等国家以及我国港、澳、台地区。

2019 年末,上海已有 130 家小额贷款公司,注册资本总计 220.7 亿元,贷款余额 208 亿元,贷款户数 288 万户,贷款笔数 1 078 万笔,其中,"三农"贷款余额 12.08 亿元(占贷款余额比例为 5.81％),小微企业贷款余额 92.42 亿元(占贷款余额比例为 44.43％),两者合计占贷款余额的 50.24％。

2019 年末,上海有融资租赁企业 1 890 家,管理租赁资产规模约 1.5 万亿元。2019 年末,上海市有 306 家典当行(其中,法人机构 243 家,分支机构 63 家),注册资本 66.19 亿元。当年实现典当总额 346.65 亿元。

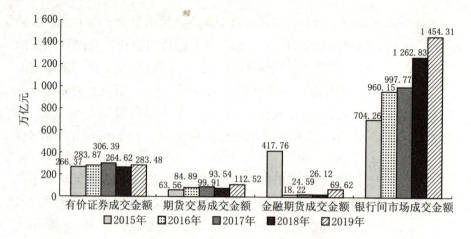

图 2-1   2019 年上海证券、期货、金融期货、银行间同业拆借机构成交金额

资料来源：上海统计网。

2019 年末，上海共有融资担保持证机构 30 家，注册资本 174 亿元，融资担保余额 253 亿元，其中，小微企业融资担保余额 195.78 亿元，占全市融资担保余额的 77.28%。

第三节   2019 年新增金融机构的功能及特征

一、银行业金融机构平稳发展

2019 年，上海银行业金融机构平稳发展。年末，上海有中资银行法人 5 家，外资银行法人 18 家，新型农村金融机构 139 家。上海银行业金融机构营业网点达 4 224 家，比上年增加 152 家；从业人数达 12.5 万人，比上年增加 0.69 万人。

（一）银行业资产总额、资产质量和盈利状况

2019 年，上海银行业各项业务继续平稳增长，资产规模稳步扩大。2019 年，上海银行业金融机构资产总额达 16.5 万亿元，比上年增加 0.09 万亿元，同比增长 0.5%；各项存款余额 13.28 万亿元，同比增长 9.7%；各项贷款余额 7.99 万亿元，同比增长 9%，增速比上年分别上升 2 个、下降 0.1 个百分点。2019 年，上海市金融机构实现净利润 1 599.35 亿元，同比下降 7.88%；不良贷款余额为 731.69 亿元，不良贷款率为 0.93%，比上年末微增 0.14 个百分点，不

良率较全国低 0.93 个百分点(见表 2-2)。

表 2-2　2019 年上海市银行业金融机构情况

机构类别	营业网点			法人机构 (个)
	机构个数 (个)	从业人数 (人)	资产总额 (亿元)	
大型商业银行	1 648	47 216	54 908	1
国家开发银行和政策性银行	15	811	4 539	0
股份制商业银行	829	27 258	37 439	1
城市商业银行	465	14 786	24 642	1
小型农村金融机构	361	6 919	8 909	1
财务公司	24	1 829	6 886	22
信托公司	7	2 436	753	7
邮政储蓄银行	482	2 954	2 230	0
外资银行	211	12 549	14 478	18
新型农村金融机构	160	2 203	301	139
其他	22	5 925	10 025	21
合计	4 224	124 886	165 110	211

注:大型商业银行包括中国工商银行、中国农业银行、中国银行、中国建设银行和交通银行;小型农村金融机构包括农村商业银行、农村合作银行和农村信用社;新型农村金融机构包括村镇银行、贷款公司和农村资金互助社;"其他"包含金融租赁公司、汽车金融公司、货币经纪公司、消费金融公司等。

资料来源:中国人民银行上海总部。

1. 各项存款同比多增,储蓄存款明显增长

2019 年,上海本外币各项存款新增 11 679.9 亿元,同比多增 3 025.6 亿元。其中,人民币存款新增 10 687.6 亿元,同比多增 3 166.3 亿元。2019 年,上海本外币住户存款累计增加 4 712 亿元,同比多增 1 908.4 亿元,其中大额存单和结构性存款分别增加 2 368.1 亿元、59.8 亿元;境内非金融企业存款新增 2 708.6 亿元,非银行金融机构存款累计新增 2 599.7 亿元。

年末外币存款余额 1 360 亿美元,同比增长 9.9%。全年外币存款增加 122 亿美元,同比多增 11 亿美元。

分部门看,全年人民币个人存款中大额存单、活期存款和定期存款分别增

加 2 368 亿元、1 212 亿元和 806 亿元,同比分别多增 807 亿元、587 亿元和 1 627 亿元;结构性存款增加 67 亿元,同比少增 918 亿元。

全年人民币境内非金融企业大额存单、协定存款和活期存款分别增加 1 148 亿元、1 024 亿元和 810 亿元,同比分别多增 818 亿元、1 447 亿元和 1 555 亿元;结构性存款增加 423 亿元,同比少增 1 021 亿元;定期存款和保证金存款分别减少 497 亿元和 879 亿元,同比分别少减 323 亿元和多减 5 263 亿元。

2. 各项贷款同比少增,贷款结构持续优化

2019 年,上海本外币贷款累计增加 5 609.8 亿元,同比少增 126.8 亿元。其中,人民币贷款累计增加 5 297.8 亿元,同比少增 1 005 亿元。在各项贷款中,境内中长期贷款累计增加 4 080.38 亿元,同比多增 196.8 亿元。12 月末,上海普惠口径小微企业贷款余额 3 987.6 亿元,同比增长 32.1%,全年新增 1 472.1 亿元;制造业贷款余额 6 709.7 亿元,同比增长 5.1%,全年新增 323.2 亿元,同比多增 85.6 亿元;人民币房地产贷款余额 22 783.3 亿元,同比增长 8.99%。

分部门看,住户部门贷款增加 2 061 亿元,其中,短期贷款增加 230 亿元,中长期贷款增加 1 831 亿元;非金融企业及机关团体贷款增加 3 145 亿元,其中,短期贷款增加 59 亿元,中长期贷款增加 2 249 亿元,票据融资增加 606 亿元;非银行业金融机构贷款增加 86 亿元。

2019 年,上海外币贷款余额 863 亿美元,同比增长 3.8%。全年外币贷款增加 31 亿美元,同比多增 160 亿美元。

2019 年上海人民币境内非金融企业固定资产贷款、并购贷款和融资租赁贷款分别增加 1 836 亿元、356 亿元和 234 亿元,同比分别多增 871 亿元、77 亿元和 148 亿元;票据融资和经营贷款分别增加 606 亿元和 135 亿元,同比分别少增 508 亿元和 646 亿元。

2019 年新增人民币住户消费贷款中,个人住房贷款增加 1 038 亿元,同比多增 445 亿元;个人汽车消费贷款增加 101 亿元,同比少增 404 亿元;个人其他消费贷款增加 348 亿元,同比少增 357 亿元。

2019 年新增的境内非金融企业本外币贷款(不含票据融资)按贷款投向划分,主要投向房地产业、租赁和商务服务业、制造业、建筑业、高新技术服务业和电力热力燃气及水生产供应业,6 个行业贷款分别增加 1 100 亿元、788

亿元、323 亿元、179 亿元、176 亿元和 166 亿元,同比分别少增 29 亿元、多增 698 亿元、86 亿元、少增 41 亿元、51 亿元和多增 97 亿元。投向境内大型企业的本外币贷款增加 1 138 亿元,同比少增 431 亿元;中型和微型企业本外币贷款分别增加 1 834 亿元和 303 亿元,同比分别多增 589 亿元和 234 亿元;小型企业本外币贷款减少 623 亿元,同比少减 501 亿元。

2019 年上海市本外币房地产开发贷款增加 549 亿元,同比少增 71 亿元。按贷款用途分,住房开发贷款增加 272 亿元,同比少增 28 亿元,其中保障性住房开发贷款增加 164 亿元,同比多增 19 亿元;商业用房开发贷款增加 427 亿元,同比多增 71 亿元。

（二）外资金融机构不断落沪,积极参与上海国际金融中心建设

2019 年,上海外资金融机构不断落沪,体现了国家金融管理部门对上海国际金融中心建设的信任和支持,以及全球顶级金融机构积极参与上海国际金融中心建设的信心和决心。2019 年,全国首家外资全资保险控股公司安联（中国）保险控股有限公司获批开业、全国首批新设外资控股合资券商野村东方国际证券有限公司和摩根大通国际证券有限公司获批开业、全国首家外资控股合资理财公司汇华理财有限公司获批筹建（东方汇理资产管理公司出资比例为 55%,中银理财有限责任公司出资比例为 45%）、创兴银行上海分行成为上海市辖内首家开业即可经营人民币业务的新设分行、中信国际中国上海分行成为辖内首家完成人民币业务报备后成功更换营业执照的外资金融机构;西班牙对外银行有限公司上海分行成为辖内首家按照新规开展人民币业务报告制的外国银行分行等,这是我国进一步扩大金融开放、鼓励外资金融机构加大在华投资的重要成果。

2019 年末,已有 30 个国家和地区的营业性银行业金融机构在沪落地,各类外资银行营业性机构共计 229 家,外资保险法人及省级分公司共计 51 家。

二、证券业金融机构交易提升,机构数量平稳增长

（一）证券公司交易额同比提升较快

2019 年,上海资本市场各类市场机构主体共计 7 035 家。其中,上市公司 308 家,较 2018 年增加 21 家,占全国的 8.15%;科创板上市公司 13 家,占全国的 18.58%,总市值 2 418 亿元,占全国 27.68%;总部设在辖内的证券期货基金公司 118 家,其中证券公司 27 家,基金公司 57 家,期货公司 34 家;证券

期货基金各类分支机构 1 107 家；外资代表处 39 家。证券公司、基金公司、期货公司等多类主要机构的数量均居全国首位。

2019 年，上海证券交易机构规模稳步增长，经济功能日益凸显。2019 年全年，ETF 期权合约累计成交 6.23 亿张，累计成交面值 17.9 万亿元，股票期权投资者人数稳步增长，投资者账户总数达到 41.33 万。

（二）期货公司交易快速增长

2019 年，上海期货交易机构累计成交量 14.1 亿手，同比增长 20.12％，占全国期货市场总成交量的 35.64％；累计成交金额 96.9 万亿元，同比增长 18.89％，占全国成交总额的 33.4％。中国金融期货交易机构股指期货和国债期货累计成交 66.3 百万手，同比增长 143.6％；累计成交金额 69.6 万亿元，同比增长 166.5％。

（三）金融机构直接融资同比多增

2019 年，上海市社会融资规模增量为 8 640.1 亿元，同比增长 37.6％，同比多增 2 363.2 亿元。表内融资占上海社会融资规模的 62.2％，同比下降 23.8 个百分点。委托贷款、信托贷款和未贴现的银行承兑汇票三项表外融资降幅收窄，同比少减 1 615.6 亿元。直接融资为 4 246.3 亿元，同比多增 773.2 亿元，其中，企业债券融资增加 2 743.7 亿元，同比多增 728.9 亿元，非金融企业境内股票融资 403.1 亿元，同比多增 217 亿元。

三、保险业金融机构增长较快，保障民生功能提升

2019 年，上海保险业金融机构增长较快，深度服务民生保障体系建设，积极助推科创中心建设和实体经济发展。

（一）保险公司稳定增加

2019 年，上海市有 57 家法人保险机构，较上年提高 4 家。其中，财产险公司 20 家，人身险公司 22 家，共有 108 家省级保险分支机构，同比增加 3 家。2019 年，上海市原保险保费收入累计 1 720 亿元，同比上升 22.35％。其中，财产险公司原保险保费收入 524.9 亿元，同比下降 9.8％；人身险公司原保险保费收入 1 195.1 亿元，同比上升 45.9％。中、外资保险公司原保险保费收入比例为 78∶22，外资保险公司占比同比上升 2 个百分点。上海市保险业赔付支出累计 655 亿元，同比上升 12.6％，同比增速提高 6.7 个百分点，保障民生功能提升（见表 2-3）。

表 2-3　2019 年上海市保险业基本情况

项　目	数　量
总部设在辖区内的保险公司数(家)	57
其中:财产险经营主体(家)	20
寿险经营主体(家)	22
保险公司分支机构(家)	108
其中:财产险公司分支机构(家)	53
寿险公司分支机构(家)	52
保费收入(中外资,亿元)	1 720
其中:财产险保费收入(中外资,亿元)	525
人身险保费收入(中外资,亿元)	1 195
各类赔款给付(中外资,亿元)	655
保险密度(元/人)	7 084
保险深度(%)	5

资料来源:上海市银保监局。

(二)保险业金融机构不断改革创新,支持实体经济

2019 年,随着"长三角一体化"战略的推进,安达保险、富卫人寿、加拿大枫信亚洲、瑞士再保险、金诚同达律师事务所、贝克•麦坚时国际律师事务所、上海现代企业经济法律培训中心等多家国际保险和专业服务机构共同发起成立了陆家嘴金融城长三角一体化保险创新研究与发展中心。陆家嘴金融城发展局、上海市保险同业公会联合宁波、盐城、泰州、嘉兴、常州等城市共同参与合作。

保险创新研究发展中心发起单位、全球最大的上市财产险公司之一安达保险中国区首席执行官博凯文(Kevin Bogardus)认为,成立长三角一体化保险创新研究与发展中心,对于安达保险以及所有参与这一项目发起的机构而言,意味着重大的发展机遇。随着生命科学、网络安全、行业定制等多种创新性保险产品被引入中国市场,在长三角医药业、高新制造业、互联网科技等领域获得巨大成功,产品创新正成为上海保险业服务实体经济、辐射长三角区域的新亮点。2019 年上海在全球金融中心指数(GFCI)保险业排行榜中位列前茅,保险机构聚集以及保险创新等因素,共同推动上海保险业在全球保险体系中占有越来越重要的地位。

上海自贸试验区陆家嘴管理局、陆家嘴金融城发展局副局长过志英认为,随着我国金融业对外开放步伐不断提速,中央和上海推出一系列具体举措在陆家嘴率先落地,上海保险业改革创新溢出效应不断显现。在陆家嘴金融城诞生了多个"全国第一",如全国第一家以"先照后证"方式成立的再保险经纪公司、全国第一家航运自保公司和全国第一家获准扩展经营范围的外资保险经纪机构等。

安达保险企业传播总监谷学斌认为,保险创新研发中心的建立可以在长三角地区达到保险创新产品走出去、引进来的效果,例如上海的成熟创新产品可以介绍到长三角其他城市的相关产业,而例如宁波保险科技产业园中的创新保险科技也可以进入上海。目前,第一批有 8 个城市或地区参与。

再保险是风险治理的重要工具,可以有效缓释重大、巨额、特殊损失对实体经济的冲击。与直保业务不同,再保险业务不受地域限制,是风险全球分散的产物,对开放环境的要求很高。作为上海国际金融中心核心承载区的陆家嘴金融城,借助金融业对外开放的东风,吸引了一批国内外保险机构的落户,包括国内首家保险要素市场上海保险交易所,国内首家专业再保险经纪公司江泰,国内首家获准扩展经营范围的外资保险经纪公司韦莱,国内首家新设外资保险控股公司安联(中国)保险控股有限公司,等等。

保险业是经济社会发展的助推器、稳定器。通过深化自贸试验区的制度创新,陆家嘴金融城将把中央扩大金融开放的政策落到实处,加快建设立足中国、面向亚太、辐射全球的再保险中心。2019 年 7 月,国务院金融稳定发展委员会发布 11 条金融业进一步对外开放的政策措施。大韩再保险公司上海分公司成为新政出台后第一个新设立的外资再保险机构。

上海保险交易机构作为保险要素市场的重要组成部分,依托上海自贸试验区的自由贸易账户体系,不断打通跨境资金结算通道,为上海建设国际再保险中心奠定了坚实的基础。展望未来,上海将在金融监管部门的支持指导下,主动融入国际再保险市场,从开展离岸再保险交易试点、提升再保险市场创新和承保能力、加快建设再保险人才高地等方面,不断提高国际金融中心配置全球再保险资源的能力,为中国经济高质量发展、居民高品质生活提供有力支撑。

四、其他类金融机构持续稳健发展

2019年,上海其他类金融机构持续稳健发展。2019年,上海辖内已开业的非银行金融机构有7个大类53家,分别为信托公司、财务公司、金融租赁公司、汽车金融公司、消费金融公司、货币经纪公司。

2019年12月12日,"2019中国融资租赁年会"在上海召开。本届年会由中国外商投资企业协会主办,上海市地方金融监督管理局和黄浦区人民政府支持,中国外商投资企业协会租赁业工作委员会承办,会议立足实体经济,旨在促进我国融资租赁行业的高质量发展。会上同步举行"外滩国际融资租赁专家咨询委员会"揭牌仪式。该委员会着力打造专业化、国际化的智库平台,推动上海融资租赁行业发展,从而助力上海国际金融中心建设。来自全国各地的30余家金融租赁公司和近200家融资租赁公司的负责人参加本届年会。

2019年共有1 129家次浦东小微企业通过小微增信基金政策,累计获得直接担保贷款总计31.3亿元,超额完成全年计划目标,金额及家数同比增长分别达到110%和99%,继续保持每年业务规模翻番的增长态势;占全市同口径业务比重的18.4%,相比2018年提高2个百分点。此外,加上再担保、产品创新等贷款产品间接影响,2019年小微增信基金累计服务6 010家次浦东企业,贷款金额达74.6亿元,同比分别增长98%和101%。受惠企业中,五成以上为六大硬核产业企业,小型微型企业占86%,民营企业占81%,累计拨付的各类补贴奖励资金达2 420.98万元。

2019年,共有3家小额贷款公司和3家融资租赁公司接入个人征信系统,7家融资租赁公司接入企业征信系统。同时,农村商业银行、村镇银行、小额贷款公司、消费金融公司、融资租赁公司、融资性担保公司、民营银行、独立法人直销银行等10类金融机构查询企业和个人信用报告享受优惠收费标准。应收账款质押登记收费标准由每件每年60元降低至30元,变更登记、异议登记收费标准由每件每次20元降低至10元,查询登记信息免费。

第四节　新增金融机构对金融中心建设的综合作用

2019年,上海国际金融中心建设深入推进,推动21个金融业对外开放项目落地,摩根大通证券、野村东方国际证券成为国家首批批准的外资控股证券公司。同时,新增持牌金融机构54家,沪深300股指期权等一批金融创新产

品成功推出。上海金融市场交易总额达 1 934.31 万亿元,同比增长 16.6％,在沪持牌金融机构达 1 659 家,金融业增加值占上海 GDP 总值的 17.3％。上海的金融中心主体架构已经基本确立,中外资金融机构集聚发展,金融中心价格形成功能和人民币支付清算功能较为完善,金融中心的配套服务体系不断健全,法制、信用、人才环境更加完善,会所、律所、征信、评级机构等金融专业服务机构加快在上海集聚,金融从业人员超过 37 万。根据英国独立智库 Z/Yen 集团发布的第 27 期"全球金融中心指数"(GFCI),上海全球金融中心排名上升至第四,金融业增加值、金融市场交易额等多项指标国际排名居世界前列。

一、提升了金融中心的国际化程度和国际影响力

经过多年发展,特别是党的十九大以来,上海国际金融中心建设取得重大进展。目前,上海集聚了股票、债券、期货、货币、票据、外汇、黄金、保险等各类全国性金融要素市场,成为全球金融要素市场最齐备的金融中心城市之一。随着我国的 A 股、债券相继被纳入各大主流国际指数,沪港通、债券通、黄金国际版等相继推出,外资金融机构加快在上海布局。

2019 年,上海证券交易机构设立科创板并试点注册制。科创板于 6 月 13 日开板,7 月 22 日开市,从宣布到落地实施仅历时 9 个月,标志着中国资本市场全面深化改革开启了新征程,充分发挥改革试验田的作用,有力推动上海国际金融中心建设。市场运行总体平稳,试点注册制改革取得初步成效,基本建立了较为齐备的规则制度体系、设立了多元包容的发行上市条件、落实了以信息披露为核心的发行上市审核制度、创新了交易机制和投资者适当性制度。2019 年末,已有 70 家企业上市。

2019 年,贷款市场报价利率(LPR)形成机制改革顺利推进,利率市场化改革掀开新的篇章,"上海价格"扩展至信贷市场;中债长三角系列债券指数、中资美元债系列产品相继推出,"上海金"期货产品在芝加哥商品交易所上线,"上海价格"序列持续丰富和完善,人民币资产的定价能力大幅提升,国际影响力得到进一步扩大。

2019 年,上海证券资管业务总规模占全国三分之一,保险资管公司受托资产总规模占全国一半以上,超过 30 家海外投资基金管理公司在沪设立,在中国证券投资基金业协会备案的 22 家外商独资私募证券投资基金管理人(WFOE PFM)全部落户上海,全球排名前 10 的资管机构都已在沪开展业务。

2019年，上海外资机构和总部集聚，全球资源配置能力和话语权提升，见证上海金融市场的核心竞争力。上海原油期货上线以来，已成为亚洲最大和全球第三的原油期货合约，先后有多家企业开始以这一价格为基准签订贸易合同；上海黄金交易机构和芝加哥商业交易所集团也互相推出挂钩对方市场基准价的产品，上海价格进一步"嵌入"国际主流金融市场。

2019年，从沪深港通顺畅运行到沪伦通正式启动，再到放开 QFII（合格境外机构投资者）和 RQFII（人民币合格境外机构投资者）投资额度限制，中国资本市场与国际市场进一步融合接轨，中国内地金融机构的国际竞争力也将进一步提升。在业内人士看来，随着各类市场互联互通，以及 MSCI（明晟）、富时、标普道琼斯三大国际指数公司陆续将 A 股纳入指数成分股，且纳入因子和权重逐渐提升，我国资本市场受到国际认可。

第 27 期"全球金融中心指数"报告显示，全球顶级金融中心格局被打破，全球十大金融中心排名顺序发生较大改变，其中香港排名首次降至全球第六，"纽伦港"三大金融中心格局被打破，新加坡也降至全球第五。东京和上海分别上升三位和一位，位列全球第三和第四。旧金山、日内瓦、洛杉矶分别进入指数排名前十，而深圳、迪拜和悉尼无缘前十。相比上期，纽约、伦敦和北京的排名未出现变化。

报告表明，十大金融中心评分普遍出现下降。受英国脱欧、中美贸易摩擦、全球金融不稳定及香港修例风波等不确定性因素影响，本期十大金融中心中，除日内瓦的评分有所上升，其他中心的评分均出现不同程度的下降。其中香港和伦敦评分下降最多，降幅分别为 34 分和 31 分，纽约、上海和新加坡评分也下降明显，分别下降 21 分、21 分和 24 分，伦敦和纽约的评分差距正在加大。

报告还显示，亚太地区金融中心的评分和排名表现不尽如人意，其中 15 个中心排名下降，上升的有 10 个，这反映出受访者对亚太地区金融中心发展的稳定性和可持续性缺乏信心。而西欧金融中心排名上升的有 23 个中心，排名下降的仅有 5 个，北美地区 11 个金融中心有 3 个进入全球前十。尽管本期亚太地区金融中心的平均评分仍高于西欧和北美地区的金融中心，但差距已较往期有所减少。

2019 年 5 月 7 日，陆家嘴金融城全球资产管理机构集中签约仪式暨债券市场扩大开放研讨会在中央国债登记结算公司举行。陆家嘴金融城已经成为全球资管机构在华的重要集聚地和展业地，全球资管规模排名前十的资管机构已有 9 家落户；全国 19 家获得私募证券基金管理资格的外资私募中，17 家位于陆家嘴；全国首批 2 家获得投资咨询业务资格的外资私募机构——路博迈、富敦均位于陆家嘴；全球第一家，目前规模排名第五的国家主权基金——科威特投资局也在陆家嘴设立了其在伦敦之外的第二家海外投资办公室。同时，上海自贸试验区管委会积极支持资管机构拓宽业务范围，在监管部门的支持下，发挥自贸试验区金融改革效应，协助外资资管机构向金融监管部门申请相关牌照、获得业务许可，支持国际综合性金融集团在陆家嘴拓展各类金融业务、发展总部型机构。同日，中央国债登记结算公司还作为首家特别会员加入陆家嘴全球资产管理机构联合会。

2019 年，有 115 家国内外保险公司在上海经营业务，受托管理的资产规模占全国的一半以上。上海保险交易机构作为保险要素市场，依托上海自贸试验区的自由贸易账户体系，不断打通跨境资金结算通道，为上海建设国际再保险中心奠定了坚实的基础。

二、提升了金融中心的创新水平和高质量发展

上海银保监局发布的《2019 年上海银行业保险业创新报告》，展示了上海银行业保险业金融机构的 755 项金融创新成果，呈现出"金融科技引领、服务上海区位、输血实体经济、夯实系统架构"的特点。创新成果细分为应用领域、业务场景、创新类型三大维度。其中，应用领域包括四个方向（提升上海城市能级和核心竞争力、支持国家重点发展领域实体经济、服务民生、金融科技），下设 13 个子领域；业务场景包括存款类、贷款类、结算类等 17 项业务；创新类型有 5 种，包括产品、服务、机制、工具渠道、信息系统。

从应用领域看，755 项创新成果在四大领域的分布呈现出"金融科技"一枝独秀，其他三个领域均衡发展的态势。涉及金融科技的创新成果 314 项，占比最高，达 41.6%，较 2018 年上升 3.5 个百分点。服务民生领域紧随其后，合计 169 个，占 22.4%；支持重点发展领域实体经济的成果 164 个，占 21.8%；提升上海城市能级和核心竞争力的成果 108 个，占 14.2%。

从业务场景来看，贷款类创新成果 179 项，占比最高（23.7%），反映新常态下银行注重回归本源支持实体经济，在信贷类产品中谋求创新。其次为保险业务类，共 101 项，占 13.4%；第三为信用卡类，共 68 项，占 9.0%；结算类64 项，占 8.5%；电子银行类 56 项，占 7.4%；同业类 30 项，占 4.0%；其余 11

类业务场景(包括多类业务)合计 257 项,占 34.0%。

从创新类型来看,产品创新占据主流地位,共计 309 项,占 40.9%;服务类型的创新 142 项,占 18.8%;信息系统 126 项,占 16.7%;工具渠道 84 项,占 11.1%;机制 55 项,占 7.3%。

2019 年,上海银行业保险业金融机构创新呈现四大特点:

一是"金融科技引领"——金融科技是银行业保险业金融机构创新的主要领域。数据显示,金融科技领域的创新成果最多,达 314 项,占 41.6%。同时,银行业保险业金融机构积极加入上海金融科技产业联盟。随着互联网金融高速发展,金融服务领域竞争加剧,各机构为寻求新的利润增长点,以场景金融为核心,构建金融新业态,打造丰富便捷的服务生态圈。人工智能、大数据、云计算、区块链、生物识别等一系列前沿技术在行业广泛运用,推动业务创新转型发展,而且也催生出开放银行、互联网保险等新业态,反映出金融科技融合的深化和升级。金融科技既为业务赋能,融合便捷性和安全性,提升服务体验,同时要求发展配套的科技技术,为合规管理、流程优化、系统基础设施建设提供支持和保障。

二是"服务上海区位"——响应政策性导向的创新成果显著。上海银行业保险业金融机构积极响应国家政策,将自身发展与上海经济社会发展紧密结合在一起,围绕推进上海"五个中心"建设、打响"四大品牌"、落实习近平总书记交给上海的新的国家战略"三大任务",尤其是在上海自贸试验区临港新片区建设、科创中心建设、支持中国进口博览会等领域取得不少创新成果,助力上海经济从"高速增长"转向"高质量"发展,有力提升了上海城市能级和核心竞争力。

三是"输血实体经济"——民营和小微企业贷款类项目为主要创新业务场景。上海银行业保险业金融机构紧跟国家政策导向,通过不断丰富产品线,优化审批、抵质押、承保理赔等环节的创新措施,不断扩大服务覆盖面、提升服务质量,切实提高普惠金融服务对象的金融可得性。数据显示,2019 年上报创新成果中贷款类项目 179 个,占 23.7%。一方面反映了银行业金融机构在经济新常态下主动应对经济转型升级的挑战,回归本源,发挥银行信贷传统优势,服务实体经济,另一方面"严监管"政策为金融机构未来发展重点指明方向,对金融服务实体经济提出了高要求,也有利于银行业保险业金融机构高质量健康发展。2019 年,上海银保监局通过颁布一系列监管政策,促进银行业保险业金融机构从大局出发,为民营企业、小微企业不断输血,在信贷供给增加的基础上保持融资成本处于合理水平。

四是"夯实系统架构"——信息系统提升和优化为银行业务发展提供有力支撑。数据显示,2019 年上海银行业保险业金融机构在信息系统方面的创新为 126 个,占 16.7%。各银行业保险业金融机构通过硬件升级改造和软件研发,不仅在业务前端营销获客、提升服务体验上起到助推器的作用,更是在中后台业务审批处理、流程控制、风险管控、业务运营方面提高了运作效率和质量。

三、扩大了金融中心的开放性和普惠性

作为"一带一路"与自贸试验区建设的重要支撑,上海金融机构致力于推进自贸试验区金融创新,为"一带一路"融通商机,"一带一路"和自贸试验区也为上海金融业开放与国际合作提供了新的机遇。2019 年,上海银行业金融机构根据自身优势和特色,制定个性化的金融服务方案,完善跨境金融服务,促进"一带一路"资金融通,为自贸试验区建设提供强力支持。

基础设施、能源资源、电力以及通信等互联互通领域,既是"一带一路"建设的优先领域,也是中国 40 年改革开放和推进城镇化建设的优势领域。上海银行业金融机构依托自贸试验区自主创新优势,发挥金融"铺路搭桥"作用,推动中国经验、技术和劳务"走出去",涵盖能源、矿产、航空、金融、化工、高新技术等领域,促进沿线有关国家产业升级、筑牢经济发展基础。

上海自贸试验区具有在贸易、投资和金融领域开放上可复制和可推广的经验,成为"一带一路"建设的重要平台。华夏银行上海分行充分利用自贸试验区跨境投融资便利和先行先试的独有条件,研发了自贸代理通产品"一对多代理通",为企业发展保驾护航。通过"一对多代理通",企业可利用自身在华夏银行申请的贸易融资授信额度,为其委托的多家集团内进/出口代理企业申请贸易融资额度。

2019 年野村、摩根大通、东方汇理等标志性外资控股金融机构加快落户上海,上海国际金融中心开放深度、开放成色不断提升,经济活力显著增加,国际显示度持续提升,资源配置能力显著增强。

2019 年,随着中国金融业对外开放进程进一步加快,国务院金融委办公室发布进一步扩大金融业对外开放的 11 条措施,中国银保监会、中国证监会也陆续发布相关金融业对外开放的举措,国务院发布外资保险公司、外资银行有关管理条例的修改决定,中国证监会还明确取消证券公司、基金管理公司和

期货公司外资股比限制的时间表。作为中国金融业对外开放的最前沿城市，上海将进一步支持外资金融机构开展业务，支持外资金融机构参与上海国际金融中心建设、自贸试验区新片区金融改革创新等国家战略，推出更多金融创新产品和业务。

2019年，上海金融机构积极落实普惠金融政策，坚持问题导向、市场导向、民生导向，落实现金服务示范区银行网点先行先试、大胆创新，加大小面额现金投放、硬币自循环和普惠金融支持力度。依托试点改造，加大小面额现金投放力度。鼓励金融机构对现金服务示范区内现金自助设备进行试点改造，更好地满足公众对小面额现金及其整洁度的需求。上海银行闸北支行配备的自助机具支持10元等小面额纸币，纸币可以自助换成硬币，残损人民币可以优先无偿兑换，个性化的现金服务对偏爱存取零钱的养老金用户、小商户群体方便又贴心。

2019年，上海银行业金融机构继续推动投贷联动，支持成长期科技创新型小微企业。截至2019年末，投贷联动项下贷款存量户数371户，较2018年末增加58户，增长18.53%。贷款余额合计55.63亿元，较2018年末增加16.53亿元，增长42.26%。其中，内部投贷联动项下投资存量户数13户，投资金额2.06亿元，贷款存量户数5户，贷款余额1.98亿元；外部投贷联动项下贷款存量户数366户，贷款余额53.66亿元。

2019年，上海保险业金融机构探索开展"银行＋担保＋保险"合作新模式，为新型农业经营主体提供信贷支持。2019年，"银行＋担保＋保险"模式下贷款发放35笔，贷款金额2 925万元。2019年，上海保险业金融机构陆续开展了耕地地力指数保险、经济作物气象指数保险等创新险种，在指数类保险领域进行了新的探索。

2019年，上海保险业金融机构推进专利综合保险、专利质押贷款保证保险等产品，推动"专利联盟"等专业服务组织更好服务企业专利维权，保护企业原始创新。专利综合保险是为支持中小微科创企业保护专利原始创新开发的试点产品，按照政府引导、市场运作、从易到难、逐步推开的原则稳步推进，从奉贤的试点区域开始，已扩展至黄浦区、杨浦区、浦东新区等主要城区。通过引入专利保险补贴激励机制，按照企业实际支付保费的50%，对投保企业给予资助；投保企业最高可获50倍保费赔偿。2019年，该项目为上海科技型中小微企业承保累计3 775件，服务425家企业，提供风险保障1.18亿元，共发生赔付案件8起，为2家企业支付赔款18.5万元。

第三章　国际金融中心排名

第一节　国际金融中心排名情况

在各种全球金融中心竞争力排行榜中,最为流行的是英国智库 Z/Yen 集团发布的"全球金融中心指数"(The Global Financial Centre Index,简称 GFCI 指数)。该指数从人才、商业环境、市场发展程度、基础设施、总体竞争力五个方面进行排序。

2019 年 9 月 19 日,由英国智库 Z/Yen 集团与中国(深圳)综合开发研究院共同编制的第 26 期全球金融中心指数报告在伦敦和深圳同时发布。GFCI 26 全球金融中心指数从营商环境、人力资源、基础设施、发展水平、国际声誉等方面对全球主要金融中心进行评价和排名,共有 104 个金融中心进入榜单。全球前十大金融中心排名依次为:纽约、伦敦、香港、新加坡、上海、东京、北京、迪拜、深圳、悉尼。上海排名第五,与第 4 名新加坡的差距仅为 1 分。这一方面得益于上海更高层次的金融对外开放,另一方面得益于上海营商环境的不断优化。另一个重要的指数是"新华—道琼斯全球金融发展指数"(简称 IFCD 指数),其主要从金融市场、成长发展、产业支撑、服务水平和综合环境等五个方面考察,最近一期指数也显示上海排名第五。

GFCI 26 全球金融中心指数评分中,上海金融中心评分虽大幅下降 9 分,但仍继续保持全球金融中心第 5 名,且与新加坡的评分差距缩短为 1 分,对新加坡的排名地位造成严峻挑战。

随着中国金融改革和对外开放的不断推进及金融体制的不断健全,中国金融中心的竞争力将进一步释放,在全球的影响力也将不断提升。

表 3-1　第 24—26 期全球前十大金融中心指数

	GFCI 26		GFCI 25		GFCI 24	
	Rank	Rating	Rank	Rating	Rank	Rating
纽　约	1	790	1	794	1	788
伦　敦	2	773	2	787	2	786
香　港	3	771	3	783	3	783
新加坡	4	762	4	772	4	769
上　海	5	761	5	770	5	766
东　京	6	757	6	756	6	746
北　京	7	748	9	738	8	733
迪　拜	8	740	12	733	15	722
深　圳	9	739	14	730	12	726
悉　尼	10	738	11	736	7	734

第二节　国际金融中心金融资源配置能力比较

成为全球金融中心一直是国家赋予上海的历史使命。随着金融资本的全球化,上海更需加快建设成全球金融中心更需要全球化的资本要素流动和配置平台。作为中国金融国际化的"桥头堡",上海金融的竞争力在一定程度上可以体现上海在全球金融网络体系及全球金融资源配置中的位置。全球金融资源配置是规模能级、整体实力、国际地位、辐射能力等方面的综合体现。

一、金融服务业增加值

金融服务业增加值主要反映了金融机构的营业盈余和劳动者报酬情况。卢森堡、新加坡和中国香港等外向型经济体的金融业增加值占 GDP 比重在 15%—25%附近。2019 年我国金融业增加值占 GDP 比重为 7.8%,上海为

17.3％,在国际上仍处于较高水平,与英美相当,是日本的近2倍。

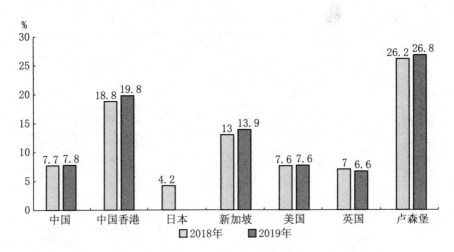

图3-1   主要国家和地区金融服务业增加值占GDP比重(2018—2019年)

资料来源:OECD。

二、金融服务业贸易额

从规模来看,无论与国内其他服务行业比,还是与其他发达国家和地区比,我国金融和保险服务贸易都处于末位。2018年我国金融和保险业的出口份额仅3.1％,不足日本的一半(7.2％),与其他发达地区差距更大:卢森堡最高,接近60％,英国和中国香港分别为27.6％和20.9％,新加坡和美国分别为17.2％①和15.7％。

从贸易平衡来看,我国金融与保险服务业逆差较大,对服务贸易整体平衡的贡献度极低。发达国家和地区的金融服务业贸易普遍有两大特点:一是呈顺差结构,其中卢森堡、英国和新加坡是金融和保险服务双顺差,美国和中国香港是保险服务逆差、金融服务顺差;二是对服务业贸易顺差的贡献普遍在50％以上,2018年,新加坡的金融和保险贸易顺差高达服务贸易总顺差的11倍。我国和日本结构相似,服务贸易为逆差,且保险服务逆差相对庞大、金融服务顺差较小。但从金融和保险业整体贸易差额的占比来看,我国仅2.2％,是日本、美国的1/10,是英国的1/30,反映出我国金融市场对全球金融资源配

———————————

① 2019年数据。

置水平仍有极大的提升空间。

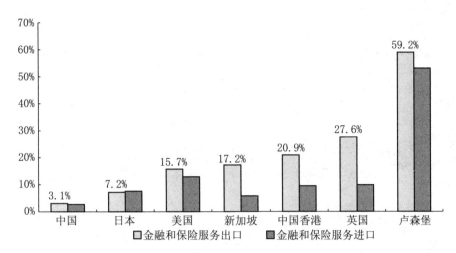

图 3-2 主要发达国家和地区金融服务贸易份额对比(2018 年)
资料来源:OECD,中国商务部,香港特别行政区政府统计处。

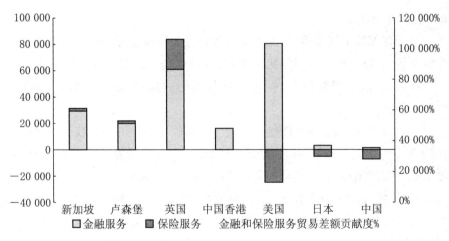

图 3-3 主要国家和地区金融服务业贸易平衡(2018 年)
资料来源:OECD、中国商务部、香港特别行政区政府统计处。

三、市场证券化率情况

从全球角度来看,中国市场证券化率(上市公司市值/GDP)仍处于较低
水平,仍需进一步发挥证券市场的资源配置功能。从市场证券化率数据来看,

2018 年新加坡为 188.73％,中国香港为 1 053.05％,美国为 148.15％,卢森堡为 69.81％,中国仅为 46.48％。

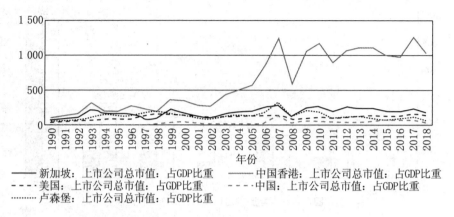

图 3-4　全球主要金融中心市场证券化率情况(1990—2018 年)

资料来源:世界银行。

四、保险市场情况

　　从全球保险市场来看,上海保险市场仍处于初级发展。数据显示,在国际保险市场上,以美国为中心的北美市场、欧盟市场及日本为代表的东亚市场,无论在保险资本、保险资产、保险业务收入等方面都占据了国际保险市场 90％的份额。

　　但同时也应看到,保险深度是反映了保费收入对经济的贡献程度的指标,2019 年上海保费收入 1 720 亿元,保险深度 4.5％,接近发达国家平均保险深度 7.8％,与美国相当,约是英国的 70％。

　　同时,在人寿保险市场上,中国则是主要推动力。目前,虽然美国是最重要的人寿保险市场,占全球市场份额的 20％左右,其次是日本,但中国紧随其后,市场份额超过 12％,已成为全球保费增长的重要驱动力。据艾媒咨询预计,随着全球保险市场呈现多极化,以及人工智能、智能支付、老龄化市场需求等发展,中国保险市场也将会迎来进一步增长,预计 2029 年中国保险市场将占全球市场的 20％,这也将给上海保险市场带来新的契机,上海应继续发挥自贸试验区优势,探索跨境人民币保险新业务。

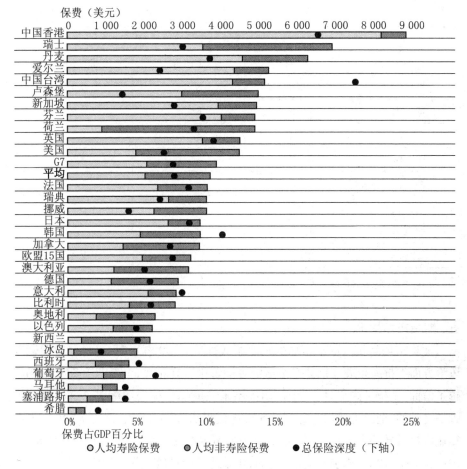

图 3-5　主要发达国家(地区)保险密度和深度估计值(2018 年)

资料来源:SWISSRE SIGMA①。

表 3-2　全球保险市场份额统计

	全球保险市场份额		
	1980 年	2018 年	2029 年 E
美　国	42%	28%	25%
中　国	0%	11%	20%

① SWISSRE SIGMA,《世界保险业:重心继续东移》2019 年第 3 期,https://www.swissre.com/dam。

(续表)

	全球保险市场份额		
	1980 年	2018 年	2029 年 E
日　本	16%	8.5%	7.1%
英　国	7.4%	6.5%	4.7%
法　国	5.5%	5.0%	3.5%
德　国	8.6%	4.7%	3.5%
韩　国	0.4%	1.9%	3.3%
意大利	0.3%	3.4%	3.2%
加拿大	1.8%	3.3%	2.7%
中国台湾	2.7%	2.5%	2.4%

资料来源：瑞士 Sigma 保险、艾媒数据中心。

五、期货市场情况

期货市场是我国资本市场的重要组成部分,在价格发现、资源配置和管理风险方面发挥着重要作用,"在全球资源配置中存在很多问题,只有期货市场超越了信仰、超越了国界,用一个信用体系来完成了全球资源配置。这种资源配置是高效的,把最优质的资源引导到最优质需求中"(张宜生,2010)。据美国期货业协会最新数据显示,2019 年全球场内衍生产品总成交量约 344.75 亿元,较 2018 年增长 13.70%,其中,拉丁美洲、亚太地区增长较快,北美、欧洲有所下降。

2019 年全球衍生产品交易所场内衍生产品成交量排名中,上海期货交易所和中金所分别位列第十、第 28 位。如果从场内商品衍生产品成交量来看,上期所排名全球第一。具体表现在:在金属衍生产品合约成交量排名中,前四位均为国内期货交易所,其中,上海期货交易所的螺纹钢、镍、白银期货分别位列第 1 位、第 3 位、第 4 位;纽约商品交易所的黄金(GC)期货排第 5 位。同时,上期所的其他诸如锌、热轧卷板、黄金、铜、铝等期货品种也位列全球金属衍生产品成交量排名前 20 位。能源衍生产品合约成交量排名中,上海期货交易所的燃料油期货合约排名第 4 位,排在前 3 位的依次是莫斯科交易所的布伦特原油期货、纽约商业交易所的 WTI 轻质原油期货、ICE 欧洲交易所的布伦特原油期货。

表 3-3　全球场内商品衍生产品成交量排名

排名	交　易　所	2019 年成交量 （亿手）	2018 年成交量 （亿手）	增长率 （%）
1	上期所	14.48	12.02	20.44
2	大商所	13.56	9.82	38.05
3	芝加哥商业交易所集团	11.35	11.82	-3.95
4	郑商所	10.93	8.18	33.59
5	洲际交易所	7.76	7.97	-2.65
6	莫斯科交易所	6.64	4.78	38.72
7	印度多种商品交易所	3.07	2.30	33.10
8	香港交易及结算所有限公司	1.76	1.85	-4.69
9	印度商品交易所	0.88	0.27	228.09
10	伊斯坦布尔证券交易所	0.58	0.22	161.08

资料来源：BIS、和讯期货。

但也需指出，在衍生产品全球配置资源方面，我国在期权和金融期货方面
仍显不足，仍需提升资源配置能力及国际定价权。首先，在期权品种方面，我
国期货市场仍显不足，受上市品种数量等因素影响，上期所在期权成交量全球
排名中仅占第 27 位，在商品期权成交量方面位列全球第七。

表 3-4　期权成交量全球前十排名(2019 年)

排名	交　易　所	2019 年成交量 （亿手）	2018 年成交量 （亿手）	增长率 （%）
1	印度国家证券交易所	50.06	28.64	74.75
2	芝加哥期权交易所集团	18.49	19.75	-6.38
3	纳斯达克	17.28	18.19	-5.03
4	B3	12.48	10.46	19.32
5	芝加哥商业交易所集团	10.17	9.95	2.28
6	洲际交易所	9.90	10.40	-4.78
7	德意志交易所集团	7.01	6.98	0.39
8	韩国交易所	7.00	6.94	0.91
9	孟买证券交易所	6.30	5.65	11.52
10	迈阿密国际证券交易所	4.40	4.21	4.45

资料来源：BIS、和讯期货。

表 3-5　商品期权成交量全球前十排名(2019 年)

排名	交 易 所	2019 年成交量（亿手）	2018 年成交量（亿手）	增长率（%）
1	芝加哥商业交易所集团	1.46	1.61	−9.34
2	洲际交易所	0.77	0.80	−3.85
3	大商所	0.25	0.13	99.12
4	郑商所	0.11	0.046	130.80
5	莫斯科交易所	0.088	0.078	12.61
6	香港交易及结算所有限公司	0.057	0.067	−14.50
7	上期所	0.051	0.013	300.61
8	新加坡交易所	0.049	0.026	89.85
9	纳斯达克	0.034	0.085	−60.62
10	印度多种商品交易所	0.026	0.011	139.69

资料来源：BIS、和讯期货。

其次,在金融衍生产品(不包括个股衍生产品)方面,我国中金所仍显竞争力严重不足,全球衍生产品场内交易成交量排名第 28 位。即便在金融衍生产品排名上,也未进入前 5 位。排名前五的主要集中在印度国家交易所、芝加哥商业交易所等。从品种方面来看,中金所交易品种有限,诸如外汇期货、外汇期权等在全球资源配置中占据重要地位的品种仍未上市,这将不利于资本的流动和资本形成。

表 3-6　全球金融衍生产品成交量排名(2019 年)

排名	合 约	2019 年成交量（亿手）	2018 年成交量（亿手）	增长率（%）
1	银行 Nifty 指数期权,印度国家证券交易所	29.94	15.87	88.61
2	Bovespa 迷你指数期货,B3	16.14	7.06	128.55
3	CNX Nifty 指数期权,印度国家证券交易所	11.61	6.22	86.63
4	欧洲美元期货,芝加哥商业交易所	6.87	7.65	−10.21
5	美元/印度卢比期权,印度国家证券交易所	6.49	4.85	33.84

资料来源：BIS、和讯期货。

此外,由于 2019 年复杂的国际、国内形势,避险成为全球不可忽略的主题,因此全球主要交易所黄金交易也出现大幅增长。如,2019 年纽约商品交易所(COMEX)期金交易量同比上涨 7.73%,期金迷你合约交易量更是同比大涨 150.29%。上海期货交易所黄金期货也发挥了重要的资本配置及避险功能。2019 年上海期货交易所黄金期货创历史新高,成交量 92 417 134 手(双边),同比增长 186.58%,成交额 29.99 万亿元(双边),同比增长 238.91%。

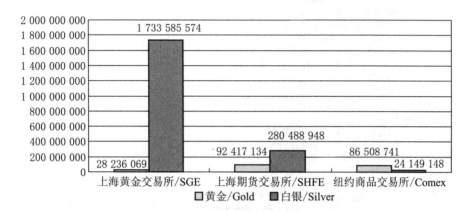

图 3-6　三大交易所黄金交易量对比情况(2019 年)

资料来源:wind。

六、外汇市场

BIS 报告显示,2019 年全球外汇交易中美元占比高达 88.3%,单日交易额高达 5.82 万亿美元;受 2010—2012 年欧债危机发酵影响,欧元交易量占比由 2010 年高达 38%,回落到 31.4%, 2019 年占 32.3%。但人民币交易量虽不断上升,但占比仍较小。数据显示,人民币占比自 2007 年的 0,攀升到 2016 年的 4%,进一步攀升到 2019 年的 4.3%。

从地区统计来看,2018 年,英国伦敦仍是全球外汇交易量最大的地区,占 36.94%,美国纽约位居其次,占 36.94%、新加坡第 3 位,占 7.94%。

从交易平台来看,国际外汇市场的主要平台既有 EBS Broker Tec、Bloomberg 电子交易系统、Reuters FXALL、Click365 等整合性平台,还有由单一银行推出的诸如 Barclays BARX、Citi Velocity 等。其中,EBS Broker Tec、Bloomberg、Reuters FXALL 为市场主导性交易平台,三大平台交易量占全球电子交易平台的 60％以上。这是目前上海尤为不具备的资源配置平台。

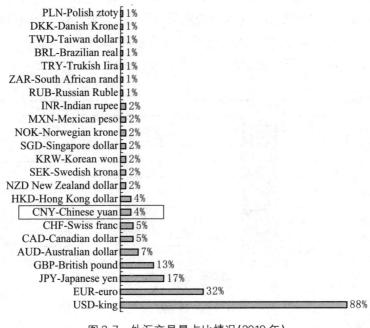

图 3-7　外汇交易量占比情况(2019 年)

资料来源：BIS。

七、利率情况

　　利率是资本的价格，对利率的控制将直接影响资本的供给和配置效率。利率市场化改革是提升金融资源配置效率的关键因素。从全球来看，随着我国利率市场改革的不断深入，我国贷款利率水平在全球主要金融中心所在国别比较中也处于较低水平，促进了金融资源的有效配置。世界银行数据显示，2018 年，美国贷款利率为 4.9％，日本接近 0，中国香港贷款利率为 5.05％，新加坡贷款利率为 5.33％，中国贷款利率为 4.35％。

　　总的来看，从金融市场服务实体经济的基本功能来看，经济体量庞大、产业部门齐全是全球金融资源配置功能不断强化的基础动力。新加坡、卢森堡和中国香港受制于经济结构单一和完全外向型的经济模式，金融资源配置的规模难以突破，其定位仅是全球金融资源的集散地，突出风险管理功能。而美、中、日、英四国经济总量位居全球前列,金融规模具有可比性;而金融结构的强弱则决定了该国的全球金融资源配置所处的阶段。上海作为代表中国最高金融发展水平的超大型城市,全球金融资源配置功能应对标纽约、伦敦和东京。

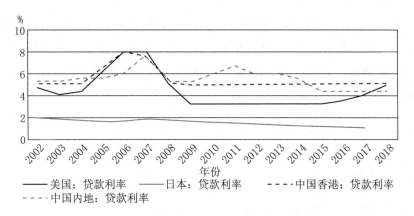

图 3-8　全球主要金融中心所在国(地区)贷款利率情况(2002—2018 年)
资料来源:世界银行。

表 3-7　主要国家/地区的全球金融资源配置功能(2018 年)

特　征		基础阶段	中间阶段	高级阶段
特　征	规模	大	小	大
	结构	弱	强	强
	效率	低	高	高
功　能		融资	融资	融资
			风险管理	风险管理
				定价
代表经济体		中国内地、日本	新加坡、卢森堡、中国香港	美国、英国

基于上述分析,可以看到上海在金融资源配置上已取得明显进步,在全球国际金融中心排名上也已名列前茅。但仍存在进一步完善和改善的地方,主要包括:

(1)金融对实体经济资源配置仍较低。金融是现代经济发展的核心,中央多次提出金融要回归服务实体经济的本质。金融自由化程度将对实体经济资本配置效率产生重要影响。

（2）金融开放程度有待于进一步提升。对标国际成熟市场，上海的金融市场功能仍存在较大提升空间，市场定价权和话语权仍不足，整体对外开放程度仍显不足。

（3）金融服务贸易水平仍较低。金融服务发展应是上海国际金融中心建设的重要组成部分，不仅可以提升上海国际金融中心建设竞争力，而且也可以促进产业转型。但是，目前上海金融服务贸易和上海金融产业发展水平并不相匹配。

第二编

2019－2020 年上海国际金融中心若干专项研究

2019—2020 年,根据上海国际金融中心等国家战略的实际需要,围绕蓝皮书见证上海国际金融中心历史跨越、强化上海陆家嘴金融城金融功能、上海自贸试验区发展、知识产权金融和上海天然气交易市场发展等内容,我们组织了开放式研究团队进行专项研究。上海立信会计金融学院、中国金融信息中心等的专家学者提供了相应的研究成果,组成了若干专项研究篇。

第四章 蓝皮书见证上海国际金融中心历史跨越（2006－2020 年）

　　上海国际金融中心建设的伟业，肇始于 1992 年邓小平视察南方时的谈话："中国在金融方面取得国际地位，首先要靠上海。"1992 年 10 月，党的十四大提出要把"上海建设成国际经济、贸易、金融中心之一"，正式拉开了上海国际金融中心建设的序幕。经过二十多年的艰苦奋斗，到 2020 年上海已实现了当初预定的目标，基本建成了与人民币国际化地位相适应的国际金融中心。上海国际金融中心建设的实践一方面为理论研究提供了鲜活的素材，另一方面上海国际金融中心建设也离不开理论的指导。2006 年，上海金融学院怀着为上海国际金融中心添砖加瓦的理想，不畏艰难，群策群力，开始编写第一本上海国际金融中心建设蓝皮书，后来编写团队虽然在不断发生变化，但薪火相传，编写工作一直坚持到今天。从 2006 年至今编写的这些蓝皮书与上海国际金融中心共成长，从稚嫩走向成熟，不仅通过蓝皮书的年鉴部分见证了这十多年来上海国际金融中心的历史跨越，而且让我们倍感自豪的是，在上海国际金融中心建设的几个重要历史节点和关系上海国际金融中心建设的若干历史问题上，上海国际金融中心建设蓝皮书也未缺席，为之进行了一系列的专题理论研究，为在理论上指引上海国际金融中心建设发挥了一定作用。因此，我们通过对上海国际金融中心建设蓝皮书的全面回顾，一方面可以对 2020 年建成与人民币国际化地位相适应的国际金融中心这一目标进行评估；另一方面也是对上海国际金融中心建设的历史进行回顾，为新发展格局下上海国际金融中心建设提供历史借鉴。

第一节　从蓝皮书看 2020 年上海国际金融中心基本建成

2009 年国务院通过《关于推进上海加快发展现代服务业和先进制造业建设国际金融中心和国际航运中心的意见》,明确了上海至 2020 年基本建成"与我国经济实力以及人民币国际地位相适应的国际金融中心"的目标。2020 年是上海国际金融中心建设的阶段性收官之年,需要对上海国际金融中心的建设情况进行评估,以此为基础制定好上海国际金融中心建设下一步的发展规划。因此我们利用 2006—2020 年上海国际金融中心建设蓝皮书所积累的历史数据,从上海金融市场、金融机构、金融创新和国际金融中心国际排名四个方面对上海国际金融中心建设情况进行评估,认为 2009 年国家关于上海国际金融中心建设的阶段性任务已经基本完成,上海已经形成具有相当规模、功能完备的多层次金融市场体系以及高度聚集、门类齐全的金融机构体系,金融创新能力不断增强,在国际金融中心中的排名不断提高,在最新发布的全球金融中心指数(GFCI 28)中已经位列全球第三。

一、见证上海金融市场的发展

金融市场是上海国际金融中心建设的核心内容之一,《2006 年上海国际金融中心建设蓝皮书》首次对 2005 年上海金融市场进行全景式分析,此后历年的上海国际金融中心建设蓝皮书都首先对上海金融市场发展进行分析。通过这些历史数据,可以看到上海金融市场体系建设在过去的十余年中取得了很大的成就,已形成了品类齐全、交易活跃的市场体系,与境外市场的互联互通也不断增强,市场参与者结构也在逐渐丰富和优化,海外投资机构也有更多的机会参与到股票和债券市场。

(一)上海金融市场的规模不断扩大

通过分析历年的蓝皮书,可以看出上海金融市场的快速发展。2005 年上海还只有上海证券交易所、上海期货交易所、上海黄金交易所、中国外汇交易中心、全国银行间同业拆解中心等几家金融要素市场。经过十多年的发展,上海已经集聚股票、债券、期货、保险、信托、外汇等金融要素市场和基础设施,是全球金融要素市场最完备、交易最活跃的地区之一。主要的金融要素市场包括上海证券交易所、上海期货交易所、中国金融期货交易所、中国外汇交易中心暨全国银行间市场、上海股权托管交易中心、上海国际黄金交易中心、上海国际能源交易中心、上海保险交易所、中国信托登记有限责任公司、中央国债登记结算有限公司上海总部、中国人民银行清算中心上海中心、中债金融估值中心、中国证券登记结算公司上海分公司等,包括股票、债券、证券化资产、金融衍生品、外汇、票据、商品期货和金融期货,都已落地上海(见表4-1)。

表4-1　上海金融要素市场体系

主要金融市场	成立时间	机构性质	市场地位
上海证券交易所	1990 年	资本市场	全国最大的证券交易所
中国外汇交易中心	1994 年	外汇市场	全国外汇交易中心总部
银行间同业拆借中心	1996 年	货币市场	全国货币市场交易中心总部
人民币债券交易中心	1997 年	货币市场	全国债券交易中心总部
上海期货交易所	1999 年	商品期货市场	全国最大的商品期货交易所
上海黄金交易所	2002 年	现货市场	中国唯一的黄金交易所
票据市场服务中心	2003 年	货币市场	中国主要的票据报价系统
中国金融期货交易所	2006 年	金融衍生产品市场	中国唯一的金融期货市场
上海清算所	2009 年	外汇、货币市场	中国公司信用债券登记托管结算中心
上海股权托管交易中心	2012 年	资本市场	区域股权交易市场
上海国际能源交易中心	2013 年	商品期货市场	国内首次推出国际原油期货
上海保险交易所	2016 年	保险市场	中国首家保险交易所
上海票据交易所	2016 年	货币市场	中国首家票据交易所

资料来源:根据相关资料整理而得。

2005 年末,上海证券交易所上市证券为 1 069 种,上市公司为 834 家,股票市场总值为 23 096.13 亿元,投资者开户数达 3 856 万户,会员 152 家,2005年通过上海证券交易所发行股票和配售新股累计筹资为 29.97 亿元。上海证券交易所共有 120 个债券品种,包括 43 个国债现货品种、9 个国债回购品种、47 个金融债和企业债券现货品种、3 个企业债券回购品种和 18 个可转换债券品种。经过十多年的发展,上海股票和债券市场规模都已经跻身世界前列。2019 年末,上海证券交易所的股票市值规模已名列全球前三,股票总市值

35.55 万亿元,上市公司数达到 1 572 家,上市股票数达到 1 615 只,投资者开户数 24 398 万户,股票筹资总额 5 145.33 亿元。2019 年末,我国的债券市场规模已达 97.11 万亿元,位居全球第三、亚洲第二,绝大多数交易发生在上海(银行间市场与上海证券交易所)。其中,公司信用类债券存量从 2009 年末的 2.32 万亿元增加至 2019 年末的 18.46 万亿元,位居全球第二、亚洲第一;资产支持证券存量也从 2009 年末的 234 亿元增加至 2019 年末的 3.58 万亿元;其他种类的债券也已开始试点。

2005 年,上海期货交易所成交量为 6 758 万手,全年累计成交额 65 402.03 亿元,而到 2019 年上海期货交易所累计成交量 14.1 亿手,全年累计成交金额 96.9 万亿元,上海期货交易所交易合约数全球排名第四,为企业通过套期保值等手段管控风险提供了工具和渠道,对稳定实体经济的要素价格起到显著的作用。上海黄金交易所黄金交易量也稳居全球第三。此外,场内股指和债券期货等金融衍生产品和场外利率和外汇衍生产品,在过去的十余年里从无到有,发展迅速。2019 年中国金融期货交易所股指期货和国债期货全年累计成交 66.3 万手,全年累计成交金额 69.6 万亿元。

(二) 上海金融市场的对外开放程度大幅提升

与纽约、伦敦等国际著名国际金融中心相比,国际化程度不高一直是上海的短板。在历年的上海国际金融中心建设蓝皮书中,我们一方面肯定上海金融市场规模的快速扩张,但同时也呼吁要扩大上海金融市场对外开放,提高上海金融市场的国际化程度。2005 年,我国的证券业还属于创始探索期,对外谨慎开放,至 2004 年末,中外合资证券公司仅为 5 家,中外合资基金公司仅为 10 家,A 股市场虽然开始开放,但只有经审批的境外合格的投资者可以购买 A 股。十多年来,随着"沪港通""债券通""沪伦通"等陆续开放,上海金融市场的对外开放程度大幅提升。2019 年沪股通北上资金成交总金额达 4.99 万亿元,占上海 A 股市场总成交金额的 9.21%,为 2015 年的十多倍。而 2017 年 7 月开启的债券通则为境外投资者直接进入债券市场打开了通道,越来越多的境外投资者参与到银行间市场的交易。2019 年 6 月,沪伦通正式开通,华泰证券发行的沪伦通下首只全球存托凭证(GDR)产品在伦交所挂牌交易,这是我国资本市场与境外发达资本市场之间互联互通机制的又一全新示范性尝试。2019 年 6 月,中日资本市场正式开通 ETF 互通业务,两国基金公司分别通过现行 QDII 和 QFII 机制设立跨境基金,投资于对方市场具有代表性的 ETF 产品。

伴随着资本市场开放程度的增加,我国股票和债券逐步被纳入国际主流指数,极大推进了资本市场与国际接轨。MSCI、富时罗素、标普道琼斯在2019年先后将A股纳入其新兴市场全球基准指数,且纳入比例上限已经逐步提高到15％—25％;债券方面,2019年4月1日起,以人民币计价的中国国债和政策性银行债券开始被纳入彭博巴克莱全球综合指数,完全纳入后在该指数总市值中占比超过6％;2020年2月28日起,人民币计价的高流动性中国国债被纳入摩根大通全球新兴市场政府债券指数系列,完全纳入后中国国债将达到该指数10％的权重上限;此外,富时罗素也已将中国列入其追踪资金量最大的富时世界国债指数的观察国家。

二、见证上海金融机构的发展

金融机构是上海国际金融中心建设的另一个核心内容,《2006年上海国际金融中心建设蓝皮书》首次对2005年上海金融机构现状进行全面分析,此后历年的上海国际金融中心建设蓝皮书也都用专门一章分析上海金融机构的发展。在过去的十几年里,上海的金融机构体系逐步健全,金融中介业务规模持续扩大,各类国际金融机构和合资公司不断入沪,已形成金融业态和机构的集聚效应。

（一）上海持牌类金融机构不断增加

在我国近现代的金融发展史上,上海一直居于重要的地位。上海外滩一栋栋具有欧式风格的银行大楼,沉淀着数十年甚至上百年的金融传统,见证了上海金融业曾经的辉煌和经历的风雨沧桑。改革开放以来,以交通银行恢复重建为标志,上海逐步形成了中外资金融机构相融的金融机构体系。2005年,上海的金融机构已开始呈现出多类别、高层次、多元化的特点,但与纽约、伦敦、新加坡、中国香港等国际金融中心相比,总体上金融机构的数量还不多(见表4-2)。

表4-2　上海2004—2005年金融机构变动一览

	2004年末	2005年末
金融机构数(家)	454	610
其中:银行类	119	231
证券类	88	110
保险类	168	269

资料来源:2006年上海国际金融中心建设蓝皮书。

　　2005 年以来,由于中国各类金融证券的主要交易中心和市场进一步集中于上海。2019 年,上海拥有持牌金融机构 1 659 家,超过北京和深圳。即使总部设在其他城市的大金融机构,如各大银行和保险公司,也多在上海有相当规模的分支机构。在与资本市场相关的金融机构方面,上海更具有很大优势。以公募基金为例,2019 年末上海拥有 57 家公募基金公司,管理的资产规模占全国的 26％,超过北京和深圳。

　　(二)上海金融机构的国际化程度不断提高

　　在境内主要城市中,上海的国际化程度最高,对外资机构设立合资或分支机构的吸引力较大。2005 年,在沪营业性外资金融机构为 123 家,在沪经营的 84 家外资银行及财务公司资产总额达到 1 144.55 亿元。2005 年以来,上海吸引外资金融机构的数量不断增加。2019 年,上海有合资基金 23 家,占全国的 23％,合资证券公司 8 家,占全国的 53％,大大超过北京和深圳。2019年年底,上海外资金融机构的数量已超过 510 家。在沪外资金融机构充分发挥跨境业务的运营优势,与母行集团大力开展境内外业务协作,为中资企业"走出去"持续提供全方位金融服务。此外,金砖国家新开发银行、全球中央对手方协会等国际金融组织业纷纷落户上海,为上海国际金融中心添加了更多的国际内涵。作为上海国际金融中心核心功能区的浦东新区,2020 年以来,已新增 8 家外资资管机构,累计有 68 家国际知名资管机构在浦东新区设立91 家各类外资资管公司,资管规模全球前十名已有 9 家落户陆家嘴。

三、见证上海金融创新的发展

　　在上海国际金融中心建设过程中,金融创新越来越重要。2006 年首次编写的上海国际金融中心建设蓝皮书就对上海的银行产品创新和保险、基金、信托类产品创新进行了分析。此后,在每年的蓝皮书中也都对上海国际金融中心建设中的金融创新进行深入研究。2010 年,上海市政府设立"上海金融创新奖",2010 年以来所编写的上海国际金融中心建设蓝皮书就主要围绕"上海金融创新奖"对金融创新进行分析。通过分析这些历史文献,我们认为在过去的十几年里,上海紧紧围绕金融服务实体经济进行创新,金融创新能力不断增强,金融创新的效应不断显现。

　　(一)上海金融创新的能力不断增强

　　2010 年以来,上海金融创新奖共评选出 588 项优秀成果,其中成果奖 513

项、推进奖 75 项。2019 年度上海金融创新奖评选中,190 个符合条件的创新性项目参与角逐,最终 69 个项目脱颖而出,其中特等奖 1 个、一等奖 6 个、二等奖 15 个、三等奖 22 个、提名奖 25 个,金融创新推进奖 9 个。10 年来,不仅获奖的金融创新项目不断增加,而且金融创新的含金量不断提高。在 2019 年上海金融创新奖获奖项目中,多个与科创板有关的项目斩获大奖。其中,"设立科创板并试点注册制改革落地"项目(上交所、中证登上海分公司)作为资本市场改革的"试验田",在发行、定价等一系列关键制度上进行了市场化改革的突破,获得特等奖。设立科创板并试点注册制改革建设符合预期,已形成可复制、可推广的改革经验,在对企业的包容效应、上市企业的成长效应、上市行业的集聚效应、审核的快速效应、价格的均衡效应、审核的威慑效应以及改革的示范效应方面,作用明显。截至 2020 年 12 月 8 日,科创板上市公司已达到200 家,其中上海地区上市的有 35 家。

(二)上海金融创新的效应不断显现

上海金融创新的另一大特点是紧贴上海国际金融中心基本建成目标,打造金融开放的枢纽门户,对加快上海国际金融中心建设步伐发挥了积极作用。以 2015 年上海金融创新奖项目为例,其中不少项目对推进上海国际金融中心建设发挥了重要作用。如跨境银行间支付清算(上海)有限责任公司的"人民币跨境支付系统(一期)建设与运营"项目,是满足全球各主要时区人民币业务发展需要的重要基础设施,对提升人民币跨境清算效率,促进人民币国际化进程,建设国际金融中心有特别重要的战略意义。又如银行间市场清算所的"人民币大宗商品金融衍生产品中央对手清算"项目,填补了我国场外金融及大宗商品要素市场空白,进一步提升了人民币在全球大宗商品交易定价的地位,该业务上线标志着场外大宗商品金融衍生产品中央对手清算平台在我国的成功构建。

四、见证上海国际金融中心国际排名的提高

比较思奋进,后来将居上。2006 年首次编写的上海国际金融中心建设蓝皮书中就专门有比较篇,不仅对世界主要国际金融中心进行了比较分析,而且对上海建设成为国家金融中心、亚太国际金融中心和全球国际金融中心的条件进行分析,找出上海的不足。2006 年上海国际金融中心建设蓝皮书就已经开始利用 2005 年 11 月伦敦金融城 Z/Yen 研究咨询公司的"全球金融中心指数(GFCI)"报告进行分析。当年在该报告中,上海尚未列入正式的排名,但该报告认为,如果未来 10—15 年有第三个全球国际金融中心的话,可能会是在中国的上海,香港、新加坡、东京充其量只可能是区域国际金融中心。2006 年上海国际金融中心建设蓝皮书则认为,尽管上海被给予了厚望,但上海离此目标还有很长的路要走,需要上海对照衡量国际金融中心的五个最重要指标分析并好好努力。这五个指标为:训练有素的金融从业人员、金融监管环境、国际金融市场进入度、基础设施和客户的可获性。2007 年上海国际金融中心建设蓝皮书则更加深入地对"全球金融中心指数(GFCI)"进行了分析,比较上海在该指数中的排名。在 GFCI(2007)中,上海首度入选,排名第 24 位。此后每年的上海国际金融中心建设蓝皮书基本上都以 GFCI 指数为主分析上海在国际金融中心中的排名,根据 GFCI 指数各指标情况分析上海在国际金融中心建设中存在的不足并指出努力的方向。

表 4-3   GFCI 行业分类指数排名前 15 位金融中心

排名	银行业	投资管理	保险业	专业服务	政府监管
1	纽约	纽约	卢森堡	纽约	纽约
2	上海	上海	纽约	伦敦	伦敦
3	伦敦	新加坡	伦敦	香港	卢森堡
4	香港	伦敦	新加坡	迪拜	香港
5	东京	香港	苏黎世	新加坡	新加坡
6	新加坡	北京	日内瓦	上海	上海
7	北京	法兰克福	法兰克福	多伦多	东京
8	旧金山	多伦多	香港	日内瓦	苏黎世
9	日内瓦	旧金山	阿布扎比	法兰克福	法兰克福
10	深圳	波士顿	上海	北京	洛杉矶
11	悉尼	迪拜	洛杉矶	苏黎世	特拉维夫
12	墨尔本	东京	多伦多	东京	北京
13	法兰克福	卢森堡	芝加哥	特拉维夫	旧金山
14	巴黎	深圳	北京	悉尼	维尔纽斯
15	广州	苏黎世	迪拜	旧金山	日内瓦

资料来源:英国智库 Z/Yen 集团。

经过十多年的努力,上海在国际金融中心中的排名不断提升。2020 年 3 月,在英国智库 Z/Yen 集团发布的第 27 期全球金融中心指数(GFCI 27)中,上海首次晋级全球第四,与前两位的伦敦、东京的差距也仅有 2 分和 1 分。2020 年 9 月,在发布的第 28 期全球金融中心指数(GFCI 28)中,上海首次名列三甲。而在 5 年前的 2015 年 9 月,上海仅列第 21 位。根据 GFCI 27 行业分类指数排名,上海银行业和投资管理领域在全球位居第二,专业服务位居第六(见表4-3)。在国内三大金融中心(上海、北京、深圳)中,上海金融市场规模最大,金融产业综合竞争力最强,金融产业绩效最高(见表4-4)。

表4-4　上海、北京、深圳 2018 年金融产业综合竞争力比较

城市	综合竞争力		金融产业绩效		金融机构实力		金融市场规模		金融生态环境	
	得分	排名	得分	排名	得分	排名	得分	排名	得分	排名
上海	271.8	1	260.56	1	258.27	2	384.30	1	177.67	2
北京	233.17	2	247.98	2	408.54	1	55.81	3	182.70	1
深圳	138.18	3	131.52	3	199.22	3	85.72	2	123.39	3

资料来源:深圳综合开发研究院。

第二节　从蓝皮书看上海国际金融中心建设的重要历史节点

在上海国际金融中心建设历程中,有一些重要的历史节点,如 1984 年中共十二届三中全会通过了《关于经济体制改革的决定》,改革的重点从农村转到了城市,上海的金融改革探索工作开始启动;1990 年 4 月,党中央、国务院决定开发开放浦东,上海由此从改革开放的后卫站到了前沿,浦东陆家嘴被定位为全国开发区中唯一一个金融贸易区;1992 年中共十四大报告中提出:"以浦东开发开放为龙头,进一步开放长江沿岸城市,尽快把上海建成国际经济、金融、贸易中心之一。"上海建设国际金融中心的目标第一次正式由中央提出。在 2006 年开始编写上海国际金融中心建设蓝皮书之后,上海国际金融中心建设又经历了一些重要历史节点,如 2006 年,上海市政府第一次制定《上海国际金融中心建设"十一五"计划》;2009 年 4 月,国务院发布 19 号文,要求"加快上海国际金融中心建设",明确提出"到 2020 年上海要基本建成与我国经济实

力及人民币国际地位相适应的国际金融中心"等。2006 年以来,在上海国际金融中心建设每一个重要历史节点上,上海国际金融中心建设蓝皮书都没有缺席,都围绕这些历史节点进行了专题研究,积极为推进上海国际金融中心建言献策。

一、2006 年上海国际金融中心第一个五年规划出台和蓝皮书专题研究

(一) 2006 年上海国际金融中心第一个五年规划的出台

2006 年 11 月,《上海国际金融中心建设"十一五"规划》正式出台,这是上海国际金融中心建设历史上第一个五年规划。《上海国际金融中心建设"十一五"规划》显示,"十五"期间,上海已基本确立金融在上海经济发展和城市功能优化中的核心作用,金融深度(正常贷款余额与全市生产总值之比)达到 1.8,居于国内前列;基本确立国内外金融机构主要集聚地的地位;基本确立国内体系完善、辐射力强的金融市场中心的功能,建立了比较完整、辐射全国的金融市场体系;基本确立公平、公正、公开的金融发展环境,金融生态环境综合评价排名全国第一;完成了"五年打基础"的目标,奠定了以市场中心为主要特征的国内金融中心地位。

在此基础上,《上海国际金融中心建设"十一五"规划》提出,"十一五"期间,上海建设国际金融中心的指导思想是以国家战略为统领、以增强集聚和辐射能力为主线、以改革创新为动力、以强化监管为保障、以优化金融生态环境为基础。《上海国际金融中心建设"十一五"规划》还展示了 2010 年上海建成国际金融中心的框架体系:基本形成适合国内外投资者共同参与的、有国际影响力的金融市场体系;基本形成以具有行业领导力和国际竞争力的金融机构为骨干、中外资金融机构共同发展的多元化的金融机构体系;基本形成与我国经济发展需要相适应的金融产品创新和交易中心;基本形成符合国际通行惯例、规范有序的交易制度和法律体系的金融发展环境。《上海国际金融中心建设"十一五"规划》还提出了发展目标:预计到 2010 年末,上海货币市场年交易额将达到 40 万亿元,成为全国资金集散中心;上海证券市场市值达到 7 万亿元,成为亚太地区重要的股票市场之一;上海期货交易所建设成为世界排名前10 位的、有重要影响力的交易所,成为重要的国际商品定价中心;黄金市场发展成为具有国际影响力的金融市场;产权市场发展成为全国性产权交易市场。此外,上海将继续保持和增强上海作为外资金融机构主要集聚地和总部所在地的地位,并争取在"十一五"期间从上海诞生一个属于中国的世界级支付卡品牌。

作为上海国际金融中心建设历史上的第一个五年规划,《上海国际金融中心建设"十一五"规划》不仅细化了 2006—2010 年上海国际金融中心建设的行动计划,而且对于影响上海国际金融中心建设的全局性、系统性、长期性问题进行了一些积极探索,对加快上海国际金融中心建设步伐发挥了积极作用,当初规划中的目标基本按期实现,如银联卡已成为属于中国的世界级支付卡品牌。

(二) 蓝皮书的专题研究

在《上海国际金融中心建设"十一五"规划》出台后,2007 年上海国际金融中心建设蓝皮书就从三个方面对此进行专题研究:

一是对上海国际金融中心建设"十一五"时期建设目标和任务进行阐释。蓝皮书对上海国际金融中心"十一五"时期建设面临的机遇和挑战进行分析,对上海国际金融中心"十一五"时期建设的目标和任务进行阐释,起到"启民"的作用。

二是围绕金融人才问题进行专题研究。《规划》提出,要大力培育集聚金融人才。《2007 年上海国际金融中心建设蓝皮书》专门对上海国际金融中心建设现状及对策问题进行研究。其中对"十一五"上海金融业人才的供求进行预测分析,提出优化上海金融人才队伍的总体思路及对策建议:一要不断优化金融人才良性循环的外部生态环境;二要大力优化金融人才吸引、保持和开发的内部生态环境。这些研究成果对"十一五"时期上海集聚金融人才发挥了一定作用。

三是围绕打造特色中心进行专题研究。结合《规划》,2007 年上海国际金融中心建设蓝皮书提出,"上海在金融中心发展上的新突破应是打造特色中心,以打造特色中心来凸显国家中心的地位,以打造特色中心来争夺国际中心的宝座。上海的这一特色中心不是别的,而是人民币定价中心和资产管理中心"。这些建议在当时对促进上海国际金融中心建设发挥了一定的指导作用,而且在十多年后的今天,仍然有一定的指导意义。

二、2009 年上海国际金融中心建设正式上升为国家战略和蓝皮书的专题研究

(一) 2009 年上海国际金融中心建设正式上升为国家战略

2009 年上海的发展又迎来历史性机遇。2009 年 3 月 25 日国务院常务会议正式通过《关于推进上海加快发展现代服务业和先进制造业　建设国际金融中心和国际航运中心的意见》。这意味着上海国际金融中心的建设正式成为国家战略。这一决议在一定程度上与当年开发开放浦东的意义相当。

《意见》明确提出，上海国际金融中心建设的总体目标是："到2020年，基本建成与我国经济实力以及人民币国际地位相适应的国际金融中心。"从金融市场体系、金融机构体系、金融人力资源体系、金融发展环境等四个方面，清晰勾画出未来上海国际金融中心建设的宏伟蓝图。同时，《意见》还明确提出基本建成上海国际金融中心的时间节点要求，以及要在国家层面建立关于加快推进上海国际金融中心建设的协调机制的要求，同时，对上海从地方层面为加快推进上海国际金融中心建设营造良好环境也提出明确规定。根据《意见》，上海将在深化金融改革、开放创新等方面承担起先行先试的重要责任。《意见》提出一系列支持上海在金融改革、开放、创新等领域先行先试的具体政策措施，包括先行开展金融市场、金融机构、金融产品等方面的改革和创新等，诸如"创造条件适时开展人民币用于国际贸易结算试点"、"研究探索推进上海服务长三角地区非上市公众公司股份转让的有效途径"、"研究建立不同市场和层次间上市公司转板机制"、"适时启动符合条件的境外企业发行人民币股票"等。

从2009年以来上海国际金融中心建设的实践来看，《意见》对上海加快形成服务经济为主的产业结构、率先转变经济发展方式发挥了积极作用，进一步巩固金融业作为上海支柱产业的地位，促进上海金融市场和金融机构的发展和金融发展环境的优化，是上海国际金融中心建设历史上一份非常重要的文件。

（二）蓝皮书的专题研究

《2009年上海国际金融中心建设蓝皮书》从两个方面对《意见》进行专题研究：

一是对推进上海加快国际金融中心建设的政策进行解读。其中包括一些权威专家对《意见》的解读。时任中国人民银行副行长苏宁认为，建设上海国际金融中心是一项国家战略，成立中国人民银行上海总部的目的之一，就是推进上海国际金融中心建设。《意见》对上海国际金融中心建设提出了多项具体目标和规划，实现这些目标，中国人民银行上海总部将以创新、发展、规范、协调为原则，不断推动市场创新，有效提高中央银行的金融市场服务效率。时任上海市金融办主任的方星海认为,《意见》的出台,宣示了中国政府加大金融市场对外开放的态度,中国政府不会因为国际金融危机而关起大门、封闭金融市场。他还认为,中国的金融业越开放,市场化改革越到位,对各国应对危机、尽快走出衰退阴影越有利;中国的资本相对还比较便宜,流动性也相对充裕,中国加大金融市场对外开放,对全球企业和国际金融业都是一件好事。时任上海金融学院副院长贺瑛认为,由国务院出台《意见》指导上海国际金融中心建设,这可以说是史无前例的,上海新一轮大发展将强力启动。

二是就《意见》的贯彻实施建言献策。2009 年上海国际金融中心建设蓝皮书专门设有献策篇,对贯彻实施《意见》提出许多政策建议。其中主要是认为要牢牢抓住国务院出台政策性文件的机遇,抓准突破口,加快推进上海国际金融中心建设,着力从 10 个方面进行重点率先突破:一是积极稳妥推进人民币国际化;二是加快构建多层次资本市场体系;三是推进期货市场创新发展;四是大力发展私人股权投资;五是加快推进资产证券化;六是开拓发展离岸金融市场;七是协同推进国际经济、金融、贸易、航运中心建设;八是强化国际金融中心支撑中国经济转型;九是优化规划、联动发展;十是整合金融教育资源。这些建议具有较强的前瞻性和指导性,对推进上海国际金融中心建设发挥了一定的理论指导作用。

三、2013 年中国(上海)上海自由贸易试验区成立和蓝皮书的专题研究

(一) 2013 年中国(上海)上海自由贸易试验区成立

2013 年 9 月 29 日中国(上海)自由贸易试验区正式成立。建立中国(上海)自由贸易试验区,是党中央、国务院作出的重大决策,是深入贯彻中共十八大精神,在新形势下推进改革开放的重大举措,对加快政府职能转变、积极探索管理模式创新、促进贸易和投资便利化,为全面深化改革和扩大开放探索新途径、积累新经验,具有重要意义。

金融改革是上海自贸试验区建设的重要内容。上海自贸试验区挂牌成立后,当时的"一行三会"(中国人民银行、中国银监会、中国保监会、中国证监会)先后出台 51 条措施,迅速打开上海自贸试验区金融改革的局面,相继推出一批创新性金融制度,如深受企业欢迎的人民币跨境双向资金池试点改革等。2015 年 4 月,上海自贸试验区正式扩区,增加了陆家嘴、金桥、张江三个片区,为上海自贸试验区金融制度创新和功能强化在空间上奠定基础。2015 年 10

月,上海自贸试验区"新金改40条"正式发布,围绕"新金改40条"的落地,上海自贸试验区加强与上海国际金融中心建设的联动。2017年3月,上海自贸试验区《全面深改方案》出台后,上海自贸试验区围绕"三区一堡"(建设开放和创新融为一体的综合改革试验区、开放型经济体系的风险压力测试区、提升政府治理能力的先行区、服务国家"一带一路"建设和推动市场主体走出去的桥头堡)建设加大金融改革开放力度,增强"一带一路"金融服务功能。2019年8月,临港新片区挂牌成立,围绕临港新片区的特殊经济功能区建设,上海自贸试验区深化金融改革又进入一个新的阶段。

成立七年来,上海自贸试验区主要在八个方面进行金融创新:一是建立自由贸易账户体系;二是人民币的跨境使用;三是区内利率市场化;四是深化外汇管理改革;五是集聚重要金融机构;六是面向国际的金融市场平台建设;七是金融服务业开放;八是简政放权和加强监管协调。自由贸易账户是上海自贸试验区一大重要革新,是一条连接境内和境外资金的高速公路,为上海自贸试验区金融改革奠定基础。在推动人民币跨境使用方面,上海自贸试验区改革措施主要包括四个方面:一是组建自律组织;二是简化操作流程;三是建立基础设施;四是扩大人民币境外发债规模。在推进利率市场化方面,率先实现外币存款利率市场化;成立上海银行业"利率市场秩序自律委员会"。在外汇管理方面上海自贸试验区主要的创新有:促进贸易投资的便利化;改进跨国公司外汇管理等。在集聚重要金融机构方面,金砖国家新开发银行、中保投资公司、全球中央对手清算方协会先后落户上海自贸试验区。在金融市场平台建设方面,上海保险交易所、中欧国际交易所、上海票据交易所、上海国际能源交易中心纷纷成立,上海在银行间债券市场、证券市场、保险市场扩大对外开放,积极引进外资金融机构。在简政放权和加强监管协调方面,上海自贸试验区成立了协调推进小组,不断完善风险监测机制。在上海自贸试验区金融制度创新的引领作用下,上海国际金融中心建设走上了"快车道",尤其是对提高上海金融业的国际化程度发挥了积极作用。

(二) 蓝皮书的专题研究

《2014年上海国际金融中心建设蓝皮书》的第二编和第三编都对上海自贸试验区金融改革进行了研究:

第二编对上海国际金融中心建设、上海自贸试验区金融改革和浦东综合配套改革联动问题进行专门研究。首先,分析上海自贸试验区金融改革的价值和内涵,基于金融自由化理论构建了上海自贸试验区金融改革理论框架,在制度经济学范式下提出对上海自贸试验区金融改革阶段的实践认识;其次,构建上海国际金融中心建设、上海自贸试验区金融创新和浦东综合配套改革中金融事项的"联动共生"应用模型,提出制度创新、功能延伸、产业拓展的应用模型;第三,对上海国际金融中心建设、上海自贸试验区金融改革和浦东综合配套改革联动的现状进行分析并提出政策建议,提出联动共同推进人民币资本项目可兑换和共同推进金融服务业对外开放。这些研究成果不仅具有一定的理论价值,而且也有很强的应用价值。

第三编对上海自贸试验区金融改革与发展中的一些重要问题进行专门研究。其中包括推进自贸试验区私募股权二级市场发展、拓宽自贸试验区融资租赁机构融资渠道、推动自贸试验区跨境资产证券化、自贸试验区负面清单及法律调整对政府转变管理方式的影响等问题。这些研究以问题为导向,所提出的政策建议具有很强的可操作性,对推动上海自贸试验区金融改革发挥了积极作用。

四、2015 年上海提出建设全球有影响力的科创中心和蓝皮书的专题研究

(一) 2015 年上海提出建设全球有影响力的科创中心

2015 年 5 月 26 日,上海市委审议并通过《关于加快建设具有全球影响力的科技创新中心的意见》,提出"两步走"规划,到 2020 年前,要形成科技创新中心基本框架体系;到 2030 年,要形成科技创新中心城市的核心功能,并在体制机制、人才机制、创新环境和重大布局等方面作出部署。

《关于加快建设具有全球影响力的科技创新中心的意见》提出,要推动科技与金融紧密结合。2015 年 8 月,作为《关于加快建设具有全球影响力的科技创新中心的意见》的配套政策,上海市出台《关于促进金融服务创新支持上海科技创新中心建设的实施意见》,提出了八个方面、20 条政策措施,主要内容有以下几个方面:一是推进多样化信贷服务创新;二是发挥多层次资本市场的支持作用;三是增强保险服务科技创新的功能;四是推动股权投资创新试点;五是加大政策性融资担保支持力度;六是强化互联网金融的创新支持功能;七是鼓励创新创业服务平台与金融机构加强合作;八是建立科技金融服务工作协调机制。

科技与金融紧密结合,上海国际金融中心建设与科技创新中心建设紧密

互动、相辅相成,一方面科创中心建设是上海国际金融中心建设的一个鲜明特色和亮点,为国际金融中心赋予新的内涵;另一方面国际金融中心建设也为科创中心建设提供重要支撑和有力保障。在更加强调金融服务实体经济的今天,上海建设全球有影响力的科创中心战略的提出也是上海国际金融中心建设历程中的又一个重要历史节点。

(二) 蓝皮书的专题研究

围绕上海国际金融中心建设和科技创新中心建设的联动,《2015 年上海国际金融中心建设蓝皮书》的第二编和第三编进行专门研究。

第二编从四个方面对上海国际金融中心建设与科技创新中心建设的"双轮驱动"战略理论和实践进行深入研究:一是构建全球科创中心与国际金融中心建设"双轮驱动"战略的理论基础,研究"双轮驱动"战略应用模型的基础理论,分析"双轮驱动"战略应用模型的一般描述与内涵特征,提出"双轮驱动"战略应用模型的作用机制;二是全球科创中心与国际金融中心建设"双轮驱动"的国际经验借鉴研究,对伦敦、纽约、新加坡国际金融中心与全球科技创新中心建设的经验进行分析;三是对全球科创中心与国际金融中心建设"双轮驱动"战略的上海实践进行研究,分析金融支持上海建设全球有影响力科创中心的现状及问题,找出"互联网＋"时代全球有影响力的科创中心建设对推动上海国际金融中心建设的作用与不足,提出全球科创中心与国际金融中心建设"双轮驱动"上海战略的总体思路和推进路径;四是提出将大力发展创业投资作为全球科创中心与国际金融中心建设"双轮驱动"上海战略的抓手,对国内外和上海的创业投资行业发展基本情况进行分析,调研中关村和深圳等地创业投资行业发展经验,提出要强化张江创投行业战略,促进上海科创中心发展。蓝皮书第二编提出的全球科创中心与国际金融中心建设"双轮驱动"理论模型具有很强的理论创新性,基于理论模型所提出的一些政策建议对推进上海两个中心的联动发展发挥了一定的作用。

第三编则从三个方面对上海科技金融创新与改革进行了深入研究:一是提出要健全科技和金融结合机制,以科技金融模式创新为突破口,以科技贷款创新为抓手,以私募行业发展为重要支撑,以契约型基金为新生动力;二是借力自贸试验区改革,建设开放度最大的自贸试验区,借助自贸试验区金融改革打造上海民营科技企业海外并购高地,构建上海自贸试验区跨境股权投资基金园区,推动自贸试验区产业预警制度创新;三是加快浦东综合配套改革,立足综合配套改革试点,建立上海自贸试验区张江片区金融创新与科技创新的联动机制,着力培育"四新"经济,开辟张江片区科技和金融创新新格局。蓝皮书第三编关于上海科技金融方面的政策建议中有些已被政府部门采纳,对推进上海两个中心联动发展发挥了一定作用。

第三节　蓝皮书(2010—2014年)中若干原创型研究综述

一、金融中心在上海"四个中心"建设进程中的核心功能研究

《2013年上海国际金融中心建设蓝皮书》的专项研究中,按照上海市主要领导同志的要求,我们把金融中心在上海"四个中心"建设进程中的作用、功能作为重要比较内容。研究历时一年,取得量化实证支撑的基本结论和相应建议。

(一) 研究的基本模块和基本内容

研究的基本内容分为四个模块,由"上海'四个中心'目标的确立和由来""上海'四个中心'的内涵及国际金融中心的核心地位分析""发挥金融中心在'四个中心'的核心引领任重道远"和"融合发展的上海'四个中心'建设"四部分组成。

在"上海'四个中心'目标的确定和由来"模块中,研究从上海"四个中心"目标的提出(20世纪90年代初期),"四个中心"目标确立为国家战略(1997—2005年),上海"四个中心"目标的深化("十一五"至"十二五"时期)三个阶段梳理来龙去脉,论述确立与由来的历史逻辑。

在"上海'四个中心'的内涵及国际金融中心的核心地位分析"模块中,研究从上海经济中心的内涵、上海"四个中心"的内在作用机理、国际金融中心建设的发展状况、国际航运中心建设的发展状况、国际贸易中心建设的发展状况、从统计规律看上海"四个中心"建设的内在联系和四个中心的逻辑关系等七个方面作了由13个表格、27个图示支撑的详尽剖析,分别从经济总量,国际金融中心的主要交易市场和功能,1998—2011年GDP和金融业增加值变化,2005—2011年上海各交易市场成交市值变化,2004—2011年全国银行间货币与债券市场变化情况,2000—2011年上海市生产总值、金融业增加值、港口货物吞吐量、进出口总值的四个指标的情况等视角加以数据佐证。在统计方法的科学性论证中先后运用构建结构向量自回归VAR模型、格兰杰因果

检验分析、脉冲响应函数分析、方差分解分析等方法对相同数据逐一验证,夯实国际金融中心在"四个中心"体系中核心地位观点确立的科学基础。

在"发挥金融中心在'四个中心'的核心引领任重道远"模块中,研究从国际金融中心建设的难点、发挥金融中心在国际航运中心建设的引领作用的主要做法、发挥金融中心在国际贸易中心建设的引领作用的主要做法三方面提出相应的观点型建议。

在"融合发展的上海'四个中心'建设"模块中,研究从上海"四个中心"融合发展的总体概况、上海"四个中心"融合发展的趋势两个方面展开了深化思考,并对融合发展中的关联难点进行剖析。在金融核心功能建设中的地方立法和业界自治、航运金融助力航运中心服务转型升级、金融创新推进上海自由贸易试验区建设。会计基础支撑优化上海"四个中心"建设的运行和秩序等环节提出真知灼见。参加研究的团队主要成员为组长吴大器,核心成员殷林森、张学森、黄菁、郁佳敏等。

(二) 研究的基本结论和观点

第一,上海"四个中心"的目标提出于 20 世纪 90 年代初期。1997 年至 2005 年,目标确立为国家战略;在"十一五"至"十二五"时期,上海"四个中心"目标得到进一步深化,步入深化发展阶段。

第二,上海"四个中心"的内在作用机理为:上海发展的重心是国际先进制造业和现代服务业,而从经济的角度观察,现代经济中金融中心应引导、服务实体经济,航运中心既是贸易中心的基础,又是拉动金融服务的重要动力,应突出上海自贸试验区建设,提高国际贸易中心的建设力度,从而形成以建设国际金融中心、航运中心、贸易中心为手段和措施,服务并推动建设国际经济中心的上海"四个中心"建设格局,其中航运中心、贸易中心、金融中心各有其作用,又相互联系密不可分、相互支撑、联动发展,是一个系统工程。

第三,上海国际金融中心的建设发展、航运中心的建设发展、贸易中心的建设发展都有其规律性型发展轨迹。从金融业增加值、金融业从业人员发展状况、金融机构存贷款余额、保险费收支情况,金融市场交易发展状况等方面剖析:上海的金融市场体系较为完善,金融产品较为丰富。金融增加值的高速发展则在"十一五"期间后,金融从业人员发展仍需加强,业务发展潜力可期。航运中心、贸易中心发展与金融业密切相关,相互支撑,依存比例上升。

第四,从统计方法评价揭示的相应结论有:(1)金融业增加值对上海市国内生产总值、港口吞吐量、进出口总额有较大影响,国际金融中心引领作用发挥更大,扮演了更核心的地位;(2)国际金融中心、国际航运中心、国际贸易中心的发展,对国际经济中心发展有较强的解释作用,揭示了四者关系息息相关,其中金融业的核心引领,是在与其他中心的融合中体现的。

第五,"四个中心"的建设发展是以国际经济中心的发展为目标,国际金融中心建设发展为核心的相互协调,相互促进的全面发展。

(三)上海金融更好发挥核心引领的若干结论

研究形成国际金融建设的主要难点梳理:人民币也还未成为真正的国际化货币;金融机构的集聚力度不够;金融市场体系的广度、深度还不够;要弥补金融立法的空白,进一步完善法制环境,等等。

研究提出了发挥金融中心在国际航运中心建设中引领作用的建议。(1)完善航运全球服务功能体系;(2)完善航运金融工具;(3)加快发展航运保险业务;(4)探索发展航运衍生产品市场等。

研究提出了发挥金融中心在国际贸易中心建设中引领作用的建议。(1)进一步推进,并完善跨境人民币贸易结算。(2)推动离岸金融服务与离岸贸易的结合等。

研究成果作为《2013年上海国际金融中心建设蓝皮书》的第三编第九章"四个中心融合发展中的金融核心引领研究"和第十章"四个中心融合发展中的若干关联研究"组成,迄今,"金融中心在四个中心建设中的核心功能"观点应该源于这项研究,也为蓝皮书为上海金融更好发挥理论领头雁作用增添了信心。

二、建设与上海国际金融中心相匹配的会计生态系统的协同研究

2009年,蓝皮书第一主编储敏伟教授提出了加强蓝皮书应用研究,整合研究的改版导向。鉴于上海金融学院重点发展金融和会计学科的需要,蓝皮书把加强金融与会计的关系研究,作为开阔研究视野的一项内容,并在连续几年的蓝皮书研究板块中给予重视,形成协同建设与上海国际金融中心相匹配的会计生态系统的研究系列成果。

(一)研究的基本模块和基本内容

研究的基本模块由三个部分组成,即《2010年上海国际金融中心建设蓝皮书》第二编的第七章"上海国际金融中心建设与会计发展",《2011年上海国际金融中心建设蓝皮书》第二编的第六章"金融监管与会计准则的差异和协调",《2013 年上海国际金融中心建设蓝皮书》第三编第十章"四个中心融合发展重点若干关联研究"中的以会计基础支撑优化上海四个建设的运行秩序等三个部分组成。

在 2010 年的"上海国际金融中心建设于会计发展"模块中,研究从对国际金融中心建设与会计发展轨迹的认识、上海国际金融中心建设与会计地位关系、构建与上海国际金融中心相匹配的会计生态系统等三个部分系统梳理了两者的历史发展关联,比较了两者的现时发展关系。率先提出了上海构建与金融相匹配的会计生态系统的设想,引起我国会计学界的热议,丰富了对上海国际金融中心系统构建的内容。

在 2011 年的《金融监管和会计准则的差异与协同》模块中,研究从金融监管与会计准则的差异、金融监管与会计准则的协调、金融监管与会计准则的协同进程、研究结论及思考等部分梳理两者之间的异同,提出协调及其过程对策,也是迄今两者关系研究不多的专项论述之一。

在 2013 年的"四个中心融合发展中的若干关联研究"模块中,研究从会计是上海金融与"四个中心"建设运行秩序的基础手段、重视建设中的试点需求、优化延伸会计职能的协同范畴、重视核心运行秩序中的会计支撑职能与协同等部分提出会计功能不可替代的相应对等型建议。参加这些研究的团队主要成员有吴大器、邵丽丽等。2016 年上海金融学院与上海立信会计学院合并组建上海立信会计金融学院,这项研究成果也为金融与会计学科的融合发展提供了不可或缺的研究基础和依据。

(二) 研究和基本结论和观点

第一,金融与会计的历史发展轨迹体现着一个规律:国际金融中心的路径和发展时期与会计中心转移路径和发展时期与会计中心转移路径和发展时期高度吻合,国际金融中心同时也应该是会计理论创新和具有会计准则话语权的区域所在地。

第二,新中国会计发展的标志性事件体现为制定和完善会计准则,政府会计得到大力发展。但我国在国际会计领域中不具有很强的话语权。正视国际金融与会计的发展规律,顶级国际金融中心应该同样是国际会计准则中心的现实(如英国伦敦、美国纽约等),值得上海建设国际金融中心优化系列目标。

第三,构建与上海国际金融中心相匹配的会计生态系统。界定系统的经济主体,由各类金融市场,金融服务中介机构,金融市场监管机构和金融市场中的投资者组成。确定系统的内部环境,由经济主体间的会计信息沟通、经济主体之间在会计领域的合作为主形成。它可以成为上海国际金融中心建设延伸的重要基础组成部分。

第四,辩证认识金融监管与会计准则的对立统一关系。一是银行监管和会计准则存在差异,在信息前瞻性和审慎性的理解上明显不同,值得正视。二是金融监管和会计准则必须协调,协调主要方面有:加强金融监管机构和会计准则制定机构之间的合作;加强金融监管机构对会计准则体系划分的借鉴。三是金融监管与会计准则的协调进程不容忽视,特别要关注金融危机来临、双方博弈、后金融危机三个阶段的特殊表现。在协同过程、程度、模式上给予有的放矢的有效处理。

第五,重视金融监管和会计准则的差异与协调是区域性金融中心建设基础支撑的重要组成部分,要优化金融监管和会计准则协调过程的匹配节奏;提升我国金融监管和会计准则制定方面的国际话语权;健全金融监管与会计准则协调模式的运作秩序;注重对银行业混业经营的研究及借鉴。为这对关系的实践处理提供了好的典范。

第六,加强以会计基础支撑优化上海金融中心的运行秩序建设,着力试点需求,延伸会计职能的协同范畴。从需求反映与供给引导、系统集聚与规模经济、区位资源与国际生态三个方面加以推进。努力在四个方面优化运行秩序试点:一是科学谋划会计体系服务金融中心"会计数据系统"建设;二是全面构建会计体系基础支持效应的双元匹配发展运行模式;三是细化制定上海金融核心功能区的会计规范,确定"先引先试"内容;四是加快形成核心功能区"会计联席会议"制度。

三、上海国际金融中心的金融反腐倡廉研究

2010 年末,蓝皮书按照中共上海市金融工作委员会和上海金融学院的商定,双方成立开放式课题研究团队,对上海金融系统的反腐倡廉进行专项研究,历时整整一年,成为全国唯一的省级金融行业反腐倡廉理论应用的专项课题。

(一) 研究的基本模块和基本内容

研究的基本模块由两个部分组成,一是《2011 年上海国际金融中心建设

蓝皮书》第三编第九章应用理论的系统诠释："金融服务市场建设与预防腐败的基础理论与关系研究"；二是第十章构建上海模式的系统梳理、描述："构建上海'制度加科技'金融源头防腐体系的探索"。

在应用理论的系统诠释中，研究从"腐败与金融腐败的基础理论，金融腐败的诱因和机会""经济转型与市场建设，金融腐败的产生机理""权力与市场，金融领域预防腐败的市场、制度"和"技术基础"四个方面进行由浅入深的剖析，为上海这方面的探索给予相应的理论铺垫。

在构建上海探索的描述中，"制度加科技"的源头防腐体系分别从"制度加科技"源头防腐系统的基本内涵界定，"制度加科技"源头防腐体系构件的理论基石，构建"制度加科技"源头防腐体系的探索实践及启示，构建上海"制度加科技"金融源头防腐体系的举措与成效，构建上海"制度加科技"金融源头防腐体系进程中的问题与对策五个方面进行了实例型论述，成为上海"制度加科技"金融源头防腐模式的样本式报告。本项研究负责人为吴大器、石琦、徐敏、朱文生，主要成员有张学森、储峥、张毅强、李雪静、章节、朱兵、郭如飞、黄新华等。

（二）研究的基本结论和观点

第一，系统梳理金融腐败的界定和根源、诱因和机会，产生的机理均不容忽视。要特别关注金融业的资金交易腐败和金融监管腐败这两种类型。关注金融腐败的主要根源：权力寻租。要系统认识经济转型期的金融市场，正视金融腐败的内部诱因在企业法人治理结构、内控制度、薪酬体系等方面的"缝隙"，也要正视金融腐败的外部诱因在社会资金需求，外部监管体制等方面的"缝隙"。清醒认识金融腐败的产生机理，市场失灵、金融风险与金融腐败三者关系，权力干预、金融监管与规则俘获之间的联系，对金融腐败形成机理的两种形态，即市场权力化与金融腐败、权力市场化与金融腐败，有清晰的判别。

第二，金融领域预防腐败，需要市场、制度和技术基础同时发力。在市场建设上要加快金融体制的市场化改革，健全金融机构法人治理，提高金融运行透明度，完善金融机构的内控制度，提高金融机构的经营效率，按国际金融惯例规范经营发展。在制度安排上，要推进权力与市场的制度隔离，设计减少腐败预期成本的制度体系。在预防金融腐败的技术应用上，要加快制度与技术的融合，要走好预防金融腐败的技术创新路径。

第三，上海金融构建"制度加科技"源头防腐体系形成的经验取得"1＋3"

效应,即突出科技手段的制度建设,形成防治制度走形,保证制度推行,提升防腐效能。并渐进形成电子监控型,内控管理型、专项监督型、资讯服务型和专业管理辅助型等五个种类的体系。其启示为:(1)把制约权力作为推进"制度加科技"的根本出发点;(2)把有效管用作为推进"制度加科技"的基本着力点;(3)把信息技术作为推进"制度加科技"的重要支撑点;(4)把社会参与作为推进"制度加科技"的未来生长点。

第四,构建上海"制度加科技"金融源头防腐体系的"五、四措效"值得借鉴、复制。五项基本举措的重点突破是:(1)制度与风险预警相结合,强化监督机制;(2)制度与实时监控相结合,聚焦重点环节;(3)制度与信息管理相结合,强化有效管控;(4)制度与技术研发相结合,革新管理流程;(5)制度与网络平台相结合,提升服务品质。四个工作成效的体现是:(1)以制度为基础,形成结构合理、配置科学程序严密、制约有效的权力运行机制;(2)以科技为手段,促进金融源头防腐体系设计目标与执行效果的辩证统一;(3)以机制为保障,实现源头防腐与金融职能部门优化业务管理的有机融合;(4)以实践为驱动,推动试点经验和创新思路在金融源头防腐工作重点集成转化。"五、四措效"为上海金融的反腐倡廉的进一步深化夯实了发展基石。

第五,上海"制度加科技"金融源头防腐体系建设永远在路上,需要在四个方面持续加强。一是深化金融体制改革,完善金融机构公司治理结构,构建均衡、优化富有活力的金融生态环境;二是完善"制度加科技"金融源头防腐体系的基础理论构建,以理论指导推动实践创新;三是做好"加法",克服制度与科技分离建设、各自为政的现状,实现"制度加科技"形成合力,讲反腐倡廉建设和具体金融业务的"两张皮"做成"连体衣";四是从"制度加科技"出发培养复合型的金融反腐人才队伍,健全金融人事制度,塑造"责任、审慎、合规、创新"的金融文化,开创上海"制度加科技"金融源头防腐体系的新局面。

四、构建上海国际金融中心、上海自贸试验区金融创新和浦东综合配套改革中金融事项的"联动共生"应用模型

《2014年上海国际金融中心建设蓝皮书》专项研究,正值上海自贸试验区建设热火朝天。研究聚焦了金融的核心功能作用,把上海国际金融中心与上海自贸试验区的金融创新、浦东综合配套改革中的金融事项整合集成起来,创建"联动共生"应用模型,以指导相应建议,取得较好效果。

（一）研究的基本模块和基本内容

研究的基本模块由"构建'联动共生'应用模型""'应用模型'联动的逻辑规律剖析""'应用模型'共生的现实路径剖析"和"制度剖析、功能延伸、产业拓展"的三合一推进思维四部分组成。

在构建"联动共生"应用模型中，研究提出了该模型的三个基本要素：三明治、联动和共生。研究提出了该模型的三个价值：炎黄命脉、巨龙扬波和驰骋世界。研究诠释了模型的三个特征为：域时特定、功能延伸；制度创新、效益叠加；产业融合、实体为先。

在"应用模型"联动的逻辑规律剖析中，研究从天时、地缘、人脉三方面诠释联动的规律体现。其中，天时的递进推动是基于时间的联动逻辑。从上海金融中心的顺势启动、浦东综合配套改革的探寻扩航和上海自贸试验区金融改革创新的破冰之旅的三次关联启动时点上证明金融发展元素的逻辑关联。地缘的渐进扩容，则是空间延展的联动逻辑。从浦东陆家嘴的傲立群雄，星罗棋布、功能全面的上海金融发展格局，挥师南下中的临港金融"苗圃"，一派盎然的三次扩容证明金融扩张范围的逻辑关联。人脉的旋进融合，也是基于行为主体延伸的联动逻辑。从汇拢传统金融、新兴金融的国内、国际精英团队、服务实体经济；汇集先进制造业、现代服务业、高科技新兴产业的各路群贤，证明金融人才兴业的逻辑关联。时间延续、空间延展、行为主体延伸，联动尽显其中。

在"应用模型"共生的现实路径剖析中，研究从地域持有的共生物理态势、功能特有的融合延伸共生规则走势和效应特有的叠加相成共生规律优势三方面加以体现。其中，地域特有的共生物理态势，可以从浦东引领演绎金融核心传奇，"自贸苗圃"试验金融国际化战略重点突破和"共建森林"，凸显上海金融全面发展的溢出效应，三者的紧密协同，营造出共同成长、延绵相依的共生环境。功能特有的融合共生走势，从理性寻缘、呼唤借鉴、探索与共鸣；制度试验，衔接体制、机制和法制共建；核心引领串联金融、航运贸易、共振三方面实现三者的有序融合，探索出融合延伸、循序共生的全新路径。效益特有的叠加、共生规律优势，也可以从目标相同，构筑国家战略效能的基石，内涵相依，分解上海效益的量化目标、进程相衔、链接创新效率的窗口三方面实现三者的叠加合成，开阔集成效益的共生大道。因此，把握共生物理态势，顺应融合规则走势，弘扬效益叠加的规律优势，共生也必然可以实现。

在制度创新、功能延伸、产业拓展的三合一推进中,研究从多层面思考,三合一推进系统的基本内容,系统的形态机理三方面进行了论述。其中,多层面思考分别从国际视野、国家战略、上海选择、浦东样板加以阐述。基本内容则从制度创新、核心引领的主轴;功能延伸,路径集体的优化;产业拓展,推进导向的聚焦三点上作了构架。系统的形态机理则重点论述了推进形态和推进机理。突出设计了环环相扣、协同开放的推进形态。突出论述了联动共生,旋进开放的推进机理。"联动共生"应用模型由吴大器历时半年研究完成,作为指导建言献策的基础思路。

(二) 研究的基本结论和观点

第一,上海国际金融中心建设、上海自贸试验区金融创新、浦东综合配套改革中的金融专项是国家多项战略中具有逻辑关联、内容关联、实质关联的相同类型活动,适时建设三者的"联动共生"应用模型符合经济发展和改革开放的需要。

第二,遵循经济社会协调可持续发展的规律,适时、适度规划部署上海国际金融中心建设,上海自贸试验区金融创新,浦东综合配套改革中金融专项三者的阶段建设行动有其必要。设计三个方面在各自相关工作重点关联性协同互动,形成相互支撑、相互依存、相互制约、优势互补的共生型格局,创建地缘关联、功能延伸、效益叠加、制度创新的伤害金融发展特色,加快完成连接世界金融体系的上海金融制度创新功能区、产业拓展的三合一成长进程,有其理论构建、试验实践的价值。

第三,"联动共生"应用模型建设要抓紧形态探索,重视形态的研究。要努力在"环环相扣,协同开发"的三合一推进心态上实现应用突破。设想中的运行系统由一个目标三个内生环节和一个外生环节组成(目标、制度创新、功能延伸、产业拓展、压力测试)。其中,目标是上海金融中心核心功能区,上海自贸试验区金融创新、浦东综合配套改革的金融事项实现开放改革的"联动共生";制度创新功能延伸、产业拓展的内生环环相扣构成"三合一"推进态势,外生环节是风险与压力测试控制体系。按照习近平总书记强调的进行压力测试的要求,风险控制体系应该由常态的事中、事后监管评估结合进行。它环绕于各环之间,出发点和终点均为目标,在它产生的效应下,三合一推进的运作周而复始,而每一个周期都可以把联动共生提高到一个更高的层次,形成协同开放。

第四，"联动共生"应用模型建设要抓牢机理探索，重视机理研究。要努力在"联动共生，旋进开放"的三合一推进机理上实现诠释突破。设想中的运行机理是：以上海自贸试验区金融创新事项为契机，实现上海国际金融中心建设，浦东综合配套改革中金融专项的"联动共生"，顺应金融发展潮流，坚持制度创新的核心引领，试验三者联动的功能延伸，推进实体经济与科技创新的产业拓展，形成风险可控的监管评价体系，实现三合一进程的"由点及面，点面结合，相互渗透，互为依存"。通过循环交替和系统平衡达到"开放、旋进"的理想目标，研究提出的"旋进"机理是基于三合一推进进程中可以出现的规律性现象。即体系的三块内容在整体推进系统运行中互相依存影响渗透，进行螺旋循环试验，循序渐进的持续接近并达到预定的目标。"旋进"是推进的核心，也是"和合"的理想境界。

第五，"联动共生"应用模型要在制度创新，功能延伸和产业拓展的螺旋循环，周而复始的规律性轨迹机理上下足功夫。其中制度创新的旋进路径是"学习借鉴——兼顾现状——优化方案——一线放开——细化试验——防范风险——成熟推广"的周而复始。功能延伸的旋进路径是："梳理条件——组合排列——分项对接——区内亮点——区外成片"的周而复始。产业拓展的旋进路径是："实体经济为本——四新企业为要，科技创新为重——集聚人才为先"的周而复始，三合一系统的核心特点是整体性、开放性，通过三者的旋进性连接，实现系统的整体提升。实现开放互补，动态旋进和协调稳定。最终达到"三明治"的动力加速的初衷。

蓝皮书见证上海国际金融中心历史跨越，是全体作者集体智慧的团队力量，是高校智库、金融理论与实务融合、社会各界开放合作的产物。它将成为上海金融实现跨越，走向辉煌的珍贵记忆和一份财富。

第五章　强化上海陆家嘴金融城金融功能的研究[*]

陆家嘴金融城是上海国际金融中心建设的核心功能区。陆家嘴金融城的建设起始于1990年，是浦东开发开放30年创新创业最生动的实践写照之一。其建设历程可大致分为基础建设(1990—1994年)、机构集聚(1995—2010年)和功能提升(2011年至今)三个阶段。今天，金融城已经建设成我国金融人才高度集中、金融市场高度集聚、金融功能高度完备、金融交易和创新高度活跃、国际化程度最高的金融生态环境。"陆家嘴"这一名称在业界和全社会已经超越地理的概念，成为上海国际金融的代名词。

第一节　当前金融城发挥金融功能存在的问题和不足

在当前的新发展阶段，必须清醒认识到，金融城的金融功能不但与伦敦、纽约等国际金融中心的金融集聚区还有差距，其未来的发展还面临北京、深圳等城市甚至上海的外滩、北外滩、临港新片区等一些区域的激烈竞争。要应对挑战，正如上海市委书记李强指出的，功能是超越数量和规模的核心特质，是打造"一直被模仿、从未被超越"战略优势的根本所在，因此做强功能是王道。这就需要高度开放和国际化的金融生态、良好的法治化的营商环境、与实体经济血脉相连的金融设施和机构。对照这些要求，金融城存在的一些瓶颈问题需要突破。

---

　*　本章为2020年上海市浦东新区人大研究会的重点课题。成果负责人：吴大器、顾晓鸣；成员：张宇祥、徐一乐、田卫华、陈建、徐国平、何广城、谢树东、何建术、周海成；执笔：周海成。

一、金融国际化程度有待提高

(一) 金融市场和"上海价格"的国际影响力仍有待提升

如上交所尚没有一家真正意义的国外企业上市,外资持有的上市流通股占比大约不到5％;而纽约、伦敦这一占比都在50％以上,美国的股票市场上非居民投资者户数占比超过60％。再比如期货市场是决定商品定价权的核心场所。但由于各种条件所限,上海的期货市场大部分还没有对外开放(除了原油期货等三个国际化品种),境外投资者无法直接参与交易,作为一个封闭的市场,即使交易量再大,还是难以形成具有国际影响力的"上海价格",短期内还不能增强我国的定价话语权,在推动建立国际金融、贸易新秩序方面影响力较弱,大宗商品定价权旁落的局面没有根本性的改观。不要说中国以外的国际商务往来基本不会参照上期所的期货价格,即使是国内企业走出去也很少会用"上海价格"作为签约的基准价格。

(二) 外资金融机构展业受限

比如外资银行的大宗商品衍生产品交易的结售汇资格的获取存在困难;银监部门对外资银行在衍生产品的风险计提、流动性风险管理指标、大额风险暴露比例、存款偏离度管理等方面沿用与内资银行同样的标准,这对业务规模有限、依托境外母行平台优势的外资银行产生了很多不利影响。

再比如外资资管行业的发展中,一是外资资管申报注册的效率还有待提高,从收到境外资管申请,完成浦东新区区内的流程,再到市相关部门批复同意注册,至少需要3个月;二是QDLP投资境外基金需要确定项目并进行事前审批影响其投资的自主性和时效性,而且QDLP试点额度较低,每家仅为4 000万美元,对新机构吸引力不足;三是受到经营范围的限制,境外机构不能设立AMC(资管公司)开展不良资产处置业务;四是资管机构轻资产运营的特征导致难以申报认定总部机构,难以获得相应的支持政策。

(三) 自由贸易账户的功能受限

陆家嘴金融城即上海自由贸易试验区的陆家嘴片区,自由贸易账户是自贸试验区金融改革创新的亮点。但是自由贸易账户的功能还没有很好发挥。账户资金的来源主要限于境外市场和贸易收汇,且"易进难出"。借助自由贸易账户曾有部分机构实现了境外资金对接境内资产的金融创新,如浦发银行于2015年7月成功发行5 000万元跨境理财产品,上海市财政局于2016年12月面向自贸试验区和境外机构投资者发行30亿元地方政府债券,但是这些金融创新近两年来却未见后续的新动作。另外,自贸试验区的合格境内个人投资者(QDII2)境外投资试点一直处于"研究"阶段,迟迟不见实质启动。时不我待,2020年6月,粤港澳大湾区确定将开展"跨境理财通"业务试点。上海自贸试验区陆家嘴金融片区亟须进一步开拓和增强自由贸易账户的功能。

二、软硬件发展环境仍需要改善

(一) 综合配套设施的硬件有待完善

小陆家嘴地区公共交通较为缺乏,高峰时段拥堵严重、进出不便,像伦敦金融城、纽约曼哈顿下城区等都有超过10条轨道交通线路,而陆家嘴只有两条;步行交通设施有待优化,公共通行还存在空间阻断、绿化品质不高、功能设施缺乏、标识系统不完整等问题;生活服务配套有待优化,特别是企业关心的餐饮、打车等方面有待进一步完善,再加上金融城的承载空间不足的矛盾日益显现,这些都带来了商务成本攀升等问题,影响未来优质金融项目的入驻。

(二) 人才奖励的力度和灵活性不够

金融业是人力资本高度密集型的行业,对金融人才的吸引至关重要。首先在税收政策上,中国香港、新加坡等地普遍实施低税率的个人所得税政策,陆家嘴在竞争中处于不利地位。这在外资资管、创业投资、保险、专业服务业等领域表现尤为突出。其次在收入水平上,部分国有或者有公共管理职能的金融基础设施或机构,诸如上期所、上交所,它们的人员国际化程度高、学历高、综合素质高。相对纽约、伦敦的成熟的同类机构的从业者,他们改革创新任务更重、工作压力更大,收入水平却受到较多的限制,不利于集聚更多优秀人才投身金融城。

(三) 吸引金融机构集聚的扶持政策的针对性不足

一是亲商稳商的力度有待提高。一些干部不能正确理解把握廉洁从政,甚至认为政商交往频繁易被人误解,为了避嫌干脆绕着问题走,一些企业需要解决一些正常的实际困难却没有便利的渠道。二是财政扶持政策的针对性不足。由于浦东有金融市场完备、要素市场集聚的优势,大量金融机构会把担负重要职能的分支机构(类总部)或团队落在浦东,很多金融机构总部的高管实际长期在浦东工作。但是,目前的财政扶持政策设计上主要偏向法人机构,对分支机构不够重视,对二级分支机构完全忽视,但是实际上管理层级并不等于经济能级,部分二级分支机构利税非常可观,因此财政扶持政策的针对性和灵活性不足。

（四）改革的系统集成有待加强

各方协调沟通和协同联动的成本高、流程长。比如在企业落户的阶段,办公选址、实地勘探、人才引进和安居等诸多细节问题,尤其是在人才公寓、人才落户、子女入学等方面企业十分关注。但这些问题的职责权限大部分不在金融城管理局,因此管理局需要投入很大的人力和时间与相关各方进行大量的深入沟通,耗费时间长,协调成本高,时有"无功而返"。

三、金融服务实体经济尤其是对接中小科创企业不够

（一）创业投资行业的活跃度不足且呈下降趋势

创业投资发展滞后且活跃度下降是当前浦东金融与科技融合发展的痛点。一是创投机构投资节奏明显放缓。2018 年和 2019 年浦东创业投资金额分别为 67.3 亿美元、35.7 亿美元,同比分别大幅下降 31.1％和 47％;已投资案例数分别为 839 起和 474 起,同比分别增长 8.7％和下降 43.5％。二是资金募集的规模不断萎缩。2018 年和 2019 年浦东创投行业新募集资金分别是 177.8 亿美元和 107.1 亿美元,同比分别下降 1.2％和 39.8％。三是创业投资孵化的独角兽企业相对较少。北京仅仅在海淀区就有独角兽企业 40 家,而浦东新区截至 2019 年底仅有独角兽企业 8 家。2019 年底全国有 7 家超级独角兽企业,其中北京海淀区有 3 家、浦东仅 1 家。分析其原因,一是对创业投资机构市场准入管理较严,限制了创投机构的发展。2017 年、2018 年和 2019 年浦东创投行业机构数量分别是 2 828 家、2 838 家、2 804 家,同比分别是下降 45.4％、增长 0.4％和下降 1.2％,总体呈大幅减少的态势,浦东创投机构数量甚至还不及北京面积仅 233 平方公里的中关村科技园区。二是支持创业投资的政策环境有待进一步完善和落实。三是国有投资引导基金的功能需要进一步改进和提高,如存在人员考核激励机制灵活性不足、决策程序烦琐、考核评价体系不符合风险投资行业特征等。

（二）国际保险中心的建设相对短板

1. 保险业发展总体滞后

2018 年上海市的保险密度为 847 美元/人,保险深度为 4.3％。而同期美国的保险密度是 4 481 美元、保险深度是 7.14％,欧盟则分别是 2 429 美元和

7.2%。上海保险业的发展水平远远滞后于发达国家。

2. 再保险市场发展不足

新加坡、中国香港分别有 27 家、18 家专业再保险公司,上海全市仅 8 家 (全部位于金融城)。究其原因,一是再保险跨境业务管理机制不顺。目前境外有 500 多家再保险机构以离岸方式参与我国再保险业务,我国每年分出海外市场的再保险保费近 700 亿元,这些离岸保险机构既不受中国金融监管部门监管,国内也没有对其建立系统性的、强制的信用风险保证机制,导致在海外经营中国再保险业务的成本低于在中国境内设立分支机构的经营成本,因此海外再保险机构纷纷把亚洲总部设在毗邻中国内地的中国香港或者新加坡。二是再保险营商环境需要优化。如新加坡、中国香港对在岸再保险业务征收 16%—17% 的所得税,百慕大对再保险业务完全免税。而目前我国企业所得税为 25%,对再保险这种国际流动性很强的业务产生了明显的挤出效应。再比如再保险人的发票开具问题。2016 年以来,再保险人承保的直保公司的分保业务都需要开具增值税专用发票。由于增值税的"抵扣"属性,一笔再保险业务可能要对应直保公司几十家分支机构的直保业务,相应要由再保险人向分支机构一一开具几十张发票;如果是境外再保险人,还需要直保机构的几十家分支机构在向境外付款时向当地税务机关申请增值税的"代扣代缴"。各地税务机关的业务理解和操作标准不一,因此再保险业务的结算效率低下,应收款占比 40% 以上,漫长的抵扣流程给国内外保险机构和再保险人造成大量成本上升。另外,国内保险机构分入国际保险业务时,收到的外汇保费在使用上也受到很大限制。

第二节　强化金融城金融功能的政策建议

新时期的金融城建设必须放在中华民族伟大复兴战略全局、世界百年未有之大变局这两个大局中加以谋划,放在构建以国内大循环为主体、国内国际双循环相互促进的新发展格局中予以考量和探索。金融城要在金融领域成为上海市和浦东新区高水平改革开放、打造社会主义现代化建设引领区的实践范例。要坚定明确陆家嘴金融城作为上海国际金融中心的核心功能区,外滩、北外滩、临港新片区等一些重要区域作为上海国际金融中心的其他组成部分,做到"一核多点(线)"。要进一步完善金融市场体系、产品体系、机构体系、基础设施体系,深入推进高水平制度型开放,增强资源配置功能;进一步优化金融发展营商环境;要注重金融服务和引领实体经济发展。

一、坚定明确陆家嘴金融城作为上海国际金融中心核心功能区的战略定位

陆家嘴金融城在建设上海国际金融中心的历史进程中已经和正在发挥的作用决定了其核心功能区的战略地位。未来伴随着中国上海自贸试验区的不断探索创新,伴随着长三角区域一体化发展的不断推进,伴随着人民币国际化条件和环境的日趋成熟,伴随着国际经贸新格局的渐变(如区域全面经济伙伴关系协定RECP签署和生效等),金融城深化改革和扩大开放前景广阔。坚定明确金融城的战略定位,做到巩固地位、辐射发展动能、扩大功能效应。一是以深化中国上海自贸试验区建设为契机,进一步在金融领域深化改革。主动对接、主动承担、主动申请"双循环"新发展格局的金融改革规划、任务、项目。研究确定"双循环"新发展格局中金融城应承担的使命,立足于牵头,或是建议、推进、协调,支持、服务等,主动承担国家、上海、专业管理部门深化改革的任务,参与各方面的工作,发挥主人翁精神,以实际的核心作为凸显自身的战略价值。二是以长三角区域一体化发展战略的实施为机遇,进一步强化金融城的核心功能地位。在长三角区域一体化发展的进程中,金融城应主动参与,积极组织金融城各类机构对接相关企业、相关项目、相关业务、相关政务,通过服务国家战略,彰显金融城的核心功能作用。推动金融城发挥金融服务于科技创新、服务于扩大开放、支持数字经济发展等方面的功能作用。

二、发挥金融的资源配置功能,服务浦东打造成为国内大循环的中心节点和国内国际双循环的战略链接

建立完善的金融市场体系既能帮助浦东乃至上海掌握金融产业链中的关键环节,提高配置全球资源的能力,也能支持浦东更好成为国内大循环的中心节点、国内国际双循环的战略链接。建议浦东新区政府领导牵头,同时利用陆家嘴论坛等契机,做好与"一委一行两会"以及外汇管理局等部门的汇报、沟通工作。建立完善的金融市场体系牵头合作、联通内外,使得金融城更好成为"为人所用"的大平台、大通道、大跳板,支持浦东成为国内大循环的中心节点。同时,金融城还要努力成为金融领域更高水平改革开放的开路先锋。金融城要通过完善金融市场体系、产品体系、机构体系、基础设施体系,吸引全球金融

机构和人才入驻,服务浦东打造国内国际双循环的战略链接。

(一) 以金融市场的创新和集聚增强全球资源配置能力

1. 强化上交所科创板的创新资源和金融资源配置功能

一是深化长三角资本市场服务基地建设。扩充储备库企业数量。以浦东为主面向长三角拓展科创企业覆盖范围,建立与投资机构、金融机构、知识产权机构等联盟单位的数据交换和共享机制,完善企业科技属性测评以及与科创板标准的差距分析等。

二是提升上市服务效能。协调上交所安排专家定期与拟上市企业提供面对面的问诊辅导,加强企业培训服务。建立"服务专人对接、上市专班辅导、需求专属清单、行政专项协调"的上市精准服务机制,培育更多优质科创企业。

三是继续深化科创板的资本市场基础制度改革,以改革红利吸引浦东、上海、长三角、全国乃至全球的独角兽企业和金融资源的集聚。

2. 支持在浦东新区筹建上海融资租赁资产交易所

陆家嘴金融城有融资租赁公司210家、资产规模超1万亿元,占上海的半壁江山,因此浦东具备服务全国的融资租赁资产交易的市场环境。通过在金融城设立上海融资租赁资产交易所,为全国融资租赁资产提供登记流转服务,从而以市场化手段盘活存量租赁资产,帮助全国范围的中小型融资租赁企业化解融资难题。

3. 探索设立全国性应收应付款登记中心

商业保理盘活企业应收应付款等流动资产,增加企业现金流,是破解中小企业融资难融资贵的重要手段。但是保理业务中"应收账款"的真实性有效性如何确认是保理行业发展的痛点。陆家嘴金融城注册商业保理企业近120家、占上海的1/5,资产余额约500亿元、占上海的2/3。建议积极争取在金融城设立全国性应收应付款登记中心,试点中央、地方国有企业和行业核心企业应收应付款信息强制登记和其他企业自愿登记,服务保理企业发展;并在此基础上,创新试点保理资产的证券化,拓展保理机构的融资渠道。

(二) 支持上交所、上期所等进一步提高市场的国际化水平,提高重要大宗商品的国际影响力

一是积极引导国内的企业,特别是国有企业在国际投资、贸易往来包括国内的商务往来中,采用"上海价格"作为合同签订的基准价格,金融管理部门、上期所、上交所等单位等可以会同国资委、商务委等部门制定相应的考核和奖

励办法,鼓励实体企业用"上海价格"来定价。

二是建议积极争取发改委等主管部门的支持,将上海原油期货价格纳入国内成品油计价公式,从而鼓励境内企业使用上海原油期货价格进行计价和套期保值,提升"上海价格"的权威性。

三是进一步便利国际投资者进入我国金融市场交易,比如扩大有资格参与上海原油期货的会员范围,由原先的仅仅期货公司扩展到银行机构。

四是加快上交所等建设国际金融资产交易平台的进程。

(三)支持外资金融机构在国内展业

支持外资银行借助其母行的全球化平台,为中国境内企业提供大宗商品境内外市场避险保值的衍生产品交易服务,比如境外市场的衍生产品交易,应满足其合理的结售汇需求;银监部门要针对外资银行的特点,制定更符合实际的风险资本计提、流动性风险管理、存款偏离度等监管指标,不应与内资银行简单地"一刀切",做到既防控风险,又支持外资银行发挥优势开展业务;境内的大宗商品衍生产品交易,要为外资银行的市场准入提供便利的通道。

改进 QDLP 公司在业务审批时确定境外基金项目的要求,建议通过认定境内 QDLP 公司,给予其自主进行海外基金配置的权限,提高投资的时效性和灵活性,让 QDLP 机构发挥优势参与国际资产管理市场。在外资资管机构承诺合规经营(如不从事一般性房地产业务)的前提下支持增加"房地产开发"、"股权投资"等经营范围,便利其开展不良资产处置业务。争取市金融局、市商务委等的支持,提升 QDLP 申请额度。调整资管机构跨国总部认定标准,对各国排名前列且全球资管规模达到 200 亿美元,或全球资管前 200 名的机构,放宽总资产的要求。制定完善全球资管机构财政扶持认定标准。

(四)深化自贸试验区建设,大力发展离岸金融

一是配合金融监管、财税部门,探索实施资金收付更加便利的跨境金融管理制度,拓展跨境金融服务功能,支持发展人民币离岸交易、跨境贸易结算和海外融资。以上海市和浦东新区货物贸易和服务贸易进出口现货交易和期货交易在全国占比较高的需求优势,以金融城各类金融机构和专业机构集聚的服务供给优势,紧紧抓住国际经贸格局调整的历史机遇,使人民币离岸交易和跨境贸易结算及海外融资服务在每一宗个案中积累经验、稳步前行,为更大范围金融深化改革、在高水平制度供给方面提供更多更好的实践范例。通过统筹发展在岸业务和离岸业务,使浦东成为全球产业链供应链价值链的重要枢

纽。二是紧紧抓住国际新一轮产业结构调整的契机,落实"一带一路"国家战略,服务于中国工程建设项目的建设管理走出国门,服务于以吸纳先进技术和管理为重点的国际企业并购,以及服务于符合国家战略的外资引进,集聚相关人才、学习相关经验、制订相关法规、着力培育国际资产交易的优良环境。三是拓展自由贸易账户的功能。发挥自由贸易账户便利资金流动的优势,慎重推进人民币国际化。

三、打造市场化、法治化、国际化的一流营商环境

(一) 以"亲、清"的政商关系切实做好亲商安商稳商工作

切实按照习近平总书记对新型政商关系"亲、清"二字的定位,掏真心、用真力、谋真招,持之以恒地推动政务服务体系建设,深入企业调研,致力排忧解难,让企业充分享有市场经营的自主权和获得感,且不含糊、不谋私,不图丝毫回报。

(二) 深化法定机构改革,以体制机制创新吸引金融机构集聚、增强金融功能

陆家嘴要有更大的胸怀,不应简单依赖比优惠来与其他"后浪"地区竞争。应着眼于发挥特殊体制机制优势,持续深入推动金融城法定机构改革,在现有功能的基础上,着力提升金融城发展局高端要素引领、全球资源整合、改革创新先锋等重要功能。优化金融城发展局内部组织架构,完善内部职能分工,成立推动改革专业化部门,实时回应业界呼声,加强向上沟通力度,着力破解金融城发展重大行业改革、体制创新、规则对接等重大问题。

(三) 深化"办成一件事"理念,提高精准招商、稳商、安商的针对性

进一步简政放权,加强改革的系统集成。比如在财政扶持资金使用方面,适当下放金融扶持政策权限,给予基层一定自主权,因地制宜、因时制宜地制定扶持金融机构落地的财政政策,提高精准招商和安商稳商的及时性、针对性。

(四) 建立综合性人才服务中心

打造"一站式"服务中心,引入人才中介、人才培训、职业资格认证等机构,为金融人才提供人才政策、人才招录、人才培训、人才管理、人才公寓、人才福利、子女就学等全方位的咨询和服务。满足部分国际金融人才在居住、医疗、子女教育等方面的国民待遇需求,例如子女进入公办学校学习等。研究给予

国际化、高层次金融人才有国际竞争力的税收、薪酬激励政策,特别是针对部分国有的或具有公共管理职能的金融基础设施或机构,存在其人才薪酬明显低于国际市场同业水平的问题。

四、补短板,更好服务和引领实体经济发展

（一）支持创业投资等投资类企业的发展,以资本集聚带动科技产业集聚

1. 吸引境内外优质天使投资、创业投资、并购基金落户金融城

建议优化创业投资行业登记注册流程,严格区分创业投资与其他违规经营的类金融企业,为创投企业提供差异化服务,特别是对于在行业有一定声誉和较长投资经验的投资人发起设立的私募股权等创投基金,在注册准入上应设立绿色通道,提高注册便利化水平。

2. 营造更好的创业投资政策环境

修订完善天使投资风险补偿的实施办法。建议将原政策的"对亏损作补偿"改为"对有效投入作奖励",即创业投资企业对浦东六大硬核产业等高科技行业的投资、达到一定规模和年限的可以实施一定的奖励。既防止以政府资金鼓励投资人盲目投资,又鼓励创业投资家将资金投入浦东六大硬核产业等项目,还要落实和简化创业投资的税收优惠申请政策。

3. 完善国有创投机构的功能

推进混合所有制改革,建立有效的激励和约束机制,引入团队持股、超额收益分配机制,把国资利益、企业利益和团队利益绑定,实现企业的长远、可持续发展。允许实施管理层跟投机制,实现国有投资基金保值增值与管理人员薪酬的正向激励。发挥国有创投的引领作用,政府做有限合伙人(LP),吸引优秀的普通合伙人(GP)做投资管理,既守护市场规则,又提高国有引导基金的盈利水平。完善考核机制。建议以国有创业投资资本整体核算的经营业绩为基础,不以单个投资项目绩效作为考核评价依据;要拉长回报率考核的时限,加大吸引社会资本规模、改善科创企业发展状况等的考核权重。

（二）推进金融城与张江科学城"双城联动"

建议由浦东新区区政府领导牵头,建立扎实有效的工作对接和协调机制,推动"双城辉映"工作常态化;金融城和科学城都要定期梳理形成并持续深化需求清单、资源清单、成果清单"三份清单",在此基础上实施精准对接、靶向发力、"双向认领",有效推动资本与技术有效对接,推动一批可操作的项目落地;

扩大和强化陆家嘴金融城在张江的"双城辉映"服务基地的服务功能,通过在服务基地设立"创业会客厅",搭建线上和线下的分行业、分规模的信息共享平台,更精准地匹配资金的供需双方。

（三）补足保险中心建设的短板

一是在上海建立一套完整的跨境再保险风险保证机制,吸引国际再保险机构入驻。并对入驻的再保险机构提供财政扶持,以利于吸引再保险机构在上海集聚。

二是建议税务部门支持浦东的保险机构和再保险人开具增值税专用电子发票,允许上海保险交易所集中办理境外再保险人境内再保险业务的发票开具和集中收付款。

三是在从境外收取的外币保费的使用上,建议依托自贸试验区 FT 账户体系和上海保险交易所的验证登记功能,支持金融城的保险机构再保险分入业务收入的外来外用。

第六章　上海自贸试验区发展知识产权金融研究

　　近年来我国知识产权数量增长迅速。根据国家知识产权局 2020 年 1 月公布的数据:专利领域,2019 年全年发明专利申请受理量达到 140.1 万件,PCT(Patent Cooperation Treaty)国际专利申请受理量超过 6.1 万件,截至 2019 年底,中国国内(不含港澳台)发明专利拥有量共计 186.2 万件,每万人口发明专利拥有量达 13.3 件。商标注册领域,2019 年中国商标注册申请量为 783.7 万件,商标注册量为 640.6 万件,其中国内商标注册 617.8 万件。截至当年末,中国有效商标注册量达 2 521.9 万件,同比增长 28.9%,平均每 4.9 个市场主体拥有 1 件注册商标。在知识产权数量快速增长的同时,我国政府和企业更加关注知识产权保护和运用问题。我国政府于 2008 年 6 月颁布了《国家知识产权战略纲要》,并于 2015 年明确提出要让知识产权制度成为激励创新的基本保障。

　　上海作为我国建设中的"四个中心",一直注重和鼓励知识产权的运用和保护。2016 年 2 月,上海市委、市政府颁布《关于加强知识产权运用和保护支撑科技创新中心建设的实施意见》,提出要把知识产权战略贯穿于上海科技创新中心建设全过程,其中关于知识产权运用中提到"上海还将探索知识产权金融创新,简化知识产权质押融资流程;建立产业知识产权运营基金,促进重点产业知识产权的实施与产业化"。知识产权金融是畅通和激活知识产权交易的关键环节,加强知识产权金融服务是知识产权工作服务经济社会创新发展、推动上海创新驱动和转型升级的重要手段。

　　知识产权金融本身发展也需要良好的外部环境。近年来虽然在政府的推动下,我国知识产权金融发展的外部环境在不断改善,但仍然存在着一些瓶颈,尤其是制度瓶颈。上海自贸试验区建设的核心任务是制度创新,因此应通过上海自贸试验区的制度创新,突破我国知识产权金融发展所存在的制度瓶颈,并将经验向全国复制和推广。2017年3月,国务院《全面深化中国(上海)自由贸易试验区改革开放方案》也提出了"创新发展知识产权金融服务"。

第一节　我国知识产权金融发展概况

一、知识产权金融的内涵

知识产权本质为无形财产权,指人们就其智力劳动成果依法在一定时期内享有的专有权利或独占权,可分为著作权和工业产权两大类。著作权又称版权,主要包括作品登记、信息网络传播权及转授权利/衍生产品的开发权、计算机软件著作权等。工业产权主要包括专利权与商标权。

知识产权在使用上可分为国用、学用和商用。知识产权国用,指为了国家利益对知识产权的使用,最典型的形式是国防上的使用。知识产权国用一般通过两种机制实现,一种是行政机制,另一种是市场机制。知识产权学用,指学术界以知识发现、学术传承、人才培养为目的对知识产权的使用。知识产权商用是知识产权使用的主要方式,是指市场经济中的各类主体对知识产权进行的研发、生产、商业、法律的以及其他形式的运用。知识产权金融是知识产权商用的主要形式之一,指通过增值的专业化金融服务实现知识产权商业价值和技术创新成果的扩散,主要包括知识产权质押融资、知识产权保险、知识产权资产证券化等多种方式。

知识产权质押融资是指将其依法所有的知识产权质押给金融机构,当企业不履行或无法履行债务时,金融机构有权依照法律规定,将该知识产权折价或者以拍卖变卖该资产的价款优先受偿。

知识产权保险是以知识产权和知识产权侵权赔偿责任为标的的保险,包括知识产权侵权责任保险和知识产权财产保险。近年来保险公司不断推出知识产权保险新产品,如目前太平洋保险公司有知识产权声明保险、知识产权侵权辩护费用补偿保险、多风险因素知识产权保险附加、非授权泄密保险、法律责任管理和早期干预五大险种。

知识产权资产证券化指发起机构将其拥有的知识产权的未来许可使用费(包括已签署的及预期的知识产权许可使用费)或其衍生债权(如授权的权利

金等)作为支撑发行资产支持证券。发起机构一般将其拥有的知识产权或其衍生债权转移给特殊目的载体(SPV),SPV 以上述资产作担保,通过基础资产界定、交易结构设置、增信措施、信用评级等在市场上发行可流通的证券,以达到为发起机构融资的目的。

除上述三种主要形式外,近几年来还出现了一些知识产权金融创新,如2016 年 5 月,嘉实基金推出以专利技术作为样本股选取主要指标的指数——中证水杉环保专利 50 指数。该指数主要选取环保行业具有高专利价值的上市公司,基于上市公司各项专利数据指标构建专利价值模型,按照得分排名选取前 50 只股票构成指数成分股。

二、我国知识产权金融的发展概况

(一)我国支持知识产权金融发展的政策

近些年来,我国不断出台政策支持知识产权质押融资、知识产权专利保险和知识产权证券化的发展。2008 年,国家知识产权局公布第一批全国知识产权质押融资试点单位名单,试点工作内容主要包括运用知识产权质押贴息等手段降低企业运用知识产权融资的成本,在评估专业机构和银行之间搭建知识产权融资服务平台等。

为进一步解决知识产权质押融资中出现的评估难等问题,2010 年 8 月 12 日,财政部、工业和信息化部、中国银行业监督管理委员会、国家知识产权局、国家工商行政管理总局、国家版权局联合发布《关于加强知识产权质押融资与评估管理支持中小企业发展的通知》。通知指出,各有关部门要充分发挥各自的职能作用,加强协调配合和信息沟通,积极探索促进本地区知识产权质押融资工作的新模式、新方法,完善知识产权质押融资的扶持政策和管理机制,加强知识产权质押评估管理,支持中小企业开展知识产权质押融资,加快建立知识产权质押融资协同工作机制,有效推进知识产权质押融资工作。

为推动知识产权金融服务的全面发展,2015 年,国家知识产权局发布《关于进一步推动知识产权金融服务工作的意见》,提出要建立与投资、信贷、担保、典当、证券、保险等工作相结合的多元化多层次的知识产权金融服务机制,力争到 2020 年,全国专利权质押融资金额超过 1 000 亿元,专利保险业务开展范围至少覆盖 50 个中心城市和园区。为实现这些目标,《意见》还提出五大工作重点:深化和拓展知识产权质押融资工作;加快培育和规范专利保险市场;积极实践知识产权资本化新模式;加强知识产权金融服务能力建设;强化知识产权金融服务工作保障机制。[①]

为发挥知识产权金融服务队创新创业的支持作用,2015 年 12 月,国家知识产权局、财政部、人力资源社会保障部、中华全国总工会、共青团中央等五部委联合发布的《关于进一步加强知识产权运用和保护助力创新创业的意见》指出:"支持互联网知识产权金融发展,鼓励金融机构为创新创业者提供知识产权资产证券化、专利保险等新型金融产品和服务。完善知识产权估值、质押、流转体系,推进知识产权质押融资服务实现普遍化、常态化和规模化,引导银行与投资机构开展投贷联动,积极探索专利许可收益权质押融资等新模式,积极协助符合条件的创新创业者办理知识产权质押贷款。支持符合条件的省份设立重点产业知识产权运营基金,扶持重点领域知识产权联盟建设,通过加强知识产权协同运用助推创业成功。"[②]2016 年,国家知识产权局确定在全国 72 个地区和单位开展为期三年的专利质押融资、专利保险试点示范工作,这次确定的专利权质押融资示范名单包括广州市、成都市、无锡市等 11 个地区和单位;专利保险示范名单包括南京市、济南市、深圳市等 9 个地区和单位。专利权质押融资试点包括青岛市、沈阳市、长春市等 40 个地区和单位;专利保险试点包括烟台市、安阳市、平安财险等 12 个地区和单位。

(二) 我国知识产权金融发展的概况

1. 知识产权质押融资的发展现状

知识产权质押融资是知识产权金融的主要形式。近些年来,我国非常重视知识产权质押融资的发展。2013 年 4 月,中国银监会、国家知识产权局、国家工商行政总局、国家版权局联合下发《关于商业银行知识产权质押贷款业务的指导意见》,指导商业银行充分利用知识产权的融资担保价值支持企业创新。主要内容:一是充分发挥知识产权质押融资的积极作用,条件成熟的可以将知识产权质押贷款作为专门的贷款产品管理;二是认真调查知识产权质押标的,明确可接受作为质物的不同种类知识产权的具体标准;三是合理确定知识产权质押贷款条件,根据尽职调查借款人、出质人和出质知识产权的情况决定单一担保或组合担保方式;四是建立和健全知识产权质押评估管理,定期或

---

① 国家知识产权局网站,http://www.sipo.gov.cn/tz/gz/201504/t20150403_1097085.html。

② 国家知识产权局网站,http://www.sipo.gov.cn/tz/gz/201510/t20151012_1186728.html。

不定期地动态评估质物的质量;五是完善知识产权质押合同;六是切实办理知识产权质权登记、改进登记制度;七是加强知识产权质押贷款贷后管理,严密监控借款人的经营管理状况等。《意见》的出台对推动我国企业知识产权资本化与产业化发展,加快商业银行开展知识产权质押贷款业务,破解科技型中小企业融资瓶颈,促进经济和科技的协调健康发展提供了政策保障。2019 年 8 月,中国银保监会联合国家知识产权局、国家版权局联合发布《关于进一步加强知识产权质押融资工作的通知》。具体措施包括:鼓励商业银行在风险可控的前提下,通过单列信贷计划、专项考核激励等方式支持知识产权质押融资业务发展;鼓励商业银行在知识产权打包融资以及地理标志、集成电路布图设计作为知识产权质押物的可行性等方面进行探索;规定商业银行知识产权质押融资不良率高出自身各项贷款不良率 3 个百分点(含)以内的,可不作为监管部门监管评级和银行内部考核评价的扣分因素等。国家知识产权局还开通了网上办理专利质押登记业务通道,让专利质押登记办理更加便利。

近些年来,我国专利权质押融资规模快速增长。2012—2017 年,我国专利质押融资总额达 2 057 亿元,年均增长 33%,有效解决了一批中小企业融资难融资贵问题。国家知识产权局最新统计数据显示,2019 年我国专利、商标质押融资总额达到 1 515 亿元,同比增长 23.8%。其中,专利质押融资金额达 1 105 亿元,同比增长 24.8%,质押项目 7 060 项,同比增长 30.5%。

2. 专利保险发展现状

从 2012 年专利保险"试水"以来,截至 2015 年 9 月,全国超过 2 500 家企业投保专利执行险和侵权责任险,保障金额达 2.7 亿元;2015 年前三季度,全国专利执行险和侵权责任险共 1 195 件,保障金额达 7 164.5 万元,同比增长 28%。除上述 2 个险种外,知识产权质押融资保险和知识产权综合责任保险也已开始业务运营。除 27 个试点地区外,山东省济宁市、广东省中山市、河南省南阳市、河北省石家庄市和保定市、浙江省金华市等 10 个非试点地区也自发开展了专利保险业务。①2019 年 12 月 26 日,北京市知识产权局、市地方金融监管局等七家单位印发《北京市知识产权保险试点工作管理办法》,自 2020 年开始实施为期三年的试点工作。截至 2020 年 12 月 18 日,北京市 2020 年知识产权保险试点任务已顺利完成,北京市共有 142 家企业参与保险试点,投

---

① 《专利保险:筑起创新创业保护围墙》,国家知识产权局网站,2015 年 12 月 2 日。

保 1 660 件专利,并获得市知识产权局 1 900 万元保费支持,总保额达到 16.59 亿元。

3. 知识产权证券化发展现状

按照基础资产类型的划分,将可知识产权资产支持证券划分为收益权类和债权类两大种类。2015 年,中共中央、国务院发布《关于深化体制机制改革加快实施创新驱动发展战略的若干意见》(中发〔2015〕8 号),提出探索开展知识产权证券化业务。此后,我国先后制定实施多项政策,知识产权证券化发展驶入了快车道。近几年来,我国知识产权支持证券发行总量迅速增长。例如,2018 年"奇艺世纪知识产权供应链金融资产支持专项计划"(简称"奇艺世纪知识产权 ABS")发行,募集资金 4.7 亿元。2019 年,"第一创业—文科租赁一期资产支持专项计划"(简称"文科一期 ABS")发行,募集资金 7.33 亿元;"兴业圆融—广州开发区专利许可资产支持专项计划"(简称"广州开发区专利许可 ABS")发行,募集资金 3.01 亿元。

(三) 当前我国知识产权金融存在的主要问题

1. 知识产权质押融资发展存在的主要问题

一是知识产权质押融资的相关法律法规不完善。如知识产权许可使用权是否属于《担保法》第 79 条规定的可以转让的权利不确定;"专利权"这一术语在《担保法》和《专利法》中是否包括许可使用权不确定;是否能对专利许可使用权进行质押登记不清楚;《著作权实施细则》中也缺乏关于著作权或者著作权的许可使用权的质押登记规定等。这些问题的存在导致了知识产权质押担保困难,从而影响了金融机构开展知识产权质押融资的积极性。

二是知识产权质押融资相关配套专业服务跟不上。在知识产权质押融资中,对知识产权价值评估十分关键,以专利权质押融资为例,为了便于专利权人和相关人员分析评估专利的价值,必须将专利价值分析指标体系分为法律价值、技术价值和经济价值三个方面。而为了增强分析的科学性和可信度,还必须将技术价值指标细分为先进性、行业发展趋势、适用范围、配套技术依存度、可替代性、成熟度等支撑指标等。这就需要十分专业的评估服务,而目前我国在这方面的专业服务机构和人才还十分缺乏。

三是金融机构缺乏开展知识产权质押融资的内在动力。相对于其他融资业务,对于商业银行等金融机构而言,知识产权质押融资存在着收益和风险的不匹配。在知识产权质押融资中,商业银行只能收取贷款利息,获取固定的收益,但贷款对象却是轻资产、失败率较高的中小企业,一旦企业出现经营困难、无力偿还债务的情况时,银行不能像处理有形资产抵押贷款一样,通过拍卖、租赁、转让等方式及时收回资金,所以商业银行自然对开展知识产权质押融资没有太大积极性。

2. 专利保险发展存在的主要问题

与知识产权质押融资相比,我国专利保险发展更为滞后。其原因主要有两个方面:

一是保险公司专业承保意愿和能力不强。专利作为典型的知识财产,相对于普通有形财产而言,具有技术性、授权性、保护范围的抽象性和专利客体的不确定性,专利侵权、维权都比较困难。绝大部分国内保险公司对各行业的专利技术比较陌生,缺乏专业的专利保险人才,对于专利保险还处于数据积累阶段,对专利保险保费定价能力较弱。加之近几年来部分参保企业存在"带病投保"的情况,即在实际遭遇侵权行为后再来投保,造成专利保险的出险率偏高,因此保险公司承保意愿不高。保险公司承保意愿和能力不高导致了我国目前试点的专利保险产品比较单一,试点运行的专利保险产品无法满足市场的需求。

二是企业投保的积极性不高。很多中小企业对于专利保险的认识不足,维权意识和购买保险的意愿不强烈,认为专利维权对于企业来说是一项"奢侈品"。相对于有一定规模的企业把长远的技术规划作为一项重要战略而言,很多中小企业认为专利保险并非企业的必需品,购买保险的意愿不强。

3. 知识产权资产证券化存在的主要问题

尽管知识产权资产证券化存在诸多优势,但在具体实施过程中,却存在不少困难影响了知识产权证券化的进一步推广。

一是知识产权估值难。在知识产权资产证券化的交易过程中,需要确定各方当事人能认同特定的知识产权在特定时点的价值,但是全球还没有形成放之四海皆可适用的估值公式。估值难以确定,导致人们无法对专利的经济价值作出精准的预估,评级机构难以对证券发行进行准确评级,投资者也难以准确地评估该证券的价值并进行投资。目前,也有不少国家和地区在尝试运用大数据分析等工具,开发更具公信力与权威性的专利价值计算方法,甚至予以标准化,但在短期内还难以看到知识产权估值"国际标准"的出现。

二是增信难。信用增级作为资产证券化发行过程中的核心技术。为了缩小投资人需求和产品基础信用级别之间的差距,需要通过一系列的内部和外部增信措施来提升产品信用质量。除了确保产品的顺利发行,信用增级还可以起到保护投资者利益,降低发行人筹资成本,增加资产支持证券市场流动性的目的。但在我国知识产权资产证券化中,由于主要以中小企业的无形资产作为标的物,因此无论是内部增信和外部增信都有一定的困难。

三是信息披露难。知识产权资产证券化信息披露较传统资产有其特殊性,这一方面对通过知识产权资产证券化进行融资的企业提出了更高的要求,另一方面也影响了投资者投资的积极性。投资者大多不是行业领域的专家,对于以技术为核心的专利、版权、商标等无形资产,需要借助更为专业的评估手段和披露信息才能降低投资风险。

第二节　上海自贸试验区发展知识产权金融的探索

一、利用自贸试验区建设机遇推进知识产权金融服务的意义

早在 2010 年,国家知识产权局就批复浦东新区成为全国知识产权质押融资试点城区。但上海自贸试验区所在的浦东与全国其他地方一样,在发展知识产权金融中存在着上述种种制度瓶颈。2013 年 9 月,上海自贸试验区正式成立。2013 年 9 月 29 日发布的《中国(上海)自由贸易试验区管理办法》和2014 年 7 月 25 日上海市人大常委会第十四次会议通过的《中国(上海)自由贸易试验区条例》都明确要求加强自贸试验区知识产权保护,而有效的知识产权行政管理和执法体制是知识产权金融发展的基础。为与国际惯例接轨,2014 年 9 月,上海自贸试验区管委会知识产权局正式成立,2014 年 11 月,该局实现集专利、商标、版权行政管理和综合执法职能于一身。2015 年 1 月 1日,全国首家单独设立的知识产权局在浦东新区正式运行,实行知识产权行政管理和执法"三合一"。目前,浦东新区知识产权局人员编制 27 名,下设办公室(政策法规处)、管理处(行政审批处)、促进处、保护处(综合执法大队)等 4个内设机构。下辖一个事业单位——上海市浦东新区知识产权中心,人员力量 70 名(50 个事业编制,20 名购买服务)。

浦东新区知识产权局成立以来在知识产权体制创新和保护、运用等方面深入探索,确立专利、商标和版权"三合一"集中管理体制,形成行政执法、司法保护、调解仲裁、社会监督"四轮驱动"的知识产权保护工作模式,解决长期以

来知识产权行政管理和行政执法体制存在的问题,建立起便民利民的公共服务体系,打通知识产权创造、运用、保护、管理、服务全链条,大大促进浦东新区知识产权的发展。2016 年,浦东新区高端装备制造产业的专利申请量突破9 500 件,授权超过 5 200 件,生物医药产业的专利申请量突破 2 300 件,授权超过 1 200 件。涌现出了一批像中国商飞、三生国健、微创医疗、上海微电子装备、中微半导体等承担了国家重大专项且知识产权工作示范作用明显的优秀企业。截至 2017 年 8 月底,浦东新区知识产权局累积专利申请突破 6.6 万件,其中发明专利申请 3.2 万件;累积专利授权突破 3.6 万件,其中发明专利授权达到 1.3 万件;累积商标申请突破 9 万件;累积版权登记突破 9.8 万件。

在推进知识产权金融服务体系建设中,浦东新区搭建了投贷保易服"五位一体"的知识产权价值实现平台,不仅推进了浦东新区知识产权的保护和运用,推进了上海建设全球有影响力的科创中心建设,而且为我国知识产权金融发展提供了可复制、可推广的经验。

二、上海自贸试验区发展知识产权金融的主要措施

在发展知识产权金融服务方面,浦东新区知识产权局先后推出全国首张知识产权金融卡、全国首个知识产权投贷联动基金、全国首批知识产权综合保险,设立一批知识产权运营平台,启动知识产权增信增贷计划,成立浦东新区知识产权融资促进会和浦东新区知识产权局"上海股交中心工作站"等。

(一)发行"知识产权金融卡"

2015 年 4 月 24 日,全国首张"知识产权金融卡"在浦东新区发行。"知识产权金融卡"分为金卡、白金卡两类,授信额度分别为 300 万元和 500 万元,授卡对象为拥有较高质量知识产权的企业。该卡经浦东新区知识产权局推动,由中国银行上海市分行、上海银行、浦东科技融资担保有限公司等金融机构联合推出,首次发放就有 40 家企业受益。据统计,首批发卡企业共拥有 89 件注册商标、200 项发明专利、653 项实用新型专利、249 件软件著作权、42 项集成电路布图设计、18 件医疗器械注册证,企业知识产权含金量较高。

相比传统金融产品,"知识产权金融卡"在国内开了多个先河。首先,它通过对企业的专利、商标、版权及其相关无形资产组合打包,无需固定资产抵押,即能获得较高额度授信,突破了知识产权与金融产品深度融合的难题。其次,该卡成本低廉,企业综合用卡成本不超过 9%,远低于社会平均融资成本。第三,"知识产权金融卡"还有增值服务,开卡企业除能享受专业知识产权服务外,还能获得相关银行的自贸试验区金融顾问、新三板上市顾问、跨国中小企业撮合等增值服务。第四,该卡最大的创新在于将专利、商标、版权价值打包融资。此前知识产权质押融资基本只涉及专利,企业的商标、版权价值很难体现。借助上海自贸试验区知识产权制度创新的机遇,浦东新区知识产权局先行先试'三合一'集中管理,浦东新区知识产权局大大提高对专利、商标、版权价值的专业评估能力,将企业的无形资产综合考虑到知识产权金融卡上,提高银行的授信额度。

（二）启动知识产权投贷联动基金

2016 年 3 月,全国首个知识产权投贷联动基金在浦东新区启动。浦东知识产权投贷联动基金,由国有资本引导、民营资本参与,基金规模达 1.315 亿元。基金出资人包括上海科技创业投资（集团）有限公司、上海浦东科技融资担保有限公司、嘉兴汇美投资合伙企业、上海张江火炬创业投资有限公司、中银资产管理有限公司、上银瑞金资本管理有限公司等。该基金按政府引导、市场化的原则运作,主要投贷方向为战略性新兴产业知识产权小微企业,其中张江高科技园区核心园投资比例不低于 25%。同时该基金还探索多种形式的股权与债权结合融资服务方式,主要以贷后投、投贷额度匹配、可转债、认股权等形式,降低具有核心知识产权企业的贷款门槛和投资门槛。

知识产权投贷联动基金设立的意义,就在于促进小微企业的知识产权价值实现,尤其是在知识产权"流转难"机制突破方面是一次尝试。银行或投资机构参与此项工作,可以直接分享高成长性企业的发展"红利",获得更高收益。按以前政策,银行是不允许参与类似基金的,但借助上海自贸试验区制度创新的优势,相关银行总部鼓励创新,特批了相关"通行证"。

（三）启动知识产权增信增贷计划

在浦东知识产权投贷联动基金成立的同一天,浦东知识产权增信增贷计划也同步启动。该计划由中国银行上海分行、上海银行、上海浦东科技融资担保有限公司和浦东新区知识产权融资促进会共同参与。四方共同开发设计出了一套融保互通互认的知识产权评价体系,推出了国内首个知识产权标准化债权融资产品。由于银行和担保公司各有一套评价体系,彼此不同也不通。而新评价体系,打通了银行与担保间的壁垒,综合评价企业知识产权的价值,评分结果又自动匹配融资额度,从而实现产品标准化、业务规模化。知识产权融资周期也明显缩短,从原来的 40 个工作日减少至 5—10 个工作日。这将突破原来知识产权融资产品定制化、个案化的局限,实现知识产权质押融资产品的标准化、业务规模化和模式可推广。此外,该计划还通过银行、担保机构共同让利知识产权小微企业,政府对评价费、财务成本等予以补贴,协会为企业提供融资公益服务的方式,最终使知识产权小微企业综合融资成本降低至5%左右。

位于张江高科技园区的宇昂公司,研发的水性新材料为高端医药消毒剂,替代传统的碘酒、碘伏,特别对烧伤、手术时内脏消毒有效,无刺激、不疼痛,不会产生二次污染。全球拥有类似知识产权的只有三家企业,另外两家是德国和美国的大企业。但作为科技型企业,宇昂公司最大的资产就是人才和知识产权,公司注册资本才 1590 万元,厂房都是租赁的。虽然有不少国际订单找到该公司,但因为从产品销售到售款回笼需有 1—3 个月的时间,要占用大量流动资金,因此该公司之前因融资难而不敢接一些业务。通过浦东知识产权增信增贷计划,该公司获得了 200 万元银行贷款,促进了公司的发展。

（四）启动知识产权证券化项目

2020 年 9 月,浦东科创 1、2 期知识产权资产支持证券挂牌仪式在上海证券大厦举行,上海知识产权证券化项目实现零突破。此次推出的知识产权证券化项目,充分发挥自贸试验区制度创新的优势,将具有市场核心竞争力的"知本"转化为"资本",大大提升了企业研发核心知识产权的动力,也吸引了资本投入企业的科技创新。

在市、区两级知识产权管理部门和上海证券交易所的支持下,由浦东科创集团作为发起人的知识产权资产支持专项计划已顺利发行两期,合计发行金额 1.05 亿元,涉及 102 件已授权专利,共支持 17 家中小型高新技术企业获得低成本融资。该专项计划是国内首个专利知识产权储架 ABS（资产证券化）项目,在上海证券交易所完成储架、分期发行。其中,1 期项目是国内首单知识产权暨疫情防控 ABS,于 2020 年 3 月 4 日发行;2 期项目于 2020 年 8 月 14日发行。

以浦东科创 1、2 期为代表的知识产权证券化项目,以上海浦创龙科融资租赁有限公司作为原始权益人,将分散的知识产权打包融资;以上海浦东科技融资担保有限公司作为资产服务机构,专注服务中小科技企业;以差额支付承诺人上海浦东科创集团有限公司的信用作为支撑,实现了强信用的跨主体转移。华泰联合证券协助浦东科创集团体系,为项目前期知识产权业务模式、基础资产形成、项目落地与发行提供了完善深入的服务。

（五）发展知识产权综合保险

浦东新区知识产权局与保险机构、专利资产评估和运营机构共同探索知识产权综合保险试点,创新知识产权保险产品,建立银企、保企对接平台。2016年11月,全国首单知识产权运营险、自贸试验区第一单知识产权全球复合险同步落地浦东新区,保单最高赔偿金额达到100万美元。

总部位于浦东张江的上海奥普生物医药有限公司是从事生物试剂仪器研发、生产、转化与销售的高新技术企业。2016年该公司研发出一款即时检测新产品,但该公司担心产品上市后被仿冒,为此该公司为25项专利和医疗检测设备商标在全球投保,每年投保费52万元,这是自贸试验区第一单全球知识产权复合险(专利、商标),也是目前全国保费最高的知识产权保单,而且保单全球有效。上海数字电视国家工程研究中心也为10件核心专利以及14份专利池运营许可协议投保,每年投保费27万元。该保单承保的是数字电视专利池运营中的知识产权风险,这是全国第一单知识产权运营险。这两份保单不仅由美国机构评估风险、英国机构再担保,可以承保全球范围,护航企业拓展海外市场,还采取直赔方式,实现实时保障,即签署保单时企业选择一家法律代表单位,涉诉期间由法律代表直接向保险公司索赔,保额也较高、保障范围较广。

（六）设立了一批知识产权运营平台

2015年9月4日,上海自贸试验区内首个专业领域知识产权运营平台——上海张江智慧医疗知识产权运营平台正式启动运行。该平台是在浦东新区知识产权局、张江高科技园区管委会的支持下,由科宝智慧医疗科技(上海)有限公司、浦东新区生物医药产业协会发起成立的,专注于智慧医疗领域知识产权的运营、管理、交易与综合服务,以开展跨境知识产权交易服务为特色,致力于推动浦东企业与海外高端技术转移机构、科研机构、企业的跨境知识产权交易。这也是上海自贸试验区内首个集专利、商标、版权于一身的知识产权"三合一"的专业领域运营服务平台。

2016年6月,上海申江文化商品交易中心在中国(上海)自由贸易试验区宣布成立。上海申江中心作为上海文化产业交易所的专业平台,将推进文化版权系列活动,对接重点园区、重点企业,开展中国(上海)自贸试验区"境外新版图书展"暨版权贸易洽谈会、中国(上海)自贸试验区文化授权交易会等活动。

2017 年 7 月,中国(浦东)知识产权保护中心在浦东新区正式揭牌,这是上海首个知识产权保护中心,现阶段将面向高端装备制造产业、生物医药产业开展知识产权快速协同保护工作。中心依托浦东新区知识产权综合管理优势,打造全产业、全类别、全链条的国家级知识产权功能性平台。全产业,指浦东保护中心现阶段将在高端装备制造、生物医药两大重点发展的战略性新兴产业试点专利快速审查、快速确权,后续还将根据区域产业发展情况进行拓展和优化;全类别,指浦东保护中心除了国家知识产权局授权的专利快速审查、快速确权功能外,还兼具专利、商标、版权等类别知识产权快速维权、协作保护等功能;全链条,指浦东保护中心将进一步打通知识产权创造、运用、保护、管理和服务全链条,形成集快速审查、快速确权、快速维权、高效运营、公共服务、人才培养等功能于一体的国家级平台。在知识产权金融服务方面,将深化专利导航产业发展工作机制,搭建专业的知识产权运营中心,推动知识产权与金融要素深度结合,实现知识产权高效运营。

2019 年 4 月,国家知识产权运营公共服务平台国际运营(上海)试点平台运行。该平台以国际化、市场化、专业化的特点,打造立足上海、服务全国、联通全球的知识产权交易重要的枢纽,实现知识产权的交易服务、金融创新、海外布局及维权、重点产业运营及基础服务等核心业务功能。目前,平台已建成一体化的交易平台网站"中知路",可以实现知识产权项目的在线购买。

(七)成立知识产权融资促进会

2015 年 11 月 23 日,浦东新区知识产权融资促进会正式成立。浦东新区知识产权融资促进会是在浦东新区知识产权局直接指导下,由浦东科技融资担保有限公司、中国银行、知识产权评估机构、会所、律所、知识产权企业等共同组成的。首批会员单位共计 30 家。

该促进会成立后,将主要围绕四方面开展工作。一是构建知识产权融资评价体系。这也将是促进会的一项核心职能。通过联合专业评估机构、金融产品开发部门、风险控制机构等,研发一套金融机构互通互认、专利商标版权复合评价体系和办法。二是推进知识产权增信增贷计划。协助政府推动、引导金融机构,在知识产权融资评价体系指导下,将企业的知识产权评估价值与其信用融资额度挂钩,同时引导金融机构降低企业融资成本。三是探索知识产权投贷联动机制。探索引入投资机构,对知识产权的企业实施多种形式的股权与债权相结合的融资服务方式。四是推动知识产权交易平台建设。推动领军企业、技术转移机构、孵化器管理部门与国际知名机构建立全方位合作渠道,打造具有国际辐射能力的技术转移交易网络,建立浦东知识产权跨境交易平台。

（八）成立"上海股交中心工作站"

2017 年 12 月 28 日,浦东新区知识产权局"上海股交中心工作站"揭牌。在揭牌仪式上,浦东新区知识产权局与上海股权托管交易中心股份有限公司共同签署了战略合作协议,明确:双方互为战略合作伙伴,共建浦东知识产权局上海股权托管交易中心工作站;为挂牌的浦东新区企业优先提供专利快速预审和快速维权服务;为所有托管企业与知识产权服务机构搭建对接平台,针对企业需求,开展全面服务;共同研究知识产权综合保险机制,开展知识产权综合保险业务试点;积极开展项目合作,共同举办"IP 路演"、知识产权尽职调查、投融资业务知识培训等活动。

三、上海自贸试验区发展知识产权金融存在的问题

尽管通过几年实践,上海自贸试验区知识产权金融发展取得了良好效果,但与企业的融资需求来看,与全国各地纷纷后来居上推出的扶持政策的力度来看,与推动知识产权密集产业发展的形势要求来看,仍然存在着一些有待破解的瓶颈问题。主要表现为:

（一）知识产权质押融资业务规模偏小

尽管上海自贸试验区不断推出新政策,鼓励银行开展知识产权质押融资试点。2010 年国家知识产权局批复浦东新区成为全国知识产权质押融资试点城区。浦东新区政府为此专门设立"科技金融"专项资金,对银行自行开展的知识产权质押贷款给予"2＋1％"的风险补贴和奖励（按照贷款总额给予2％的风险补贴;单家银行每满 5 亿元贷款,另外给予 1％的规模奖励）,但截至 2016 年 3 月底,仅帮助 187 家次成长期科技企业获得银行贷款 22 亿元。同时,在调研中也发现单纯靠知识产权质押获得银行贷款的企业很少,多数得到知识产权质押贷款的企业,实际是将知识产权与应收账款、股权、有形资产和企业信用等"打包",才从银行贷到款的。

（二）专利保险发展缓慢

虽然全国首单知识产权运营险、自贸试验区第一单知识产权全球复合险落户浦东新区,但上海自贸试验区总体上尚未形成大规模的复制和推广。一

方面因中小科技企业缺乏对专利保险的了解及缺乏投保意愿,另一方面与政府合作的保险机构、中介服务机构的数量还较少,因此在 2016 年 11 月启动后专利综合保险发展还较为缓慢。

(三) 知识产权证券化规模还不大

美国知识产权证券化市场已经非常成熟,出现了知识产权资产证券化专业咨询公司,而且电子游戏、音乐、电影、休闲娱乐、演艺、主题公园等与文化产业关联的知识产权都可以作为进行资产证券化的对象。但在上海自贸试验区知识产权证券化还不大。

(四) 政策支持力度较小

虽然上海自贸试验区成立之前浦东新区就一直对知识产权金融服务给予支持,如浦东新区在知识产权质押融资中对银行进行“2＋1”风险补贴,对担保机构风险补贴 1 个点,但与厦门自贸试验区、青岛、珠海等地加大知识产权政策引导力度相比,上海自贸试验区政策支持的力度相对较小(见表 6-1)。

表 6-1   全国部分地区知识产权融资政策对照一览

地区	政策名称	风险补偿	企业补贴	金融机构补贴	服务机构补贴
青岛	青岛市科学技术局科技型中小微企业专利权质押贷款资助实施细则	对金融机构信贷损失补偿,单一机构年最高补偿1 000 万元	对企业按 50%贴息,最高不超过 500 万元		对专利评价的中介机构,每个服务给予6 000元资助
苏州	苏州市知识产权质押贷款扶持资金管理办法	对金融机构按贷款额的 1.5%给予补贴,作为风险准备金		贷款奖励的标准为当年对苏州市区知识产权质押贷款实际发放额的1%。	
厦门	中国(福建)自由贸易试验区厦门片区知识产权扶持与奖励办法	给予当年实际投资额度 5%的风险补偿,单个项目风险补偿最高不超过 100 万元		按企业实际获得知识产权质押贷款金额的1%比例对贷款银行给予奖励,每笔贷款奖励最高不超过 20 万元	按实际发生的合理服务费的 50%比例给予资助

地区	政策名称	风险补偿	企业补贴	金融机构补贴	服务机构补贴
珠海	珠海市中小企微企业"四位一体"融资平台建设的通知	政府承担企业每笔贷款责任风险不超过贷款额的20%，同一企业的在保项目，政府风险准备金合计不超过200万元	给予企业贴息比例最高不超过已付利息的基准利率利息的50%补贴，单个企业每年不超过50万元		
北京	"智融宝"知识产权质押融资产品	海淀区政府与北京知识产权运营管理有限公司共建首期规模4 000万元贷款风险处置资金池	企业可获得融资成本50%补贴，最高可达100万元		

资料来源：浦东新区政协网站。

（五）支持重点不突出

上海自贸试验区对于知识产权企业的支持多是撒胡椒面式的"蜻蜓点水"，很少形成重点聚焦。上海自贸试验区有必要进一步聚焦战略性新兴产业中的中小科技企业，通过知识产权金融服务支持其快速发展，促进一批"独角兽"企业的涌现。

第三节　国内外知识产权金融发展的经验借鉴

近几年来，国内外一些地区的知识产权金融服务发展加快，其经验值得上海自贸试验区加以借鉴。

一、国际经验借鉴

（一）芝加哥国际知识产权交易所发展经验借鉴

芝加哥国际知识产权交易所公司（Intellectual Property Exchange International Inc.，IPXI）是全球首家通过市场定价和标准化条款促进知识产权非独家授权和交易的金融交易所。芝加哥国际知识产权交易所的建设目标主要是让整个知识产权交易过程更加透明，有效发现知识产权的价格，提高知识产权市场交易的效率（见表6-2）。芝加哥国际知识产权交易所的创始成员包括6所美国知名大学、3个美国国家实验室和9家公司。交易所成员已超过40家，而且成员数量还在不断增加。像其他所有的金融交易所一样，芝加哥国际知识产权交易所也采取会员制。

表6-2   芝加哥国际知识产权交易所的主要目标

知识产权市场问题	知识产权交易所	成　果
不完整、不充分的市场信息	具体的发售说明书、公开定价、消费数据报告、报价/出价	透明—促进更加准确的知识产权资产管理和研发决策
随意或单方面决定的知识产权价值	能够反映技术价值并提振买方信心的市场定价	价格发现—确保公平、合理的定价
缺乏标准，比如交易过程、合同条款和定价等	为所有市场参与者提供标准的、可交易的许可权	公平的市场竞争环境—加速技术转让和创新
时间和交易成本；双边许可体系的不足	提供标准合同、外包审计和可替换争端解决机制等市场解决方案的中央市场	效率—提供市场机会、流动性，并提升交易量

芝加哥国际知识产权交易所的运作主要遵循两个核心原则：透明和效率。为了让知识产权授权流程更加透明，交易所采取了一系列措施。首先，通过法律分析让市场信任所有列为单位许可权（Unit License Rights，ULR）的专利。单位许可权具有三个特点：一是非独家许可；二是制定标准化条款；三是非歧视性的，对所有被许可人来说都是一样的。交易所对每一个递交上来的候选单位许可权都会进行内部和外部质量分析，这个流程是为了让潜在的买家对发售的单位许可权质量放心。法律分析的结果会向未来的买家公开。同时制定标准化条款，所有单位许可权发售的条款也是全部向潜在买家公开的。并且，单位许可权买家必须定期向交易所递交使用报告，汇总的使用信息会与其成员分享。这些使用数据和单位许可权价格是衡量市场对技术接受度的关键指标，能让研发和知识产权管理领域的企业负责人更好地作出知情决策。此外，市场定价也是透明的，经授权的市场参与者可以登录交易所的交易平台，在这个平台上可以看到最近的交易活动（包括价格/数量信息）。其次，交易所采用类似企业公开发售的方式开展授权流程，运用的手段包括详细的发售备忘录、路演和一对一会议。一旦首次发售价格确定，交易所还有二级市场在运行，单位许可权的买家和卖家还有机会进行交易。二级市场也允许机构投资

者参与单位许可权的买卖。

（二）鲍伊债券发行经验借鉴

1997 年，美国推出了首单以知识产权为基础资产的资产证券化产品，即鲍伊债券（Bowie bond）。戴维·鲍伊（David Bowie）与披头士乐队、皇后乐队并列为英国 20 世纪最重要的摇滚明星，并在 2000 年被 NME 杂志评选为 20 世纪最具影响力的艺人。在 2002 年 BBC"最伟大的 100 名英国人"评选中，鲍伊名列第 29 位。

20 世纪 90 年代，鲍伊同时遭遇事业低潮期及与政府之间的税务纠纷问题。此时，鲍伊选择与法内斯托克公司合作，为其融资解困。融资的具体方式就是发行鲍伊债券。该债券以鲍伊 1990 年以前录制的 25 张音乐专辑作为基础资产，以这些唱片未来产生的销售和使用版权费、许可使用费收入进行还本付息，平均偿付期为 10 年，总规模为 5 500 万美元。鲍伊债券的发行人为琼斯/丁托列托娱乐公司；最终发行利率为 7.9%——与当时同期的 10 年期国库券利率 6.37% 相比，收益率上具有一定优势；鲍伊的唱片经销商百代唱片公司为该债券作了担保，成为这一资产证券化产品的增信方式。鲍伊债券采取私募发行方式，由保德信证券投资信托公司（保德信保险公司子公司）全额认购。穆迪评级对鲍伊债券十分认可，给予了该债券 A3 级的较高级别评价。该债券也是穆迪首次对音乐版权证券化产品进行评级。

鲍伊债券不仅为鲍伊带来数千万美元的财富，也为金融界的戴维·普尔曼带来巨大的名望。普尔曼作为法内斯托克公司的总经理，负责鲍伊债券的发行安排，在鲍伊债券成功的基础上，普尔曼建立了"普尔曼结构化资产销售集团"专门发行此类证券化产品。1998 年 8 月，普尔曼集团完成第二单版税证券化发行业务，该证券由摩城音乐的作曲家爱德华·荷兰、布莱恩·荷兰和拉蒙特·多齐尔三人私募发行，募集资金 3 000 万美元，穆迪评级为 A 级。同年，普尔曼集团为蓝调音乐家阿什福德和辛普森完成一笔 1 100 万美元的资产证券化业务。1999 年 5 月，普尔曼集团为"灵魂音乐教父"詹姆斯·布朗完成资产证券化业务，该笔交易由布朗的 750 多首歌曲支持，布朗先生获得超过 3 500 万美元的收入。

鲍伊债券的出现成为资产证券化史上一个里程碑式的事件，该产品将资产证券化产品进行了重新定义，可证券化资产不再仅限于各类银行贷款和应收账款资产，著作权、专利权、注册商标权、影片票房收益权、药品专利权、足球队门票收入等知识产权类基础资产都进入资产证券化的资产池。

二、国内经验借鉴

(一) 北京中关村中技知识产权金融服务体系建设经验借鉴

为破解科技型中小微企业融资难、融资贵的问题,在国家知识产权局和海淀区人民政府的指导下,依托中关村示范区金融创新的政策优势,中国技术交易所与海淀区国有资产投资经营有限公司,于 2014 年 12 月 14 日成立中关村中技知识产权服务集团(简称"中关村中技服务集团"),共同构建了国内首家"五位一体"知识产权金融服务体系,即中技知识产权金融服务体系。中技知识产权金融服务体系由核心层和联盟层构成。核心层由专业的知识产权评估公司、融资担保公司、债权基金、股权基金、知识产权和股权交易平台组成。联盟层由银行、小贷、保理、P2P 和投资机构组成紧密合作的战略联盟。中关村中技服务集团下设知识产权评估公司、注册资本 20 亿元的融资担保公司、20亿元的股权投资基金、商业保理公司、中关村互联网金融服务中心、众信金融以及知识产权交易平台、股权交易平台。

"五位一体"知识产权金融服务体系,即针对科技型中小企业具有轻资产、高风险、高成长、高收益的特点,以及在融资过程中经常面临的知识产权评估难、质押难、处置难问题,量身定制"知识产权和股权质押"融资产品,并通过"评保贷投易"五位一体化创新运营模式,提供系统性解决方案。具体内容为:

(1) 评:知识产权价值评估——中关村中技(北京)知识产权管理公司。

知识产权价值评估采用"专利价值分析指标体系",为中小微科技型企业提供知识产权价值评估和企业投资价值判断。

(2) 保:投资担保——北京中技知识产权融资担保有限公司。

由海淀区国有独资公司出资 20 亿元组建的融资担保公司和 20 亿元的股权投资基金,为中小微科技型企业知识产权融资提供强有力的担保增信。

(3) 贷:贷款融资——多家银行、北京中技商业保理有限公司、P2P 联盟。

以银行为核心,以小贷、保理、P2P、信托、融资租赁为补充,构建更快,更多,更便宜,更安全,更丰富的贷款通道。

(4) 投:股权投资——北京中技华软知识产权基金管理有限公司,上百家知名投资机构加盟。

搭建债股结合的投资联盟,为中小微科技型企业引入全方位的投融资机会。

（5）易：多元化的交易模式和交易平台——中国技术交易所、产权交易所、股权交易所、投资机构、协会。

多元化的交易模式和交易平台包括中国技术交易所以及联盟的产权交易所、股权交易所、投资机构、协会，形成迅捷流动的产权交易通道。

中技知识产权金融服务体系运营步骤为：一是由拥有知识产权的企业提出融资申请，评估公司出具报告，核心层进行综合评审，通过评审的企业，将由融资担保公司或债权基金提供强担保和增信；二是获得增信的企业，将通过联盟层的银行等金融机构搭建的绿色通道获得更快、更多、更便宜的间接融资；三是企业正常还款，而当企业出现还款困难时，债权基金和股权基金将启动预处置程序，提前化解银行贷款风险；四是经过预处置程序，增信机构获得的权益可通过反向许可、普通许可等知识产权运营方式短期持有，也可通过知识产权和股权交易平台转让退出；五是股权基金与联盟投资机构一方面可以承接债权基金转让的权益，另一方面可拥有对正常还贷企业的优先投资权，获得优先投资机会。

中技"评—保—贷—投—易"五位一体服务模式得到市场认可，截至2017年1月末，已收集2 400多个科技型企业项目，为280家企业提供融资服务，再融资用户180户，累计提供53.114亿元的资金支持，其中债权融资48.214亿元，股权投资4.9亿元。通过成长债业务投贷联动、债股结合，为80多家企业获得9亿元银行贷款，平均借款额度1 200万元，单笔最小金额300万元，单笔最大金额可达4 000万元。合作企业成立时间最短为13个月，企业成立时间最长13年。其中，新三板企业17家，占27.8％，绝大部分企业拥有高新技术。

（二）宁波、广州专利保险产品创新经验借鉴

1. 宁波"专利保险＋服务＋维权"模式

2017年8月25日，全国首个企业专利保险创新模式——"专利保险＋服务＋维权"在宁波落地。该模式是以专利保险为纽带，通过注入专利培育和专利维权服务，实现了全流程闭环运作。保险包括两款产品：一是专利申请费用损失保险，该产品主要补偿专利申请人由于非专利瑕疵原因导致代理的专利事项不能取得专利授权的申请费用和代理费损失；二是专利被侵权损失保险，该产品主要赔偿专利权人为专利维权而支出的调查费用、法律费用和依法应

由侵权人承担的直接损失。专利申请费用补偿保险的赔偿限额为:外观专利、实用新型专利每件3 000元,发明专利每件9 000元。专利被侵权保险每次赔偿限额为:外观专利每件8万元,实用新型专利每件12万元,发明专利每件15万元。市级(含)以上专利示范企业、高新技术企业等都可以投保,试点期间保险费由政府全额出资补助。也就是说,企业无论是在申请专利中,还是专利维权中,一旦碰到麻烦,都有保险"护航"。

当前知识产权维权周期长、投入多、维权艰难,使得不少企业的专利处于"沉睡"状态,大大削弱了企业的创新动力。宁波"专利培育＋保险＋维权"模式有助于实现政府部门、企业和专利服务机构的合作共赢,提升企业创新能力和核心竞争力。

2. 广州发明专利授权保险

2016年5月20日,中国平安财产保险股份有限公司广东分公司与广州华进联合专利商标代理有限公司合作推出发明专利授权保险。根据合作协议,广州华进联合专利商标代理有限公司计划每年购买2 500件发明专利授权保险,保费75万元。

发明专利授权保险是"平安专利代理职业责任险"险种下一款全新的专利保险产品,在全国尚属首创。该产品承保由于专利代理机构或专利代理人提供的专业服务存在过失、错误或遗漏,造成委托人的发明专利申请因不符合《中华人民共和国专利法》中所述的新颖性、创造性而被国务院专利行政部门驳回,导致委托人代理费用损失,依照法律应赔偿委托人一定的经济损失。

发明专利授权保险服务于专利"申请后授权前",是专利全生命周期保险服务的重要环节,有利于推动专利提质增量、降低专利创新及维权成本、提高创新积极性,有利于推动专利代理机构创新服务模式,提高服务水平和服务能力,保障专利价值实现。

(三) 苏州保险业支持知识产权质押融资经验借鉴

2017年9月21日,苏州贝昂科技有限公司(简称"贝昂科技")和中国人保财险苏州科技支公司(简称"苏州人保")签订知识产权质押融资协议。贝昂科技凭借拥有的多项国家专利,将部分知识产权质押融资,成功获得苏州人保知识产权质押项目中最高额度的融资。

近几年来,为了解决高科技企业的债权融资问题,在政府的倡导与支持下,全国各地开始打造知识产权质押融资试点。与其他试点地区不同的是,此次"苏州模式"的知识产权质押贷款是由保险公司(而非银行)向企业提供资金,它实现了保险资金与实体经济企业的直接对接。

由于政策、投入产出比以及投资风险等因素,相比银行,保险业支持知识产权质押融资项目对企业来说门槛更高、要求更严。一般申请保险公司支持知识产权质押融资的企业须为高科技公司,即以科技人员为主体或由科技人员创办,主要从事高新技术产品的科学研究、研制、生产、销售,以科技成果商品化以及技术开发、技术服务、技术咨询和高新产品为主要业务的知识密集型企业。贝昂科技就是一家专注于空气净化领域的高科技公司,自 2011 年起,连续 6 年被评为"国家高新技术企业",是"空气净化器新国标"和"静电式空气净化器行业标准"的主要制定和起草单位。该公司由 5 位曾就职于美国硅谷的中、美、俄籍科学家联合创办,领军人是加州理工空气动力学博士、国家"千人计划"专家、中科院特聘研究员。该公司产品涵盖空气净化器、新风净化系统以及空气净化宝三大系列。获得保险公司支持知识产权质押融资将大大促进该公司的产品研发和技术创新,促进该公司快速成长。

(四)交通银行苏州分行知识产权质押贷款经验

交通银行苏州分行针对企业知识产权的价值创造,通过银政合作开发了知识产权质押特色产品—智融通。智融通融资的业务期限一年,最多可以不超过 3 年,给中小型企业获得期限灵活的融资创造了条件。知识产权质押的折率不超过其价值的 3 折,知识产权的价值在原则上须经过银行认可的专业资产评估公司评估,在特别情况下(企业已有清晰的商业模式和稳定的现金流)也可以采取协议作价的形式。从 2014 年初开始到 2015 年 9 月末,苏州分行累计投放知识产权质押贷款合计约 4.2 亿元,其中为睿博数据等 13 位客户发放 22 笔知识产权质押贷款,贷款额 1.98 亿元,目前该部分贷款余额 1.06 亿元。在知识产权评估的问题上,该行主要考虑四方面的因素:一是该专利是否具有改进性,是否具备核心竞争力;二是专利收益期限的长短和变现能力,即专利权转让时能否很快找到"下家";三是该产权是否存有相关替代技术;四是企业能否基于此专利获得稳定持续的现金收益。根据上述估值标准,苏州市知识产权金融公共服务平台引入知识产权评估公司、行业专家,全方位客观地对知识产权提供评估。平台同时与苏州市科技广场、园区中小企业服务中心、苏州市产权交易中心等平台加强横向联系,实现信息资源的交汇。

第四节　利用上海自贸试验区建设机遇推进浦东
知识产权金融服务体系建设的建议

　　针对浦东知识产权金融服务体系建设中存在的问题,在借鉴国内外经验的基础上,建议浦东发挥上海自贸试验区制度创新先行先试的机遇,采取以下措施推进知识产权金融服务体系的建设。

一、引入以"政银保"合作的专利质押融资保证保险

　　在专利质押融资中引入以"政银保"为主要模式的专利质押融资保证保险,以降低放贷银行贷款风险,为中小微企业进行信用增级,提高企业贷款成功几率。以保险公司更强的财务实力和信用评级作为企业贷款的担保,通过与政府和银行的多方合作,切实解决中小企业融资难的问题;采用"政银保"的模式,由政府部门通过财政投入风险基金,给予企业全部或部分比例的保费补贴和贷款贴息,有效解决中小企业融资贵的问题。

　　因此建议利用上海自贸试验区专利、商标、版权"三合一"管理先行先试的机遇,建立专利管理、银行、保险、担保分工协作,共同推进的"四位一体"专利质押保证保险工作体系。在该体系建设中建议采取以下具体措施。

　　（一）保险机构、担保机构和银行共同承担风险

　　建议由保险机构、担保机构和银行三方按一定比例共同承担融资风险,以降低商业银行的放贷风险,提高银行以专利为质押向企业提供贷款的积极性。另外,发生不良贷款时,由担保公司对不良贷款代偿。

　　（二）充分发挥政府的引导作用

　　为激发各方参与专利质押的积极性,建议在浦东新区现有政策的基础上加大补贴力度:一是对专利质押贷款给予50％的贴息资助;二是对3年的保险费给予部分资助,3年保险费资助比例分别为80％、60％、40％,3年后贷款保险费用由企业自行承担;三是对参与专利评价的中介机构给予激励;四是对质押专利处置发生的专利评估费给予50％资助。

　　（三）构建"四位一体"工作体系

　　建议首先由知识产权公共服务平台组织中介机构对质押知识产权的法律性、技术性、经济性进行评价;通过专利评价的项目,由银行、保险机构和担保

机构联合开展尽职调查。这样既解决了金融机构对专利评价的难题,也大大提高了审贷效率。

（四）整合知识产权金融服务资源

充分发挥浦东新区科技创新服务券的作用,以政府购买服务和经费资助等方式,整合知识产权服务机构、保险机构、担保机构和银行等服务资源介入专利质押融资工作,加速知识产权与金融的深度融合。

二、进一步推进专利保险的发展

（一）加强政府财政扶持

由于我国专利保险起步较晚,专利保险制度和相关配套设施都尚未完善,需要政府加强财政扶持。因此建议上海自贸试验区应进一步加强政府对专利保险制度的财政支持力度,对专利保险保费实施专项补贴。对购买小额贷款保证保险等重点鼓励类险种的企业,按实际支出保费的60％给予补贴;对首年购买一般类险种的企业,按其实际支出保费的40％给予补贴,以后年度按20％给予补贴。

（二）提高企业专利保险意识

建议上海自贸试验区定期组织开展专利保险业务知识宣讲,提高保险从业人员业务能力,向区内企业知识产权管理人员普及专利保险知识,增强企业专利保险意识。结合典型理赔案例,通过多种媒体进行宣传报道,增强全社会对专利保险的认知度,推动专利保险成为科技型中小企业优先选择的险种。

（三）多方合作提供多样化的专利保险服务

建议以调查问卷、座谈会等方式开展相关企业的专利保险需求调研。以上海自贸试验区现有专利保险为基础,借鉴国内外经验,研究设计适合上海自贸试验区实际、操作性强的专利保险产品,同时设计专利保险业务流程,并按市场化运作方式依法开展专利保险申请的审核评估工作。如可学习成都高新区的经验,通过政府补贴、认定科技保险险种、引导企业投保的方式破解科技型企业专利侵权的难题。

三、发展知识产权证券化

虽然上海自贸试验区的知识产权证券化还是空白,但区内有丰富的知识产权资源和金融资源,因此完全有条件发展知识产权证券化。为推动上海自

贸试验区知识产权证券化,建议:

(一) 支持相关市场主体参与知识产权证券化

动员可以从知识产权证券化中获得收益的受益人,如知识产权领域的创新创业者、知识产权投资基金参与,这是关键。只有参与各方可以从知识产权证券化中获得合理回报,上海自贸试验区知识产权证券化才能够真正发展起来,并实现可持续发展。

(二) 重点支持音乐、文学、电影、生物医药、新能源、新材料等领域的知识产权证券化

结合国际经验和上海自贸试验区的实际情况,上海自贸试验区在音乐、文学、电影、生物医药、新能源、新材料等诸多行业均存在知识产权证券化的潜力。因此,建议上海自贸试验区出台相关政策,重点支持这些领域的知识产权资产证券化。

(三) 引进专业服务机构

知识产权资产证券化涉及券商、律师事务所、增信机构、评级机构、投资机构等诸多市场主体,需要各方通力协作,攻坚克难,达成突破。上海自贸试验区在知识产权资产证券化方面有丰富经验的专业机构还不多,建议借助上海自贸试验区对外开放先行先试的机遇,从国际上引进一批为资产证券化提供服务的专业机构。

四、发挥知识产权投资引导基金的作用

知识产权投贷联动基金是上海自贸试验区的首创,但还需要进一步完善相关措施,设立更多的知识产权投资引导基金,更好地发挥知识产权投资引导基金的作用。为此建议:

(一) 设立知识产权运营引导基金

建议设立浦东新区知识产权运营引导基金,资金由地方财政资金和社会资本共同出资。鼓励社会资本设立产业知识产权运营基金,对社会资本设立的知识产权运营基金建议给予 6%—10%、单个基金最高 1 000 万元的配套投资。重点支持产业知识产权运营基金开展知识产权创业投资、专利收储运营、联合组建专利联盟或专利池运营等方式开展创新试点。

(二) 采取让利机制引导和激励参股基金

在设立的浦东新区知识产权运营引导基金中参股基金增值收益部分可按

比例奖励参股基金管理机构,奖励比例最高不超过基金增值收益的 70%。引导基金出资收益部分可按比例让利给参股基金的发起人股东或受托管理机构等,具体方式和比例在协议或合作方案中进行约定。

(三) 提升优化创业投资引导基金

制定投资流程管理、风险控制措施、财务管理、印鉴使用审批等制度,委托第三方机构定期评估考核参股基金的政策目标、效果和投资运行绩效,建立参股基金信用评价制度。

第七章　上海天然气交易市场发展研究

　　近几年来,上海市一直以"创新驱动,转型发展"为指导,通过城市转型对能源结构进行不断调整。在城市规划中的能源利用方面,"绿色清洁"和"可再生能源"也是重要原则贯彻于城市发展始终。天然气作为当前国际上备受关注的清洁能源,是实现绿色发展的关键抓手。完善上海用气结构、搭建上海天然气市场体系,不仅是合理高效利用天然气实施节能减排目标的重要措施和保障,也是促进燃气发展,提高天然气资源占一次能源的比例及用量需求的当务之急。

　　为贯彻落实国家石油天然气体制改革总体部署,大力推进上海"五个中心"建设,加快推动天然气产业生态建设,上海高举高打,进中求稳,提前布局谋划。一方面,上海紧跟国家政策和战略,发挥自身条件和优势,创新模式和机制,培养市场和生态;另一方面,上海需厘清发展过程中存在的瓶颈和阻碍,综合各方力量应对挑战,克服困难。在实操层面,上海结合本市天然气产供储销体系建设和油气体制改革工作进展,以长三角为试点,放开天然气价格监管,做大现货市场;同时,市发改委、市住房城乡建设管理委、市商务委、市地方金融监管局、上海证监局、上海海关、临港新片区管委会等部门共同合作,努力发挥好上海石油天然气交易中心和上海期货交易所两大国家级交易平台作用,丰富交易品种,实现期现联动,并通过现货优化资源配置,通过期货发现价格,通过发布价格指数和开展衍生品交易逐步建立国内乃至国际的基准价格。

第一节　上海天然气交易市场运行现状

一、上海天然气消费情况

　　在上海,天然气主要用于城市燃气(民用及商业)、工业以及电力三大领域。其中,城市燃气领域是最大的消费主体,工业和电力行业分列第二位和第三位,占比大致相同。2019年,上海市天然气消费总量为105.8亿立方米,其中,城市燃气占34.8%,天然气发电占29.5%,工业燃料占27.1%,天然气化工占8.6%。各种天然气消费主体的需求潜力呈现出不同的前景。工业用气增量空间根据上海的工业结构发展情况有待继续挖掘;城市燃气用气预计仍将继续增长;发电用气增量空间可期,但其用气量水平将取决于燃气机组的经济性。其中,由于存在民用气季节性特征和燃气机组不稳定性特征,城市燃气领域和发电领域的天然气需求在需求增量的基础上具有更大的波动性。另外,由于液化天然气相较于管道气较为灵活,液化天然气将在供应量和多元化方面继续发挥重要作用,并提供系统急需的灵活性以应对高峰时段的天然气需求。

纵观上海天然气消费情况,可以看到2000年以后,尤其是2000—2017年,上海天然气消费增长迅速,年均增长25%,消费总量从2001年的3.3亿立方米增加到2017年的83亿立方米。其中,2004年西气东输管道气的引进以及2009年进口液化天然气的进入为上海天然气消费量的巨幅增长提供了保障,也体现了上海巨大的市场需求潜力。然而在2013年以后,天然气需求虽仍然持续增长,但增长率较前10年有所放缓,原因大致可以归结为以下几点:一是经济产业调整,很多高耗能工业迁出上海,一定程度降低了能源消费;二是近几年来油价下降削弱了天然气与燃料油的价格竞争力,导致天然气需求下降;三是经过多年来强化的煤炭减量行动,散煤使用已基本消除或被天然气替代,再进一步以天然气替代散煤的潜力不可避免地有所下降。

随着经济的持续增长以及上海清洁能源利用的继续推进,上海能源消费增长将会继续增加,而天然气势必成为替代煤炭的一个重要能源品种。但是,在经济转型和工业结构调整的大背景下,未来数年天然气需求可能保持温和的增长态势,而驱动天然气需求增长的主要因素包括经济增长、天然气输配管线的不断扩展和延伸、新增燃气机组以及工业用煤的替代等。

二、上海天然气市场情况

在国家的大力支持下,上海有两个国家级天然气交易场所:一个是开展期货交易的上海国际能源交易中心;另一个是开展现货交易的上海石油天然气交易中心。

（一）上海国际能源交易中心

上海国际能源交易中心是由中国证监会和国家发改委、国家能源局牵头国家相关部委、上海市政府、涉油企业等 20 多家单位于 2013 年 11 月 6 日成立的。其交易品种包括原油期货、燃料油期货、沥青等。从交易量来看，上海国际能源交易中心的燃料油期货居全球第一，原油期货居全球第四（2019 年累计成交 346.4 亿桶，累计成交金额 15.5 万亿元）。

（二）上海石油天然气交易中心

上海石油天然气交易中心是在国家发改委、国家能源局直接指导下，由上海市人民政府批准设立，新华社、中国石油、中国石化、中国海油、申能集团、北京燃气、新奥能源、中国燃气、港华燃气、中国华能 10 家股东联合组成的国家级能源交易平台。

至 2019 年末，上海石油天然气交易中心在天然气方面有以下几方面的主要成果：

一是天然气双边交易量达 806.4 亿立方米，约占全国消费总量 13%，同比增长 33%，稳居亚太天然气现货交易第一。其中，管道气（PNG）成交 712.96 亿立方米，同比增长 28.4%；液化天然气（LNG）成交 633.2 万吨，同比增长 90.2%。

二是与中石油合作重启管道气竞价交易，与中海油、中石油联手推出"南气北上"和"液来气走"产品，联手中海油在国内创新性地推出"进口 LNG 窗口一站通"长期、中短期协议产品，与港华燃气联合上线我国首单储气库调峰气产品并完成线上交易，与会员单位合作推出罐箱 LNG 上线交易等，不断创新服务模式，提高服务水平。

三是与海关总署全球贸易监测分析中心开展战略合作，开创性地推出中国 LNG（液化天然气）、原油、LPG（液化石油气）综合进口到岸价格指数，填补该领域的国内空白，提升中国在国际能源市场的话语权。

四是完成国家发改委、国家能源局、国家粮食和物资储备局等委托的多项国家课题，得到国家部委、相关委托方和专家的高度认可。

五是受国家能源局委托开发国家油气管网设施公平开放信息报送系统和信息公开系统，为政府监管部门提供工作抓手，为业界提供了解管网信息的公开窗口，并有助于使交易中心成为国家管网与地方管网的桥梁，有助于提高我国油气管网设施利用效率，推动天然气市场化交易。

（三）交易量持续提高

2019年,在上海石油天然气交易中心累计发生的天然气交易量为806.43亿立方米（双边）,约占全国天然气消费总量的13%,稳居亚洲现货交易市场首位。其中,管道天然气695.96亿立方米,同比增长31.48%;液化天然气633.23万吨（约合93.46亿立方米）,同比增长24.16%。（见图7-1）

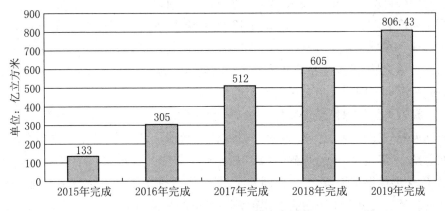

图7-1 2015—2019年天然气交易量

（四）交易品种及模式不断创新

现货交易品种和模式方面,上海石油天然气交易中心一直在积极开拓创新并取得以下成果:

成功开展海气品种线上交易,实现了常规天然气品种的全覆盖。2020年8月21日,中海石油气电集团有限责任公司贸易分公司于上海石油天然气交易中心成功开展第一轮南海区域海气专场交易,成交气量3 651万方,来源于南海西部莺歌海等海域,包含东方、乐东等多个气田资源。这是中国海油首次实现海气品种的线上专场交易,标志着交易中心上线的天然气产品类型得到进一步丰富,实现了常规天然气品种的全覆盖。

我国首个储气库产品上线市场化交易,为我国储气库资源市场化交易作出了积极的探索。2019年,港华集团与上海石油天然气交易中心在国家发改委、国家能源局及地方政府的指导下,密切合作,积极开展储气库调峰气线上交易研究工作。同年11月27日,我国首单储气库调峰气产品在上海石油天然气交易中心完成上线交易,成交量2 000万方（双边）,成交均价2.83元/方,交收期为2019年12月。港华金坛储气库调峰气上线交易对基础设施实现对第三方公平开放以及建立市场化机制具有十分积极的意义。

　　稳妥开展"进口 LNG 窗口一站通"上线交易,推进基础设施向第三方市场主体公平开放。2018 年 9 月和 10 月,上海石油天然气交易中心先后开展了两期"进口 LNG 窗口一站通"交易,这是我国首个以公开竞价市场化运作的方式向第三方公平开放进口 LNG 窗口期产品。2019 年,上海石油天然气交易中心再次寻求更大突破,推出"进口 LNG 窗口一站通"10 年期和中短期等系列产品,先后于 6 月 5 日、6 月 18 日和 12 月 24 日,完成"进口 LNG 窗口一站通"中短期"4＋5"协议产品、中短期"2＋2"协议产品和 5 年期长期协议产品的首单交易,扩大接收站开放范围、开放期限,为提升接收站利用效率、扩大海外资源进入国内渠道提供新的渠道和模式。

　　探索天然气保供预售交易,为冬季保供提供市场化资源配置渠道。上海石油天然气交易中心于 2018 年 4 月在国内首次上线天然气保供预售交易。在总结 2018 年经验的基础上,2019 年 3 月交易中心再次与中国海油推出 LNG 保供预售交易,对 4 月合同和 11 月合同分别采用竞价交易和定向挂牌交易。预售交易帮助下游企业提前锁定冬季的采购量和采购价,上游企业也可以提前到国际市场进行大额采购,并利用长协和期货等手段对冲风险,形成多赢的格局。

　　上线"液来气走"交易品种,为冬季保供提供有力的资源支持。2018 年夏末,通过与中石油天然气销售公司多次沟通,上海石油天然气交易中心推出"液来气走"交易品种(L-PNG),交易标的为中石油天然气销售合同以外的市场化气量,资源来源为进口 LNG 现货,通过管道运输方式进行交付、无区域化升贴水。2019 年全年"液来气走"天然气双边交易量为 115.21 万吨,为冬季保供提供有力的资源保障。

　　顺利开展"南气北上"线上交易,推动基础设施互联互通。上海石油天然气交易中心联合中海石油气电集团、中石油天然气销售分公司稳步推进冬季保供"南气北上"线上交易。交易在 2018 年 11 月初进行,有 30 多家市场用户参与交易,提气点覆盖 41 处分输站场,日供应量最高可达 1 000 万立方米,成交量 7 亿立方米。这是首次通过线上交易平台实现互联互通,将中海油沿海 LNG 资源通过中石油管道代输直达北方用户。2019 年全年"南气北上"双边累计交易量达 6.42 亿立方米。

　　首创国内 LNG 线上年度合同团购交易,探索价格形成新机制。2019 年

1月24日至25日,上海石油天然气交易中心与中海油联合开展2019年LNG年度合同团购交易活动。参团成交的用户可以享受团购优惠政策,并提前锁定年度基本合同量,上游企业也可以更好地提供充足稳定的货源保障,从而有利于稳定市场价格。除年度合同外,未来还将根据用户需求和市场情况,推出季度合同、月合同、周合同、日合同等多种合同组合,满足用户的增量和调峰需求,并通过交易中心形成价格,发现市场供需变化,为形成具有价格风向标作用的华东价格指数奠定基础。

与会员单位合作共同推动交易品种创新。2019年11月15日,上海石油天然气交易中心与会员单位合作开展罐箱LNG上线交易,在交易中心交易系统完成国内第一单罐箱LNG交易。2020年6月29日,交易中心与中国海油合作,推出"碳中和LNG船货公开竞价交易",将碳中和LNG通过线上交易平台公开销售,是全球范围的首次创新,为国内用户提供高效、快捷、安全购买"净零碳"天然气资源的渠道。

(五)价格指数日益丰富

上海石油天然气交易中心围绕天然气已发布下列价格指数:一是中国LNG出厂(站)价格指数,以交易中心的交易数据为基础,辅以合作资讯机构的报价加权平均计算得出估价,重点监测国内15个地区的38座天然气液化工厂和10座LNG接收站,反映全国及地区性LNG槽车批发提货的价格走势。二是中海油华东市场价格基准,是中海油宁波LNG接收站面向江浙沪皖的LNG槽车出站基准价格,该基准价格通常被用作实际成交的定价基准。三是中国LNG(液化天然气)、原油、LPG(液化石油气)综合进口到岸价格指数,由海关总署全球贸易监测分析中心及上海石油天然气交易中心联合编制,监测全国范围进口数据,为行业提供系统且权威的价格参考,进一步完善国家价格数据库。

但上海石油天然气交易中心现有的价格指数体系,展示的大多是我国资源市场的价格走势,主要反映的是已发生的交易价格,具有一定的局限性、滞后性、单一性。相比之下,能源资讯巨头普氏(Platts)、阿格斯(Argus)等所发布的价格指数多为估价,具有预期性、参考性。因此,这些价格平台亟需打造能够反映准确、即时、全面的市场供需关系的油气价格,体现价格发现功能。

上海在此方面也可参照新加坡模式,牵头建设打造我国油气对外集中采购平台,我国进口油气均可在该平台采购,不限制境内收货地,为指数形成奠定现货基础并提供充足的流动性,形成我国油气进口到岸价。同时,引入大交易商报价机制,鼓励大型贸易商等参与主体提供报价,吸引亚太地区交易商线上报价、交易,构建价格指数和价格曲线,形成亚太地区定价基准。在市场化条件受限的情况下,采用普氏的方式,基于报价商报价信息,编辑团队编制计算形成指数,成熟后采用交易数据形成指数。

（六）天然气期货筹备已全面展开,前景可期

近几年来,国际天然气期货成交量不断增加,影响力逐渐扩大。2019 年Henry Hub 天然气期货成交量超过 1 亿手,对应天然气气量超过当年全球天然气消费量的 7 倍,荷兰 TTF 成交量是 0.18 亿手,同比也增长 90％左右,世界天然气格局逐渐明朗,天然气价格"气—气竞争"的格局正在形成。由于美国页岩气的大量生产和出口,使得 Henry Hub 成为全球天然气价格的一个重要的参考。2019 年全球长期贸易合同中,约有 68％的价格与石油价格挂钩,24％与 Henry Hub 价格挂钩,新签 LNG 贸易合同当中,与布伦特挂钩的占23％,与 Henry Hub 挂钩的占 32％,与荷兰 TTF 挂钩的占 15.5％。整体来看,天然气期货交易量持续增加,同时与油价挂钩占比却在逐渐减少。

中国天然气行业发展迅速,主要体现在以下几个方面:一是资源的勘探开发力度加大,增储上产能力不断增强;二是"X＋1＋X"的体制改革不断深入,加快促进上游的多元化竞争,通过竞争提高勘探开发的效率;三是基础设施的互联互通工作不断加快,国家管网公司的成立标志着基础设施公平开放进入深水区;四是储气调峰能力建设不断提升,储气能力、供气安全进一步得到保障;五是加快研究天然气期货产品上市,培育市场参考价格、助力管理风险,形成国际影响力。

综上可见,我国建立天然气期货市场的基本条件已经具备,上海期货交易所筹划的天然气期货产品也已经上报中国证监会同意,相关筹备工作已全面展开。作为完善市场定价体系的关键环节,天然气期货必将在中国乃至世界的能源市场发挥不可替代的作用,前景可期。

（七）响应国家改革方针,提前规划布局

市场化改革初期往往也是定价中心谋划的关键时期。随着国家油气行业市场化改革的稳步推进,尤其是国家油气管网公司的组建,上海也应该随之布局谋划。在推进上海天然气定价中心建设过程中,需要着重考虑以下几点因素:

一要符合中央对上海的战略定位，起点要高。天然气等能源作为国际大宗商品，既具有商品属性，也具有金融、政治、外交等属性，在我国天然气资源对外依存度日益增加的形势下，形成国际定价中心具有深远意义。按照中央对上海提出的"四个放在"的工作要求，上海要承担起建设天然气定价中心使命，对标 Henry Hub 和 NBP 等国际基准，形成国内和亚太地区的基准价格，强化全球天然气资源配置，增强在国内外天然气乃至能源市场上的话语权和影响力。

二要与国家油气市场化体制改革相结合，稳步推进。建设天然气定价中心的前提是国家的体制改革。中共中央、国务院印发的《关于深化石油天然气体制改革的若干意见》中也强调要改革油气产品定价机制，依法合规加快天然气交易平台建设，通过市场竞争形成价格。由于改革的推进需要一个过程，上海要密切关注国家改革进展，主动争取国家支持，及时推出上海配套的改革举措，才能在国家天然气市场化改革中抢得先机。

三要落实长三角一体化国家战略，联动发展。《长三角一体化发展三年行动计划（2018—2020 年）》提出，要进一步发挥上海两个能源交易中心的作用，推动区域能源市场建设。上海拥有期货交易所、上海石油天然气交易中心等油气交易机构，由于国际上天然气的基准价格也都是期货价格，所以在上海实现期现联动、形成价格基准更有优势。另外，要充分发挥上海金融市场发达、要素市场集中的优势，侧重于指数、询价组织、期货等价格发现环节。相对的，苏浙地区 LNG 资源条件更好，将来现货实物量可能会更大。2020 年 3 月 26日，国务院印发《关于支持中国（浙江）自由贸易试验区油气全产业链开放发展若干措施的批复》，支持浙江建设国际能源贸易与交易平台，浙江油气市场化建设会加速。因此，上海能源定价中心建设要与浙江等地错位发展，在上海两大平台开展的交易，其实物交割都可与浙江合作。

综合上述情况，上海需积极响应国家改革，发挥已有的两大交易平台的龙头作用，形成有国际影响力的天然气定价中心，实现期货、现货指数同步发展的格局。通过现货优化资源配置，通过期货发现价格，通过发布指数和开展衍生产品交易逐步建立基准价格，建成具有较强国际市场影响力的定价枢纽和交易中心。

（八）技术服务能力不断提升

国家管网公司已经挂牌成立，虽然到正式运行并且真正意义上实现运销分离还需一定时日,但管容如何分配已经成为整个行业关注的重点问题。另外,管网独立后原有的资源销售合同或将被两份合同,即销售合同与管输合同替代,同时市场也或将出现两种签订模式:一种是完全市场化交易模式,用户与上游企业签订销售合同,与管网公司签订输送合同;另一种是用户与上游企业签订两份合同,即管输、气量都由上游安排,上游负责对接运输方,结算价格中包括气价和运输费,再由上游与管网公司结算。自身有气源选择能力的大型用户倾向前者,而老用户与体量较小、协调管输能力较弱的公司则倾向于后者,无论是上述哪种模式,管容都具备了可以市场化的条件。目前,上海石油天然气交易中心承担了国家能源局"油气管网设施公平开放信息报送和信息公开系统"的建设,以信息化、智能化手段,为监管主体提供强有力的抓手,为业界提供了解管网信息的公开窗口。上海可联合本地区的上海石油天然气交易中心主动对接国家油气管网公司,在长三角地区油气基础设施公平开放的基础上,近期可以先行试点,通过信息公开系统,买卖双方在交易中心根据公开的模拟管网运输能力数据实时下单,先买先得,即买即配,达成交易就意味着管容按照国家定价自动匹配,由此提高管网的使用效率,也使管容分配更透明、更公平。

(九)行业生态不断完善

2019 年 4 月,第 19 届国际液化天然气会议(LNG2019)首次于中国举行,举办地为上海。国际液化天然气系列会议由国际燃气联盟(IGU)、国际制冷学会(IIR)和美国燃气技术研究院(GTI)联合创办,每隔 3 年在 LNG 的生产国和消费国之间轮流举行,是世界能源领域规格最高、参与范围最广、影响力最大的行业盛会之一。

2013 年,经过激烈角逐,中国首次获得国际液化天然气会议举办权,由 4 家专业协会(中国工业气体工业协会液化天然气分会、中国制冷学会、中国土木工程学会燃气分会和中国城市燃气协会)联合承办第 19 届国际液化天然气会议(LNG2019)。受承办方委托,申能集团作为上海能源企业,担任组委会执行主席;东浩兰生集团负责会议筹备和具体组展。2015 年,上海市政府同意作为 LNG2019 支持单位。2016 年,配套展览在上海市商务委登记备案。2018 年 12 月,经国务院批准,中国科学技术协会下达同意举办 LNG2019 的批复。同月,上海市领导和相关委办负责同志对会议筹办工作作出批示。2019 年 1 月,国家能源局复函表示高度重视会议,并确认派人员参会。

国际液化天然气系列会议一直受到各主办国政府的重视。阿尔及利亚总统、韩国总统及总理、卡塔尔国家元首、西班牙国王及首相,澳大利亚联邦总理等东道主政要,均在该次会议上出席或致辞。受益于中国巨大的市场空间和上海独特的城市魅力,LNG2019 获得前所未有的热烈反响,接近 2 000 名全球专业人士参会,超过 100 家中外企业参加配套展览。由于行业特点,LNG2019 的参展参会企业体量大,国际性强。会议演讲嘉宾的阵容空前,中海油、中石油两大央企的董事长出席致辞;埃克森美孚、壳牌、BP、雪佛龙、道达尔等国际能源巨头的董事长/CEO 也云集上海。同时,还有卡塔尔、特立尼达和多巴哥的能源部部长、拉脱维亚前总理等外国政府高官和前政要。

参加此次 LNG2019 会议的国际组织和能源企业层级高、数量多,上海市主要领导也会同国家能源局领导接见了参会的国际组织和主要能源企业代表,欢迎中外企业加大在沪投资,支持上海的能源转型和可持续发展。同时,上海市主要领导作为会议举办地的东道主出席开幕式并向与会的全球来宾发表致辞,展现中国扩大改革开放的决心,宣传上海"五个中心"建设的丰硕成果和宏伟蓝图,也展示中国和上海的良好形象。

除上述重要国际会议外,上海本地的天然气行业内企业也在积极营造良好的行业氛围、打造行业生态,提高上海天然气产业服务能级,比如上海石油天然气交易中心主办了多期陆家嘴"能源＋金融"系列讲坛,邀请众多中国能源行业的相关领导、行业巨头进行深入交流、相互学习,在政府与企业、上游与下游、能源与金融之间搭建高端跨界交流合作平台。

上海的天然气市场生态应秉持着"走出去""请进来"的积极态度,除能源行业外,也需打开思路与政界、能源界、金融界等各个行业开展广泛、深入的交流与合作,这种多维度、全面的行业生态可以使企业和行业的活力得到显著提高。

第二节　上海天然气交易市场发展前景

一、发展愿景

天然气作为国际主流市场上的能源消费品和战略储备物资,在国际能源贸易中具有重要意义,其价格走势不仅影响经济发展的走向和速度,同时也从客观上反映国际市场供需的情况,是推进国际政治、经济格局变化的关键力量。随着国际能源价格体系的发展演变,国际能源价格在国家经济、安全、贸易中发挥越来越关键的作用。因此,拥有国际天然气定价的话语权,标志着国家是否能在天然气国际贸易中发挥主导作用,是否能在价格波动时有效维护国家经济发展的长期利益。

2019 年,我国天然气产量为 1 736.2 亿立方米,同比增长 9.8%,进口 9 660 万吨,同比增长 6.9%,对外依存度达 43%。天然气是全球范围的战略性、稀缺性资源,但我国的天然气长期面临着对外依存度攀升、定价话语权缺失的问题,在亚洲市场内也没有形成具备影响力的基准价格,天然气资源配置能力也有待改善,这与我国天然气的消费能力、经济实力和国际地位严重不符,也不利于保障能源安全和提升国际资源控制力。

为了改变上述被动局面,落实国家能源战略部署,应当尽快构建统一开放、竞争有序、监管有效、参与全球定价的现代天然气市场交易体系,使市场在天然气资源配置中发挥决定性作用,完善国家能源安全保障体系。在天然气定价方面,国际上经过多年发展逐渐形成以 Henry Hub、NBP、TTF 为代表的天然气价格指数,但亚太地区尚未能形成具有国际影响力的价格指数。在此背景下,建立公平规范的天然气交易中心不仅是构建有效竞争的油气市场体系的需要,更是形成市场决定价格机制的前提。上海作为国际金融和贸易中心,初步具备了上海石油天然气交易中心天然气现货交易和上海国际能源交易中心期货交易的期现货市场,通过融合两家交易平台的功能可以在上海搭建规范的能源交易平台,逐步扩大交易品种和交易规模,建立与国际成熟市场接轨的交易规则,形成具有全球影响力的天然气基准价格,提升我国在国际能源市场的话语权和影响力。

二、具备的优势

(一) 地理位置优越

对于一个国际性的基准价格而言,优越的地理位置是其形成的必备条件。无论是美国的 Henry Hub,英国的 NBP 还是新加坡的 SLInG,都是由于其拥有得天独厚的地理位置。这些地区汇聚了来自多个资源地的天然气资源,通过相互比价竞争形成市场价格,然后通过发达的基础设施辐射周边的各大消费市场,进而发展成为供周边区域参考运用的基准价格。

我国陆上进口天然气主要来自三条管道:中亚管道、中缅管道以及正在建设中的中俄东线管道(2020 年全线贯通投入运营)。进口 LNG 主要来自澳大利亚、卡塔尔、马来西亚和印度尼西亚等国,通过我国沿海 21 个 LNG 接收站进入国内市场。未来我国将成为汇集五大气源的国家,一是国产气,我国西北地区和川渝地区的气田通过西气东输管线、陕京管线、川气东送管线等与华东、华北等主要消费区域连接,也有来自东海和南海气田的海上国产气资源;二是来自中亚各国的天然气,通过西气东输管线进入国内;三是缅甸气,由中缅管道和川气东送管线输送;四是进口 LNG,主要来自澳大利亚、卡塔尔、马来西亚、印度尼西亚等国家(海关总署,2018);五是俄罗斯气,随着中俄东线管道的贯通,华北和华东地区还将出现来自俄罗斯的天然气,汇集了如此众多来自不同气源地的天然气,放眼全球也较为罕见。来自不同气源地的天然气将会相互比价,形成有效的"气—气"竞争市场,从而发现并形成基准价格,进而辐射包括日本、韩国和东南亚各国在内的整个亚太地区。

(二) 金融市场成熟发达,对冲风险并发现价格

成熟发达的金融市场对于提升一个国家的价格话语权至关重要。全球主要的天然气基准价格体系的建立和发展,背后无一不有成熟的现货、期货以及场外交易市场的推动,而这些市场背后的参与者、交易所和金融机构便是形成天然气基准价格的中坚力量。衍生金融产品市场比现货市场拥有更大的交易量、数量更多的交易主体、选择范围更广的交易产品,这些都促使更加广泛的市场力量参与天然气定价,从而保证了市场能够更加快捷地将价格变化传导出去,价格也能够被市场更加及时地发现和掌握,从而减少了市场交易的盲目性和滞后性。而且远期合约、期货、期权、供应链金融等丰富多样的金融产品和服务,能够极大地帮助行业上下游的参与主体对冲交易风险、发现商品价格、拓展融资渠道、降低交易成本,从而吸引更多的生产商、贸易商、消费者以及投资者参与市场的交易,提高市场的流动性和影响力,为建设国际化的交易中心创造良好的条件。

放眼国内,论金融市场的发展和金融产品的齐全程度,上海无疑处于领先地位。作为我国的经济金融中心,上海具有开放的金融市场和完善的金融配套体系。上海拥有中国金融期货交易所、上海证券交易所、上海期货交易所、上海黄金交易所、上海国际能源交易中心等多家金融交易场所,聚集了众多国内外金融机构,有丰富的金融衍生产品开发经验,在亚太乃至全球都有一定的知名度和影响力。

三、存在的挑战

从国际天然气定价中心的发展历程和经验来看,定价中心往往是伴随着天然气行业市场化的发展逐步形成和确立的,通常需要有以下几个基本条件作为支撑:一是基础设施要公平开放,首先要有完备发达的基础设施,包括管网、储运设备等,同时这些基础设施应该面向第三方公平开放,并实行运销分离;二是有通达活跃的流通性,完备的基础设施条件能够促进基础设施的互联互通,提高区域的市场流通能力和流动性,形成市场枢纽;三是具备竞争性的市场环境,市场化定价应该成为建设定价中心的决定性因素,这就需要逐渐放松对价格的行政管控,通过充足的市场交易量和参与者形成具有公信力的价格。

目前,上海建设国际天然气定价中心仍存在不小的挑战。一方面,我国油气体制市场化改革还在初级阶段,上述三个条件还无法具备。除此之外,还有以下几个方面的挑战。

一是现阶段通过交易平台的交易量基本都是将线下交易转线上完成,通过市场化方式交易的量不足总交易量的 30%,市场化交易比例低。2015 年11 月国家发改委印发的《关于降低非居民用天然气基准门站价格的通知》明确提出,所有进入上海、重庆石油天然气交易中心等交易平台公开交易的天然气价格由市场形成。从政策上来说,竞价的底价以及上下浮动的范围都可以不受限制。但基于国内的天然气供应短缺的现状,天然气的价格上涨难以避免,企业之间也出于各种原因很早就会开始进行相关谈判,以往管道气都是由政府定价或给出指导价,企业根据指导价格进行线下协商,这种方式能够使企业回避市场波动的风险,而交易中心的出现一定程度上冲击了原有的商业模式,但由于我国油气市场尚未实现完全的市场化,交易中心在市场中的地位可谓尴尬,无法撼动原有供销体制的情况下,只能先将部分交易从线下转到线上来逐渐推动市场化交易的形成。

二是基础设施第三方准入工作进展缓慢,阻力较大,境外供应商也无法进入。早在 2013 年,我国政府就释放政策信号将管网改革纳入规划,为油气管网向运销分离、公平公开运行作出准备。2013 年 1 月,国务院印发《能源发展"十二五"规划》(国发〔2013〕2 号),提出加强油气管网监管,稳步推动天然气管网独立运营和公平开放的核心任务。2014 年 2 月,国家能源局监管司印发的《油气管网设施公平开放监管办法(试行)》(国能监管〔2014〕84 号)中明确提到,国家鼓励、支持各类资本参与投资建设纳入统一规划的天然气基础设施,并要求油气管网设施运营企业在有剩余能力时,应向第三方市场主体公平开放管网设施,提供输送、存储等加工服务,为未来管网独立做出准备。经过不断的努力,2019 年 12 月 9 日国家石油天然气管网集团有限公司成立,标志着深化油气体制改革迈出关键一步,我国油气体制改革正式进入实操阶段。

但是,国家管网公司的挂牌只是落地阶段千头万绪中的第一步,随着市场主体多元化,交易方式多样化,市场竞争加剧,再加上油气行业高度依赖基础设施的特性,未来仍将面临诸多挑战。比如中石油、中石化在天然气销售板块的亏损将凸显,在管道剥离前,管道的盈利弥补了销售的亏损,这部分损失长期由中石油和中石化内部消化,而当亏损外化后,上涨价格将成为弥补亏损的主要选择。近两年来中石油正逐步调高部分资源(非管制气)价格,引起了许多用户的申诉,造成年度合同的签订难以推进,甚至有些用户已经开始转向使用其他替代能源。因此,如何妥善解决矛盾,有效平衡管道与销售利益的分配是第三方公平开放需要解决的一大难题。从欧美成熟市场的经验可以看出,市场化改革后管网的有效运营需要一个具有法律效力的运营管理规则作为依据,但是截至目前,我国尚未形成类似的管网运营细则,各交易主体缺乏明确的操作指南。目前管网资产股权极为复杂,现有资产的评估、剥离、划转或收购难度大,周期长,特别是大部分管网企业已引入社会资本进行混合所有制改革,资产涉及的主体众多,进一步增加了剥离难度。此外,国家管网公司成立后,在加快建设管道等基础设施的过程中,将存在着合理处理与投资者的关系、调动社会多元主体投资积极性的难题。还有一点,全国 21 个省组建了省级天然气管网公司,由于各地情况不同,各省管网公司的股权性质、业务以及地区利益诉求也千差万别。国家管网公司成立后,在坚持"全国一张网"的大前提下,面临着中央与地方、国资与社资等多方面、多角度的博弈问题。第三方公平准入过程中,市场主体增多,也会带来在上游资源方企业、下游买家(城市燃气企业)与管网公司等主体之间如何进行保供责任划分的难题。

三是现在全国各地都在新建地方性的能源交易中心,竞争形势严峻,资源配置分散。纵观国际油气市场,无论是英国、荷兰等欧洲国家,还是新加坡、日本等亚洲国家,由于国土面积有限,都只建立了一家油气交易场所。目前全球交易所之间的整合并购乃大势所趋,随着我国资本市场对外开放程度的不断提高,我国境内的交易所终将直面境外全球性交易所的竞争。如果我国行业同质化的交易中心数量过多,将无法形成合力发挥规模效应发出统一的声音,在与国际全球性交易所争夺价格话语权的过程中将处于劣势。我国还处在油气市场化改革进程中,市场化的交易量有限,主要集中在上海和重庆两家石油天然气交易中心,两家2018年天然气的市场化交易量合计已经占全国消费量的13.3%。国内余下的市场化交易量微乎其微,各地盲目设立油气交易中心的发展空间狭小,同时会导致天然气交易量过于分散,难以形成规模,不利于在亚太市场争夺话语权。在目前的市场条件下,全面铺开交易中心的建设并不可取。基于国外市场的先进经验和国内其他行业的惨痛教训,交易中心的数量宜少不宜多,宜精不宜杂。而且如果没有公平开放的市场环境作为生长土壤和严格到位的监督体系作为安全保障,全面铺开交易中心建设不利于市场化改革的进程。

四是亟需促进国际能源贸易平台发展的政策土壤。纵观与上海基础条件相似的新加坡的油气贸易发展经验,虽然其独特的地理位置是其得以发展的绝对优势,但其为利用地理优势而进一步推行的政策也是促成其成功的重要因素。新加坡的政策性优势主要体现在以下几个方面。船加油效率高,船加油无纸化作业高度发达,便利性极高,保税油经营单位自主进行线上申报拥有极大时间弹性与自由,政府对企业海关监管采取抽查制;税收政策优惠,新加坡实行单一税制,除对总部设在新加坡的企业收取5%的消费税外还采用返税政策,即企业缴纳的税费80%以上可在年底返还,保税燃料油加注规模在100万吨以下的企业基本不需要缴纳税费;配套服务体系完善,新加坡作为全球燃料油价格中心,除了传统的现货交易市场外,还拥有专门针对燃料油交易而全面开设的普氏公开市场和纸货交易市场,燃料油交易市场规范、完善、发达;海事服务业高度发达,加油、补给服务便捷、全面,在燃料油加注的同时还能提供淡水、生活补给、船员置换、设备维修、物流备件等航运辅助服务,补给物品全部免税,海员可凭有效证件随意入境旅游、购物、生活;港口作业相关费用灵活优惠,新加坡在港杂费收费方面采用灵活的收费标准,根据航运环境可随时降低或减免靠港费用,收取0.15美元/吨进库费用作为政府规费,其余进出均不收费;其他政府规费少,新加坡不针对保税油货物本身收取任何规费等。以上这些政策和措施具有一定的区域性和特殊性,并不适合全盘借鉴,但从中可以看到新加坡为促进国际油气贸易和充分发挥自身优势作出的尝试和努力,这点是需要借鉴和学习的。

虽然上海在地理区位、金融要素、消费市场和规模等多方面在国内具有优势,但在国际能源贸易市场却很难形成类似新加坡的地位和影响力,其中很重要的一个原因就是缺乏促进国际能源贸易的政策作为土壤培育国际贸易市场。一方面,上海应该充分挖掘自身的优势,并且将这些优势与国际贸易链接起来发挥效应,比如可以尝试将保税交割方面的支持政策惠及更多具备资质和实力的企业,提升大宗商品的市场活性;同时,税收、跨境结算等问题也一直是国际贸易商关注的重点,税收的减免和返还、本币外币账户一体化等措施在上海也是具备条件可以进行定点或者定向试行的措施。另一方面,上海也需要将成功的国际经验与我国的实际情况相结合,推出符合中国国情、吻合中国政策的措施和方案,稳步推进。

四、发展战略

上海参照新加坡模式简化进出口贸易流程,进行海关登记式备案管理,打造宽松自由的贸易、金融环境。上海可研究出台促进油气现货交易的财税政策,通过税收补贴等方式鼓励国内外油气企业在上海注册,进行油气现货交易。争取将原油期货国际化相关的外汇、海关、财税等支持政策扩大至油气现货交易和场外衍生产品交易。

当下应以长三角为试点,放开油气价格监管,做大现货规模。

我国幅员辽阔,各地情况不尽相同,直接建立一个全国性的大市场阻力较大。当管网实现对第三方公平开放后,可在市场条件比较成熟的省份或区域先建立区域市场,待运行模式成熟后,再借鉴到其他省份,从而带动全国的市场化改革。

长三角地区是我国经济最具活力的区域之一,是"一带一路"和长江经济带的交汇地带,经济发展快,能源需求大。长三角地区的油气产业处于高速增长的阶段,具有增长快、季节波动大、对外依存度高等特征,区域内下游用户多,能源消费量大,同时管网等基础设施健全,拥有多个天然气储气库、LNG接收站。2018 年 9 月,国务院发布的《关于促进天然气协调稳定发展的若干意见》提出要加快建设天然气产供储销体系,促进天然气协调稳定发展;2019年 12 月,国务院发布《长江三角洲区域一体化发展规划纲要》,将长三角区域一体化发展正式上升为国家战略,从产业发展、基础设施、公共服务以及环境保护等诸多方面提出了发展的要求和蓝图。长三角产供储销一体化建设可释放产供潜力,健全油气资源多头供应,积极参与国内油气勘探开发,优化进口资源的结构和布局,海陆并进,从而可以不断提升长三角能源供给能力,促进区域能源合作,提高区域能源互联互保、余缺调剂以及应急处理能力,可以有效缓解区域环境压力,加速区域经济结构调整,保障长三角经济发展能源需求。这其中,上海作为国际金融和贸易中心的同时也已经形成一定的油气期现货市场体系,具备构建我国油气定价体系的良好基础。

上海建设能源交易及定价中心,上述章节提到的挑战和困难都需要逐一攻关,任重道远。除此之外,期现联动也是建设定价中心工作的重要环节,期货市场和现货市场互为关联,成功的期货交易品种往往需要发达的现货市场来支撑,但由于我国期货市场监管和现货市场监管分属不同部门,相关产品划分为不同的交易场所,使得期货和现货互相割裂。为促进"交易中心"和"上期所"更为密切地合作,建议由上海发改委牵头,建立由市商务委、市地方金融监管局、上海证监局、两大交易场所等机构参加的定期沟通机制,集中力量办大事,着重推进以下三方面内容。

一是进一步做大做好现货交易。这项工作上海石油天然气交易中心一直作为核心业务在发展,在已有基础上,需要"三桶油"和申能集团继续给予大力支持,加大在"交易中心"的现货交易量并进一步开放管网设施,支持其他现货在上海石油天然气交易中心交易。在长三角一体化协调发展的背景下,建议可重点启动开展长三角余缺调剂交易。

同时,结合上海自贸试验区临港新片区建设,上海石油天然气交易中心和上期所应创新合作,在新片区建设油气保税交易平台,借鉴新加坡保税交易的成功经验,利用宽松自由的贸易、金融、外汇、海关以及税制环境,打造中国的"裕廊工业园"。

二是进一步做好指数的编制和发布工作。上海石油天然气交易中心已与海关总署合作,并研发了原油、LNG、LPG的综合进口到岸价格指数,但要形成市场需求、国际认可的价格指数仍然有很长的路要走。下一步也要争取上海海关的支持,提供相应信息,帮助两个交易平台完善各项指数编制。另外,在结合长三角一体化发展战略的前提下,由上海承担汇总交易价格与数量、形成指数的职能。

除上述工作外,上海还可以积极推进以下三项指数相关工作。(1)指数交易,在上海的交易平台发布的指数被各方广泛接受的基础上,与上海清算所探索指数交易产品,请市地方金融监管局支持。(2)基于现货或指数的场外衍生产品交易,在指数交易取得经验的基础上,结合现货市场发展联合上海清算所推出场外衍生产品交易,请人行上海分行、上海证监局、市地方金融监管局支持指导。(3)争取开展管容分配交易,上海石油天然气交易中心承接了国家能源局"油气管网设施公平开放信息报送和信息公开系统",可以以此为依托开展管容分配交易的试点,这是提高交易平台功能的关键一步,需要国家发改委、能源局和国家管网公司的大力支持。

三是要推进实施期货交易。该项工作是建设定价中心的关键,主要原因是油气的国际基准价格大多主要参考期货价格,但商品要成为期货交易品种,要求这类商品不能是垄断商品,还要具备便利的交割条件。但管道天然气的交割和价格并未实现完全市场化,是需要下一步攻克的环节。上期所已经制定了 LNG 的期货方案,以"国际平台、净价交易、热值计量、人民币计价"为原则,已争取中国证监会的立项同意,后续落地还需要市领导、上海证监局、市地方金融监管局等的支持和推动。

(一) 落实油气改革文件,扩大油气产品的线上交易规模

2015 年 11 月 18 日,国家发改委《关于降低非居民用天然气门站价格并进一步推进价格市场化改革的通知》(发改价格〔2015〕2688 号)要求:"非居民用气应加快进入上海石油天然气交易中心,由供需双方在价格政策允许的范围内公开交易形成具体价格,力争用 2—3 年时间全面实现非居民用气的公开透明交易。天然气生产和进口企业要放眼长远,认真做好天然气公开交易工作;交易中心会员要向交易中心共享非居民用气的场内和场外交易数量和价格等信息"。2017 年 8 月 29 日《关于降低非居民用天然气基准门站价格的通知》(发改价格规〔2017〕1582 号)提出"鼓励天然气生产经营企业和用户积极进入天然气交易平台交易,交易平台要秉持公开、公平、公正的原则,规范运作,严格管理,不断创新,及时发布交易数量和价格信息,形成公允的天然气市场价格,为推进价格市场化奠定基础"。

虽然国家先后出台了多个文件明确鼓励引导市场主体在交易平台进行线上交易,但实际执行情况并不十分理想,主要原因是产业链上游资源相对封闭,市场参与主体仍然较少,并没有形成下游销售环节一样百花齐放的局面,这种情况下下游企业通过与上游协商的资源价格甚至低于在平台上交易的价格,所以下游企业并没有在平台交易的意愿。建议上海牵头统筹长三角地区,

设计有利于上下游的举措引导区域内油气上下游企业通过上海的交易平台进行线上交易并共享线下数据。

（二）加速推进基础设施公平开放，开发管容、库容等交易产品

充足完善、对第三方公平开放的管网等基础设施是建设上海油气定价中心的前提与基础。上海应根据《油气管网设施公平开放监管办法》的要求，推进管网设施对第三方的公平开放，并定期公开和更新开放服务的条件、申请和受理流程、管线管输能力、管输能力使用情况、剩余管输能力等信息。

2020 年 4 月，国家发改委等五部委联合发布的《关于加快推进天然气储备能力建设的实施意见》明确了建立健全储气能力建设任务目标考核制度，许多市场主体亟需租用富余的储气能力以完成考核任务。上海在满足本地用能的基础上，可按照长三角地区的用气规模继续建设天然气基础设施，建造公共LNG 接收站，同时划分部分现有的储气设施，使其具有公共服务属性，对第三方提供租赁服务，由独立第三方建设开发"储备能力信息采集及辅助服务系统"及相关交易产品。租赁交易在线上公开交易，由此吸引更多市场主体，形成多资源竞争格局。

（三）打造管网信息公开系统，通过交易平台实现管容、库容分配

国家管网公司已经挂牌成立，虽然到正式运行并且真正意义上实现运销分离还需一定时日，但管容如何分配已经成为整个行业关注的重点问题。另外，管网独立后原有的资源销售合同或将被两份合同，即销售合同与管输合同替代，同时市场或将出现两种签订模式：一种是完全市场化交易模式，用户与上游企业签订销售合同，与管网公司签订输送合同；另一种是用户与上游企业签订两份合同，即管输、气量都由上游安排，上游负责对接运输方，结算价格中包括气价和运输费，再由上游与管网公司结算。自身有气源选择能力的大型用户倾向前者，而老用户与体量较小、协调管输能力较弱的公司则倾向于后者，无论是上述哪种模式，管容都具备了可以市场化的条件。交易中心承担了国家能源局"油气管网设施公平开放信息报送和信息公开系统"的建设，以信息化、智能化手段，为监管主体提供强有力的抓手，为业界提供了解管网信息的公开窗口。上海可联合本地区的上海石油天然气交易中心主动对接国家油气管网公司，在长三角地区油气基础设施公平开放的基础上，近期可以先行试点，通过信息公开系统，买卖双方在交易中心根据公开的模拟管网运输能力数据实时下单，先买先得，即买即配，达成交易就意味着管容按照国家定价自动

匹配,由此提高管网的使用效率,也使管容分配更透明、更公平。

（四）采集长三角地区线上线下交易数据,形成区域价格

长三角地区应该一体化协调发展,应利用上海已有的能源交易平台与各交易枢纽深度合作,组织开展形成市场化价格的线上交易业务并采集线下交易数据,主动承担汇总价格、形成指数的职能,通过对长三角区域的数据和信息进行计算加工后形成区域价格指数,再不断通过市场效应完善指数效力;而长三角其他省份应依托其已有的基础设施优势,建设负责油气储备、交割等功能的交易枢纽并将所有交易的数量和价格信息汇总在上海油气定价中心。

中远期:打造具有国际影响力的能源交易及定价中心。

（五）打造利于贸易的金融环境,吸引企业入驻

上海参照新加坡模式简化进出口贸易流程,进行海关登记式备案管理,打造宽松自由的贸易、金融环境。上海可研究出台促进油气现货交易的财税政策,通过税收补贴等方式鼓励国内外油气企业在上海注册,进行油气现货交易。争取将原油期货国际化相关的外汇、海关、财税等支持政策扩大至油气现货交易和场外衍生品交易。

（六）打造亚太地区价格指数

上海石油天然气交易中心围绕天然气已发布下列价格指数:一是中国LNG出厂（站）价格指数,以交易中心的交易数据为基础,辅以合作资讯机构的报价加权平均计算得出估价,重点监测国内 15 个地区的 38 座天然气液化工厂和 10 座 LNG 接收站,反映全国及地区性 LNG 槽车批发提货的价格走势;二是中海油华东市场价格基准,是中海油宁波 LNG 接收站面向苏浙沪皖的 LNG 槽车出站基准价格,该基准价格通常被用作实际成交的定价基准;三是中国 LNG 综合进口到岸价格,由海关总署全球贸易监测分析中心及上海石油天然气交易中心联合编制,监测全国范围内所有 LNG 进口数据,反映我国液态天然气进口的价格水平。

但交易中心现有的价格指数体系,多展示的是我国资源市场的价格走势,主要反映的是已发生的交易价格,具有一定的局限性、滞后性,单一性。相比之下,能源资讯巨头普氏（Platts）、阿格斯（Argus）等所发布的价格指数多为估价,具有预期性、参考性。因此,这些价格平台亟需打造能够反映准确、即时、全面的市场供需关系的油气价格,体现价格发现功能。

上海在此方面也可参照新加坡模式,牵头建设打造我国油气对外集中采

购平台,我国进口油气均可在该平台采购,不限制境内收货地,为指数形成奠定现货基础并提供充足的流动性,形成我国油气进口到岸价。同时,引入大交易商报价机制,鼓励大型贸易商等参与主体提供报价,吸引亚太地区交易商线上报价、交易,构建价格指数和价格曲线,形成亚太地区定价基准。在市场化条件受限的情况下,采用普氏的方式,基于报价商报价信息,编辑团队编制计算形成指数,成熟后采用交易数据形成指数。

(七) 争取相关政策及事项支持

1. 国家层面

海关政策方面,将上海期货交易所目前享有的原油期货保税交割业务支持政策(海关总署公告 2015 年第 40 号)复制、推广、扩展至上海地区的油气保税现货交易:(1)允许油气保税现货仓单可质押、可转让;(2)允许境内外机构及民营机构(生产商、贸易商等)参与油气保税现货交易;(3)允许同一储罐有不同货主;(4)针对交易平台指定的交割库,允许进口保税仓与出口监管仓二仓合一,建立"综合保税仓"进行监管,监管仓出具保税仓单允许交易。

财税政策方面,(1)给予国际能源交易平台居间开票职能;(2)对通过国际能源交易平台达成的交易环节印花税、增值税给予减免或返还;(3)退税环节在油气进入综合保税仓内即可进行;(4)参考新加坡自贸试验区的"全球贸易商计划"(Global Trader Program, GTP),给予国际油气贸易商有竞争力的低所得税率。

外汇金融政策方面:(1)支持国际能源交易平台境外会员开立境内资金账户、FT 账户、NRA 账户等,开展本币外币账户一体化试点,满足油气交易、交收的换汇需求;(2)支持金融机构为油气交易提供风险管理和贸易融资服务;(3)通过国际能源交易平台进行跨境交易的会员,实行跨境资金自由结算。

进出口政策方面,(1)由商务部在国际能源交易平台试点原油、成品油、燃料油等油气大宗商品配额管理新模式,在确保配额申请、使用、转让和核销全过程可记录、可追溯前提下,直接将配额给予国际油气交易平台,让平台上的交易会员动态共享,"即买即配、先到先得";(2)探索有进出口资质企业在国际油气交易平台进行配额余缺调剂交易;(3)由国家协调石油央企将原油、LNG对外采购国际贸易等业务逐步从新加坡转移至上海国际油气交易平台。

2. 上海地方层面

资金方面,给予专项资金支持国际油气交易平台搭建、系统建设,支持交易平台的系统与海关监管系统互联互通、与上期所仓单系统互认,最终建立仓储企业、银行、政府监管部门和交易平台之间信息共享的第三方油品仓单登记、公示、交易系统。

政策方面,出台专项政策支持国际油气交易平台搭建"国际油气跨境集中采购平台",以联合中石油、中石化、中海油在上海开展国际原油、LNG 集采。

企事业联动方面,推动国际油气交易平台与海关等部门合作,共同发布保税油气交易指数、油气航运指数,建设上海国际能源大数据中心,并给予专项资金支持。

模式创新方面,支持国际油气交易平台探索开展油气预售和中远期等创新型交易模式,提升价格发现效率,提供风险管理工具,给予交易环节印花税、增值税等减免、返还支持。

平台运营方面,对国际油气交易平台引进的公司落户注册在上海,给予招商引资专项资金奖励。

第三编

发挥金融独特功能，促进上海
全面发展的决策咨询建言

2019—2020 年，按照蓝皮书注重决策咨询建言的深化探索的初衷，我们遴选了上海市、浦东新区的若干重要项目，已经市领导同志批示，产生重量级作用影响的成果，加以优化。总的主题是发挥金融独特功能，促进上海科技核心驱动、硬核产业与金融服务融合发力。上海市政府参事室、上海立信会计金融学院、上海农村商业银行、张江集团等联合组成的合作团队形成五章的成果，奉献蓝皮书咨政启民的智慧。

第八章　上海市浦东新区"十四五"科技金融制度、产品(产业)、资金供给的方向研究[*]

第一节　研究背景与研究价值

一、研究背景

科技创新离不开金融资源的创新性运用,而金融创新是科技创新的触发器与加速器,科技赋能金融创新,金融支撑科技应用,金融与科技的跨界融合进一步深化,催生了"金融科技"和"科技金融",随着金融与科技之间的双向赋能的进一步加速,金融与科技的融合将更加紧密,应用场景将更加丰富。科技金融是金融服务科技创新的重要渠道,在百年未有之大变局下,上海浦东正处国际环境和国内环境均发生深刻变化的关键时刻,具体体现在以下几个方面。

(一) 长三角一体化国家战略赋予上海市浦东新区在先手棋中担当重任

2020 年 8 月 20 日,习近平总书记在合肥主持召开扎实推进长三角一体化发展座谈会上强调,在当前全球市场萎缩的外部环境下,必须集中力量办好自己的事,发挥国内超大规模市场优势,加快形成以国内大循环为主体、国内国际双循环相互促进的新发展格局。长三角区域要发挥人才富集、科技水平高、制造业发达、产业链、供应链相对完备和市场潜力大等诸多优势,积极探索

---

* 这是 2020 年上海市浦东新区科技金融研究课题成果的再提炼和再加工。项目负责人:吴大器、马士群;核心成员:郭晖、陈炫;成员:余辉、冯康平、宁春英等。

形成新发展格局的路径。

上海作为长三角的龙头,要在突破关键核心技术封锁、推动产业创新上勇当开路先锋,聚焦重点领域、重大项目、重点区域,高水平推进长三角生态绿色一体化发展示范区、上海自贸试验区临港新片区、虹桥商务区、张江科学城等区域发展,打好浦东开发开放这张王牌。要积极发挥龙头带动作用,不断提升城市能级和核心竞争力,努力成为联通国际市场和国内市场的重要桥梁。

浦东地处我国对外开放最前沿,在扎实推进长三角一体化发展进程中具有特殊地位,必须以更高的站位、更宽的视野、更大的力度加快改革开放的步伐,成为中国深化对外开放和推动经济全球化的引擎,成为全国发展强劲活跃增长极的引擎。浦东未来的开发开放,不是某一领域、某一维度的对外开放,而是全方位、立体化的开放;不是简单地进行"量"的积累,而是实现开放从"量"的扩张到"质"的提升。其中重中之重,就是要实现从要素流动型开放向制度型开放的关键提升,加快建立与国际通行规则相衔接的制度体系,完善市场化、法治化、国际化营商环境。面向"高水平制度型开放"的新定位,浦东要实现对内改革和对外开放的深度互动,加大全面深化改革的力度,使市场在资源配置中起决定性作用并更好地发挥政府作用,增强配置全球资源能力,进一步当好改革开放"排头兵中的排头兵,先行者中的先行者",在长三角一体化发展的先手棋中发挥浦东作用。

(二)中美两国在科技领域的较量持续升级

随着中美贸易摩擦的升级,对我国进行技术封锁、围堵我国高科技企业和科研院所,就成为美国打压我国科技发展的重要手段。例如,收紧了包括机器人制造应用、航天航空、高科技制造业等专业中国留学生的签证发放,把同济大学等多所高校和企业列入危险名单,禁止美国企业使用被视为对国家安全造成风险的外国电信设备,将华为等企业和中科曙光等研究所列入管制"实体清单"等,对中国高科技领域发起了全面封堵。从本质上看,中美贸易摩擦不仅仅是经济行为,也不是单纯的外贸竞争,而是中美两国科技创新特别是高科技的较量,是美国精心瞄准《中国制造2025》的十大重点领域发起的对华技术封锁,旨在推动中美在高科技领域完全脱钩,阻击中国在高科技领域的发展。可以预见,随着中美贸易摩擦、科技竞争的全面升级,美国对华技术封锁将成为新常态,且有进一步升级的可能,我国科技发展和国际合作仍然面临较大的不确定性。在此情形下，浦东新区作为中国改革开放的前沿阵地，同时也是上海国际金融中心和科创中心建设的主战场，有责任在科技创新方面发挥引领作用，更有义务将浦东的金融资源和要素优势转化为支撑科技创新的推动力量，为我国在中美科技领域的竞争中贡献浦东的智慧和力量。

（三）上海金融科技中心建设加快推进

2020 年初，上海发布《关于加快推进上海金融科技中心建设的实施方案》,《方案》提出，要全速推进金融科技关键技术研发。积极推动大数据、人工智能、区块链、5G 等新兴技术深入研发攻关，推动技术创新与金融创新的融合发展。全面提升金融科技应用水平。提高金融科技服务实体经济能力，增强民生领域金融服务的获得感和满意度。全要素促进金融科技产业集聚。大力吸引金融机构和大型科技企业在沪设立金融科技子公司、金融科技研发中心、开放式创新平台，加快形成金融科技企业集群。全力推进金融科技监管创新试点。进一步完善长三角监管协同，推动长三角地区金融科技监管信息共享。全方位营造一流金融科技发展环境。推进跨部门数据共享，依法有序丰富金融科技数据资源。营造公平竞争、有序规范的市场环境，为新兴金融科技产业发展提供法治保障。

在建设金融科技中心具体操作实施上，上海将推出金融科技企业培育、税收优惠、人才引进等一系列措施，力争在 5 年内建成具有全球竞争力的金融科技中心。同时，上海将聚焦推动技术创新与金融创新的融合发展，着力提升金融科技应用水平和促进金融科技产业集聚。

科技赋能金融创新，金融支撑科技应用。金融科技赋能金融业，实际上就是科技怎么样为金融的发展注入大量资源、注入活力；金融科技能够消除信息不对称，同时对于金融交易的方式、金融市场的交易方式都作出很大的改变，显著提高了金融交易效率。中国人民银行行长易纲曾指出，大数据是所有科技的支点，也是金融服务的基础。基于人工智能、大数据、云计算、区块链等新兴技术的金融科技，对整个金融体系的变革将产生深远的影响。科技金融虽然与金融科技在内涵上有所区别，但两者仍有相通之处，上海推进金融科技中心建设对浦东科技金融发展来说是重要的机遇。上海金融科技中心的建设，一方面，将为浦东科技金融的创新发展提供强大的技术支撑；另一方面，为科技金融服务金融科技企业提供更加科学高效的金融服务，进而推动科技金融与金融科技的创新融合发展。

（四）浦东开发开放处于关键节点

2020年是浦东开发开放30周年,30年来,浦东取得骄人的成绩,从一片阡陌农田蜕变为一座璀璨的现代化新城。地区生产总值从30年前的60亿元,增加到2019年的1.27万亿元,人均GDP达22.91万元,以占全国1/8 000的土地,创造了全国1/80的GDP、1/15的外贸进出口总额,浦东在上海乃至全国改革开放总体格局中扮演了举足轻重的角色。金融产业方面,2019年统计年鉴显示,浦东新区金融业生产总值为2 937.10亿元,占整个浦东新区生产总值的28.1%,占整个上海市金融业生产总值的50.8%。科技产业方面,浦东科技企业产品销售收入为10 424.87亿元,实现总利润1 032.69亿元。

2020年9月25日英国智库Z/Yen集团发布全球金融中心指数(GFCI 28),上海排名全球第三,这不仅实现了"基本建成与我国经济实力和人民币国际地位相适应的国际金融中心"的目标,而且交了一份漂亮的成绩单。经过13年的追赶发展,上海已经把与排名第一的差距由193分缩小到22分,2020年基本建成上海国际金融中心的目标正在坚实落地。而科技和金融的发展,将是未来实现"再造一个浦东"目标的重中之重。届时,科技发展为金融发展带来机遇,金融发展为科技发展保驾护航。

浦东开发开放30周年之际,习近平总书记明确提出支持浦东在改革系统集成协同高效、高水平制度型开放、增强配置全球资源能力、提升城市现代化治理水平等方面先行先试、积极探索、创造经验,是以习近平同志为核心的党中央面对当今世界百年未有之大变局和错综复杂的国内外局势,对浦东提出的新使命、新定位。

二、研究价值

浦东新区是上海国际金融中心建设的核心功能区和全球科创中心建设的主战场,又是集中国(上海)自贸试验区和国家综合配套改革试验区于一体的政策创新高地,同时,浦东新区还是上海经济发展的主引擎,科技产业与金融产业是支撑其发展的重要支柱。本课题研究将在以下几个方面为浦东科技金融发展提供指导,更有助于浦东新区在"十四五"规划中布局科技金融。

（一）揭示再造新浦东的核心砝码——科技创新

科技创新是浦东开发开放取得成功的基石,也是再造一个新浦东的核心砝码,迈向高质量发展过程中,浦东作为科技创新中心核心承载区制定了科技创新功能倍增的整体目标和整体布局。根据浦东新区产业能级倍增行动方案,到2025年,浦东新区工业增加值和信息传输、软件信息服务业占GDP比重上升到33%,主要聚焦"中国芯""创新药""蓝天梦""未来车""智能造""数据港"六大硬核产业,到2025年形成六个"千亿元级"规模的硬核产业集群。

"中国芯"产业,主要布局在张江国家集成电路产业基地和临港集成电路综合性产业基地,将攻克一批卡脖子技术;"创新药"产业,依托的是张江创新药产业基地、医疗器械产业基地和张江总部园建设;"蓝天梦"产业,则依托"一谷一园"建设,构建区域民用航空配套产业体系,将浦东建设成为航空创新策源与高端产业引领中心;"未来车"产业,以特斯拉新能源汽车量产为契机,布局"三电"等核心零部件配套产业;"智能造"产业,则发挥船舶、海工等产业基础雄厚优势,推动邮轮规模建设,围绕龙头企业,打造张江机器人谷等;"数据港"产业,依托全国首个人工智能创新应用先导区建设,形成集数据汇聚和调度、数据挖掘分析、数据展示和体验等一体的具有全球影响力的数据产业集聚区。六大硬核产业的发展离不开科技创新的支撑,依靠六大硬核产业实现倍增计划,再造一个新浦东,必须把浦东建设成为全球范围内科技创新资源最集聚、创新转化机制最灵活、创新创业生态最活跃、科创产业融合最紧密的地区。浦东今天取得的辉煌成就由昨天的科技创新铸就,明天的新浦东的压舱石更离不开科技创新这一核心砝码。

(二) 打造浦东反哺长三角一体化的双引擎——科技＋金融

浦东的成功离不开长三角乃至全国各地的大力支持,在长三角一体化发展国家战略背景下,时代也赋予了浦东反哺长三角的历史机遇,习近平总书记在扎实推进长三角一体化发展座谈会上提到,支持浦东在改革系统集成协同高效、高水平制度型开放、增强配置全球资源能力等方面先行先试、积极探索、创造经验,对上海以及长三角一体化高质量发展乃至我国社会主义现代化建设具有战略意义,也就是希望浦东继续发扬敢闯敢干的精神,先行先试,为长三角的高质量发展探索经验。

长三角一体化发展战略是在中美贸易一波三折、全面建成小康社会的重要节点、新旧动能转换的关键时期出台的,本身就要承担起带领全国实现发展质量变革、效率变革、动力变革等历史使命,而承担这样的历史使命的关键在于科技创新,这就是说要在中美的经济竞争中掌握主动权,要全面建成小康社会开启现代化建设新征程、实现新旧动能转换必须依靠科技创新。从这一点看,浦东在引领长三角科技创新发展方面担当着义不容辞的责任,必须积极发挥科技创新核心承载区的功能,在科技创新上取得新的突破,带领长三角在科技创新上闯出一条路。

从发达国家的经验看,城市群发展与科技创新相辅相成,这其中必不可少的是强大的金融支撑,而浦东的金融资源优势明显。首先,作为上海国际金融中心和金融科技建设的核心承载区,浦东拥有功能完善的金融要素市场体系,科创板等落户浦东,为金融科技企业的发展提供了完善的金融基础设施支撑,为服务长三角科技企业融资奠定了基础。其次,浦东拥有门类齐全的金融机构体系,为金融科技企业提供了丰富的应用场景。浦东金融科技企业类型多样,龙头企业众多,已形成完整的金融产业链,是全球金融机构最集聚的地区之一。第三,浦东在金融法制、金融人才、金融风险防范方面形成持续优化的金融营商环境,为金融科技企业的发展提供了全方位的支持。因此,浦东在科技和金融方面的显著优势为反哺长三角一体化铸就了双引擎建设的基础,两个轮子协同运行,至关重要。

（三）完善浦东新区"十四五"高质量发展三合一优化新构架——制度再造、科技引领和金融支撑

2020 年是"十三五"规划的收官之年,也是浦东布局"十四五"高质量发展,描绘下一个 30 年发展蓝图的关键节点,回顾浦东 30 年开发开放的历史,制度再造、科技引领和金融支撑的合力共同成就了今天的浦东,浦东"十四五"高质量发展也必将在优化的三合一新构架的基础上再深化、再出发。

创新是浦东发展的灵魂,而创新的起点是在体制机制方面力求突破,30年来,浦东见证了太多奇迹,而开启奇迹的"密码"就是制度再造。从全国第一个新区、第一个综合配套改革试点到第一个自贸试验区,都首先落地浦东进行试点探索。近几年浦东新区聚焦投资、贸易、金融、事中事后监管等领域,率先构建与国际通行规则接轨的制度体系,形成了外商投资负面清单、国际贸易"单一窗口"等一批基础性和核心制度创新,328 项制度创新成果复制推广到全国。浦东在每一个关键历史节点上,都代表国家实施重大改革开放措施,在制度再造方面先行先试、积极探索,为全国的制度创新积累经验、树立标杆。

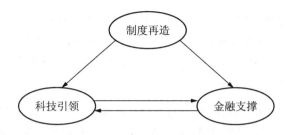

图 8-1　浦东"十四五"高质量发展三合一优化新构架示意

　　制度再造是浦东改革开放的基础,不仅激发了经济和社会发展的活力,更为科技引领和金融支撑铺平了道路。作为上海建设具有全球影响力科创中心的核心载体,以及全国和上海科技创新的先行先试区域,浦东在"十四五"规划中务必将进一步解放思想、锐意创新,充分发挥"先行先试、示范引领"作用,充分利用国际国内"两个市场、两种资源",促进制度再造、科技引领产品产业发展和金融服务支撑的多维度融合,推动人才、资本、技术、知识的多要素联动,加强产学研、内外资、政社企的多主体协同,促进制度再造、科技引领、产业发展三合一新元素的深度融合(见图 8-1),为"十四五"期间浦东继续发挥新时代全国改革开放和创新发展的标杆奠定基础。

第二节　浦东新区科技创新产业发展与融资需求

　　浦东是上海科创中心建设的主战场和核心承载区。2019 年,浦东新区坚持统筹推进科学研究、技术创新和产业发展,加快构建现代化经济体系,全社会研发经费支出占地区生产总值的比重提高到 4.15%,新增专利申请 3.7 万件,每万人口发明专利拥有量达到 78.3 件,战略性新兴产业产值占规模以上工业总产值比重达 41.5%,5G、人工智能、大数据全面赋能经济社会领域,新兴产业发展提速,各项数据对比 2018 年均有所提升,说明浦东在科技创新方面投入不断加大,科创氛围日渐浓厚,科技创新产业生态日益完善。

一、浦东新区科技创新产业发展状况

　　2019 年,浦东新区高新技术企业增加 899 家、达到 2 902 家,占上海的 19.15%,科技小巨人(培育)企业 537 家,经认定的企业研发机构数共 622 家,

其中国家级企业研发机构 43 家,上海市和浦东新区级重点企业研发机构数量共 579 家,另外浦东新区被认定的外资研发中心累计达到 238 家,这些数据有力地反映出浦东 2019 年科技企业及研发机构数量继续保持高速增长趋势,科研创新能力更上一个台阶。

截至 2019 年,浦东新区已建成大科学设施 4 个,在建大科学设施 6 个,高科技企业总量已达 2 918 家,外资研发中心 238 家,在孵企业超过 3 500 家。围绕科学发现、科创策源、创新主体、创新转化、科创孵化、产创融合六方面,积极打造科学设施集聚新高地、构建科研协同创新新体系、建设科技成果转化新平台、打造高能企业培育新优势、孕育硬核产业集群新动能,旨在把浦东建设成为全球范围内科技创新资源最集聚、创新转化机制最灵活、创新创业生态最活跃、科创产业融合最紧密的地区。

（一）科技创新策源能力不断增强

浦东从无到有,集聚了上海光源、国家蛋白质设施、上海超算中心、张江药谷公共服务平台等一批重大科研平台,以及上海科技大学、中科院高等研究院、中科大上海研究院、上海飞机设计研究院、中医药大学、李政道研究所、复旦张江国际创新中心、上海交大张江科学园等近 20 家高校和科研院所,并且从 2010 年以来共获得国家科学技术奖 76 个,其中特等奖 4 个、一等奖 3 个,从各方面增强了其科技创新策源能力,为科技创新生态的完善添砖加瓦,助力更优质地建设上海科创中心。

其中,仅张江科学城 95 平方公里内,就聚集了包括跨国公司地区总部、外资研发中心、高新技术企业、科创企业等在内的逾 2.2 万家企业,国家、市、区级研发机构近 500 家。2019 年,张江科学城建设加快推进,首轮"五个一批"73 个重点项目全部开工,2/3 以上项目已经完工。第二轮"五个一批"82 个重点项目建设全面启动,一半以上项目实现开工。张江复旦国际创新中心、上海交大张江科学园正式揭牌。同济大学上海自主智能无人系统科学中心投入使用。微软人工智能和物联网实验室、阿里巴巴上海研发中心、强生 JLABS 实现运营。2019 年 4 月,全球成立最早、规模最大的科技投资和创业加速器之一 Plug and Play 在张江成立中国长三角区域总部,全面负责 Plug and Play 中国在长三角区域的建设、运营和管理,成为该区域的唯一总部和业务中心。

（二）科技创新成果转化增速增效

2019 年,一批创新成果持续在浦东涌现:由君实生物自主研发的中国首个自研抗 PD-1 单抗"拓益"开出首张处方,在全国 51 个城市销售;首个国产生物类似药汉利康获批上市,中国正式进入生物类似药时代;阿里巴巴发布首款人工智能芯片"含光 800",测试显示 1 颗含光 800 的算力相当于 10 颗GPU;国产芯片巨头——中芯国际宣布旗下的 14 纳米芯片实现量产,"中国芯"迎来了又一次技术突破;中国原创阿尔兹海默病创新药物"九期一"(甘露特钠胶囊)上市。

获得 2019 年度上海市科学技术奖技术发明特等奖的"高功率密度燃料电池薄型金属双极板及批量化精密制造技术",成功在浦东实现产业化,建立了我国首条金属双极板批量化生产线,年产量达到 50 万片。此外,"上海光源国家重大科学工程"、"上海中心大厦工程关键技术"、"12 000 吨全回转起重船关键技术研发"和"核心芯片特色工艺技术开发及应用"等获奖项目均成功在浦东实现产业化应用,仅"核心芯片特色工艺技术开发及应用"一项近三年就累计新增产值 58.44 亿元。

随着越来越多的科技创新产业从技术孵化为产品,再到实现真正的产业化,浦东多年在科技创新方面的耕耘正在高速、高效地转化为一颗颗"科创结晶",在科技的支撑引领下,2019 年浦东六大硬核产业稳步发展,集成电路产业规模增长 14.5%,生物医药产业规模增长 14.6%,航空航天制造业产值增长17.8%,高端装备制造产值增长 10.7%,软件信息服务业营业收入增长 12.9%。

(三)科技创新人才发展环境有所优化

近几年来浦东持续加大人才政策创新力度,加快浦东国际人才港建设,率先推出了一系列具有突破性、人才获得感强的政策创新,人才出入境和就业创业的便利度不断提高。同时,加大对人才落户、住房等政策支持力度,持续深化政务服务"一网通办"和城市运行"一网统管",加快推进城市治理现代化,为优秀人才到浦东创业发展营造良好环境。

2019 年 7 月,上海市人社局将国内人才引进直接落户和留学回国人员落户审批权下放到浦东新区。在上海审批标准不变的前提下,审批材料将从 18项减至 7 项,预计整个审批流程节约 15%—20%的时间。此次权力下放后,有助于提升浦东新区的引才自主性,提高引进人才与区域发展的契合度。

(四)科技创新生态环境逐步完善

浦东不断完善科技创新生态环境,继续推进创新孵化体系、科技公共服务体系、知识产权保护体系以及创新创业文化体系建设,在浦东形成一片更广阔的科创沃土,滋养孵化更多的科创小微企业,助力科技创新产业的健康发展。

1. 创新孵化体系和科技公共服务体系

浦东拥有 166 个各类孵化机构,形成了从"苗圃"到"孵化器"到"加速器"的完整孵化链,使初创阶段、加速成长阶段、产业化阶段的企业都能在载体上实现无缝对接。各类孵化器面积达 100 万平方米,在孵化企业超过 3 500 家。浦东还积极推动建设一批新型加速器,使其具备专业化技术服务能力和加速培育能力。另外,浦东建立了 190 个科技公共服务平台,有力地降低了中小微企业创新创业成本。

2. 健全知识产权保护体系

2018 年 2 月,中国(浦东)知识产权保护中心成立,这是全国最早的知识产权保护中心。通过专利快速审查通道,成功实现了发明专利的授权周期从 3 年缩短至 3 个月,实用新型专利的授权周期从 1 年缩短至 20 天,外观设计专利的授权周期从半年缩短至 1 周。至 2019 年末,浦东知识产权保护中心共受理专利预审案件达到 1 000 件,累计授权高价值专利超过 340 件,培育高价值专利组合 20 项。

2019 年,浦东继续推进知识产权改革创新,强化知识产权创造、保护和运用。中国(浦东)知识产权保护中心设立临港新片区专窗和专利巡回审理庭。中国(上海)自由贸易试验区版权服务中心正式运行,至 2019 年末,自贸试验区版权快速登记量累计超过 4 万件,一般作品版权登记周期由 30 天缩短到 10 天。配合市知识产权局,共同推进国家知识产权运营公共服务平台国际运营(上海)试点平台建设。在自贸试验区试点技术进出口合同登记权限,成立自贸试验区知识产权法庭临港新片区审判站。成立中国贸促会(上海自贸试验区)知识产权争议解决与海外维权工作站,发起成立长三角知识产权保护与服务联盟。

3. 创新创业文化体系

2019 年,浦东举办一系列品牌活动激发全社会的创新创业活力。世界人工智能大会成功举办,推动浦东重归产业变革新起点。"智汇浦东·创见世界"2019 浦东新区创新创业大赛,第八届"创业浦东"青年创新创业大赛等多个创新创业赛事在浦东举办,涌现出一大批优秀双创项目,涵盖电子信息、新零售、人工智能、大数据等多个新兴产业领域。依托 2019 浦东新区科技节、2019 年浦东新区"全国科普日"等科技品牌活动,浦东新区举办各类科普活动数千场,推动科技创新与科学普及两翼齐飞,促进浦东新区科技创新与科学普及融合发展。

二、浦东科技创新产业融资需求规模及特点

从产业结构看,浦东科技创新产业主要包括中国芯、创新药、智能造、蓝天梦、未来车、数据港等六大硬核产业,特别是聚焦集成电路、生物医药、人工智能三大领域,产业规模巨大,使得浦东科创产业对多元化资本市场和风投、私募等市场化资本手段的需求巨大,仅从张江地区的科创企业数量来看,每年就存在 200—400 亿元的融资需求。

例如,在发展"中国芯"方面,2018 年浦东集成电路规模就突破了千亿元,2019 年,集成电路产业规模达 1 200 多亿元,增长 19%。作为全国集成电路产业最集中、综合技术水平最高、产业链最为完整的地区,而集成电路产业集成电路行业属于资本密集型行业,生产所需的机器设备投入规模较大,且大部分须从国外进口,资金需求量较大。同时集成电路产业具有技术开发、更新换代快的特点,摩尔定律即是最典型的例子,这就要求集成电路制造企业要紧随产业链上下游的技术步伐,投入大量资金用于开发先进的制程技术,进而资金成为集成电路产业发展进程中的重要壁垒。从未来角度看产业整合、兼并重组是集成电路产业发展的必然趋势,要整合全球资源,必须进行多元投资,单一依靠国家的战略开发性投资无力支撑耗资巨大的集成电路产业,必须依靠多元化的资本市场,利用风投、私募等市场化资本手段支持其发展。

作为长三角生物医药产业集群中心,上海生物医药行业占据全国 12% 的市场份额以及近 1/5 的新药品发行数量。随着沪上医药、医疗创新产业链的逐步完善,一大批成长型的优质企业诞生,而浦东张江作为上海生物医药产业高地,2019 年港股上市企业 4 家,分别为维亚生物,复宏汉霖,基石生物,亚盛医药,科创板上市企业 2 家,分别为心脉医疗和美迪西,投融资事件 80 多起,从中可以看出浦东生物医药行业融资需求多样化且规模庞大的特点。

浦东新区是上海人工智能(AI)和 5G 发展的核心承载区,正在加快建设国内首个人工智能创新应用先导区,集聚人工智能企业 383 家,占全市三分之一以上,相关产业规模突破 400 亿元。2019 年上海人工智能 TOP10 企业榜单中,来自张江科学城的云赛智联股份有限公司、上海云从企业发展有限公司、上海小蚁科技有限公司、达观数据、图麟信息科技(上海)有限公司等 5 家

企业入榜。2019 年浦东人工智能领域有投融资事件 12 起,融资阶段分散,包括钛米机器人(B＋轮)、亮风台(C 轮 2.5 亿元)、高仙机器人(B 轮 1 亿元)、创米科技(A 轮 1 亿元)等,这反映出浦东该产业蓬勃发展的态势,各阶段融资需求十分旺盛。

三、融资需求满足程度及困难

(一) 融资需求满足程度

2019 年,浦东新区科技创新产业融资需求在各层次都得到进一步满足。得益于浦东新区推出的一系列科技创新产业扶持政策,以及金融系统加强跨部门、跨领域、跨市场联动,推出一大批创新型金融服务产品,特别是银行层面日益合理和充足的信贷支持和创业风险投资市场的日益完善,科创企业融资需求可以从多方面得到满足,只是会因所处生命周期不同而呈现出满足程度上的差异。

因为浦东融资环境对外地成熟企业的吸引力,浦东有许多二次创业的较成熟科创企业,这些企业产品已占有一定的市场份额,在市场上形成一定的核心竞争力,拥有自主品牌和具备相当的市场影响力,企业经营业绩良好,有了一定的资金积累,企业的组织管理体制逐渐完善,财务制度也比较健全,融资需求主要源于企业规模扩大,进一步研发新技术、新产品,完善经营管理等。这些优质成熟的科创企业会受到浦东大量金融资源的主动追捧,融资渠道宽,融资成本低,可选择的融资方式比较多元,包括企业的留存收益、商业银行贷款、创业投资基金、风险投资、资本市场上市融资、债券融资等。

而小微科创企业融资需求具有"短、小、频、急"的特点,虽然浦东新区众多针对科技创新企业的扶持基金、创业引导基金、贴息贷款、无偿援助等在满足中小科创企业融资需求方面发挥至关重要的作用,但是与成长期和成熟期科创板企业相比,其融资需求满足程度还是有限。

(二) 科技企业融资存在的困难

从中小企业、民营企业的经营特点来讲,对于资金的需求是全生命周期的,开办生产需要资金,研发投入需要资金,市场拓展需要资金等等,可以说企业经营的每一个环节都离不开资金的助力,其融资困难主要是信息不对称、缺乏抵押物、财务不规范等原因所致。例如,科技信贷方面,浦东科创企业融资的困难主要体现在种子期,初创期的科创企业,这些中小科创企业缺乏有效的抵押、担保物,符合科技信贷授信标准的较少,都会存在银行担心风险太高不放贷等融资困难。财政科技方面,大部分财政政策支持的项目都是年度申报,而科技创新企业项目周期通常都是时间跨度好几年的中长期项目,使得企业经常担心政府资助申请带来的不确定性因素,花费不少精力去研究和迎合政策,类似这样的信息不对称问题不利于企业长期专注于某个领域,培养竞争优势等。

四、科技企业全生命周期融资需求满足探索——信用赋能

浦东新区持续推动信用赋能助力企业健康发展,探索通过建立集服务企业全生命周期发展,全方位提供信用惠企便企综合服务,包括信用政策、企业信息、信用融资、信易＋、企业政策一网通办、信用服务等功能模块为一体的信用赋能平台,归集、开放涉企公共信用信息,帮助银行等机构更加全面准确地评价有关企业的信用状况,更好地发现新的目标客户,为企业提供包括信用贷款在内的惠企便企综合服务。另外,浦东聚焦信用服务企业全生命周期发展,探索各阶段信用赋能助力企业发展举措,为科创企业创造更优质的融资和发展环境,提供更优服务,激发更大活力,努力形成更多新的增长点和增长极,全方位助力解决企业融资需求无法充分满足问题。

第一,聚焦企业初创阶段,为诚信企业营造高效便捷的市场准入环境。在企业登记注册、办理经营许可等环节,大力推广信用承诺制度,为诚信企业进入市场开展经营活动,进一步消除障碍、放宽门槛,缓解企业办事烦忧,促进优质诚信企业更好地扎根落户浦东。一是开展信用拓宽企业市场准入专项行动。对于诚信申请人,提供企业名称告知承诺制、企业住所登记告知承诺制等便利化市场准入措施,并实施包容审慎监管。二是开展信用简化企业经营许可专项行动。深入推动"信易批",对诚信企业实施经营许可告知承诺制、证明事项告知承诺制、"一业一证"改革等创新措施,帮助诚信企业方便快捷取得各项证照,进入市场开展经营活动。

第二,聚焦企业成长阶段,为诚信企业营造要素集聚的市场经营环境。在企业快速发展时期,对外部要素资源的需求更加强烈。为此,浦东新区以信用助推供给侧结构性改革,加大资本、物流、空间载体等各类要素资源的供给效率和供给力度,助力诚信企业发展无忧、快速成长。一是开展信用创新企业融资服务专项行动。针对企业的融资难问题,全面推广"信易贷",深化政银保信、政会银企等多方合作,支持金融机构扩大信用融资规模、创新信用融资产

品,提供更加优质便利的融资服务。二是开展信用服务企业科技创新专项行动。加强科研诚信建设,对诚信企业,加大科技创新支持力度,积极构建守信践诺的创新环境。在科技小巨人企业、"专精特新"中小企业、企业研发中心认定、科技创新券服务等事项申报中,优先支持诚实守信、符合发展导向的企业。三是开展信用优化园区服务专项行动。加强信用园区建设,对诚信企业提供信易贷、信易租、信易行等"信易＋"惠企便企综合服务,营造良好的园区营商环境。当企业发展到成熟阶段,具有较大的市场规模和较强的竞争能力时,社会对制度环境提出更高要求。为此,浦东新区加强和改善制度供给,在产权保护、贸易自由、纳税便利等方面,为诚信企业创造公平公正的制度环境,促进企业提质增效、转型升级,融资需求得到进一步满足。

第三,聚焦企业成熟阶段,为诚信企业营造公平公正的市场竞争环境。当企业发展到成熟阶段,具有较大的市场规模和竞争能力,对制度环境提出了更高要求。为此,新区加强和改善制度供给,在产权保护、贸易自由、纳税便利等方面,为诚信企业创造公平公正的制度环境,促进企业提质增效、转型升级。

第三节　浦东新区科技金融发展总体状况

一、科技金融发展环境逐步优化

金融业方面,2019 年,浦东新区金融业增加值达 3 835 亿元,占浦东新区 GDP 的 30.1％,占上海市金融业增加值的 58.1％。浦东新区集聚了 13 家国家级金融要素市场和基础设施,成为全球金融要素市场最完备、交易最活跃的区域之一;持牌金融机构接近 1 100 家,外资资管机构、外资法人银行和外资法人保险机构等多个外资金融机构细分领域集聚度全国第一。金融业深厚的基础和良好的发展态势为浦东科技金融创新探索提供了良好的发展环境。

政策环境方面,2019 年,浦东新区出台《浦东新区促进小微企业创新创业财政扶持办法》(浦府规〔2019〕7 号),在众创空间建设、创新创业氛围营造等方面加大支持力度,最终共有 397 个小微企业创新创业财政扶持项目,扶持金额为 8 027.98 万元;另外根据《浦东新区为小微企业购买代理记账服务实施办法(试行)》,继续为科技型小微企业免费提供代理记账服务。

2019 年,浦东新区本级财政支出中,科学技术支出 49.51 亿元。主要用于人员经费和公用经费支出 0.36 亿元;支持张江科学城建设和经济发展等项目支出42.55亿元;科技发展基金支出4.46亿元;张江国家自主创新示范区专项资金支出2.14亿元。

(一) 科技发展基金专项资金

2019年浦东新区科技发展基金专项资金中,获得科技型小微企业贷款贴息专项资金的企业274家,贴息金额6 661.6万元,贴息类型中,享受100%贴息(知识产权质押融资贷款,首次贷款及微型企业)占35%;科技创新券覆盖范围逐步扩大,总共346个项目获得1 319.99万元。科技发展专项基金持续且有针对性地提供专项支持,在浦东科技创新重点突破领域和重点扶持领域的建设中发挥突出作用,为众多科技创新企业发展提供了巨大的保障(见表8-1)。

表8-1 2019年科技发展基金专项资金使用情况 单位:万元

序号	分配对象	分配金额	项目数(个)
1	重点科技项目配套资金	10 538.68	568
2	重点企业研发机构补贴专项	9 510	102
3	重点科技创业企业专项	4 860.69	98
4	科技型小微企业贷款贴息及高新成果转化项目贴息资金	6 661.6	274
5	知识产权专项资金	4 999.68	940
6	科技创新券专项资金	1 319.99	346
7	民生科研专项资金	940.24	152
8	留学生创业资助资金	94.04	19
9	博士后资助资金	400	75
10	产学研专项资金	4 984.5	70
11	基金管理费	300	—
	合计	44 609.42	2 644

资料来源:根据浦东新区科经委数据整理。

(二) 产业创新中心发展专项资金

2019年,产创中心继续贯彻《关于促进浦东新区产业创新中心发展的实施方案》(浦委发〔2018〕16号)的精神,进一步聚焦新区"六大硬核产业"的培育发展,丰富和拓宽项目的遴选渠道,提升项目质量;试行分类管理,聚焦早期项目;继续优化流程,加强投后管理;开展绩效评估,提高使用效益。不断完善构建科技成果转化的创新生态环境,以市场化的运作手段,促进科技成果在浦东的落地转化,加强企业的根植性,引领浦东产业跨越发展的新动能。

截至 2019 年底,产创中心累计立项 18 个,储备项目 41 个。2019 年第一批立项项目 5 个,投资金额 6 025 万元。2019 年第二批立项项目 8 个,拟投资金额 1.335 亿元。立项项目产业领域分布情况为:集成电路与计算科学领域 11 个、生命科学与生物医药领域 6 个、新材料 1 个。储备项目领域分布情况为:航空航天领域 15 个、集成电路与计算科学领域 9 个、生命科学与生物医药领域 8 个、脑科学与人工智能领域 4 个、高端装备与智能制造领域 3 个、新能源领域 1 个、大数据行业 1 个(见表 8-2)。

表 8-2　2019 年浦东新区产业创新中心发展专项资金分配结果

单位:万元

序号	分　配　对　象	分配金额	项目数(个)
1	成果转化项目建设经费	19 375	13
2	专项服务费	0	—
	合计	19 375	—

资料来源:根据浦东新区科经委数据整理。

产业创新中心发展专项资金催生了一批有影响力的产业核心企业。这些企业集中在新区重点发展的产业领域,六大硬核领域项目占比 96%。如芯和致力于突破国产集成电路设计和仿真软件(EDA)的"卡脖子"问题,恒润达生是国内免疫细胞治疗行业的领军企业。另外,借助产业创新中心搭建起项目落户浦东的平台。如芯和公司、和度公司都通过产创中心立项投资中有关约束性条款,实现企业从江苏苏州总部迁入浦东。

(三)"小微企业创业创新基地城市示范"专项资金

2015 年浦东新区代表上海市入选首批中央认定的"小微企业创业创新基地城市示范工作"城市(以下简称双创示范),"浦东新区小微企业成长基金"(以下简称小微基金)是双创示范工作中一项重要探索内容,目的是通过财政资金引导社会资本参与,以市场化的运作投资,扶植一批优质的小微企业。

2017 年浦东科经委与张江科投签订基金委托协议,以契约形式成立小微基金。浦东科经委为小微基金的主管部门,张江科投为小微基金的管理人。基金规模 6 亿元,其中财政出资 3 亿元,张江科投按 1∶1 配套出资;基金以投资创业类子基金为主,直投项目为辅(不超过基金规模的 20%);投资方向为符合国家扶持、"十三五"规划重点领域及"四新领域"产业的早期、成长期企业;要求小微基金与子基金合计在浦东的投资规模不低于小微成长基金总规模的 60%(即 3.6 亿元,确保财政投资的 3 亿元资金全部通过返投投资于浦东新区)。

截至 2019 年末,小微基金已实际投资 10 个子基金项目及 3 个创业项目,合同额度 55 500 万元,累计撬动社会资本规模为 119.54 亿元,其中引领在上海注册的子基金及管理公司 7.07 亿元。子基金累计投资上海的项目 50 家,合同投资额 19.61 亿元;其中浦东新区 29 家企业,合同投资额共计约 8.41 亿元。这 29 家企业有浦东区域内的生命健康、芯片等项目,其中多个项目已获得后续轮融资,项目研发进展顺利,发展势头喜人。小微基金投资的创业项目中有麦济生物、臻驱科技 2 个项目注册在浦东新区,小微基金投资 0.45 亿元;巨翊科技虽注册在闵行,但在周浦医谷设立有子公司,用于产品注册。另外,3 个创业项目均为小微企业。

(四) 张江科学城专项发展资金

2019 年,浦东新区根据《上海市张江科学城专项发展资金管理办法》(浦府规〔2018〕1 号),制定实施《上海市张江科学城专项发展资金管理办法支持创新创业环境建设实施细则》(沪张江科建办〔2019〕12 号)。

表 8-3　2019 年上海市张江科学城专项发展资金分配结果

序号	分　配　对　象	分配金额(万元)
1	支持浦东新区产业创新中心建设	6 325
2	支持市级重大专项配套	4 895
3	支持中小企业创新创业发展	18 055
4	支持知识产权发展	3 716
5	支持创新创业环境建设	67 841
6	浦东新区政府明确支持的重大项目,"十二五"期间张江专项资金已支持项目的尾款和"十二五"期间未执行完毕的园区企业发展扶持资金,委托第三方的评审、审计、绩效评价等费用	45 322
	合计	146 154

资料来源:根据浦东新区科经委数据整理。

2019 年张江科学城专项资金支出 14.62 亿元,主要用于支持新区产业创业创新中心建设、市级重大专项配套、中小企业创新创业发展、知识产权发展、人才高地建设、创新创业环境建设等项目。张江科学城专项发展资金的注入,为张江科学城重点建设项目提供巨大助力,有利于增强张江"科学城"与陆家嘴"金融城"联动效应(见表 8-3)。

二、加大国资平台创投引导力度

(一)上海浦东科创集团有限公司

上海浦东科创集团有限公司作为科创中心建设的主力军,截至 2019 年末,在产业投资方面,浦东科创集团以全球视野为导向,以自贸试验区改革创新为依托,全面对接科创中心战略,围绕硬科技产业投资,形成四大业务板块。直投方面累计投资科技创新企业 200 家,累计投资金额超 60 亿元。基金方面累计投资 54 支基金,其中 44 支是人民币基金、10 支美元基金,累计基金总规模超过 850 亿元,成功实现 100 多家企业的上市和并购退出,目前正在推进筹建航空产业基金、集成电路产业基金、文化产业基金等。在投资硬科技方面,浦东科创集团有 20 年的投资经验,到 2019 年末,上海的科创板上市企业有 13 家,浦东科创集团的直投和基金一共投资了 6 家。

(二)Vπ 张江科投

2019 年末,Vπ 张江科投累计直接投资项目 61 个,所投项目经营主体均位于浦东,带动超过 45 亿元社会资本投资浦东;投资 32 支基金,参股基金已累计投资浦东项目 99 家。Vπ 张江科投所服务的企业中,已有 8 家直接投资企业,25 家基金投资企业,9 家孵化服务企业,6 家贷款服务企业登陆海内外资本市场。还有 40 余家储备上市企业。

在首批登陆科创板的 25 家企业中,张江企业占 4 席,其中 Vπ 张江科投投资的安集科技和心脉医疗分别占据首日涨幅榜的前两位。截至 2019 年末,Vπ 张江科投服务企业中已有 9 家登陆科创板,从一个侧面也显示出浦东张江,作为上海建设科创中心的核心承载区的产业实力。

(三)浦东科创母基金

2019 年 10 月 10 日,浦东科创母基金宣告正式启动,聚焦中国芯、创新药、蓝天梦、未来车、智能造、数据港等六大硬核产业,采取"母子基金"联动的运营方式,子基金由张江集团、科创集团、张江高科、金桥股份等园区开发公司牵头组建,采用"产业＋基地＋基金"的运营模式,重点发挥各开发公司作为园区运营服务商的综合优势,深度挖掘多年积累的园区基地资源,与社会资本结合,采用基金投资方式,形成约 200 亿元的科技创新产业基金群,助力浦东改革开放再出发,共享浦东高质量发展成果。

(四) 上海自贸试验区基金

上海自贸试验区基金是 2014 年由中国(上海)自由贸易试验区管理委员会批复设立的全国首支自贸试验区主题投资基金,基金由上海国际金融中心、国际航运中心、国际贸易中心核心功能开发主体,上海自贸试验区产业开发集团与财政部所属金控集团共同发起设立。

成立以来,深耕上海自贸试验区,聚焦医疗健康、智能科技与制造、物流供应链等重点新兴产业方向,该基金 90％以上投资集中在包括张江上海自贸试验区各片区,其中不少为国内相关细分行业龙头企业,多个项目在 A 股、港股等上市。

上海自贸试验区基金目前已在张江科学城设立专门的张江事业部,全面、深度地挖掘张江科学城医疗健康、信息技术、智能科技等领域优秀的企业项目,零距离服务企业发展,提升科创产业投资规模与能级。其还在新片区设立了临港事业部。至此,上海自贸试验区基金形成临港事业部、张江事业部与陆家嘴金融城本部"三点一体、科创项目与股权投资深度联动"的业务布局。

另外,上海自贸试验区基金积极参与浦东新区和上交所共建的长三角资本市场服务基地相关功能建设,参与发起相关资本市场服务联盟,承办基地活动,充分发挥资本与产业连接优势,助力科创企业加快对接"科创板"等资本市场。

三、深化政府与金融机构合作

2019 年,浦东新区继续加强与金融机构的合作。例如,5 月,上海银行与临港管委会、浦东科技融资担保公司签署信贷风险补偿资金合作协议,并与 4 家企业签署银企合作协议。10 月 10 日,上海银行行长胡友联代表上海银行与浦东新区国资委签署金融机构合作协议,将与浦东新区国资委、浦东科创母基金紧密合作,重点聚焦"中国芯""创新药""蓝天梦""未来车""智能造""数据港"等新兴产业,以金融赋能科技创新,把支持创新创业、促进科技成果转化和满足产业发展的需求作为根本,合理运用金融工具重塑产业价值,整合科技创新资源,推动产业结构调整升级,助力浦东改革开放再出发,加快推进上海金融中心与科创中心的联动发展。

4月29日,浦东新区人民政府、中国(上海)自由贸易试验区管委会和交通银行上海市分行共同发起成立的自贸试验区金融创新联合试验室,将作为自贸试验区金融改革的试验田,通过整合各方资源,探索试点自贸试验区金融创新,着力提升金融服务自贸试验区高质量发展的能力。交通银行将借此进一步加大在自贸试验区金融创新领域的投入,与自贸试验区开展具有可复制可推广性的创新项目合作,发挥总部位于上海的区位优势及国际化综合化的投融资服务优势,将融资与融智相结合,加大金融创新和服务创新,努力"先行先试",助力上海国际金融中心和科创中心建设。

四、加快建设科技金融服务体系

(一)长三角资本市场服务基地

2019年4月,由上交所和浦东新区共同发起设立的长三角资本市场服务基地启用,为科创板注册制提供"源头活水",围绕服务长三角一体化发展国家战略和科创板注册制改革任务,着力发挥金融要素市场的集聚辐射作用,呼应长三角企业的投融资和上市需求,首创上市审核支持功能,建立涵盖基本信息、运营信息、监管信息、知识产权、舆情信息五个维度的企业画像,并在深化完善企业精准画像功能的基础上,建设科创板预审核标准和在线评价系统,实现对科创板拟上市企业科技属性和信息披露情况的精准评价,为上交所科创板审核提供辅助支持。

(二)科技金融信息服务体系

浦东新区借助上海市科委搭建的科技金融信息服务平台,实现需求信息和金融服务高效匹配。针对金融机构和科技中小微企业之间信息不对称问题,该平台被设计形成集信息和服务为一体,可以实时发布科技金融政策、服务资讯和投融资信息,实现科技信贷、股权融资、保费补贴等科技金融服务的申请、受理、审核及跟踪等"一网办理"模式。目前,平台月均点击量超过40万次,每月统计各合作银行的平均利率并予以公开,及时跟踪每一笔贷款的放款进程,并通过微信客服、热线电话系统等功能,有效监督了科技信贷流程各环节的服务质量。

另外,浦东新区科经委、浦东新区金融局、浦东科技创新促进中心、浦东科技金融联合会等组织"创融汇"系列活动,为中小微科技企业传导最新的科技金融政策、银行信贷创新产品,以破解科技企业面临的"融资难、融资贵"难题。

2019年共计举办10场成果展示活动,10场科技金融培训,6场融资沙龙和2场私董会。"生物医药"专场投融资对接会、"科创板政策解读"讲座等活动都受到参会企业和相关机构的好评。"创融汇"系列活动之成果展示专场共组织数字信息、大数据、新材料、电子科技、生物医药、高端制造等众多领域共计48家创业企业项目的现场展示,吸引了投资人、银行、科技咨询服务、金融机构、孵化器以及相关领域企业近千人参与展示活动,得到与会嘉宾的一致好评,多个项目获得投资与合作意向。

其中10场科技金融培训活动主题有:"科创板热点经济政策宣讲""企业资本市场新机遇:抢滩科创板""征信助力企业发展""深度解析区块链与产业数字化"等。共吸引高级管理者、创业者、企业家、投资机构、行业专家累计参与2 000多人次,700余家企业参加。通过活动,"创融汇"帮助企业加强内控制度,规范公司治理,对企业拓宽融资渠道和推动上市工作安排具有重要的指导作用。

（三）科技金融风险防范体系

2019年,浦东新区金融机构不断创新风险管理制度与技术,根据科技型企业不同生命周期,制定专门的信贷管理政策,开发了具有针对性的信贷产品。特别是针对初创期科技企业信贷特点和风险特征,持续优化作业模式、风险补偿方式和风险分担机制。例如工行上海市分行研究制定科创企业存续期管理办法,重点关注企业核心团队、股权结构、技术迭代等变化情况,从而控制风险。

同时,辖内银行积极借助上海市中小微企业政策性融资担保基金、科技履约贷以及地方政府提供风险补偿等方式缓释业务风险。多家金融机构推出了认股选择权等投贷联动产品,或者在贷款利率上采用"动态利率机制"进行风险补偿。

另外,辖内金融机构已普遍在内部资金成本核算、不良容忍度、尽职免责等方面建立差异化政策,同时部分重点金融机构已规划开发适用于科技创新企业的专用评级模型和内部评级指标体系。例如辖内科技金融转型重点银行针对科技金融业务普遍设定3%—4%的不良容忍度,并制定差异化的尽职免责管理办法。同时,辖内金融机构积极应用互联网和大数据等信息技术,联合专业金融机构构建信贷信息管理和风险管理体系。例如工行上海市分行开展科创企业全方位立体监测,建立风险客户"四色客户动态管理",借助工行"融安e信"专项监测工具以及账户、财务监控工具,系统自动触发预警提示,进行多维度风险监控。

第四节　浦东新区信贷支持科技创新情况

2019年浦东新区继续引导金融机构优化信贷结构,深化民营、科技和小微企业金融服务,创新普惠金融产品,推动金融更好地服务实体经济高质量发展,特别加大对小微科创企业支持力度,覆盖节能环保、高端制造、生物医药、新能源等国家战略新兴产业和科创板热点行业。

截至2019年末,银行类金融机构小微企业(含同口径个体工商户和小微企业主)贷款余额13 351.68亿元,其中单户授信1 000万元以下小微贷款(含同口径个体工商户和小微企业主)余额3 859.16亿元,同比增长25.96%;中资法人银行单户授信总额1 000万元以下小微企业贷款(含同口径个体工商户和小微企业主)余额634.65亿元,同比增长31.99%,高于各项贷款增速17.66个百分点。贷款利率稳中有降,中资银行单户授信总额1 000万元以下(含同口径个体工商户和小微企业主)小微企业贷款加权平均利率6.68%,较年初下降0.9个百分点,其中,大型商业银行单户授信总额1 000万元以下(含同口径个体工商户和小微企业主)小微企业贷款加权平均利率4.64%,同比下降0.7个百分点。

一、金融机构调研情况

课题组对包括中国工商银行、中国建设银行、上海浦东发展银行、上海农商行、平安银行、浙商银行、渤海银行等在内的银行机构进行了调研,根据调研结果,70%的银行成立了科技支行或科技贷款事业部,主要向处于成长期以及成熟期的科创企业提供融资支持,集中于电子信息、先进制造、新材料、新能源及节能等硬核科技行业(见图8-2、图8-3)。

由此可以看出,银行提供信贷支持主要考虑科创企业的成长性以及企业家自身的素质等,通过"创投＋担保＋贷款"、优质客户＋有效资产抵押、"政府推荐＋担保＋贷款"、应收账款或股权质押以及以知识产权、商标等无形资产作为质押方式提供融资等模式,有针对性地设计和提供科技金融创新产品(见图 8-4、图 8-5)。

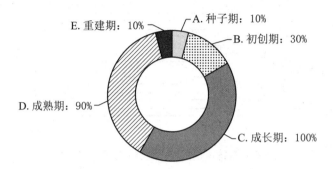

图 8-2　银行倾向提供融资支持的科技型企业所处时期分布

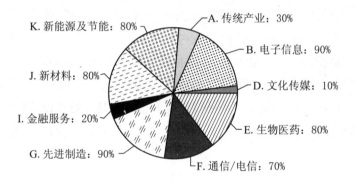

图 8-3　银行向科技型企业提供授信或投资支持科创行业分布

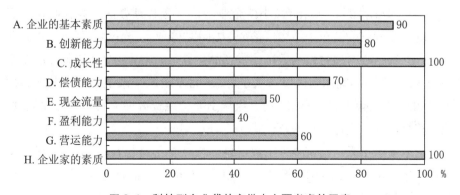

图 8-4　科技型企业贷款审批中主要考虑的因素

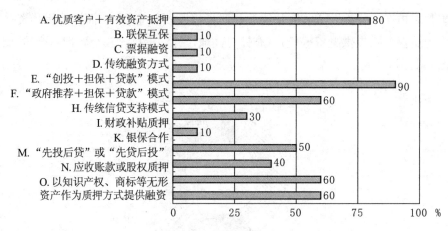

图 8-5　银行科技型企业融资主要采取的方式

其中,上海农商银行张江科技支行作为沪上首家获批的科技支行,为总行直属的一级独立支行,为总行"科技型中小企业融资中心",立足张江,辐射全市,对张江"一区十二园"的高新企业进行金融支撑与服务。聚焦创新型科技企业、专营科技型企业金融业务,不断加强专业化队伍建设,建立"科技金融行业顾问机制",集中于医疗和软件信息服务行业。自设立以来,经过 8 年精耕细作,张江科技支行现有贷款余额规模位列全市科技支行首位,科技企业贷款余额占支行全部贷款比例 83.60%,成为上海农商银行支持科创中心建设的战略缩影。

二、小微企业增信基金

2017 年末,浦东新区出台《小微企业增信基金管理办法》,设立与市融资担保基金相配套的浦东小微增信基金,力求以"降成本、降风险"促进小微企业"增信用、增信心",通过鼓励银行信贷产品创新等,引导金融资源服务浦东小微企业。2019 年,浦东新区发布关于延续《浦东新区小微企业增信基金管理办法》的通知(浦财经〔2019〕18 号),继续引导金融资源助力科创中心建设,形成浦东金融服务实体经济的新模式。

浦东新区小微增信基金各项数据排名均在全市首位,科创类小微民营企业占主体。总体上看,2019 年,1 129 家(次)浦东小微企业通过小微增信基金政策,获得直接担保贷款合计 31.3 亿元,贷款规模占全市同口径业务比重的

18.4%,较 2018 年提高两个百分点。如果考虑到再担保、银行产品创新奖励等政策,仅 2019 年,浦东小微企业增信基金累计服务的新区企业就达 6 010家(次),贷款规模 74.6 亿元,同比分别增长 98% 和 101%;结构上看,超过1 100 家直接担保受惠企业中,浦东六大硬核产业企业占比近五成,其中,小型微型企业占比达 86%,民营企业占比达 81%;渠道上看,2019 年共有 3 家银行对浦东企业的新增贷款超过 5 亿元,其中上海银行达到 10 亿元,上海农商银行和中国银行分别为 6.49 亿元和 5.02 亿元。

三、科技履约贷

2019 年,浦东新区受理履约贷 250 家企业申请,申请金额超过 7 亿元。初审和推荐 145 家,贷款金额 68 150 万元,最终浦东新区受惠企业 135 家,贷款金额 6.1 亿元,全市受惠企业数量 822 家,贷款金额 36.45 亿元(见表 8-4、表 8-5)。

表 8-4　2019 年科技履约贷资助行业分布　　　　　单位:家

行　业　分　布	上海市	浦东新区
电子信息技术	275	62
高技术服务业	129	18
高新技术改造传统产业	166	14
航空航天技术	5	1
生物医药技术	59	23
新材料技术	100	10
新能源节能技术	54	4
资源环境技术	34	3
总计	822	135

资料来源:根据浦东新区科经委数据整理。

表8-5   市科委2019年科技贷款完成情况

科技信贷产品	2019年累计				历年累计	
	贷款金额（万元）	同比±%	贷款笔数	同比±%	贷款金额（万元）	贷款笔数
科技履约贷	364 520	37%	826	32%	1 420 333	3 659
小巨人信用贷	304 434	29%	203	131%	1 053 287	835
科技微贷通	4 126	－3%	29	0%	26 486	192
合计	673 080	33%	1 058	43%	2 589 496	4 768

注：历年累计合计中包含：成果转化信用贷64 110万元47笔贷款数据；创投贷25 280万元35笔贷款数据。

资料来源：根据浦东新区科经委数据整理。

四、小巨人信用贷

科技小巨人信用贷担保是由市担保中心和浦发银行共同合作，主要为上海市科委立项或者验收通过的科技小巨人企业提供最高不超过2 000万元、科技小巨人培育企业提供最高不超过1 000万元的贷款担保。支持对象为上海市科委立项的"上海市科技小巨人"实施企业和"上海市科技小巨人培育"实施企业或者上海市科委验收通过的"上海市科技小巨人"企业和"上海市科技小巨人培育"企业。2019年上海小巨人信用贷，共有202家企业获得贷款305 534万元。

五、科技微贷通

总体上看，上海市受惠企业30家，共资助4 126万元。浦东新区受惠企业数量2家，共资助379万元（见表8-6）。

表8-6   科技微贷通受惠企业数量情况   单位：家

科技微贷产品	上海市	浦东新区
电子信息技术	6	1
高技术服务业	7	1
高新技术改造传统产业	2	0
生物医药技术	2	0

(续表)

科技微贷产品	上海市	浦东新区
新材料技术	5	0
新能源节能技术	4	0
资源环境技术	4	0
总计	30	2

资料来源:根据浦东新区科经委数据整理。

六、知识产权质押融资

2019 年,浦东新区积极探索知识产权证券化,通过知识产权质押获得融资的企业超过 47 家,总融资金额超过 6 亿元;另外全区共 57 家企业投保知识产权保险,累计保费 71.32 万元,总保额超过 2 449.8 万元,投保专利数 427 件。

在政策支持下,各银行业金融机构进一步加强知识产权质押贷款创新,与专业机构合作,推出系列的融资产品:如中国工商银行上海市分行与知识产权专业机构合作,推出"科创知产贷"产品,该产品是通过知识产权价值判断,对拥有发明专利且达到一定评价标准的科技型企业,发放的信用贷款追加知识产权质押的信贷产品;中国建设银行上海市分行推出针对科技企业的"科技云贷",以"技术流"专属评价体系为基础,通过对小微企业知识产权进行综合评价,采用全流程在线办理的可循环人民币信用贷款业务,提升对科技型小微企业的金融服务能力。

七、科技信贷担保

浦东科创集团响应国家关于扶持实体经济发展的要求,对科技企业在融资过程中存在的信用缺失、缺乏有效的抵押物或抵押物不足的情况,以浦东融资担保公司、浦东科技融资担保为载体,推出贷款担保、票据担保、履约担保、诉讼保全担保、委托贷款系列融资担保产品,以及针对初创企业的"科技卡"、科创统贷平台等创新产品,为科技企业提供融资支持。其科技金融板块每年可为浦东 1 000 家(次)以上企业提供超过 200 亿元规模的资金支持,其中 70%以上为科技型中小微企业。

　　另外,2019 年上海农商银行在上海市中小微企业政策性融资担保基金推出"创业担保贷款"后迅速跟进,与市担保基金签订合作协议,开展"启航贷——创业组织创业担保贷款",助力科技人才、民营小微企业创新创业启航远行,从而进一步带动上海市就业。该产品在市就促中心、市担保基金"创业担保"及该行初创期科技型企业产品相关要求的基础上,根据批量企业集群特征,量身定制的促创业、保就业产品。首款定制子产品是落地张江科技支行的《创担保——上海农商银行浦东双创大赛专项方案》,该产品相对弱化了企业成立年限和财务指标要求,更加看重企业创新能力、发展前景和带动上海市民生就业意愿。该产品对于参赛优秀科创企业中在上海市注册并经营、吸纳上海市户籍劳动者就业比例不低于 30％的民营小微或者民办非企业单位,给予最高300 万元无抵押、无担保费的流动资金贷款,用于支持企业科研、生产经营。

第五节　浦东新区创业风险投资发展情况

　　在新环境新形势下,浦东新区依托国家重大战略,以科技创新中心建设为抓手,加大对创投行业的扶持力度,重点在创投母基金、创投证券公司、拓宽海外市场、功能性平台建设等领域寻求突破,充分发挥创投机构在浦东科技创新中心核心功能区建设中的积极作用。

一、创投发展的联动效应

　　截至 2019 年,浦东新区作为中国比较少有的既有科学城又有金融城的区域和地区,作为上海建设国际金融中心的核心承载区,集聚了 2 000 多家创业风险投资机构,包括股权投资基金、创业投资基金、产业投资基金、并购基金等等各种类型。充分发挥出金融和科创的联动效应,建立起政府引导、市场主体参与的各类平台,协助区域内优质股权投资机构,打造出全方位一体化的投资服务生态,推动投资机构与政府部门、行业协会、各类金融机构、其他专业机构的联动衔接,切实引导金融资本支持小微企业、科创企业的发展。

二、机构数量及注册资本

　　2019 年,浦东新区创业投资机构数量为 2 855 家,较 2018 年机构数量小幅增加 17 家,继续保持 2017 年断崖式下跌后的缓慢增长态势,且增长率较上年有所回升(见图 8-6)。

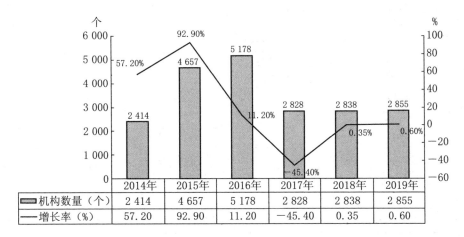

	2014年	2015年	2016年	2017年	2018年	2019年
机构数量（个）	2 414	4 657	5 178	2 828	2 838	2 855
增长率（%）	57.20	92.90	11.20	−45.40	0.35	0.60

图 8-6　2014—2019 年浦东新区创业投资机构数量情况

资料来源：根据浦东新区科经委数据整理。

在投资机构注册资本规模方面,2019 年浦东新区创业投资机构新增注册资本 3.72 亿元,同比增长 0.15%,较前三年变动幅度极小,继续维持平稳发展的态势(见图 8-7)。

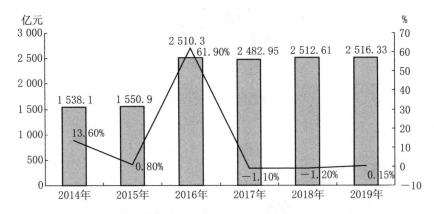

图 8-7　2014—2019 年浦东新区创业投资机构注册资本情况

资料来源：根据浦东新区科经委数据整理。

从机构注册资本的结构来看,2019 年浦东新区国有企业控股公司 30 家,占 1.05%;民营企业控股 780 家,占 27.32%;自然人控股 1 437 家,占50.33%;

外资控股71家,占2.49％。可以看出,自然人控股创投机构占据半壁江山,其次是民营企业控股(见表8-7、图8-8)。

表8-7   2017—2019年浦东新区创业投资行业资本注册结构情况

年份	注册资本结构	国有企业控股	民营企业控股	自然人控股	外资控股	其他及未披露	总计
2017	个数	26	761	1 437	67	537	2 828
	占比	0.92％	26.91％	50.81％	2.37％	18.99％	100.00％
2018	个数	28	767	1 437	69	537	2 838
	占比	0.99％	27.03％	50.63％	2.43％	18.92％	100.00％
2019	个数	30	780	1 437	71	537	2 855
	占比	1.05％	27.32％	50.33％	2.49％	18.81％	100.00％

资料来源:根据浦东新区科经委数据整理。

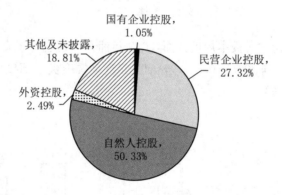

图8-8   2019年浦东新区创业投资行业资本注册结构情况

资料来源:根据浦东新区科经委数据整理。

三、国资科创母基金

浦东新区专门设立科创母基金和由张江集团、科创集团、张江高科、金桥股份等园区开发公司牵头组建的专项子基金,将进一步提升金融服务实体经济的效能、实现科技与金融的深度融合、加快推进金融中心与科创中心的联动发展。上海市属国企将积极支持科创基金的建立和运行,实现与浦东合作由区域开发、基础设施"硬领域"向基金投资、产业培育"软领域"的拓展,更好地服务浦东新区落实重大战略任务和国资国企改革发展。

目前张江集团、科创集团、张江高科、金桥股份分别就浦东新区生物医药专项子基金(Ⅰ期)、上海民用航空产业投资基金、上海浦东集成电路(装备材料)创业投资基金、上海浦领集成电路(IC设计)创业投资基金、上海张江科技创新股权投资基金、上海浦东智能制造产业投资基金等与合作企业签订了合作协议。这些特点鲜明的行业专项子基金将更好地吸引各类社会资本,放大基金规模,创新"产业＋基地＋基金"联动发展模式,形成约200亿元的科技创新产业基金群,助力浦东改革开放再出发,共享浦东高质量发展成果。

四、创业投资市场

2015年以来,创投市场经历了几年的非理性繁荣,热点、风口层出不穷,而进入2019年后,创投市场全面进入回调期,行业整体投资节奏放缓,从迅猛发展回归理性常态。自2018年以来,受国内金融去杠杆、银行募资通道受阻、监管趋严等政策的影响,募资周期延长,人民币基金募资难尤为明显。浦东股权投资市场的资金来源也受到大幅限制,VC/PE投资机构在募集端承受压力的情况下放缓了投资节奏,或者对于投资标的企业的筛选标准更为严格,最终导致科创企业融资难度上升。据不完全统计,2019年浦东新区创投交易数量为287例,与2018年相较大幅减少,在股权融资遇冷的大环境下,科创企业可转换思维,尝试各类风险债权类融资(见图8-9)。

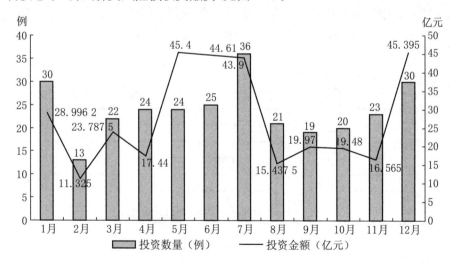

图8-9　2019年浦东新区创业投资数量及金额

资料来源:根据浦东新区科经委数据整理。

　　从创投市场细分轮次来看,近三年来,处于初创期的种子轮、天使轮交易数量在全部交易轮次中比重逐年递减,其中天使轮投资降幅尤其显著,而相比之下 A/B/C 轮投资数量币种逐年增长,尤其 A 轮投资增幅显著。早期天使机构开始撤出或者整体投资阶段向后偏移,降低了近年来浦东中早期科创企业的融资需求满足程度。

　　但是相较于 2019 年这个资本寒冬论甚嚣尘上的一年,浦东张江地区的企业依然在"逆周期"生长,有 200 多家企业获得融资,其中有不少企业的融资频率更是一年 2 轮、一年 3 轮。在投资者决策越来越谨慎、资本头部效应越来越明显的大环境下,张江企业的融资显得尤为可贵。根据张通社 Link 数据库显示,2019 年浦东张江地区投融资事件 204 起(不含上市与并购),相较 2018 年197 起融资数量同比增长 3.4%。

　　从融资金额分布看,2019 年亿元人民币级别的融资事件共 49 起,占比近全年的 1/4,相比 2018 年 70 起呈小幅下降趋势。其中,以人民币为单位计算的亿元且低于 5 亿元级别的融资事件有 41 起,融资规模达 71.49 亿元;5 亿元到 10亿元人民币级别的融资事件 4 起,融资规模约 27.7 亿元;10 亿元人民币以上级别的融资事件 4 起,融资规模约 43.49 亿元。从融资轮次来看,2019 年张江地区企业融资主要集中在 A 轮和 B 轮阶段。其中,A 轮阶段(包括 Pre-A 轮、A 轮、A＋轮)有 85 起,占 41.66%;B 轮阶段(包括 Pre-B 轮、B 轮、B＋轮)有 46 起,占22.70%;C 轮阶段(包括 Pre-C 轮、C 轮、C＋轮)及以上投资共发生交易 20 起,占9.66%;此外,还有 25 家企业完成天使轮融资,占 11.59%(见图 8-10、图 8-11)。

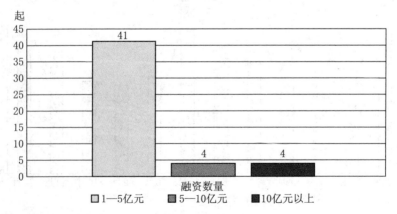

图 8-10　2019 年浦东张江地区亿元融资金额分布

资料来源:根据浦东新区科经委数据整理。

　　除了大部分交易聚集在早期阶段,2019 年战略性融资共有 26 起,占 12.74%,相比 2018 年 20 起小幅上升。这部分企业基本完成过一到三轮的融资,这个阶段的企业除了需要资金,更需要产业和市场等资源方面的支持。

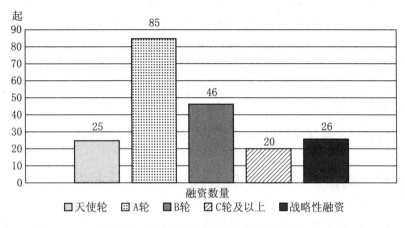

图 8-11　2019 年浦东张江地区融资轮次分布

资料来源:根据浦东新区科经委数据整理。

　　另外,数据显示,2019 年有近 10 家公司完成了一年 2 轮、一年 3 轮的融资。一家公司能够在一年内持续获得资本青睐,说明这家公司拥有相对成熟的产品以及业务落地能力。比如,一年完成 3 轮融资的鸭嘴兽,该公司将技术作为推动力,通过技术研发和模式创新来改变传统运输行业的规模瓶颈。目前,其所在集装箱陆运领域还未出现头部玩家,鸭嘴兽未来商业前景值得期待。

　　从融资行业分布来看,2019 年张江融资企业主要聚焦于张江两大主导产业医疗健康和集成电路领域。医疗健康领域共发生融资交易事件 76 起,占 37.25%;集成电路领域则发生 34 起融资事件,占 16.67%;值得注意的是,张江地区企业服务赛道异军突起,颇受资本关注与青睐,2019 年企业服务领域共完成融资 32 起,占 15.68%。此外,人工智能、汽车交通(智能驾驶)、在线教育等领域投融资也比较活跃。

　　数据显示,2019 年张江融资企业行业分布与 2018 年相近,主要集中在医疗健康、集成电路和企业服务领域,而人工智能、文娱传媒、新零售等领域与

2018年相比,则显得有些"落寞"。虽然投资机构变得更加谨慎,但2019年仍有近300家投资机构参与张江企业投资。

从投资机构与投资数量来看,一线资本与成熟投资者更加活跃。启明创投、礼来亚洲、高瓴资本、东方富海、深创投、经纬中国等一线资本身影频频出现。这种现象更加直观地反映出投资者对张江科技企业的认可,也表示在寒冬中,实力雄厚、资源丰富的大机构依旧活跃在一级市场。另外,张江本土创投机构浦东科创集团、张江科投、张科领弋、晨晖创投和创徒投资也频频下手,投资企业达20家左右。

从投资机构押注赛道来看,不少资本投资同类型张江企业,尤其是张江生物医药和集成电路产业。比如,高瓴资本、礼来亚洲同时投资张江创新药企烨辉医药与科望医药,体现了寒冬之下,资本深挖细分赛道的趋势。

第六节　浦东新区利用多层次资本市场支持科技创新情况

2019年,浦东新区累计拥有国内上市企业117家、境外上市企业56家,合计173家。另浦东新区在新三板挂牌企业有200家以及在上海股交中心挂牌企业190家,以上合计562家。从募资情况来看,境内上市公司共有117家,累计首发募资1 782.15亿元,上市公司家数和首发募资总额分别占全市的39.5%和60%;其中有104家公司在上交所上市,占88.9%。2019年,浦东新区境内外上市及新三板、上海股权托管交易中心挂牌企业共27家,境内外上市企业18家。新三板、上海股权托管交易中心挂牌企业9家。

从以上数据可以看出2019年浦东新区整体发行节奏小幅加快,呈现2018年大高峰后小幅回落后的增长趋势。境内外上市及新三板、上海股权托管交易中心挂牌企业同比下降37.21%。境外上市同比有较大降幅,2019年同比下降33.33%。主板上市企业与2018年持平;但科创板上市企业遥遥领先,独占9家,占全市科创板上市企业的69.23%;新三板、上海股交中心挂牌企业同比下降49.18%(见表8-9、图8-12)。

2019年,浦东新区上市企业和挂牌企业共27家,其中,国内主板上市企业3家;科创板上市企业9家;境外上市企业6家;新三板挂牌企业3家;上海股权托管交易中心挂牌企业6家(N板5家,E板1家)。科创板占比最高 33.33%,境外上市与上海股权托管交易中心并列第 2,占 18.52%(见表 8-8)。

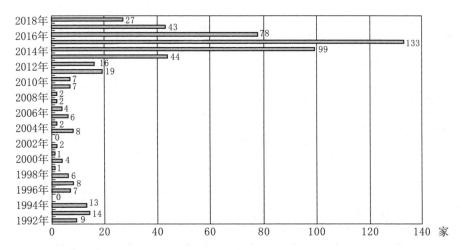

图 8-12　1992—2019 年浦东新区资本市场上市、挂牌企业数量对比

资料来源:根据 Wind 数据整理。

表 8-8　浦东新区资本市场上市、挂牌企业数量一览　　　单位:家

年份/合计	合计	主板上市	科创板上市	中小板上市	创业板上市	境外上市	新三板上市	股交 E 板上市	股交 N 板上市
	562	95	9	6	6	56	200	103	87
2019	27	3	9	—	—	6	3	1	5
2018	43	3	—	—	—	9	14	8	9
2017	78	10	—	—	1	6	22	15	24
2016	133	3	—	1		3	68	24	34
2015	99	3	—		1		52	28	15
2014	44	1	—	1		3	26	13	
2013	16	—					10	6	
2012	19	3	—		1	2	5	8	
2011	7	1	—	1	3	2	—	—	—

（续表）

年份/ 合计	合计	主板 上市	科创板 上市	中小板 上市	创业板 上市	境外 上市	新三板 上市	股交 E 板上市	股交 N 板上市
	562	95	9	6	6	56	200	103	87
2010	7	—	—	2	1	4	—	—	—
2009	2	—	—	—	—	2	—	—	—
2008	2	—	—	1	—	1	—	—	—
2007	4	3	—	—	—	1	—	—	—
2006	6	2	—	—	—	4	—	—	—
2005	2	—	—	—	—	2	—	—	—
2004	8	2	—	—	—	6	—	—	—
2003	—	—	—	—	—	—	—	—	—
2002	2	1	—	—	—	1	—	—	—
2001	1	1	—	—	—	—	—	—	—
2000	4	4	—	—	—	—	—	—	—
1999	1	1	—	—	—	—	—	—	—
1998	6	6	—	—	—	—	—	—	—
1997	8	7	—	—	—	1	—	—	—
1996	7	7	—	—	—	—	—	—	—
1995	—	—	—	—	—	—	—	—	—
1994	13	12	—	—	—	1	—	—	—
1993	14	14	—	—	—	—	—	—	—
1992	9	8	—	—	—	1	—	—	—

资料来源:根据 Wind 数据整理。

一、主板

2019 年,浦东新区主板上市企业 3 家,与 2018 年持平。占上海市主板上市企业(7 家)的 42.86%。首发筹资总规模为 21.13 亿元(见表 8-10)。

表 8-9　2019 年浦东新区企业登陆资本市场情况

序号	代码	上市时间	公司名称	上市市场	上市板块	筹资规模	所属行业	企业类型	公司全称
1	688368.SH	2019-10-14	晶丰明源	上交所	科创板	8.73 亿元人民币	电子	科技型	上海晶丰明源半导体股份有限公司
2	688202.SH	2019-11-05	美迪西	上交所	科创板	6.43 亿元人民币	医药生物	科技型	上海美迪西生物医药股份有限公司
3	688123.SH	2019-12-23	聚辰股份	上交所	科创板	10.04 亿元人民币	电子	科技型	聚辰半导体股份有限公司
4	688118.SH	2019-12-04	普元信息	上交所	科创板	6.42 亿元人民币	计算机	科技型	普元信息技术股份有限公司
5	688099.SH	2019-08-08	晶晨股份	上交所	科创板	15.83 亿元人民币	电子	科技型	晶晨半导体（上海）股份有限公司
6	688019.SH	2019-07-22	安集科技	上交所	科创板	5.20 亿元人民币	电子	科技型	安集微电子科技（上海）股份有限公司
7	688018.SH	2019-07-22	乐鑫科技	上交所	科创板	12.52 亿元人民币	电子	科技型	乐鑫信息科技（上海）股份有限公司
8	688016.SH	2019-07-22	心脉医疗	上交所	科创板	8.32 亿元人民币	医药生物	科技型	上海微创心脉医疗科技股份有限公司
9	688012.SH	2019-07-22	中微公司	上交所	科创板	15.52 亿元人民币	机械设备	科技型	中微半导体设备（上海）股份有限公司

（续表）

序号	代码	上市时间	公司名称	上市市场	上市板块	筹资规模	所属行业	企业类型	公司全称
10	603786.SH	2019-10-15	科博达	上交所	主板	10.78 亿元人民币	汽车	科技型	科博达技术股份有限公司
11	603256.SH	2019-07-19	宏和科技	上交所	主板	3.89 亿元人民币	化工	科技型	宏和电子材料科技股份有限公司
12	603068.SH	2019-04-15	博通集成	上交所	主板	6.46 亿元人民币	电子	科技型	博通集成电路（上海）股份有限公司
13	2718.HK	2019-04-03	东正金融	香港主板	境外资本市场	16.51 亿港元	多元金融	非科技型	上海东正汽车金融股份有限公司
14	2696.HK	2019-09-25	复宏汉霖	香港主板	境外资本市场	34.35 亿港元	医药生物	科技型	上海复宏汉霖生物技术股份有限公司
15	1873.HK	2019-05-09	维亚生物	香港主板	境外资本市场	15.54 亿港元	医药生物	科技型	维亚生物科技（上海）有限公司
16	JFIN	2019-10-14	嘉银金科	NASDAQ	境外资本市场	3 675 万美元	科学研究和技术服务业	科技型	上海嘉银金融科技股份有限公司
17	2616.HK	2019-02-26	基石药业	香港主板	境外资本市场	25.72 亿港元	医药生物	科技型	基石药业有限公司
18	6855.HK	2019-10-28	亚盛医药	香港主板	境外资本市场	4.79 亿港元	医药生物	科技型	上海亚盛医药科技有限公司

（续表）

序号	代码	上市时间	公司名称	上市市场	上市板块	筹资规模	所属行业	企业类型	公司全称
19	873197.OC	2019-4-10	雨吉文化	全国中小企业股份转让系统	新三板		科学研究和技术服务业	科技型	上海雨吉文化传媒股份有限公司
20	873220.OC	2019-3-28	俪迈股份	全国中小企业股份转让系统	新三板		科学研究和技术服务业	科技型	上海俪迈供应链股份有限公司
21	873196.OC	2019-3-12	百理科技	全国中小企业股份转让系统	新三板		科学研究和技术服务业	科技型	上海百理新材料科技股份有限公司
22	300271	2019-8-29	龙象环保	上海股权托管交易中心	N板		生态保护和环境治理业	科技型	上海龙象环保股份有限公司
23	300276	2019-9-26	秦骏科技	上海股权托管交易中心	N板		电力、热力生产和供应业	科技型	上海秦骏电力科技股份有限公司
24	300279	2019-10-22	黄家电子	上海股权托管交易中心	N板		软件和信息技术服务业	科技型	上海黄家电子科技股份有限公司
25	300306	2019-12-30	昊米科技	上海股权托管交易中心	N板		印刷和记录媒介复制业	科技型	上海昊米新材料科技股份有限公司
26	300327	2019-12-31	置中科技	上海股权托管交易中心	N板		专用设备制造业	科技型	上海置中环保科技股份有限公司
27	100868	2019-12-27	瑞皇股份	上海股权托管交易中心	E板		橡胶和塑料制品业	科技型	上海瑞皇管业科技股份有限公司

资料来源：根据 Wind 数据整理。

表 8-10   浦东新区主板上市企业信息统计

序号	代　码	上市时间	公司名称	上市市场	上市板块	筹资规模	所属行业	企业类型	公司全称
1	603786.SH	2019-10-15	科博达	上交所	主板	10.78亿元	汽车	科技型	科博达技术股份有限公司
2	603256.SH	2019-07-19	宏和科技	上交所	主板	3.89亿元	化工	科技型	宏和电子材料科技股份有限公司
3	603068.SH	2019-04-15	博通集成	上交所	主板	6.46亿元	电子	科技型	博通集成电路（上海）股份有限公司

资料来源：根据 Wind 数据整理。

1992 年至 2019 年的数据显示，浦东新区主板上市企业数量呈现较大的波动。频数较大的上市企业数量在 2—4 家。1992 年至 1998 年，主板上市较活跃，1993 年达 14 家。在 2017 年，再次呈现较活跃的上市，达 10 家，2018 年和 2019 年主板上市呈现较大幅度的放缓，上市企业均为 3 家。

二、中小板

2019 年，浦东新区没有在中小板挂牌上市企业（见图 8-13）。

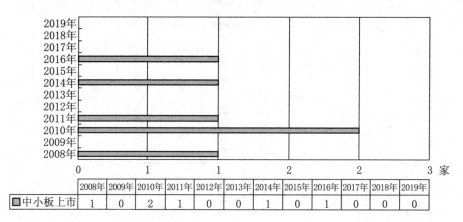

	2008年	2009年	2010年	2011年	2012年	2013年	2014年	2015年	2016年	2017年	2018年	2019年
中小板上市	1	0	2	1	0	0	1	0	1	0	0	0

图 8-13   2008—2019 年浦东新区中小板上市企业数量

资料来源：根据 Wind 数据整理。

三、创业板

2019 年,浦东新区没有在创业板上市企业(见图 8-14)。

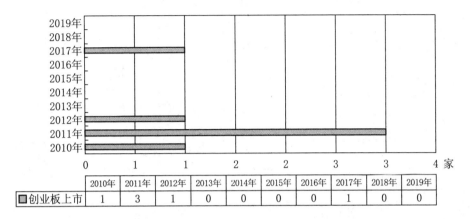

	2010年	2011年	2012年	2013年	2014年	2015年	2016年	2017年	2018年	2019年
创业板上市	1	3	1	0	0	0	0	1	0	0

图 8-14　2010—2019 年浦东新区创业板上市企业数量对比

资料来源:根据 Wind 数据整理。

四、境外市场

2019 年,浦东新区境外上市企业 6 家,浦东新区境外上市处于较活跃状态,2019 年末,有境外上市企业 56 家。同比增长 50%,2019 年同比降幅 33.3%(见表 8-11)。

表 8-11　浦东新区境外市场上市企业信息统计

序号	代码	上市时间	公司名称	上市市场	上市板块	筹资规模	所属行业	企业类型	公司全称
1	2718.HK	2019-04-03	东正金融	香港主板	境外资本市场	16.51亿港元	多元金融	非科技型	上海东正汽车金融股份有限公司
2	2696.HK	2019-09-25	复宏汉霖—B	香港主板	境外资本市场	34.35亿港元	医药生物	科技型	上海复宏汉霖生物技术股份有限公司
3	1873.HK	2019-05-09	维亚生物	香港主板	境外资本市场	15.54亿港元	医药生物	科技型	维亚生物科技(上海)有限公司

（续表）

序号	代码	上市时间	公司名称	上市市场	上市板块	筹资规模	所属行业	企业类型	公司全称
4	JFIN	2019-10-14	嘉银金科	NASDAQ	境外资本市场	3 675万美元	科学研究和技术服	科技型	上海嘉银金融科技股份有限公司
5	2616.HK	2019-02-26	基石药业	香港主板	境外资本市场	25.72亿港元	医药生物	科技型	基石药业有限公司
6	6855.HK	2019-10-28	亚盛医药	香港主板	境外资本市场	4.79亿港元	医药生物	科技型	上海亚盛医药科技有限公司

资料来源：根据 Wind 数据整理。

五、科创板

2019 年，随着科创板的落地，资本与创新的结合将更为顺畅，特别是在浦东新区这片创新的热土，迎来产业发展与投资的难得机遇。在科创大时代的背景下，浦东新区采取系列举措支持科技创新，对接科创板：一是设立产业创新中心；二是设立浦东科创母基金；三是通过浦东科创集团开展产业投资和科技金融服务，构建全生命周期全产业链的支持体系。在系列举措下，浦东科创产业发展的动力系统更加强劲。3 月 22 日，科创板首批受理公司出炉，注册在上海自贸试验区的晶晨股份拿下科创板 001 号受理批文，科创板的"浦东故事"正式开讲。2019 年末，翻开科创板上市企业列表，浦东新区科创板上市企业 9 家，占据上海市科创板上市企业数量的 69.23％，均分布于集成电路、生物医药、人工智能产业，其中，集成电路企业有 6 家（安集微电子、中微半导体、晶晨半导体、晶丰明源、聚辰半导体、乐鑫科技），美迪西成为国内科创板首家CRO 公司（见表 8-12）。

表 8-12   浦东新区科创板上市企业信息统计

序号	代码	上市时间	公司名称	上市市场	筹资规模	所属行业	企业类型	公司全称
1	688368.SH	2019-10-14	晶丰明源	上交所	8.73亿元	电子	科技型	上海晶丰明源半导体股份有限公司

（续表）

序号	代码	上市时间	公司名称	上市市场	筹资规模	所属行业	企业类型	公司全称
2	688202.SH	2019-11-05	美迪西	上交所	6.43亿元	医药生物	科技型	上海美迪西生物医药股份有限公司
3	688123.SH	2019-12-23	聚辰股份	上交所	10.04亿元	电子	科技型	聚辰半导体股份有限公司
4	688118.SH	2019-12-04	普元信息	上交所	6.42亿元	计算机	科技型	普元信息技术股份有限公司
5	688099.SH	2019 08-08	晶晨股份	上交所	15.83亿元	电子	科技型	晶晨半导体（上海）股份有限公司
6	688019.SH	2019-07-22	安集科技	上交所	5.20亿元	电子	科技型	安集微电子科技（上海）股份有限公司
7	688018.SH	2019-07-22	乐鑫科技	上交所	12.52亿元	电子	科技型	乐鑫信息科技（上海）股份有限公司
8	688016.SH	2019-07-22	心脉医疗	上交所	8.32亿元	医药生物	科技型	上海微创心脉医疗科技股份有限公司
9	688012.SH	2019-07-22	中微公司	上交所	15.52亿元	机械设备	科技型	中微半导体设备（上海）股份有限公司

资料来源:根据 Wind 数据整理。

六、新三板

2019 年浦东新区新三板挂牌上市企业 3 家,同比下降 78.57％。2019 年浦东新区新三板挂牌上市累计 200 家,占累计资本市场挂牌上市 34.9％。2019 年当年浦东新区新三板挂牌上市企业数量占当年浦东新区整体挂牌上市数量 12.5％,相比 2015 年和 2016 年 50％以上,有较大的回落(见表 8-13)。

表 8-13　浦东新区新三板挂牌企业信息统计

序号	代码	上市时间	公司名称	上市市场	上市板块	所属行业	企业类型	公司全称
1	873197.OC	2019-4-10	雨吉文化	全国中小企业股份转让系统	新三板	科学研究和技术服务业	科技型	上海雨吉文化传媒股份有限公司
2	873220.OC	2019-3-28	俪迈股份	全国中小企业股份转让系统	新三板	科学研究和技术服务业	科技型	上海俪迈供应链股份有限公司
3	873196.OC	2019-3-12	百理科技	全国中小企业股份转让系统	新三板	科学研究和技术服务业	科技型	上海百理新材料科技股份有限公司

　　2012 年至 2019 年,随着非上市股份公司股份转让试点扩大,新三板挂牌上市企业呈现大幅增长,至 2016 年增加至 68 家。2017 年至 2019 年数据呈现较大的下跌。2017 年,下降明显,同比下降 67.65%。2018 年再次呈现下降趋势,2018 年同比下降幅度低于 2017 年。比较资本市场份额占比,2019 年,新三板挂牌上市数量占资本市场上市、挂牌总份额的 12.5%,2018 年,新三板挂牌上市数量占资本市场上市、挂牌总份额的 32.56%,2017 年新三板挂牌上市数量占资本市场上市、挂牌总份额的 28.21%,2019 年新三板挂牌上市份额降幅巨大。

七、区域性股权市场

　　上海股权托管交易中心(简称"上海股交中心")于 2010 年 7 月设立,于 2012 年 2 月 15 日开业,是上海国际金融中心建设以及具有全球影响力的科技创新中心建设的重要组成部分,也是中国多层次资本市场体系建设的重要环节。始终秉持"缓解中小微企业融资难、促进实体经济发展"的核心理念,积极发挥"股份交易中心、资源集聚中心、上市孵化中心、金融创新中心"的功能,为挂牌公司和广大投资者提供优质的服务,努力实现"规模可观、服务一流、国内领先、国际知名"的奋斗目标。

　　经过 8 年多的快速发展,上海股交中心目前已形成"一市三板"的市场格局,其中股份转让系统(E 板)为股份有限公司提供股票转让、非公开发行、重组并购等各类服务;科技创新板(N 板)专为科技型、创新型中小型股份有限公司量身定制,帮助企业与资本市场进行有效对接,全方位孵化培育科创企业;展示系统为各类中小微企业的展示、宣传提供服务,包括完整信披层和基础信披层两个层次。2019 年浦东新区科技创新板(N 板)挂牌企业 5 家,均为科技型企业(见图 8-15、表 8-14)。

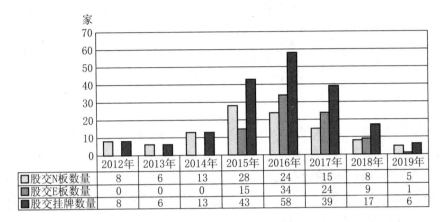

图 8-15　2012—2019 年浦东新区股交中心挂牌上市企业数量对比

资料来源:根据 Wind 数据整理。

表 8-14　浦东新区区域性股权市场企业信息统计

序号	代码	上市时间	公司名称	上市市场	上市板块	所属行业	企业类型	公司全称
1	300271	2019.8.29	龙象环保	上海股权托管交易中心	N 板	生态保护和环境治理业	科技型	上海龙象环保科技股份有限公司
2	300276	2019.9.26	索骏科技	上海股权托管交易中心	N 板	电力、热力生产和供应业	科技型	上海索骏电力科技股份有限公司
3	300279	2019.10.22	寅家电子	上海股权托管交易中心	N 板	软件和信息技术服务业	科技型	上海寅家电子科技股份有限公司
4	300306	2019.12.30	昊米科技	上海股权托管交易中心	N 板	印刷和记录媒介复制业	科技型	上海昊米新材料科技股份有限公司

图注(图8-15 数据):

	2012年	2013年	2014年	2015年	2016年	2017年	2018年	2019年
股交N板数量	8	6	13	28	24	15	8	5
股交E板数量	0	0	0	15	34	24	9	1
股交挂牌数量	8	6	13	43	58	39	17	6

(续表)

序号	代码	上市时间	公司名称	上市市场	上市板块	所属行业	企业类型	公司全称
5	300327	2019.12.31	置中科技	上海股权托管交易中心	N板	专用设备制造业	科技型	上海置中环保科技股份有限公司
6	100868	2019.12.27	瑞皇股份	上海股权托管交易中心	E板	橡胶和塑料制品业	科技型	上海瑞皇管业科技股份有限公司

资料来源:根据 Wind 数据整理。

　　课题组通过上述数据的梳理,对 2019 年浦东科技金融的发展状况印象深刻,并得出了经过多年的渐进式探索。2019 年,浦东科技金融的系统探索显现出改革量变积累向重要有效验证的转型过程。抬头看天,顺应大势的敏锐判断,需要按问题导向、需求导向,从研究价值和背景的发展思维中寻求全新的剖析,提出再出发的举措建议。

第七节　浦东新区当好全国"十四五"科技金融制度、产品(产业)和资金供给开路先锋的建议

　　在认真学习近平总书记在浦东开发开放 30 周年庆祝大会讲话与党和国家一系列文件精神的过程中,我们深刻感受到上海浦东新区当好全国科技金融"十四五"三个供给开路先锋责任的必要性和重要性,结合我们对浦东科技金融现状和发展的系列创新与思考,提出上海浦东新区新起点布局,当好"十四五"开局全国科技金融三个供给开路先锋的若干建议。

一、高标准认识科技金融和 2019 年浦东新区年度发展状况

　　从 2019 年浦东新区科技创新产业与融资需求入手梳理,对 2019 年科技创新企业发展阶段与周期性融资需求的特点进行分析,从中对科技创新企业初创期、成长期和成熟期、蜕变期、衰退期的特点与融资需求特征有了分类、分层的认识。事实上,这种分类分层在浦东新区是一种客观存在,需要相应的分类政策。2019 年度浦东的基本现状是:科技创新策源能力有所增强;科技创

新成果转化有所增效；科技创新人才发展环境有所优化；科技创新生态环境有所改善。从融资需求上看，满足程度仍需加强，科技企业融资亟待正视并解决若干痛点。在调研与交流中，聚焦对科技企业全生命周期融资需求内容中的信用赋能，我们判断，它或将成为科技金融发展的重要研究切入点。

通过研究，我们对浦东新区科技金融发展的总体评价为：第一，科技金融发展环境持续优化，体现在科技发展专项基金、产业创新发展专项基金、"小微企业创业创新基地城市示范"专项资金以及张江科学城专项发展资金等多点开花。第二，加大国资平台的创投引导力度，体现在由上海浦东科创集团有限公司、Vπ张江科技、浦东科创母基金、上海自贸试验区基金的引导力度逐步增强。第三，深化政府与金融机构合作，体现在相关银行(交通银行、上海银行等)围绕六大硬核产业和自贸试验区新片区发展的战略合作推进。第四，加快科技金融服务体系建设，体现在长三角资本市场服务基地、科技金融信息服务体系、科技金融风险防范体系的有序推进。

我们对浦东新区信贷与科技保险支持科技创新的内容给予重点关注，对金融机构、小微企业增信基金、科技履约贷、小巨人信用贷、科技微贷通、知识产权质押融资、科技信贷担保、科技保险的发展现状进行分析，认为2019年，浦东信贷与科技保险在加大对小微科创企业支持力度，覆盖节能环保、高端制造、生物医药、新能源等国家战略新兴产业和科创板热点行业上取得相应实效。

我们对浦东新区创业风险投资发展情况进行相应比较，特别对创投发展的联动效应、机构数量及注册资本，国资科创母基金、创业投资市场等内容进行梳理，体现出在新环境、新形势下浦东新区在依托国家战略，突出科技创新中心建设主题时，加大了对创投行业的扶持力度，使创投机构在科技创新中心核心功能区建设中的作用得以发挥。

我们也对浦东新区利用多层次资本市场扶持科技创新的进程进行比较分析。对主板、中小板、创业板、境外市场、科创板、新三板、区域性股权市场的数据变比进行研究，并得出2019年浦东新区整体发行节奏小幅加快，呈现2018年大高峰后小幅回落后的增长趋势。其中科创板上市企业遥遥领先，占全市科创板上市企业的69.23%，特别亮眼。

我们对2019年浦东科技金融的发展态势印象深刻。我们的基本认识是：经过多年的渐进式积累，2019年浦东科技金融的系统探索，显现出量变积淀向有效验证的转型过程,值得深入思考和总结。

　　通过对浦东2019年科技金融发展状况的研究,我们对科技金融与金融科技的区别有了自己的认识。值此党的十九届五中全会召开和"十四五"规划编制之际,科技创新已成为发展的核心驱动力,更加重视科技金融对于深入贯彻党中央的战略决策,价值连城。我们对科技金融的认识是:科技金融是指为科技创新型企业提供从初创期到成熟期的全生命周期的融资支持的一系列金融工具、金融制度、金融政策与金融服务的系统性、创新性安排,旨在高效促进科技开发和科技成果转化和产业化,实现金融发展与科技创新的高度协同发展,更快地推动经济高质量发展。我们将以这一认识对应用研究的内容作深入的诠释。

二、高起点审视 2019 年浦东科技金融的亮点、瓶颈和薄弱点

　　2020年,是"十三五"规划收官和"十四五"规划起步年。高起点审视、研究背景价值,对剖析好浦东科技金融具有关键作用。我们认识到的新背景有上海金融科技中心建设加快推进,浦东开发开放处于关键节点,中美两国在科技领域的较量持续升级,长三角一体化国家战略赋予上海浦东在先手棋中担当重任,浦东的科技金融要放到这样的发展背景下去评价和认识。其创新价值是:揭示再造新浦东的核心砝码是科技创新;要把握浦东反哺长三角一体化的双引擎是科技和金融;要紧扣浦东"十四五"高质量发展的三合一构架是制度再造、科技(产品)引领和金融服务支撑的系统供给。在调研交流和学习的过程中我们形成对2019年浦东科技金融的系统基本评价:一个创新组合形态的雏形、三个亮点、三个制约因素和三个突破点。

　　第一,展现了一个组合形态。在多年试验探索积累的基础上,2019年的浦东科技金融形成一条以创新引领、硬核驱动、生态共建、连接科技创新企业全生态总链的浦东特色雏形的科技金融创新之路。即"强磁场集聚"＋"双基石先导联动"＋"四轮创新驱动"的组合形态雏形(磁场集聚四要事为资源、人才、科技产出和科技金融中介机构;双基石联动为张江科学城和陆家嘴金融城;四轮驱动为政府、银保机构、创投机构、资本市场的旋进、循环创新举措),它或许成为浦东科技金融新征程的重要基石。

　　第二,凸显了三个有效实践的亮点。浦东科技金融初步形成"点面结合"的上市综合牵引服务体系、信贷担保"5551"支持体系和科创母子基金联动的供应保障体系为核心的科技金融创新成长模式，开启了浦东"十四五"发展中科技金融当好开路先锋的运行序幕。

第三，抓住了影响科技金融发展面临的三个主要制约因素，成为努力破解创新科技金融试验的主攻方向。这些主要制约因素是：缺乏有效的科技金融统筹协调机制；缺乏差异化的科技金融创新监管体系；缺乏体现包容性在内的科技金融引领服务的生态运行进程。针对这些制约因素，必须花大力气，下细功夫在"十四五"期间有的放矢合力攻坚。

第四，聚焦了浦东科技金融发展的三个主要突破点，综合已有的有效实践和面临的制约因素。浦东科技发展的三个主要突破点是全力推动浦东科技金融资源的进一步集聚整合；全力推进浦东科技金融在强化科技手段上的"智能监管"；全力推出"海纳百川"特色的浦东科技金融的全新试验。

在高起点审视的同时，我们重点比较借鉴了国内外的科技金融体系，从中吸取了有益的思路和做法。例如，国内学者颜军梅的"政府—市场"金融接力支持理论模型、美国小企业创新利新金融支持政策、日本中小企业创新金融支持政策、德国中小企业创新金融支持政策、韩国中小企业创新金融支持政策都颇多启迪。而通过对我国科技金融发展的特色比较，杭州的高科技信用担保，北京中关村的产业集群发展，成都的梯形融资，深圳的数据驱动金字塔也都显现出相应的启迪。深圳出台了全国地方第一个金融科技的区域性标准，这些都成为浦东科技金融未来布局的学习榜样。

凡此等等，都为 2021 年的浦东科技金融再出发提供了建言的基础和借鉴。

三、高水平出发：上海浦东努力争当全国"十四五"科技金融三个供给排头兵的建议

习近平总书记在浦东开发开放 30 周年庆祝大会上的讲话，是战略指引我们前进的指南。习近平指出：解放思想是前进和发展社会生产力、解放和增强社会活力的总开关。针对"十四五"浦东科技金融的光荣责任，我们要以国家为牵引，以更大力度推进制度创新，努力发挥开路先锋、示范引领、突破攻坚的作用，更加注重探索综合性改革试点，更加注重从事物发展的全过程、事物发展的全链条、企业发展的全生命周期出发加以谋划和设计。通过增加系统性、整体性、协同性来放大综合效应，更加主动地服务构建新发展格局，努力为国

内大循环的中心节点和国内国际双循环的战略链接奉献浦东科技金融的基础力量。

我们建议:以浦东"十四五"期间科技金融三个供给建设为新起点,全面开创承前启后的以科技创新驱动、金融支持保障为目标的新型科技金融发展模式的新局面。

(一)谋划浦东科技金融制度供给的阶段任务与目标

百年未有之大变局下,不稳定不确定因素明显增多,我国科技创新将面临更为复杂多变的外部环境。浦东作为改革开放排头兵中的排头兵,承载了国际金融中心和科技创新中心建设的重要功能,理应在科技金融体制机制方面大胆探索,充分发挥"两个中心"的互动融合功能,率先形成适应科技金融发展的体制机制,理顺金融支持科技创新的政策体系,激发金融服务科技创新的活力,当好科技金融制度创新的开路先锋,为全国的科技金融发展提供高水平制度供给。浦东探索科技金融制度创新,既要回顾历史,总结浦东30年来逐步实践、积累和完善起来科技创新制度经验,也要面向世界,学习借鉴其他国家科技金融发展的先进经验,更要着眼未来,明确浦东新形势下的新使命,全力做强科技创新引擎,力求在关键核心技术领域取得突破,更好地发挥浦东科技创新策源功能,探索出一条符合浦东实际的科技金融体制机制,为全国的金融支持科技创新提供高水平制度供给,具体可从以下几个方面取得突破。

一是谋划科技金融"十四五"发展新蓝图,突出"一二三"特色的浦东科技金融创新目标。完善"十四五"规划,全面提升科技金融牵一发动全身的职能辐射功效,形成科技驱动,两翼腾飞,三级协同,浦东"十四五"新蓝图形成浦东科技金融发展的目标。进一步明确认识浦东科技金融为全国也面向全球提供高水平制度供给、高质量产品供给、高效率资金供给目标任务。

二是丰富科技金融的科技驱动力核心,执行全国第一家地方性科技金融地方标准。深圳通过出台首个金融科技地方标准等途径逐步提升深圳在金融科技领域的显示度,相比而言,浦东更有条件在科技金融地方标准方面率先行动,推动制定首个科技金融地方标准,提升浦东在科技金融领域的显示度。

三是搭建科技金融集成推进平台,保障科技金融统筹协调机制运行。建立浦东新区科技金融联席会议制度,由新区相关委办局、开发园区和金融监管部门定期召开会议,评估科技金融服务工作措施落实情况及成效,研究科技金融服务面临的新情况、新问题,监测金融运行风险,共同促进金融更好地为科技创新服务。

四是健全科技金融创新、监管协同体系，平衡科技金融创新与科技金融监管关系。浦东新区可利用自身科技和金融资源优势，探索科技金融差异化监管试点，引入科技金融"监管沙盒"，按照科技金融的"科技属性"进行分类监管，探索建设创新与监管的均衡匹配机制，在鼓励创新与风险控制之间寻求平衡。

（二）推进浦东科技金融产品产业供给的阶段策略与举措

浦东六大硬核产业不仅为浦东能级倍增提供支撑，也为我国在关键核心技术领域取得突破创造了条件，更重要的是浦东六大硬核产业为科技金融产品的创新提供了最佳试验场，为向全国提供高质量科技金融产品产业供给奠定了基础，具体可从以下几个方面取得突破。

一是创建科技金融实验园，策援我国科技金融产品集聚创新。联合国家金融监管部门和重点金融机构，推动改革创新的系统集成，探索成立全球科技金融创新实验室，借鉴全球科技金融发展经验，整合浦东科创和金融资源，在金融支持科技创新的新产品、新制度、新政策和新服务上率先试点和探索，为浦东做强创新引擎提供支撑。

二是成立科技金融服务联盟，创建"扶早扶小扶特"的科技金融助力系统。对现行的科技金融产品体系进行重新梳理，聚焦初创期科创企业、小型科创企业、独特优势明显的科创企业的需求，依托浦东科技创新促进中心服务小型科创企业的平台优势，培育成立初创期科技企业投融资服务联盟，为早期科创企业提供更高能级的服务，促进各类产业园、研究所、孵化器以及金融机构等全产业链合作，吸引优秀天使投资、风险投资和创业投资等早期股权投资机构设立和展业，创建"扶早扶小扶特"的科技金融助力系统，织密科技金融服务网。

三是成立长三角科技金融研究院，服务长三角区域科技金融产业化集群链的发展需求。由浦东新区联合有关单位发起成立浦东长三角科技金融研究院，协调推进长三角区域产融学研交流融合，开展科技金融生态环境优化、科技企业生命周期与金融资源配置等研究，在集聚科技金融人才、支持科技金融决策、推进科技进步和科技金融创新方面发挥浦东的龙头辐射作用，推动长三角科技创新产业集群。

四是搭建浦东一体化科技金融服务平台，强化浦东新区科技金融综合信息服务工作。进一步整合职能，加强各职能服务部门、园区服务平台和银行、保险等金融机构的互动互联,搭建"互联网＋政务＋金融＋大数据"的科技金融服务综合平台,实现企业信用信息、融资需求信息、金融机构产品信息和政策信息的交互对接,构建新区层面的科技金融服务"高速信息网络"。

(三) 保障浦东科技金融资金供给的阶段手段与试点

浦东作为上海国际金融中心和金融科技建设的核心承载区,拥有功能完善的金融要素市场体系,上海证券交易所、上海期货交易所、上海保险交易所等国内首家交易所均落户浦东。此外,习近平总书记亲自推动的科创板更是聚焦硬核科技创新产业,已成为金融支持科技创新的重要渠道,正在源源不断地为科技创新企业提供高效率资金供给。这些金融市场体系共同成就了浦东金融资源配置枢纽的地位,也为浦东反哺和辐射长三角、推动金融服务实体经济创造了基础条件,为具体可从以下几个方面取得突破。

一是发挥基地功能,强化长三角资本市场服务基地的龙头辐射作用。依托科创板的市场契机,逐步拓展服务范围,在上市发现培育、预审评价、科创金融精准对接等服务项目的基础上进一步丰富服务内容,利用大数据和机器学习等新手段不断增强基地服务科创企业的能力,在硬核科技引导、金融差异化布局和协调性发展等内容上进行更多探索,努力形成协同的连接机制,与"初创期科技企业投融资服务联盟"形成完整的科技企业全生命周期金融服务闭环,增强科创板对长三角的服务辐射能力。

二是放大科创板效应,覆盖科技及其非硬核科技企业创新产业。科创板重点支持硬核科技创新企业,是否具备硬核技术就成为评判企业是否为科技创新企业的关键标准,而对于不具备硬核技术的新模式和新业态的支持往往被忽略,致使科创板成为仅仅支持硬核科技创新产业的资本市场,这样既不利于科创企业发展,也削弱了科创板对上市资源的积聚能力。因此,要逐步改变只重视纯技术创新的科技金融服务体系,应进一步扩充科创内涵,对科创属性的定位要延伸至新模式和新业态,由对新技术的支持延伸至对新理念的支持,完善企业科技属性测评以及与科创板标准的差距分析,覆盖更多非硬核科技创新企业。

三是丰富分类补偿机制,满足不同生命周期阶段的融资需求。逐步提高对中小型科技企业以及中小型金融机构的包容性,建立科技企业资金支持平衡机制,以满足科技企业各生命周期阶段融资需求。调整创业投资机构的市场准入标准,完善政府引导基金对于风险投资等社会资本的引导和风险补偿机制,进一步推动浦东创业投资、风险投资高地建设,完善科技金融引领和服务体系,构建"海纳百川"的科技金融生态。

四是总结浦东有效实践亮点,推广浦东科技金融创新成长模式。在总结浦东现有"点面结合"的上市综合牵引服务体系、信贷担保"5551"支持体系、科创母子基金联动的供应保障体系的基础上,继续完善浦东科技金融发展经验,推广浦东科技金融创新成长模式,为上海及长三角科技创新企业提供高效率资金供给。

综上所述,浦东科技金融发展正处国际环境和国内环境均发生深刻变化的关键时刻,要以"十四五"期间科技金融三个供给建设为新起点,当好开路先锋,在科技金融体制机制上率先探索,积累经验,为全国科技金融提供高水平制度供给;提升包容性,努力推动科技金融产品试点探索,为全国科技金融提供高质量产品供给;发挥辐射功能,利用科创板等资本市场为长三角乃至全国的科技创新提供高效率资金供给。

第九章 长三角三维高质量推进模型下的经济保障集成系统金融样本研究[*]

第一节 三维高质量发展推进模型的提出

一、研究背景

新时代的中国经济,进入世界百年变化之大局的适应与应对时期,风云激荡又气象万千。随着数字经济技术的横空出世,以金融为核心,会计、统计、审计为基础的经济服务,法律为经济规范的保障元素正在相互作用、相互影响、相互渗透与集成,成为保障经济健康发展的智慧体系。随着科学研究,技术应用的创新推动,以科技为引领的产业集群成长系统,正在集成电路、生物医药、人工智能、航空制造等朝阳产业的领衔集聚中,成为产业集群健康成长的协同体系。随着国家战略确定的长三角、京津冀、粤港深三大区域经济板块的崛起,以长三角区域为重心的区域经济协作系统正在形成。研究表明,虚拟经济和实体经济作为经济发展基石的基本组成部分,面对区域环境与发展定位,既有各自的供应需求,也有共同的方向目标。于是,在特定的阶段和区域,开展经济发展三维模型协同推进的应用研究,就成为决策咨询工作的应有之意。

在应用研究的选题上,虚拟经济、实体经济、区域经济都是热门议题,但放在一起进行关联关系的研究尚不多见。而一个时期和一个地区的经济发展是一个不可分割、紧密联系的系统,只有兼顾好系统整体的点和面,才能协同好

---

* 这是上海市政府参事室吴大器工作室与上海农村商业银行合作的课题"长三角三维高质量推进模型下的经济保障集成系统金融样本研究"的成果,课题组组长:吴大器、顾建忠;核心成员:魏华斌、马士群、胡乃静、李苇莎等。

虚拟经济、实体经济和区域经济的各个方面。同样,一个时段和一个区域的经济发展定位,本身就是虚拟经济、实体经济、区域经济共同作用,相互支撑,协力推进的产物。把三者放在等量齐观,同一个研究对象范围之内加以关联型比较,相关的研究结论可能更有现实应用价值和可操作性。

二、三维高质量发展推进模型概述

本研究确定的区域为中国的长三角区域,即上海市、江苏省、浙江省、安徽省。2018 年 11 月,习近平总书记宣布,长三角一体化上升为国家战略。本研究时间,为长三角一体化绿色生态示范区宣布挂牌起的 5 年,即"十四五"规划制定年及实施年份。

长三角一体化下的三维高质量模型研究是由地处长三角区域决策咨询智库组成的开放式研究团队设计提出的三个原生态创新应用型研究。

研究着眼于长三角一体化的国家战略,着手于长三角一体化的"十四五"规划,着力于虚拟经济维、实体经济维和区域研究维的关联协同研究,提供长三角一体化中经济发展中的应用型经验和实用型对策,以形成高质量型的应用模型。

虚拟经济生态维是梳理、汇总于经济保障关联的基本元素,总结各元素之间的互相影响、互相融合的关系,并构建起新时期发展中经济保障集成系统,这也是长三角一体化下三维高质量推进模型的一个子系统。其整体元素包括主要核心元素——金融,基础元素——会计、审计、统计,规范元素——法律等。

实体经济生态维是聚焦汇总于经济发展的产业集群,关注高科技含量的朝阳性产业集群的全产业成长链的提升,特别是在一个形成规模的特定区域,组合、协同、各得其所的经济成长协同系统。作为长三角一体化三位高质量推进模型的组成子系统。其代表性的制造产业以科技为引领,以集成电路、生物医药、人工智能、航空制造等产业集群为代表,形成特定产业规模下游、中游、上游的链接集成成长的规律性态势。

区域经济研用维是记载、汇总于特定区域的协同创新、经济比较、借鉴和布局研究产业集群发展,产业、产品科技研发的特色型经济区域研发系统,作为长三角一体化三维高质量推进模型的子系统。其典型的研发单元以长三角冠名,以协同创新为导向,进行区域经济的中观信息采集,提出区域经济发展方向,统驭区域产业集群方案。组织区域经济重要产品、产业的科技研发,宣传推广区域经济研究成果和经验,促进虚拟经济、实体经济的深度融合,形成研究区域经济发展的智囊库,产品、产业、研发的策源地,数据信息和系统目标的发布台。

三、研究价值

(一) 学术价值

1. 创新性提出三维高质量推进模型

与现有研究将实体经济、虚拟经济和区域经济三者割裂甚至对立起来不同,本课题创造性地把三者紧密结合起来,率先提出了长三角一体化下三维高质量推进应用模型,把实体经济、虚拟经济和区域经济放在同等地位上、纳入同一个框架下研究如何实现三者高质量联动发展。

2. 有助于构建更具逻辑和科学性的理论研究框架

本课题通过对经济保障集成系统、产业集群成长和区域经济研用系统、系统三维高质量推进模型的比较分析,以探求区域经济、虚拟经济和实体经济在推进长三角一体化方面的作用;通过在三维高质量推进模型中引入先进技术和金融服务,强化了先进技术新引擎的统驭作用以及金融服务的核心引领地位;这种金融和科创并重的理论框架体系,相对于已有理论研究框架更具逻辑性和科学性。

(二) 应用价值

一是围绕高质量、固化研发应用、强化元素集聚、优化产业布局,回应区域的现实基础需求。以金融为核心的经济服务保障元素正在相互渗透与集成,成为保障经济健康发展的智慧体系。随着科学技术的创新推动,以科技为引领的产业集群成长系统,正在与集成电路等多个朝阳产业领衔集聚,成为产业集群健康成长的协同体系。虚拟经济和实体经济作为长三角区域经济的基本组成部分,既有着各自的供应链,也有着共同的目标,于是在特定区域进行经济发展三维模型协同推进的应用研究,就成为决策咨询工作的应有之义。

二是围绕一体化、依据新技术、依靠金融元素、依托典型好样本,总结区域内复制推广的经验做法。三省一市都已制定一体化发展行动方案,然而行动方案仍然没能摆脱行政区隔的限制,缺乏对虚拟经济、实体经济和区域经济三维模型协同推进的应用研究,实现各省市行动方案的有效融合空间很大,对长三角一体化发展推进系统的总体设计不足,因此把虚拟经济、实体经济和区域经济三者放在同一个研究对象范围之内进行比较,在每一子系统中选取典型样板提炼实践经验,形成可复制可推广的发展方案就变得尤为重要。

四、创新之处

(一) 在学术思想、学术观点方面的特色和创新

本课题试图提出并阐述论证以下几方面的一些学术思想、学术观点,力争突出特色,有所创新。

1. 在区域经济一体化理论的认识方面

本课题初步认为,不同地区的一体化发展,因其资源禀赋和发展阶段不同,推进一体化发展的理论基础和对策路径应当有所差别,不存在一种普遍适合的推进模式;三维高质量推进模型更适合于推进长三角一体化发展,各子系统及内部构成元素均提炼于长三角一体化发展的有效实践,子系统具备各自存在的价值和适用性,三维高质量推进模型代表了一体化发展的新理念和趋势。

2. 在长三角一体化发展的认识方面

长三角一体化发展涉及诸多行业和领域,在既有发展基础上实现经济高质量发展是长三角一体化战略的关键一招。在促进长三角经济高质量发展的诸多因素中金融和科创居核心地位,上海已在这两方面积累了其他省份无可比拟的优势,因此发挥上海在长三角一体化中的"核心城市"定位,就要充分体现金融、科创的"双子星座"作用,让金融服务发挥血脉的流通辐射作用,实现区块链等新技术的压舱石功能。

3. 拟把区域经济、实体经济和虚拟经济纳入一个总体框架中进行研究

关于区域经济、实体经济与虚拟经济三者关系的争论仍在继续,本课题并不局限于对三者关系的梳理和剖析,而是把三者放在同等地位上进行研究,通过构建经济保障集成系统、产业集群成长系统和区域经济研用系统分别指导虚拟经济、实体经济和区域经济发展,共同服务长三角一体化国家战略。

(二) 在研究方法方面的特色和创新

1. 注重多学科研究途径的综合运用

本课题依托经济学理论,研究实现经济资源长三角各省市之间的优化配

置,梳理和选择产业样板;依据管理学理论,研究和评价样板企业服务长三角一体化的优势和不足,并总结提炼经验。

2. 注重多种研究方法的综合运用

综合运用典型案例分析、比较研究方法、调查研究方法,力求规范性研究法和实证研究法有机结合,对研究问题的认识更为全面、立体和深刻。

第二节　三维高质量发展推进模型的构建

一、创新组合以金融为核心构建经济保障集成子系统

以新技术为依托的经济保障集成系统,是一种在互联网技术深度应用背景下,金融、会计、科技平台体系发生多核心网络化融合的产业结构形态;是以货币、数据为推动,以科技创新为手段,各地区协同、服务业联动开放,推动实体经济高质量发展的生态保障系统,一方面产业群的生态圈为新技术的产生、应用、升级提供了发展土壤,另一方面新技术的发展又进一步促进了产业集群生态圈的进化发展,形成良性循环,同时,法律元素规范了上述形态的经济保障,为构建创新组合的区域经济集成系统提供法治基石。

如图 9-1 所示,该生态系统是由政府主导、政府与金融机构携手搭建蕴含于金融、会计、科技平台体系内部的规则框架,各平台围绕金融、会计、科技等关键核心,形成网络化连接,进而形成包含多个产业集群、平台体系的金融会计科技生态圈;该生态圈能使圈内的金融、会计、科技等服务机构、产业集群等金融、会计、科技关联对象进行更高效的资源交流与整合,包括产品、服务、人力、数据、资金的融合等,满足生态圈内金融、会计、科技、产业集群对象的全生命周期需求,为金融、会计、科技和产业集群创造全新的商业模式与经济价值,也给传统服务业发展模式改革带来颠覆式力量。金融、会计与新技术的生态圈集成系统中,新技术作为生态圈系统发展的新动能要素,正与金融、会计相融合,驱动金融、会计创新业务发展。国家法制体系通过宪法、单项经济法规和其他条例、细则给予规范保障。

图 9-1 中的新技术指的是大数据、人工智能、区块链、5G、云计算、物联网等新一代的信息技术,其随着发展呈现出新技术作为生态圈系统发展的新动能要素,正与金融、会计相融合,成为驱动金融、会计创新业务发展的新动能,将对金融和会计产生根本性的影响。

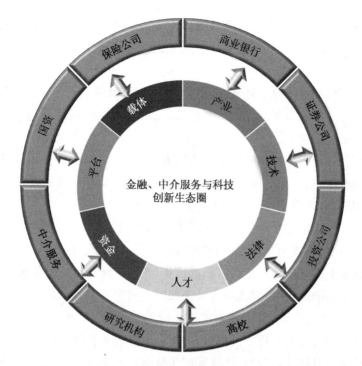

图 9-1　融合金融、会计、新技术要素的经济保障集成系统

扼要地说，新技术综合运用与金融相融合发展而为金融科技，深入影响金融业，促进了金融产业规模的扩大，能够很好地重塑金融业务流程、创新金融服务产品、降低金融的服务成本、提升金融服务效率。未来，全球金融增长点在于金融科技，国际金融中心竞争的焦点也在金融科技。不同的新技术对金融的促进各有体现：主要为人工智能技术、大数据技术、区块链技术、云计算、物联网技术等。这是对本系统影响更多新技术的基本表述。

鉴于我们构建本子系统的目的是为长三角区域经济一体化进行全新的模型应用服务，它的性质是由下而上市场效率的探索，故没有将对经济保障主要由上而下，政府主导的财政、税收等手段作为系统元素列入本子系统加以研究。财政、税收等手段会体现在法制保障中。

（一）以新技术为依托的子系统具有创新发展的诸多特征

1. 新技术带来诸多元素迅速集聚

21 世纪的前两个十年是科学技术突飞猛进，在各种场合促进虚拟经济元素变革、渗透、重新组合、提升职能的重要时段。它给虚拟经济领域各个方面带来前所未有的动力和改变,并且使虚拟经济集成系统成为推动区域经济的"保护神梯队"。它们与金融、会计一起成为保障经济生态有序进步的不可或缺的力量。

审计领域涵盖国家审计、内部审计与社会审计(注册会计师)等方面,一直是社会经济发展的重要组成部分。从特定视角看,是我国经济与世界经济接轨十分重要的转换器。

从新技术与审计的相互作用与影响看,已经并将继续加快审计各个环节结论的精准度、效率和进程优化,同时,促进审计更多地与虚拟经济维的其他元素互相联合,产生 $1+1>2$ 的集合力量。

统计工作历来是社会经济数据反映、梳理比较、分析归纳的主要平台,年终岁尾,统计公报成为令人瞩目的"经济榜单"。新技术的渗透和科学运用,也在一定程度上助推统计含量与质量的进步,扩大统计结果的覆盖面、统计数据的权威性和精准性,并将继续成为经济保障集成中的重要亮点。

2. 会计、审计、统计等基础元素成为经济保障发展的基础力量

在社会经济发展的历史进程中,产生助力经济成长的必要元素,并在发展过程中渐进提升作用,成为经济保障的传统基础元素,也是创建保障经济集成系统的基石。

(1) 会计职能承担着经济保障的基础任务。

会计是以货币为主要的计量单位,以凭证为主要的依据,借助专门的技术方法,对一定单位的资金运动进行全面、综合、连续、系统的核算与监督的一种经济管理活动。会计作为社会经济发展的货币反映和成长记载,一直是社会经济活力不可或缺的伙伴,人们耳熟能详的"经济越发展,会计越重要"已经在全球和中国的经济发展进程中得到证实。特别从我国经济发展的历史轨迹观察,会计的基础职能作用与经济发展已协同共进,产生着极其重要的价值示范。

第一,经济发展提升了会计的地位。纵观我国经济发展的进程,会计职能在经济发展中的作用和地位,会计职能的不可或缺性与会计数据结论在计算、监督、决策、评价环节的作用持续提升,会计理论与实务技能已成为全社会经济工作者必须掌握的能力和本领,得到广泛认可。

第二,会计职能保障了经济发展的健康成长。作为记载、反映社会经济发展的会计工作,历史记载和依法剖析的会计根据,在体现会计基础职能的水平

上，满足国际惯例和国家相关规范的要求，为经济保驾护航，会计已经成为经济发展的忠诚卫士。

第三，会计工作逐步提升了反映、记录经济发展的真实准确水平。我国的会计基础工作的真实性水平，与我国经济发展水平相适应，为经济发展的可持续夯实了记载基础，还原与提升了会计生态属性的本来面目。

第四，会计工作，在新技术的影响与融合中，进行变革，实现进步，包括区块链技术、人工智能技术、数字经济背景下的虚拟经济革命，渗透、融入既有的会计领域，一定程度上优化了会计领域的已有职能、程序、效率和内容，促进会计的进步和成长。

第五，会计工作加强了披露、防控的保障职能建设。中国经济发展的过程，既是会计真实记载水平的提升，也是会计在披露、防控、揭示不足、适时预警等监督前移的建设进程，会计监督手段的有效应用，正在成为中国经济发展的重要保护神。

可以毫不夸张地说，会计的夯实与发展是中国经济发展的重要保障之一。它既能记载经济发展的量化依据，运用货币给予直观展示，承担经济保障的基础事务，也能留下会计相应的足迹，见证会计的变革与进步。"经济大发展，会计更需要"值得认真贯彻。

（2）审计职能确保着经济健康发展的主要方向。

审计是由国家授权或接受委托的专职机构和人员，依照国家法规、审计准则和会计理论，运用专门的方法，对被审计单位的财政、财务收支、经营管理活动及其相关资料的真实性、正确性、合规性、合法性、效益性进行审查和监督，评价经济责任，鉴证经济业务，用以维护财经法纪、改善经营管理、提高经济效益的一项独立性的经济监督活动。审计作为社会经济发展健康安全的门神，一直是社会经济活动特有的必需形态。其中，国家审计、社会审计分别行使着相应的职责。从我国经济发展的过程观察，审计的基础职能、作用同样不可或缺，体现着不可替代的重要价值。

国家审计对经济发展的保驾护航和监督、服务主要体现在宏观、中观层面为主要范围的审计职责活动，也包括根据需要对微观层面行使的履职活动，依据相关法律法规、会计准则以及国家经济规范文件，对特定区域、特定时段、特定内容进行的审计项目，通过相应的评价性结论报告，体现国家审计对相关内容的审计、服务职责，给出经济发展健康与否的明确信号。从特定的视角观察,区域经济更需要国家审计的监督与服务,应当重视、加强。

社会审计对经济发展的保驾护航和监督服务主要体现在微观社会各种实体为主要范围的审计职责活动,也包括根据需要对宏观、中观层面行使的履职活动,依法受托开展审计工作,通常以微观层面的企业、事业单位的审计项目加以体现。从特定的视角观察区域经济是由千千万万个微观实体组成的体系,而虚拟经济、实体经济的均衡发展、协同发展值得特别关注。社会审计的监督服务在未来区域经济的发展中需要大力加强和提升。特别是开放与改革区域的社会审计要加快与全球化、科技金融的双重融合,引领推进浪潮、市场运行的对接,突出确保微观经济健康发展重要任务的实现。

内部审计是审计体系重要的一部分,是由部门、单位内部专职审计人员进行的审计。开展内部审计的目的在于帮助部门、单位的管理人员实行最有效的管理。内部审计与外部审计相配合并互为补充,是现代审计的一大特色。健全的内部审计制度,可为外部审计提供可信赖的资料,减少外部审计的工作量。在中国,内部审计不仅是部门、单位内部经济管理的重要组成部分,而且作为国家审计的基础,被纳入审计监督体系。

进一步彰显审计在中国经济发展中的监督服务作用,是创建经济保障集成系统的一个重要支点,保障经济健康发展,审计与会计一样是基础组成。责任不可替代,功能更需完善。

(3) 统计信息记载着经济发展的前世今生。

统计是特定时期经济数量表述的权威象征,通常一个国家、一个地区在一个时期的国民经济各项指标都是由国家或地区的统计部门专门发布的。它以数量为基本表现形式,分别形成若干项内容的统计报告。统计报告是国家或地区在宏观、中观层面状况的重要发布形式。一个国家和地区的经济运行状况,通常是分年(也可半年、一个季度)为时间段,加以统计发布的。可以这样表述,区域经济状况统计具有绝对的话语权和权威性。特别是综合统计下的行业分项统计,以及相关数据的纵向比较与其他国家、地区的横向比较;在此基础上的综合、分行业、分类别的相应分析,根据多种数理统计模型分析得出相应结论。区域经济的规律性特征,有更多的提炼,归纳源自统计数据和统计分析。

从特定的视角观察,统计结论和数据对区域经济发展有参考价值。如某行业以往的环比数据,可以用来判断未来的发展走向;与其他国家、地区同时期的可比数据,可以比较相关行业、产品的发展布局和投入产出定位。又如,区域经济下的虚拟经济维、产业集聚维的未来结构规划,可以从已经发生的5年、10年的统计数据系列中找到相应的行业、产业、产品的轨迹。通过图表直观显示未来相应的规划结构、设计方案。新技术持续运用后的统计效率也会得出更加科学的统计成果。

经济发展的前世今生,归根结底,需要量化数据说话,需要科学统计的基本结论,统计将会和会计、审计一样,成为经济保障系统"三计联合"的数量统一战线。

3. 明确金融的核心地位,揭示子系统构建已进入经济发展新时期

(1)上海多中心建设主体关系比较的结论:金融居于核心地位。

2011年,按照上海市委主要领导的要求,课题组曾经对上海"四个中心"建设的相应主题作过关系比较和重要性排序,通过对金融、航运、经济、贸易四者的一系列比较和鉴别,通过运用结构向量、自回归模型、格兰杰因果检验分析、脉冲响应函数分析、方差分析等方法,对"四个中心"之间的逻辑关系进行定量与定性的梳理,得出金融中心建设发展居于核心地位,"四个中心"之间存在相互协同、相互促进的金融发展关系,进一步发挥金融中心的核心引领更需要优化加强的基本结论。金融、经济、贸易、航运四者的作用与影响,金融位居第一。金融在上海四个中心中的"系统血液"定位,是其成为核心的重要原因。在创建经济保障集成系统中的过程中,对数字经济及新技术、会计、统计、审计、金融、法律、财政、税收等重要元素进行作用定位,确定各自的本质,即数字经济和新技术的实质为系统依托,会计、审计、统计的实质为系统基础,金融则成为系统核心,主要依据就是金融的流动性如同人体血液,是集成系统各元素中联动性最强的一项。而虚拟经济维在和实体经济维、区域经济维的促进区域经济全面发展的进程中,金融的流动性、金融与各个方面的直接关系,无疑是最关联和密切的,明确经济保障集成系统的核心,也就昭示了经济发展的历史新时期即将到来。没有基础元素,集成系统不会稳固,没有依托元素,集成系统缺乏朝代气息,没有核心元素,集成系统将一无所成,确立金融核心地位,经济保障集成系统就一定能有所作为,在长三角经济一体化中起好"牵一发而动全身"的作用。

(2)子系统中必须确保金融"流通辐射"的血液"健康流动"。

创建中的经济保障集成系统,是产业集聚成长全链进程中的专业服务、供

给保障、法规监督和量化评价等环节的综合体系。突出金融发挥好其流通、辐射主心骨效应。集成系统的主要元素各有侧重,创建系统的基本思路是:基础运行由会计、审计和统计各司其职,依托发展由数字经济的新技术助力各项元素的进步成长,核心地位则由金融贯穿整个系统的"流通与辐射"。这样的定位将由未来的试验加以检验、充实。

我们设计的系统流通是基于集成系统的覆盖面、开放性和动态性等特征,要求经济保障系统有一个元素在特定时期、特定工程或项目、特定产业产品的各个环节中,为系统集成的流通起到引领作用,金融特有的功能及其与系统各元素的衔接可以为系统流通做好相应的联络、沟通,同样,也可以在为产业集群成长的各个方面的服务中体现虚拟经济的支持与融合。

(3) 经济发展新时期,赋予金融"创新、安全"的双重目标。

2018年11月,习近平总书记宣布长三角一体化上升为国家战略,2019年11月长三角一体化绿色生态示范区揭牌成立。长三角一体化示范区正进入规划布局关键时期。毫无疑问,金融必然是长三角历史发展新时期的热点和重点。地处江苏吴江、上海青浦、浙江嘉善的示范区一期的660平方公里,已经成为长三角一体化下三维高质量发展推进模型试验的基本区域。

"金融创新"对三维高质量发展推进模型试验具有牵一发动全身的价值,示范区一期要关注、破解的金融创新的难点:第一,金融业发展的环境不确定性较大。第二,金融业区域竞争更加激烈且示范区内二省一市的已有标准不完全一致;如果按已有的经验做法,恐怕难以有所突破,因此,坚定不移地加大金融创新的力度,也是重中之重,要在大力培育发展新兴和特色金融产业上下功夫,要在做强金融和找准金融机制上下功夫,要在切实提升金融服务实体经济的效能上下功夫。突出绿色生态的"金融创新",就一定会有"希望的田野"。

"金融安全"对三维高质量发展推进模型试验具有守住风险底线的价值。示范区一期关注破解的金融安全难点有:第一,建设符合示范区实体有效实用的金融监管体制;第二,切实维护示范区的金融秩序。特别对金融风险的联防联治机制和重大案件处置执法,要打造"金融风险预警＋金融财务监管"科学系统,要构建大金融综合服务平台,以此形成应对金融风险的协调高效处置。

在历史发展新时期,金融要努力实现"创新、安全",为经济保障集成系统当好核心引领,开创虚拟经济有效服务实体经济,助力区域经济高质量发展的崭新局面。

（二）经济保障集成子系统的基本目标

我们设计提出的经济保障集成系统,是长三角一体化国家战略下的三维高质量发展推进模型的组成部分,它是由虚拟经济维中的若干元素组成的区域经济整体运行的网络体系。各基本元素在保障经济发展需求的履职中,供应或联合服务区域经济实体经济的需要。其基本目标可扼要表述为:

1. 形成各项组成元素集聚经济保障目标下的集团军新序列

随着社会经济的发展,与实体经济遥相呼应的虚拟经济,逐步细分为相对独立,具有自己鲜明特征的单个活动,在科学新技术的渗透和影响下,不断提升自己的作用,壮大和改变着自己。事实证明:经济愈发展,虚拟经济愈丰富,虚拟经济的种类及其影响愈扩大。同时,独立存在的单项活动有时也需要进行活动间的组合,产生更好的效率。当前,将虚拟经济的各种元素进行系统集成,明确虚拟经济的基本构成,形成集团军,应该成为虚拟经济维的现实选择。让生态价值覆盖健康的虚拟经济活动,实现壮大虚拟经济正能量的基本目标。

2. 提振各项组成元素相互影响、携手的精气神新气场

随着社会经济的发展,虚拟经济各项活动在其发挥有限作用的同时,都特别注意自己的形象、精神的社会信誉评价,也就是十分注重自己的"精气神",即虚拟经济的社会信用。创建经济保障集成系统恐怕要把凝心聚力自己一切相关活动的精气神作为重要目标。从事虚拟经济的任何一项活动的单元组织,要有自己的信用形象,要有个性的精气神。要始终贯彻在自己活动的全过程,为自己的"健康信誉"买单。虚拟经济集成系统要把提高整个地区、社会各虚拟经济单元组织的"信用"作为阶段比较的重要指标,并稳步提升,形成在长三角区域的独特气场。

3. 开启各项组成元素的合作共进,合力支持实体经济开创新局面

随着社会经济的发展,虚拟经济各项元素间不可避免地会出现合作、竞争等现象,经济保障集成系统有责任按和衷共济的导向,协调、处置各元素或各活动之间的矛盾和争议。按照公平、公正、公开的准则,求同存异,开辟虚拟经济各元素间的合作、发展的新空间,有事实证明,虚拟经济的各项元素活动,都有可能在一定空间内的合作、渗透中派生出新的元素、更高效率的活动和空间,从而产生虚拟经济的新天地,书写虚拟经济全新的一页,实现特定阶段的特定目标。

二、提升健全以科技作引领的产业集群成长子系统的构建

作为长三角一体化三维高质量推进模型的子系统,产业集群成长系统关注高科技含量的产业成长链的提升,其代表性的制造产业以科技为引领,以集成电路、生物医药、人工智能、航空制造等产业集群为代表,形成特定产业规模下游、中游、上游的链接集成成长的规律性态势。

(一)以科技作引领的子系统具有创新崛起的诸多特征

中共十九大以来,中国经济由高速增长阶段转变为高质量增长阶段,进入转变发展方式,转换增长动能的攻坚期。为了与全球的空前创新聚集和制造业变革时代相衔接,国家也确定了振兴中国现代制造业发展的规划。作为国家战略的长三角一体化规划,把以科技服务做引领的制造业产业集群的成长纳入视野,体现了区域经济服务国家宏观布局的意图。我们提出的以科技作引领的产业集群成长维构建,具有可能的创新崛起的诸多特征,需要加倍努力。

1. 科技研发催生新兴制造业雨后春笋般地破土

21 世纪,是科技引领全球制造业及其产业集群高质量发展的时期,科技研发作为制造产业的第一生产力,正领衔传统制造业的全面变革与转型,正开拓新兴制造业的全面兴盛。如"工业互联网"的研究,通过信息技术将机器、物流、人以及信息系统连接起来,进行科学决策和智能控制;特别是美国的通用汽车公司提出的 Predix 平台成为工业互联网风靡全球的起点,形成近期的应用型机器人和远期的家用型机器人、人型机器人和纳米机器人,等等。新兴制造业的无数种形态不仅在全球,也在中国,同样在区域经济呈现着雨后春笋般的破土态势。长三角区域,是我国区域经济最为发达,制造业优势更为突出,科技研发走在前列的中观地域。科技研发应能催生新兴制造业集群的批量化形成。

2. 区域制造业基础形成产业集群星星点灯的选择格局

产业集群是指在某一特定的区域下的一个特别领域存在着一群相互关联的公司、供应商、关联产业及专业化的制度和协会,在某一特定的领域(通常以一个主导产业为核心)大量产业联系紧密的企业以及相关支撑机构在空间上的集聚,并形成强劲、持续竞争优势的现象。

从区域经济看长三角区域的制造产业,各有侧重。上海东部的微电子基地,西部的汽车基地,南部的化工基地,北部的钢铁基地。特别是汽车的智能

制造、科研制造、新型制造聚集的临港、张江、金桥基地,成为长三角制造业的龙头区域;浙江省产业集群的民营主导,专业分工的块状经济,形成"一乡一品"、"一县一业"的集群增长;江苏省产业集群的"三动"(市场带动、外资带动、科技带动和科技驱动)特点也独具一格,安徽省产业集聚的科研主核推动,集聚辐射并举布局(以合肥国家科创中心为核聚集,辐射全省相应地区生产布局)的特点,为长三角区域星星点灯型格局的提升优化提供了基础,为长三角区域形成更为合理的高效产业集群网络提供了基础条件。

3. 关键掌控力助推区域产业集群新高地雄起

长三角一体化国家战略归根结底是在区域经济的主要指标上有所作为,在虚拟经济的集成系统、产业集群的成长系统、区域经济的研用系统上有全新的创建探索。其中,实体经济中的制造产业集群成长,无疑是关键一招。顺利实现长三角区域的产业集群新高地建设,需要切实把握"关键掌控力"。

由于制造业具有产业链条长、带动作用大、发展延伸空间广阔和创新环节密集等特点;任何一个国家和地区的经济发展,都把制造业的转型发展作为重要战役,给予研究投入、政策支持和战略推动。区域产业集群新高地的关键掌控力,是指产业集群的新型制造领域的关键技术、关键材料和关键部件,能够主导影响关键掌控力也就把握了区域产业集群新高地建设的主动权。

关键技术、关键材料、关键部件基本代表一个制造产业集群的关键掌控力。区域产业集群新高地建设要选择好若干个制造产业,摸清长三角三省一市的相关资源条件,给予该产业集群的关联布局和全产业链的发展路径,没有长三角一体化的协同,也就没有区域产业集聚新高地的规划蓝图。

(二) 长三角区域代表性产业集群一览

1. 集成电路产业

集成电路产业是一种半导体产业,包括制造业,也涉及设计业和封装业,它是与社会各界息息相关的产业。我国的集成电路产业诞生于20世纪60年代,经历了三个发展阶段。我国的集成电路产业有长足的进展,以华为等为代表的企业正在全力科研创新,努力跻身国际第一方阵。长三角区域,特别是上海市,已经把集成电路产业作为重要的核心制造业。

建设长三角区域集成电路产业集群的基本思路是:积极布局工业控制领域的核心芯片,形成对我国工业控制领域的核心芯片的替代能力。要积极利用长三角区域汇聚的一批国际先进企业,包括设计业、装备巨头、晶圆代工厂、存储器制造商,塑造设计、制造、装备材料三大支柱,共同推进集成电路超越发展。

2. 生物医药产业

生物医药产业有生物科技产业与医药产业共同组成。生物技术产业是以现代生命科学理论为基础,利用生物体及其细胞、亚细胞和分子的组成部分,结合工程学、信息学等手段开展研究及制造产品,或改造动物、植物、微生物等,使其具有所期望的品质、特性,进而为社会提供商品和服务手段的综合性技术体系。我国的生物医药产业在 20 世纪的头十年有了长足发展,特别是长三角区域的上海张江药谷,江苏的苏州园区,泰州国家级医学园区,浙江的杭州园区、台州生物医药产业都走在我国生物医药产业的前列。据有关材料显示,全球已处于生物医药技术大规模产业化的开放阶段。2020 年,全球生物医药产业进入快速发展期,并逐步成为世界经济的主导产业。上海张江在积极打造原创新医药发展高地上具有基础和优势,积极开创突破性的药物研发新技术也有好的态势,如何形成发展"长三角药谷"值得共同开拓。

3. 人工智能产业

人工智能产业是指人工智能的产业集群、产业园区。人工智能是研究、开发用于模拟、延伸和拓展人类智能的理论、方法、技术及应用系统的一门新的技术科学。从人工智能的技术突破和应用价值观察,人工智能将会出现:第一,未来 3—5 年仍以服务智能为主;第二,中长期将出现显著科技突破;第三,长期可能出现超级智能。

人工智能产业的超级朝阳型特征,要求区域经济的产业集群成长充分把握人工智能技术全方位嵌入的制造业发展优化路径,即智能化、系统化和服务化。上海要特别在人工智能产业的四个方面进行有针对性、突破型试验,继续加密重大技术装备研发创新;采用新模式、新业态优化资源配置;推动企业信息化、智能化和服务化转型;提升系统集成能力,培育一批顶尖企业。人工智能产业代表一区域经济的科技含量,必须占有产业集群布局的相应份额,处于国家的领先水平。

4. 民用航空产业

民用航空产业是高投入、高附加值、高风险的战略型高新技术产业,是一个国家综合国力的重要标志;具有关联度高、辐射带动性强的特点,对国民经济的发展具有重要的战略意义;属于交通设备制造业中的航空航天制造。目前以上海浦东国际机场、虹桥国际机场为核心的长三角航空客运货运一体化研究取得重大进展;长三角机场群规划建设处于重要节点,中国的国产大飞机已展翅高飞,长三角区域已经成为我国民用航空产业的首选地。安徽、浙江的飞机制造产业也都有典型企业;江苏的南通机场规划已得到国家批复,加强长三角区域民用航运产业集群成长的规划已经水到渠成。

5. 汽车产业

高科技汽车产业是指体现智能化、网联化、轻量化、共享化为发展趋势的汽车产业。在打造中国世界级汽车产业的基地中,上海乃至长三角区域,要紧紧抓住新能源、新材料、信息化科技带来的新能源汽车新一轮技术变革的契机,超前研发下一代技术,例如重点推进电机、电池、速变器等关键核心零部件自主化;又如,可以聚焦车用氢燃料关键核心技术;再如,制氢、储氢、加氢等核心技术的研发,引领我国乃至全球氢燃料电池汽车的发展。

6. 智能装备制造与高档机床产业

智能装备制造产业是指以新型传送、先进控制等核心技术为代表的装备制造的新产品研发,上海及长三角区域要在重大技术装备研发上,采用新技术、新业态优化资源配置,推动相关企业的信息化、智能化和服务化转型,优化系统集成能力,花 3—5 年时间,在工业机器人系统集成、协作机器人、自动化控制系统、智能仪器仪表等领域培育出代表性的顶尖企业。

高档机床产业是指以数控机床为代表的"装备制造业",是衡量一个国家的机床行业技术水平的重要标志。扭转国内急需的高档数控机床依赖进口的状况十分紧迫,上海及长三角区域要积极发展具有"进化计算""模棚系统"和"神经网络"等控制机理的智能化机床,突出其自适应控制、负载系自动识别、运输参数自动补偿、智能诊断与监控的功能,尽早使机床产业高档化,成为产业集群的成长典型。

（三）掌握产业集群成长核心竞争力的三把金钥匙

产业集群成长系统的核心竞争力是紧紧聚焦"三把金钥匙",牢牢抓住精耕细作的所有环节。

1. 一批关键技术

关键技术一般是指在较长时期内,积累的一组先进复杂的、具有较大价值的技术和能力的集合体。在长三角产业集群成长系统,要产生一批关键技术,这是区域经济担当国家战略的需要。人工智能技术是引领制造业实现根本性变革的全能型关键技术,它可以对制造业相关的细分产业产生共性下的重大影响，还可以对原有生产技术和生产模式实现智能化改建，从而重塑制造业中相应产业的产业链、供应链和价值链，创建出更多的新产品、新产业。长三角产业集群成长，要确定一个特定时期（一般5年），形成一批关键技术的量化任务目标，提升区域经济的整体贡献率。

2. 一批关键材料

关键材料一般是指能够对制造业的发展起到引导、支撑和相互依存的关键性作用，具有优异性能和特定功能，且应用前景广阔的材料。这些关键材料，通常是信息、航空、能源、生物等高技术制造的核心要素，例如生产半导体芯片的材料，是半导体产业的重要材料；又如，目前世界上最好的锂电池隔膜材料基本都由日本垄断。长三角产业集群成长要把我国短缺的关键材料作为攻坚突破的重中之重，成为我国自主关键材料创新发展的窗口。

3. 一批关键部件

关键部件一般是指整机中最具有核心效能，对最终产品最具影响力和制造力的部分。特别是在现代工业模块化生产的背景下，关键部件的创新对整个产品的结构会带来重要改变，掌握了制造产业中产品的关键部件，也就把控了产品的主导权。例如信息技术发展中最具制约性的关键部件是传感器，而传感器的可度量是大数据的核心所在，它决定了人工智能的做与不做。又如，新能源汽车中的固态锂离子电池，具有安全性高、能量密度高、循环寿命长、工作温度范围广等优势，已成为关键部件，日本政府和几大相关企业已决定联合研发固态锂离子电池，以抢占绝对优势。可见，长三角产业集群成长系统，确定关键部件项目的投入和产出目标，必须作出更高的决策。

4. 建立三把金钥匙和产业集群成长的关联机制

关键技术、关键材料、关键部件三把金钥匙是推动产业集群发展的核心竞争力，只有三个方面的长期积累和核心管控，才能使区域经济的产业集群的制造业创新中形成爆发性、引领性的优势。这就需要建立关联机制。

第一，和赋能效益相关联。既要注重新兴产业，通过关键核心技术突破、科技成果转化和大规模商用应用，形成若干领域的群体性、系统性突破；也要注重传统产业，通过应用创新带动效应的三个关键，实现生产流程、产品品质和管理模式的改进，进而实现向产业发展的中高段领域迈进的转型。

第二，和高端的锁定效应相关联。相关研究表明，跟跑者在发展中只有通过更具创新力的产品才能够突破领先者的封锁和价格垄断。中国制造产业集群要更多地探索与高端的锁定效应关联的机制建设。

第三,和具有领先标准效应相关联。三个关键的基本特点是技术密集、附加值高、引领作用强及影响力大,因此一直成为制造业国际标准竞争的制高点。如美国高通公司至今已拥有 3 000 多项 CDMA 及相关技术的专利。这些标准已为全球标准制定机构所采纳,成为美国保持制造业竞争力,占据全球范围制造业价值链高端的重要手段。长三角区域的产业集群成长系统,争取形成国际标准上相应的话语权,就会享有相应的标准引领效应,提升制造业发展的话语权和影响力。

实现三个关键的突破,长三角地区的产业制造集群就要参与全球合作与竞争,就要跳出路径依赖,确立区域经济新优势,就要立足客观约束,提升竞争力,这是唯一正确的选择。

(四) 产业集群成长子系统的基本目标

我们提出的产业集群成长子系统,是长三角一体化国家战略下,三维高质量推进模型的组成部分。主要由产业集群维中的若干主要产业组成的区域经济整体运行的实体经济发展体系,各相关产业集群在成长的阶段进程中,协同虚拟经济保障系统实现区域的阶段目标。其基本目标可扼要表述为:

1. 形成区域经济制造业的产业集群新高地

随着区域经济特定阶段的目标规划,长三角区域将是我国制造产业集群高科技推动的示范地区,形成我国区域经济实体制造业产业集群新高地,应该成为产业集群成长系统的首要目标。

产业集群新高地要鲜明突出国际化、功能性和高科技,支撑起区域经济的高度。

一是国际化。产业集群成长要把导入全球资源、扩散全球影响力,利用优越的空间区位,瞄准并聚焦国际级先进制造业集群的使命作为建设导向,形成我国外向型开放的标志性区域,体现国际化结构占主要比例的示范区域。

二是功能性。产业集群成长,要把上海乃至长三角区域的"头雁效益"放在重要位置,形成主翼、侧翼的地区分工,加快构建全球化产业分工体系和结构,在功能性上占领全球重要产业价值链的有利位置,实现产业功能的良性互动,形成我国功能性集聚的产业集群布局,体现产业集群成长的塑造格局。

三是高科技。产业集群成长,要把科技引领先进制造业作为第一发展要务,体现在产业集群的排序选择和重点培育等多个环节上,让产业集群数据位于亚洲乃至亚太区域的前列,并提升其在全球的排位。

产业集群成长新高地应当在一个特定时期(如"十四五"规划时期),在国际化、功能性、高科技各项指标上有质的提升,成为我国区域经济的排头兵,并努力走在全球经济和洲际经济的前列。

2. 布局区域内产业集群的全链新连线

产业集群成长系统的一个重要目标是在区域经济现有规划布局中,确定具体产业的下游、中游、上游制造生产的全链条连线布局调整,或特定时期内的具体新方案。这个目标,是区域制造业社会分工协同全链条体系中的科学运筹形成的新连线,可以在具体的产业集群生产全过程产生更好的效益,为区域经济提供有利的成长规律,实现成长系统的科学价值连线产生的经济效益。

3. 探索区域产业集群间"互补共享"的合作新路径

产业集群成长可以探索规划区域产业集群间的合作新路径,即不同的产业集群在合作路径上可以尝试相互间的适度合作。一是互补原则,比较各自产业集群既定的优势、流程,进行互相支持;二是同享原则,选取双方都需要的一些公共供给需求,实现不同产业集群相同公共供求元素的协同享用机制。

三、聚焦探索以协作创新、科创研发为重点的区域经济研用子系统的构建

(一) 以协作创新、科创研发为重点的子系统具有体制创新、技术研发的双重特征

区域经济是指分布于特定区域的经济组成。它的形成是各个行政区域劳动地域分工的结果。在长期的社会经济活动中,由于历史的、社会的、政治的、经济的作用,一些在经济等方面联系比较频繁的居民区逐渐形成了各具特色的经济区。区域经济是国民经济的缩影,具有综合性和区域性的特点。

聚焦探索长三角一体化区域以协作、规划、研发为内容的三省一市区域经济推进系统的创建,是该区域经济保障、产业集群高质量发展的重要前置与先行板块。实践表明,特定区域经济需要相应的推进系统创建谋划。

1. 子系统彰显产业带、阶段型、价值链,体现协作与规划重点

区域协作与经济规划是推进系统创建重要的基础特征,在一个特定的阶段要通过政、产、学、研、金、介、用的科学体系进行区域的经济协作布局规划,特别做好:第一,对阶段型认识。对特定区域经济发展,要在区域规划的指导下,在已有的经济区域产业特色、类别、创新型产业优势的数量形态分布的基

础上,统筹提出未来 5—10 年的成长方向。它是量化阶梯的发展目标,是区域经济一定时期的产业布局,掌握阶段型的节奏,也就把握了区域经济的量化总龙头。第二,对产业带的认识。一个区域的经济发展,关键要靠以科研创新为特色产业的优势产业带的形成,即制造产业带和城市生产性服务业体系,长三角区域的制造产业带具有一定的优势积累,是我国不少传统制造业的高地,如何突出科技创新的引领,形成长三角区域产业带的技术变革,产生若干代表国家朝阳产业带的集群建设,值得很好的布局研究,也已经并将继续成为推进系统思考的重点。第三,对价值链的认识。对产业发展变革的研究,必须关注价值链的比较借鉴。一条产业带在特定区域的布局,必须运用价值链加以科学衔接。纵观新型潜质型产业带的形成,需要价值链的跟踪连线式的替代和模型分析。只要从特征入手,就能将区域经济的已有规律和潜在规律融合起来,产生实用的阶段发展路径结论。

2. 子系统培育具有创新细胞的产业"源头活水"和"科创走廊",体现技术研发的"科创火焰"

区域经济研究中的技术研发是区域推进系统中的核心内容。产业集群的形成,关键是突出科技创新引领产品或技术的研发形成协同创新的"科创走廊",即在长三角区域经济产业布局于特定期限过程的同时,必须把技术研发作为生态产业发展的"源头活水"加以全力维护和打造。其本质体现为:第一,在已有的区域经济产业布局规划的内容中选择若干产业集群技术,建设相应的技术研发中心或研究院;第二,确定特定期间的特定产业集群关键国产化的提升比例,组建由特定产业的关键技术、关键材料、关键部件的联合攻关团队,区域财政给予相应的政策扶持。第三,发挥上海在长三角区域的"核心龙头"作用,持续推进长三角 G60 科创走廊建设,与长三角示范区的"产业生态技术源"形成联动效应,使科创走廊成为三省一市的科创元素转化为产业集群制高点的中转试验场。第四,在长三角区域,确定绿色生态示范区为产业集群技术研发研究基地,研发成果视环境指标分别生产制造于示范区和长三角区域的产业集群带、链之中。例如浙江清华长三角研究院已成为技术研发"源头活水"的成功典范。

3. 形成子系统的技术研发组织在示范区形成的火炬效应,体现出双辉相映的研用结合

长三角绿色生态区一期已启动运行,鉴于绿色生态示范的核心价值,特别是清华长三角研究院和清华柔性电子研发院的有效经验,可以实验区域经济

推进系统相关技术研发组织平台在示范区的开放、集聚引导计划,形成技术创新的火炬效应,助推区域经济中的产业集群技术研发成果转化。加快区域产业集群的高质量成长进程。

(二)虚实的协同推进确保子系统高质量渐进成长

1. 子系统主要样本的"北斗七星"模式,保证着高质量的系统布局和研发实效

地处浙江嘉兴的"清华长三角研究院",业经十年的探索,成为长三角区域经济协作创新的"先行者",面对中国经济开放改革的趋势,聚焦长三角区域,开展了开放融合的拓展应用型摸索。初步形成区域经济协作创新、科研开发的系统模式。他们以政、产、学、研、金、介、用的相互结合,卓有成效地进行了长三角区域经济相关规划、布局的应用型研究,被有关领导和专家归纳成"北斗七星"模式。同时,清华相应的研发项目,也对产业集群的核心选择起到重要的科技创新的引领作用,为长三角区域产业集群的科技聚焦与成长作出实际的贡献。

2. "G60 科创走廊",可以作为"创新孵化基地"加以打造

G60 科创走廊沿线是中国经济最具活力、城镇化水平最高的区域之一,包括上海、嘉兴、杭州、金华、苏州、湖州、宣城、芜湖、合肥 9 个城市。2019 年前三季度,九城市 GDP 同比平均增长 6.7%,财政收入同比增长 8.1%,聚焦人工智能、集成电路、生物医药等先进创造业产业集群。同时,金融服务 G60 科创走廊也同步跟进,长三角 G60 科创走廊服务中心和上交所资本市场服务 G60 科创走廊基地也正式运营,成为科创驱动"长三角制造"迈向"长三角创造"的风向标,国家科技部在推动长三角共建"创新孵化基地"上已经作出全面部署,渐进成长有了符合实际的规划。

(三)区域经济研用子系统的基本目标

我们提出的区域经济研用系统,是长三角一体化国家战略下,三维高质量推进模型的经济布局和科创引领产业发展的"活水源头",它将和经济保障集成系统、产业集群成长系统联动协同,在实现长三角区域经济高质量集成发展中,发挥特定阶段的应用功能。其基本目标可扼要表述为:

1. 确认特定区域、特定时期经济协作、科技研发的传承、实施路径

长三角区域经济在一定期间(如一个五年规划)需要从不同视角对区域经济的保障、成长和推进给予量化协同和研发优化。要适时确认特定期间的量化目标和实施路径。概要地说，一是认识特定时段的全球经济、我国经济的变化走向，金融、科技的影响、变革趋势，长三角区域经济保障、产业集群成长的实际特点，得出需要改变和应对的思维及相应思路；二是提出特定期间，经济保障、产业成长、量化协同创新，科技重点突破、产业创新转型的系统方案；三是确认经济协同创新、产业集群的技术研发、创建的实施路径，确定上述内容的路线图、责任人和进度表。

2. 确认特定区域、特定时期子系统的目标、分工

经济保障集成系统的创建是对数字经济、新技术、金融、会计、统计、审计等元素对区域经济产生的经济保障作用进行的系统集成。上述元素的基础职能，是一个相对固定的范围，但就某一特定区域的特定期间，就会有重点、重要集合部位的相应"量变"。同样，在数字经济与新技术影响下的其他元素，在相对长的历史进程中也会发生进步型变革与成长。这里，信息与上述各种元素都有千丝万缕的联系，也会影响各种元素的作用变化。确认特定时期在经济保障的开放集成中的各元素的目标和分工，元素联动的分工，应该是研用系统的一项实现目标。

3. 确认特定区域、特定时期科技引领的产业集群研发攻坚目标

如前所述，优化长三角区域的制造业产业集群是国家高科技、高质量产业的重要体现。在特定时期，长三角绿色生态示范区的多产业研发组织和G60科创走廊为主要范围，也涵盖三省一市的产业技术研发组织在内的产业集群研发范围，是推进系统确认科技引领产业集群研发具体攻坚目标的量化目标，一般来说，在特定时期（如五年规划）都应该形成产业集群研发目标清单，成为看得见、摸得着的研发任务指南。

规划区域经济产业的协同创新，明确科技引领产业的研发目标，将为长三角三维高质量发展模式提供推进子系统不可或缺的重要支持，助推集成子系统、成长子系统的协同发展进程。

第三节　经济保障集成系统金融样本研究
——上海农商银行服务长三角一体化策略

一、研究背景与意义

在科学论证、系统布局的基础上，习近平总书记于 2018 年 1 月在上海代

表国家宣布长江三角洲区域一体化上升为国家战略。长三角一体化和上海自贸试验区设立新片区、在上海证交所推出"科创板＋注册制"一起成为新时代上海的三大新任务。这是载入长三角一体化发展进程中的里程碑,成为加快一体化步伐的动员令和宣言书。

金融对区域经济一体化发展具有重要意义。关于金融服务在经济发展中的作用,习近平总书记在中共中央政治局第十三次集体学习时作了形象的比喻,他说:"经济是肌体,金融是血脉,两者共生共荣"。这一比喻不仅明确了金融与经济的关系,更对金融在经济中的功能和作用进行了充分肯定。从区域经济一体化发展的实践来看,世界主要城市群在发展过程中都十分重视金融的流通辐射作用。全球前五大城市群包括:美国大西洋沿岸城市群、北美五大湖城市群、英国伦敦城市群、欧洲西北部城市群和日本太平洋城市群。这些城市群在一定程度上是政府、市场、产业、金融相融合发展的结果。

世界级城市群中心城市均通过不断拓展完善城市群发展规划,吸引越来越多市场主体及金融资源集聚。如美国大西洋沿岸城市群,从 1921 年纽约颁布第一部区域规划开始不断扩大城市群范围,强化纽约中心地位,2002 年,"纽约市战略规划"明确加强纽约与其他区域之间的联系。英国伦敦城市群基于 1944 年出台的《大伦敦规划》奠定伦敦都市圈的发展基础,2016 年出台的《大伦敦地区空间发展战略规划》确定大伦敦未来 20 年的发展目标。日本太平洋城市群的发展建立在 1958 年第一次出台的《首都圈建设规划》基础上,此后该规划积极引导周边地区开发,提出建设"多中心、多圈层"区域结构及自立都市圈,形成分散型网络区域空间结构。

同时,世界级产业群注重发挥产业与金融的协调作用,增加城市能级,使城市群在资金密集型和技术密集型等高附加值产业上得以提升。例如,美国大西洋沿岸城市群中,核心城市纽约处于产业层级结构的顶层,集中了众多全球性跨国公司总部、各类专业管理机构和服务部门;波士顿、费城、华盛顿、巴尔的摩这四座中心城市处于产业层级结构中间层位置,具有承上启下的作用。欧洲西北部城市群的巴黎都市圈产业发展主要围绕价值链呈现层级集聚发展模式,中心城区发展金融业、管理咨询、研发等高端产业,市区内外环集中政府部门及教育、服装和印刷出版业等机构;工业则向郊区分散。日本太平洋城市群东京核心区集聚管理、信息、金融等高级生产性服务业;其他城市以工业制造为主。

因此,金融服务是长三角高质量一体化发展的重要推进剂。与长三角一体化边实践边探索相似,金融机构有效服务长三角一体化发展,也处于一个摸索的过程中。当前,已有较多银行业金融机构专门设立服务长三角一体化的分支行机构或部门,着力整合现有的金融资源,探索跨地域的金融管理方式,更好地服务于长三角一体化国家战略的实施。与此同时,长三角一体化的发展,也给长三角区域的金融机构带来巨大机遇,能否抓住机遇,也是金融机构未来战略发展的关键因素。本研究,一方面结合实际阐述长三角一体化发展给金融机构带来的机遇,另一方面以上海农商银行在服务长三角一体化发展中的探索实践为例,给予其他金融机构一些经验借鉴,以此提高长三角区域金融机构服务长三角一体化的主动性和能级水平,携手促进长三角高质量一体化发展取得实效。

二、长三角区域金融发展的机遇

长三角一体化上升为国家战略,为区域经济的发展打开了一柄新的折扇,扇起的微风,将如蝴蝶效应一般,形成有效的经验并推广至全国。

对于金融而言,长三角一体化至少在区域空间、产业分工、发展方式、国际视野等四个方面产生作用,扩大了市场区域空间,深化调整了区域范围内的产业分工,创新发展方式提高经济效率,并且将国际视野遍布长三角全域。这四个方面是扇子的骨架,是挥动扇子的重要作用杆。对于长三角而言,金融又像是扇子的扇柄支撑点,实现了整个扇子的连接,金融力量渗透于长三角一体化发展的各方各面(见图9-2)。

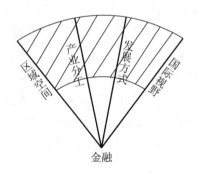

图9-2　金融对长三角一体化的扇动作用

（一）省界融合、同城化发展打开普惠金融市场空间

以往商业银行普遍以区域划分为作业方式，设立银行网点，服务于网点附近一定范围的企业、居民客户。这种作业方式下，要实现普惠金融意味着要增设网点，而增设网点就要增加运营成本，相应的，利率定价水平也较难降低，不能给小微企业、居民客户提供高质量的金融服务。受监管约束，商业银行在跨区域经营方面受阻，这种边界的阻隔一方面降低了区域金融服务的竞争程度，不利于形成争相为客户提供优质服务的良性环境，另一方面，客户对象规模受到限制，也使得商业银行无法得到规模效应，难以通过扩大业务量来取得盈利、降低业务定价水平。

长三角一体化打破了省界区隔，《长江三角洲区域一体化发展规划纲要》明确提出"同城化"的目标，要求"城市群同城化水平进一步提高，各城市群之间高效联动"，"以基础设施一体化和公共服务一卡通为着力点，加快南京、杭州、合肥、苏锡常、宁波都市圈建设，提升都市圈同城化水平"。同城化的发展，除了交通设施、基础建设、公共服务外，金融服务也应该走进同城化发展通道。随着长三角区域"同城化"的逐步推进，可以预见的是，金融服务的省界融合也将逐步深化，以往跨区域经营受阻的情况将逐步打破，跨省界的机构设置、金融服务需求将得到激发。例如，跨省ATM机取款涉及手续费，在长三角一体化同城化发展的过程中，这类因跨省而产生的费用有必要取消，真正落实同城化发展方向。

长三角地区是国内金融前沿阵地，深化区域金融合作，能够更好地发挥长三角在深化金融改革、扩大金融开放方面的引领作用。长三角地区聚集了大量具有活力的小微企业和民营企业，以及庞大的居民客户。这些企业是长三角区域技术创新的活力之源和经济发展的重要组成部分。它们在长三角一体化过程中发挥着创造就业、研发和技术创新、优化资源配置等重要作用，但融资难、融资贵的问题始终是部分民营企业面临的问题。在居民客户层面，各地的服务水平有明显差异。比如，由于具有较高的客户信用水平和技术支撑，上海区域居民消费贷款具有额度高、利率低、获取便捷的特点，而江苏、浙江等省份，特点是一些相对偏远的地区，消费贷款这项业务往往没有经济发达的区域发展得好。

一项业务的发展，外部来看，需要足够大的市场激发金融机构参与进来；从内部来看，需要金融机构有足够的风险控制能力，确保业务的发展不会积累大的风险。按照金融同城化的趋势发展下去,商业银行面向的区域范围、客户群体得到明显放大,面对如此巨大的市场,区域性商业银行必然往区域相互渗透、金融服务协同的方向发展,提高长三角区域范围的金融竞争程度和活力。加上当前金融科技水平已经能够在较大程度上帮助商业银行控制跨区域经营的业务风险,特别是对小微企业、居民等普惠金融客户的风险识别和控制能力明显提升,将极大地推动普惠金融在长三角区域范围内的落地生根、蓬勃发展。

因此,长三角一体化的省界融合、同城化发展首先将打开普惠金融市场空间,提高普惠金融竞争的服务水平,促进普惠金融要素在省界间的转移发展。

(二)产业分工、集群化发展打开产业金融市场空间

区域经济一体化发展与产业集群发展往往体现为一种相互交织的关系。区域经济一体化程度提高,能够加快要素流动,进而促进产业集群发展;产业集群程度的提高,能够提高经济运行效率、降低社会交易成本,进而让区域经济体分享到产业集群带来的好处,从而进一步推动区域经济一体化发展。产业集群作为推动区域经济发展的一种模式,以及产业发展的重要组织形式,已经越来越得到国际组织、国家和地方政府的广泛重视。大量的企业集聚于一定区域,特别是有着上下游、互补关系的产业集聚于一定区域,可以进一步强化区域内生产的协作,分享因分工细化、沟通成本降低带来的高效率,以及产品间的交通运输成本。在产业集聚体内,企业间更容易达成文化、价值、产品、交易等方面的共识,物理距离的减少,加大了企业的违约成本,进而能够让园区企业内有更加透明的业务环境。从实践的发展来看,产业集群一旦形成,自然能够进入一种良性发展的态势,一方面吸引与符合该产业集群需要的企业入驻,另一方面加大企业间的互动,不断放大产业集群的良性辐射相应。

随着国家经济增速的降低,业务增量的时代已经一去不复返,进入存量挖掘加增量发展阶段。以往由于增速较快,新增项目较多,地方政府总体上不会有很高的竞争程度,因为"做大蛋糕"是主流,各地都能分得相应的利益。但存量挖掘加增量发展阶段,由于增量项目也不够分配,地方政府间的竞争程度会加大,为了引入优质企业,往往会给予较大的优惠政策和支持力度,容易导致无序竞争,反而影响了产业集群的发展。因此,长三角一体化融合发展,可以说,将在解决无序竞争上作出积极探索,通过调整政府的组织方式、利益分配方式,在促进产业集群加速发展的同时,实现各地政府的互利共赢。

长三角区域上市公司数量占全国上市公司的比例超过 1/3,具有细分产业的龙头地位,同时,共有国家级经济开发区 65 个、国家级高新技术产业开发区 33 个,分别占 30%、20%,通过对长三角三省一市产业规划、上市公司、开发区的分析发现:(1)产业布局总体具有梯次结构。以长三角省份边界区域为中心,产业分布梯次向外呈现科技产业、现代工业和轻工业特点,这种产业的梯次分布,是经济开放、社会分工不断细化的结果,也是长三角产业一体化发展的重要基础。(2)产业布局有一定互补性。长三角三省一市有各自的产业优势,上海市的产业优势包括半导体、航空物流、生物医药、贸易服务等,江苏省的产业优势包括汽车零配件、机械化工、电子通信、生物医药等,浙江省的产业优势包括汽车零配件、软件科技、能源化工、纺织家具、林木产品、食品加工等,安徽省的产业优势包括汽车制造、食品加工、家具家电、新型建材等。产业优势重合的部分,通过协调机制有利于集聚优势;产业优势差异的部分,有利于整合长三角区域内的产业资源,形成与外部竞争的产业优势。(3)长三角省份边界的产业相似性较高。在长三角省份边界区域,包括江苏的苏州、浙江的嘉兴,以及上海市,在高科技产业的布局上,有一定的相似性,包括半导体、精密机械、生物医药、软件科技等。这种跨省界的产业相似性,体现出长三角省份边界区域正在呈现产业集群的特点。这种产业集群,是发展构建世界级产业优势集群的重要基础。

综合上述分析,长三角一体化发展,必然加快产业集群趋势,而这种集群趋势,往往需要金融资源支持,在企业"走出去""引进来"层面提供充足的金融供给,给予金融机构较为广阔的市场空间。

(三)科技支持、创新化发展打开特色金融市场空间

当前新技术主要体现在基于海量业务和管理数据,通过数据分析与挖掘技术,应用机器学习等方法和工具,借助人工智能手段,推动传统技术向智能化技术转变,促进企业核心生产、制造环节相关的技术手段、产品、服务的创新。在产业背景的角度来看,技术发展有两点趋势:(1)新技术正在纵深化和交叉化发展,包含芯片技术、网络技术、大数据、人工智能、区块链等一系列单一信息技术的纵向升级,在算力层面,采用 FPGA、FPU、ASIC 等 CPU+X 的异构计算模式可基本满足对处理器更快速、更高效、更方便的使用要求,机器人、神经网络、图像识别、语音识别、深度学习、区块链等在核心技术上持续突破;同时,新技术之间交叉发展,以物联网、移动互联等技术为基础,以大数

据为需求,与人工智能、区块链等技术相互交叉发展,深度学习算法在利用各类深度神经网络处理海量数据方面具有优势,通过在计算机视觉和图像识别、语音识别等领域的持续应用,不断革新传统的技术框架。(2)新技术与产业应用融合发展,云计算、大数据、人工智能等新一代信息技术将加速渗透经济和社会生活各个领域,信息技术与产业发展加速融合,产业发展不断对信息技术提出新的需求,两者相互融合,互相促进,呈现融合式发展。因此,信息技术的发展呈现系统技术的纵深化和融合化互相促进的特征。从"大智移云"来看,以服务运营为主要特征,意味着新技术正从产品驱动转向服务带动。例如,共享单车就是典型的通过服务带动原有产业重构的例子。可见,信息产业驱动力正从产品转向服务,并呈现横向扩展、多点驱动的趋势。

过去,金融行业讲科技金融,一般指对高科技行业的支持。随着新技术渗透各行各业,科技金融等特色金融服务的覆盖面大大拓宽,商业银行聚焦科技金融的发展,可以从面向高科技企业,调整到面向新型技术,以及与新型技术应用相关的企业,真正成为不仅用技术,而且懂技术的金融企业。进一步地,新型技术的蓬勃应用,又将改造、重组分工方式和业务模式,瞄准这些新的领域,金融机构能够创设更多的特色金融服务,打开更大的市场空间。

(四) 区域协同、国际化发展打开国际金融市场空间

在《长江三角洲区域一体化发展规划纲要》中,我们看到了世界级城市群、世界级产业群、世界级机场群、世界级港口群等字眼,长三角一体化的发展,国际化、对接国际规则是重要方向。纵观近年来的国家政策,以 2013 年成立中国(上海)自由贸易试验区为起点,至 2019 年,通过经验的总结、推广,我国自贸试验区已增至 18 个,包括几十个片区,覆盖半数省份,形成改革开放、面向国际的新格局。2019 年,在自贸试验区建设发展上,同样有一个标志性事件值得关注,那就是上海自贸试验区临港新片区正式揭牌,这是继 2013 年上海探索实践自贸试验区发展后的一个新的先行先试战略举措。临港新片区的发展目标,是到 2025 年,建立比较成熟的投资贸易自由化便利化制度体系,打造一批更高开放度的功能型平台,集聚一批世界一流企业,区域创造力和竞争力显著增强,经济、实力和经济总量大幅跃升。到 2035 年,建成具有较强国际市场影响力和竞争力的特殊经济功能区,形成更加成熟定型的制度成果,打造全球高端资源要素配置的核心功能,成为中国深度融入经济全球化的重要载体。

可以看出,临港新片区是对外开放探索的再升级。可以预见的是,临港新

片区的新经验,也将在未来几年内逐步复制推广至全国主要自贸试验区,推动自贸试验区发展取得新的突破。《长江三角洲区域一体化发展规划纲要》,也将临港新片区纳入一体化发展范围,要求"以上海临港等地区为中国(上海)自由贸易试验区新片区,打造与国际通行规则相衔接、更具国际市场影响力和竞争力的特殊经济功能区"。上海自贸试验区、临港新片区、长三角生态绿色一体化发展示范区,以及长江三角洲区域自贸试验区、产业园的协同发展,将发挥各自的比较优势,合力形成新的对外开放格局。

　　长三角一体化面向世界级的协同发展,背后是国家对于经济开放、世界级城市群的布局。这种前瞻性的布局,以及探索实践的新的国际贸易、国际投融资规则、政策和经验,将使金融要素在国内国际两个市场更加自由地流动,带来国际金融业务发展的新空间。

三、上海农商银行服务长三角一体化的探索实践

(一)上海农商银行的发展情况概述

　　上海农商银行成立于2005年8月25日,是全国首家在农信基础上改制成立的省级股份制商业银行,总股本86.8亿股,国有法人股约占66%,其中上海国资约占37%,主要上海国资股东单位包括上海国际集团及其关联公司、太保人寿、国盛集团、申迪集团、东方国际集团、光明集团(入股主体为子公司)等。营业网点370多家,员工超过6 000人,控股设立35家沪农商村镇银行,控股长江联合金融租赁有限公司。

　　近几年来,上海农商银行积极把握上海建设"五个中心"、打造"四大品牌"和推进"三项任务"的战略机遇,坚持以客户为中心,深入推进经营转型,以综合的营销手段推动客户发展,以创新的金融服务助力客户转型,以高效的流程管理改善客户体验,全面提升为客户创造价值的服务能力,全力打造服务型银行。在英国《银行家》公布的"2019年全球1 000强"榜单中,上海农商银行位居全球银行业第156位,比2018年上升22位,在国内商业银行中排名第24位;在"2019年全球银行品牌价值500强"中排名第191位,比2018年上升32位;在中国银行业协会发布的"陀螺"评价体系中,位列国内农商银行第2位;标普评级从"BBB-"上调至"BBB",展望稳定,短期主体信用评级从"A-3"上调至"A-2"。

　　作为一家起步郊区、扎根上海的本地法人银行,上海农商银行始终围绕服

务国家战略,努力践行"普惠金融助力百姓美好生活"使命,以"打造为客户创造价值的服务型银行,建设具有最佳体验和卓越品牌的区域综合金融服务集团"为愿景,树立"诚信、责任、创新、共赢"的价值观,坚持"服务三农、服务小微、服务科创",涉农贷款余额、小微贷款余额在全市领先。

(二)上海农商银行服务长三角一体化的探索实践

近几年来,为认真贯彻落实国家的长三角一体化政策,上海农商银行成立了由董事长、行长担任双组长的"长三角一体化农村金融机构合作发展工作领导推进小组",深刻分析这一重大战略部署对银行发展的挑战和机遇,明确将长三角工作纳入新三年发展战略规划。要求紧抓长三角一体化历史机遇,以长三角生态绿色一体化发展示范区为载体,加大长三角地区布局,推动资本、资金、业务、机构等"走出去"。

1. 定位普惠金融,构建服务长三角一体化四柱支撑体系

如前文所述,上海农商银行明确"普惠金融助力百姓美好生活"的使命,在长三角一体化打开普惠金融市场空间的催动下,经营管理上有了更大的施展空间。作为区域性商业银行,上海农商银行依据金融供应链的一般流程,从客群定位、产品创新、安全服务和客户满意四个环节推动普惠金融在长三角一体化的发展,探索建立"精准、创新、安全、高效"的四柱支撑体系,为客户提供温暖贴心的"普惠金融之家"(见图 9-3)。

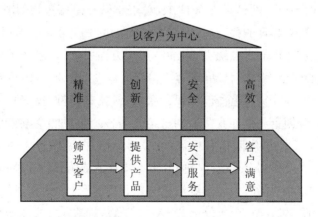

图 9-3　普惠金融的四柱支撑体系

(1)"精准"定位目标客户。

上海农商银行认为,普惠金融是一个长尾市场,不能按照以往关系型营销

手段获客,必须通过精准营销分析批量化获客。因此,上海农商银行着力调整业务模式,改变客户经理对客户的单点营销,在产品上做文章,切入场景特征,实现对客户需求的精准把握。上海农商银行积极深化机构场景合作,构建多维获客模式,夯实零售基础客群。加强客户分层管理,通过客户画像和数据分析,开展精准营销,提供精准服务。采用哑铃式客户发展策略,重点发展高端私行财富客户和低端长尾客户,其中,私行客户聚焦小企业主和企业高管,财富客户聚焦中年客户,长尾客户聚焦年轻的郊区客户和外来务工人群。采取差异化客户经营策略,高端客户通过个性化服务实现价值获取,长尾客户通过线上化服务提高活跃度,中间层客户通过综合化服务提升资产贡献。总行建立基于数据驱动的客户经营长效机制,主要通过规划客群,对客群的数据分析发掘洞见,从而形成策略,继而通过策略指导分支行组织相应营销活动,在营销推动过程中根据分支行营销反馈,不断迭代产品和营销策略。通过营销活动的闭环管理,推进客群精准营销落地,促进客户经营从运动式向持续性、常态化的转变。

针对长三角区域更加广阔的市场,以往靠铺网点、铺人的模式更加不符合市场的需要,因此,"精准"服务支撑是上海农商银行开展长三角普惠金融服务的首要切入点。

(2)"创新"丰富普惠产品。

上海农商银行不断创新业务理念,对于小微金融服务,运用金融科技手段,实现小微业务办理的移动化、在线化、智能化,100 万元(含)以下符合"小额、高频、分散"特征的小微融资,向纯线上化方向发展,提高产出效能。服务上海科创中心建设,强化"鑫动能"客户培育库建设。创新专项融资产品,优化和完善启航贷、人才贷、高企贷、知识产权贷、科技鑫用贷、投贷联动等科创专项产品,满足科创企业从创业初期到稳定发展各个阶段的金融需求。深化与私募股权投资(PE)和风险投资机构(VC)的合作,拓展投贷联动业务合作机会,扶持一批优质科创企业登陆境内外资本市场或成为各行业独角兽。

对于个人金融服务,大力发展消费贷款、信托资管代销和代发业务,推动基金、期缴保险、贵金属、个人外汇、个人生产经营贷款业务快速增长。围绕青年客群的消费需求和行为倾向,打造年轻化的产品体系,持续调优信用卡客群结构,从而实现信用卡业务的可持续发展。稳固高端信用卡"尊享出行"品牌特色,推进工会卡和公益卡精耕细作,加强公私联动,推进商务卡业务开展;创新产品方面,横向丰富产品体系,完善外卡类、套卡类、主题类等系列卡产品,推进三农类和科创类卡产品开发。

同时,创新加快营销服务渠道转型。积极开展场景营销,围绕教育、养老、健康、交通、家政等场景,加强平台合作,将金融产品服务融入客户生活。实行网格化营销管理,将网点辖属区域划分成农区、社区、商区、园区、专区五类区域,制定专属营销策略,一点一区一策,找准区域关键联系人,精准挖掘客户兴趣点,有针对性地开展外拓营销。

(3)"安全"普惠万千客户。

普惠金融,安全性必不可少。应用前沿科技促进普惠金融发展,有着更加开放的环境,也会带来安全性方面的隐患。安全性,对金融机构而言,是资产的安全;对客户而言,是信息的安全。

上海农商银行在业务端应用领先技术的同时,也加快风险管理数字化转型,积极构建智能化的风险管理体系,以"全客户、全业务、全流程、全押品、全预警"为定位,推进新一代 CMIS 系统建设。加强金融科技应用,通过引入大数据、AI、物联网等技术,形成客户统一风险视图,提供信息核验、风险名单验证、欺诈识别、信用评分、预警检测等风控服务。各种信息的交叉比对,能够更加有效地识别风险、控制风险。

同时,上海农商银行制定数据治理整体规划,优化数据治理制度流程体系框架,通过搭建数据管控相关平台,在数据生成前形成数据字典,供新业务、新系统开展使用;在数据流转过程中对数据集中采集和监控,对数据质量及时预警;在数据汇集后对数据比对校验和分析挖掘,形成数据管控闭环,形成数据定义、数据流转管控、数据价值生成的全生命周期管理,确保内部数据的管理安全和外部数据的合作安全。丰富网络安全技术防控手段,加强网络安全态势感知,深化和完善终端侧信息安全管控,提高安全事件智能关联分析和主动防控能力。金融机构数据的安全,直接反映出客户信息的安全。

(4)"高效"提高客户满意度。

上海农商银行着力提高数字化程度,明确"只要是线上能做的就不要线下做、集中能做的就不要分散做"的改革方向。随着长三角一体化区域范围的拓宽,商业银行的管理半径也相应扩大,按照以往层级报告式的业务运作方式,影响业务效率,也影响了客户体验。普惠金融客户往往对于效率有着较高的要求,没有高效的金融服务,就难有客户的黏性。上海农商银行通过数字化转型,实现业务通过系统自动受理、自动审批,把以往线下办理的业务尽可能转到线上操作,依托大数据技术,搭建智能营销体系,根据客户消费数据、行为数据、个人特征数据等,实施"场景＋数据＋内容"的实时精准营销触达,并逐步实现客户、产品、员工、营销、管理"五个在线"。例如,2019 年上线的"鑫 E 贷"个人消费贷款产品,线上秒出审批结果,并且 7×24 小时全天候提供服务,大大提高了个人消费贷款的业务效率。

与此同时,上海农商银行持续推进网点转型,以科技为引领,以数字转型、场景建设为手段,统筹零售服务渠道,优化网点布局,实现多渠道融合互动,使全渠道客户体验无缝衔接。抓住 5G 技术应用的机遇,推进网点智能化和运营敏捷化,建设智能、敏捷、高效、安全的运营管理体系,实现运营管理从业务支撑型向价值创造型的快速转型,实施运营扁平化、垂直化管理,统筹管理网点柜面、移动柜面和远程服务的大运营职能。整合线上线下获客信息,实施精准推送、交叉引流,实现"线上预约、线下办理"一体化操作模式,提升客户体验。

2. 坚持姓农本色,勇担长三角一体化乡村振兴主力军

实施乡村振兴战略是十九大作出的重要部署,是新时代解决"三农"问题的重要抓手,是党和国家事业发展的重要支撑,对于我国农村经济进一步发展都具有重大的意义。尽管长三角农村地区发展基础相对较好,但发展不平衡不充分的问题仍然十分突出,农村经济社会发展明显滞后于长三角总体发展水平。实施乡村振兴战略,必然带来乡村发展形态和产业发展载体的转型,对金融服务的需求也会随之增加。

上海农商银行作为全国首家在农信基础上改制成立的省级股份制商业银行,多年来扎根农村、支持农业、造福农民,始终坚持姓农本色。在乡村振兴和长三角一体化发展两大国家战略交汇的时空背景下,上海农商银行既肩负着新时代的重托,也面临着难得的发展机遇,唯有勇担长三角一体化乡村振兴主力军,才能抓住机遇、不辱使命、不负重托。为此,上海农商银行顺应农业规律,紧贴农业需求,不断创新农村金融服务手段,专门为农业龙头企业、农业合作社等新型农业经营主体设计全产业链服务方案,量身定制金融产品。

2019 年 12 月,上海农商银行发布《金融创新支持乡村振兴实施方案》。《实施方案》聚焦金融产业扶贫、支农金融产品创新、服务手段提升及服务覆盖面扩大等,重点围绕乡村振兴战略,优化涉农网点功能布局,提升服务效能,提升服务网点的金融辐射及服务能力。根据《实施方案》,到 2022 年末实现涉农

贷款余额将超过 600 亿元,为长三角区域的乡村振兴发挥主力军作用。

3. 注重产业布局,服务长三角一体化产业集群趋势

长三角区域拥有雄厚的产业基础,以及全面的市场要素,世界级产业集群的定位符合其发展方向。作为大型农商银行,上海农商银行深知金融与产业的良性互动,是区域经济发展的重要推动力量,而金融对产业的深入了解,是金融企业可持续发展的基础。为此,上海农商银行积极探索产业金融模式,着力通过构建具有区域特色的产业金融服务体系,助力长三角产业集群发展。

上海农商银行业务主要以本地为主,面对长三角一体化更加开阔的市场,以及产业集聚和布局趋势,战略研究至关重要。为支撑长三角一体化的战略布局,上海农商银行整合内部组织架构,增强董事会办公室在战略研究方面的职能,同时,计划设立金融扶贫研究中心、村镇银行发展研究中心、长三角农村金融研究院等专项研究中心,开展广泛的战略研究,以及长三角区域范围内的市场机遇、产业集群发展研究。战略研究机构的整合,将为上海农商银行服务于长三角区域一体化发展,提供强有力的支撑。

为更加安全有效地服务长三角产业集群发展,上海农商银行(以服务上海本地市场为主)及其控股子公司长江联合金融租赁有限公司(以服务长三角区域市场为主),积极开展产业研究,重点探索推进大数据、大健康、大消费、大环保产业金融服务模式,助力区域产业高质量集聚。制定长三角区域重点支持客户名单和沪迁企业服务方案,对于有战略潜力的客户保持定力,给予特殊对待,不简单以盈利为目的,更加注重为客户创造价值。同时,上海农商银行积极推进综合化经营,控股的长江联合金融租赁有限公司,加大在长三角地区的业务投放,聚焦城市交通、先进制造、文化健康和环保能源四大专业领域,为中小企业客户提供便捷高效的专业服务,取得良好的成效,努力成为上海农商银行集团布局长三角业务的桥头堡。

4. 融入自贸试验区经济,加大特色金融与国际金融发展力度

身处上海这一改革开放的前沿阵地,上海农商银行虽然是农村金融机构,但始终以开放的眼界,不断创新科创、"三农"和民生特色金融,以及国际金融业务,在全国农村金融机构中处于领先地位。在长三角金融服务中,特色金融与国际金融的发展越发重要。

(1)打造"一鑫二专三支持"科创金融服务体系。

长三角金融与科技双轮驱动趋势已日益明显,科技产业的发展十分迅猛。

然而,科创型企业的风险识别和判断一直是银行的痛点,基于多年服务经验,为服务长三角区域科技型企业,上海农商银行全新升级了系统化科创服务方案,推出"一鑫二专三支持"的科创金融服务体系。

"一鑫",即战略型新兴企业客户"鑫动能"培育计划,聚焦国家战略性新兴产业,结合企业不同发展阶段,推出全生命周期、全价值链综合金融服务方案。

"二专",即专营机构与专属产品,在2012年设立上海首家科技支行(张江科技支行)、2018年设立杨浦双创支行的基础上,形成张江、杨浦"2+N"科技专营机构布局,推出针对科技企业的定制型"鑫科贷"系列产品、面向全市科技小巨人及培育企业的最高6 000万元信用额度的"鑫用贷"产品等,支持和培育拥有核心技术和自主知识产权的科技型中小微企业。

"三支持",即从"人才、机制、渠道"三个层面对科技型企业提供金融支持,组建科技产业专业化的客户经理、风控团队,通过机制优化,提高贷款审批效率,降低科技型企业融资成本,引入各方面渠道,为企业提供更广阔的平台,支持科技成果的转化。

依托上海经济活力大、投资机构多的优势,上海农商银行积极推动投贷联动,例如,与上海国方母基金合作,在项目层面"投贷联动",以"股权融资+企业贷款"的方式共同促进上海市、长三角乃至全国范围内的高科技企业发展,充分发挥银行在信贷投放以及私募股权投资基金在股权融资方面的相对优势。经过努力,上海农商银行在科技信贷、投贷联动和科技股权投资基金合作等领域不断先行先试,已取得一定成效,也打造出具有良好口碑的品牌形象。

(2)创新共享要素市场资源促进区域金融联动发展。

总部位于上海、隶属上海国资的上海农商银行抓住长三角一体化机遇,依托上海金融要素市场,不断丰富业务资格,增强服务客户的能力,加快国际金融业务创新的发展。

上海农商银行明确,对特定长三角地区客户提供结算便利化服务:等值美元10万(含)以上的货物贸易项下跨境支付免予核验进口报关单;经常项下跨境人民币结算凭《跨境人民币结算收/付款说明》直接办理。优质企业可签订购付汇便利化协议,享受"不落地"的购、付汇流程,实现快捷直通的跨境汇款业务。提供"GPI全球汇款优享服务",针对汇出汇款、汇入汇款的实时状态、收费情况以及相关最新信息,提供全面配套的查询功能。通过专项金融服务小组提供相关业务需求产品方案设计、业务政策咨询等一揽子个性化综合金融服务,包括国际结算、外币贸易融资、跨境并购贷款以及跨境对外担保等贸易融资业务。加强对于客户金融知识的普及,利用远期、掉期等外汇衍生工具,与贸易融资产品组合,帮助企业有效防范汇率波动风险。

同时,作为省级大型农商银行,上海农商银行是全国农信系统中最早开展金融市场、投资银行和跨境业务的机构之一,业务资格较为齐全,交易活跃度始终位于市场前列。并且,身处上海发达的开放型金融市场中,以及上海自贸试验区的特殊金融政策,能够为广大的农村金融机构提供特色化的合作产品。为此,上海农商银行积极梳理可以与长三角农村金融机构合作的业务范围,加快新产品开发,要求各业务条线分别推出一批针对长三角区域一体化发展示范区内客户的专属服务和产品。

5. 创新成立一体化组织,实现农村金融机构协力同行

长三角一体化发展,涉及上海、江苏、浙江和安徽四个省份,虽然总体上发展较为均衡,但仍然存在城乡发展不协调的问题。在长三角高质量一体化发展的过程中,绕不开城乡一体化发展。而城乡一体化发展,具有渗透广大县域地区、扎根"三农"服务的农村金融机构,则具有天然的优势。正因为看中了这一点,上海农商银行开始推动长三角地区农村金融一体化发展组织,凝聚广大农村金融机构的力量,为长三角一体化再添助力。上海农商银行推动组织创新,采取了诸多措施推进形成服务于长三角一体化的农村金融机构协同组织。

上海农商银行积极总结以往与其他农村金融机构的合作交流经验,联合长三角主要农村金融机构发布《长三角农村金融机构合作宣言》,作为常态化合作交流平台的思想纲领。《合作宣言》认为,区域金融合作是推动区域经济发展的重要力量,服务三农小微、服务居民是长三角农村金融机构不变的初心,服务长三角一体化是共同的使命,长三角农村金融机构有着相同的内生基因、相近的历史底蕴、相邻的地缘优势、相似的客群基础、相合的发展诉求,有着天然的紧密合作的基础,应在共建合作机制、共搭合作平台、共促业务发展、共享信息资源、共谱普惠新篇上展开深度合作,合力打造功能互补、优势叠加、特色鲜明的长三角农村金融集聚生态圈。

2019年11月,上海农商银行发布《上海农商银行支持长三角区域一体化发展综合金融服务方案》,列出25条具体举措,重点推进以"客户、产品、组织、保障"为核心的四大体系建设,全力支持长三角区域一体化发展,进一步提升

对区域内实体经济,特别是县域、农村地区的金融服务水平。《服务方案》明确,要深化"三农"服务,以更专注的态度服务"三农"客户,设立长三角"三农"服务团队,提升农业经营主体融资的覆盖面、可得性、便利度;把握G60科创走廊、科创板开板等契机,聚焦国家及上海市重点产业方向,开展广泛的投贷联动;持续丰富业务资格,结合金融科技整合资源,增强对客户的服务能力,推动长三角一体化专项产品落到实处。服务方案预计在未来五年内为长三角地区客户(不含上海)提供授信不少于2000亿元,将有力支持国家战略的实施。

6.整合资源,实现金融与数据、科技等元素的有机融合

"大数据""云计算""区块链""人工智能""万物互联"等新技术的快速迭代和创新应用,不断创造出新的商业模式和业态,催生行业新格局。在此背景下,商业银行融合新技术催生金融科技,主动拥抱金融科技,并积极寻求场景挖掘、拓户、风控、支付、资金托管结算等领域的合作机遇。金融科技与银行业态的竞争、合作、开放、共赢将成为趋势,科技赋能金融、金融赋能社会的良性市场循环正在形成。上海农商银行开展了以下几方面工作:

(1)在战略中明确走"数字转型"之路。

在新一轮发展战略中,上海农商银行用科技引领与数字化转型思维赋能业务经营、变革管理机体,明确"只要是线上能做的就不要线下做、能集中做的就不要分散做"的改革方向。倡导树立数字文化,培养数据思维,培育数字人才,实现经验型思维向基于数据支撑的科学型思维转变。加强顶层设计与统筹安排,优化体制机制,规划资源配置,强化各级主体数字化转型责任,整体推进数据、科技、业务紧密深度融合,实现客户服务数字化、业务运营数字化、经营决策数字化。同时,上海农商银行明确以数据治理推动转型、以科技系统支撑转型、赋能业务驱动发展,将数据作为银行的重要资产,重视数据治理及应用产生的价值,实现数据分析应用对批量化获客、精准化营销、集中化运营、智能化风控、精细化管理、自动化决策的驱动价值。

(2)在战术上加大外部开放共享力度。

加强数字化生态合作,通过营销合作伙伴,以开放API、SDK、大数据等金融科技手段对接场景生态,提高对场景生态的研究穿透能力。通过场景互联、联动获客和联合经营,实现业务和数据的对外输出及获取。努力探索将复制性强的优势技术和业务产品与长三角农村中小金融机构开放共享,打造合作共赢的良好生态。

　　为掌握前沿技术,上海农商银行深入研究长三角区域的技术研发重点。在研究掌握前沿技术趋势的基础上,牢牢抓住长三角一体化战略机遇,探索研究金融科技发展规划,使上海农商银行业务经营和客户服务获得更加广阔的空间,推进5G、人工智能、大数据、云计算、物联网等先进技术在长三角金融领域的创新应用,以科技服务突破地域限制发展,不断拓宽金融服务的宽度、广度,与长三角农村中小金融机构开放共享金融科技转型成果。同时,生态上共同搭建本地特色化生态圈,与外部资源采取多样合作形式,应用科技手段围绕上海农商银行的核心业务衍生出一系列的周边业务,利用金融科技重新定义客户边界,切入客户高频生活场景,实现多点触达;利用区域性上海农商银行领头羊的优势,搭建普惠金融生态圈,同时与长三角各地政务机构单位或中小企业深化合作,提供特色产品与服务,共同搭建本地特色化生态圈。

　　(3) 在战役中集中攻关提升数据质量。

　　上海农商银行将数据作为银行的重要资产,重视数据治理及应用产生的价值。通过数据仓库建设,引入外部高质量数据,再建立数据管理体系和数据管控工具,逐步进行平台整合,建立大数据平台,提升数据质量和价值,建立实时、动态、可视化、场景化的经营决策支持机制,实现数据分析应用对批量化获客、精准化营销、集中化运营、智能化风控、精细化管理、自动化决策的驱动价值。

　　全力打造数据、业务、智慧三大中台,形成完整的双速 IT 机制,构建"前台敏捷、中台强大、后台稳定"的信息科技体系。打造数据中台,整合各业务系统数据和外部数据,打通数据孤岛,对接人工智能,形成数据模型,构建客户和业务的统一视图;打造业务中台,从各项业务中提炼出客户、产品、订单、支付等公共服务,通过共享、复用、重组快速产生新的业务应用,构建敏捷的业务服务平台;打造智慧中台,充分运用人脸识别、指纹识别、语音识别、OCR 识别、VR/AR 增强、智能机器人等各项智慧能力,形成多层次、多模式的综合识别和服务能力,提升业务能力和客户体验。

　　此外,上海农商银行还以创新为驱动、数据为支撑,强化顶层设计,深化数据治理,努力开展长三角农村金融机构数据的互联互通,重点攻坚"金融机构之间各自为政,难以协调"和"利益问题导致数据联通工作难以推进"两个数据共享难题,形成数据的互惠共享,共同推进服务长三角"智慧金融、数字银行、品质服务"的数据基础。

四、上海农商银行下一步服务长三角一体化的策略

上海农商银行在服务长三角一体化上已经有了初步的探索实践,下一步,上海农商银行着力聚焦长三角,在坚守普惠金融战略的基础上,进一步优化经营策略。

(一) 面向城镇化趋势

长三角城市群是"一带一路"与长江经济带的重要交汇地带,是中国城镇化基础最好的地区之一。2018 年末,长三角主要的 26 个市的人口达 1.54 亿人,平均城镇化率为 67.38％。上海最高,为 87.6％;江苏、浙江城镇化率普遍在 60％以上,安徽的城镇化率偏低,但也普遍在 50％以上。

面对上海较高的城镇化率,在"三农"业务方面,上海农商银行虽然有丰富的经验和较大的优势,但随着市场空间逐步减小,客观的事实会削弱上海农商银行的竞争优势。面对长三角市场,短期来看,能够增加"三农"业务的覆盖面,发挥上海农商银行的优势,实现"三农"业务经验辐射长三角,然而,长期来看,无论是上海的国际化大都市建设还是长三角城市群建设都将进一步加快长三角区域的城镇化进程,长三角区域的城镇化率必然不断提高,区域内"三农"业务市场空间将在未来某个时刻出现拐点。因此,上海农商银行将乘着长三角一体化国家战略的东风,积极投身长三角农村地区的城镇化建设,前瞻性布局农村金融市场,提高未来城镇居民的客户黏性,深耕普惠金融服务体系,实现上海农商银行与长三角的共生共荣(见图 9-4)。

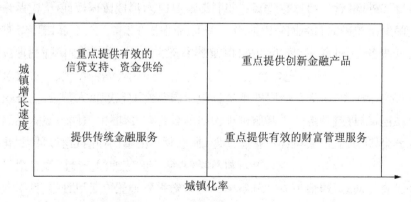

图 9-4 城镇化过程中上海农商银行的业务选择

（二）面向国际化方向

如前文所述，长三角一体化，手段是打破区域和行政边界，方向是面向世界，提高在世界上的竞争力和影响力。抓住长三角一体化重大机遇，既要对内，又要对外。

对内，是金融资源的整合。利用上海农商银行所处的地域优势，通过现有经验的复制、前沿科技的应用，有效扩大金融服务范围，包括对长三角区域范围内金融机构、实体企业、个人客户的支持。这些工作，上海农商银行已经看到并推进。

对外，是国际视野的放大。虽然上海农商银行的跨境业务在农信系统中走在前列，但与国有大行和股份制银行相比国际业务能力、国际品牌影响力仍有差距，并且，受到农村金融机构的监管约束，较难突破一些成熟的国际业务。但国际业务始终是上海农商银行需要重点突破的方向。一是高度重视量的积累，加大对国际业务的支持力度，包括资金、考核、人才配置等，以做大规模为目标，发动全行挖掘国际业务需求，推动业务较快增长。上海作为面向世界的窗口，国际业务需求旺盛，精耕细作，定有收获。二是充分借助临港新片区政策，临港新片区是国家推进更高水平对外开放的重要抓手，金融改革先行先试，上海农商银行将对自身业务过程中遇到的问题，包括境外机构设立等等，与临港新片区业务实践匹配起来，做大临港新片区跨境金融服务，通过借助临港新片区的制度优势、政策优势，逐步解决障碍性问题。三是积累面向国际的人才资源，国际化业务的突破，人才第一位，只有专业性的团队配置到位，加上政策的突破，才能真正取得成效。在争取政策突破的过程中，上海农商银行将加强国际业务人才的培养和引进，为未来的业务演进储备力量。

（三）面向数字型金融

金融、科技都是经济保障系统的重要元素，在新科技的驱动下，经济保障系统元素间日益融合；在金融的支撑下，经济保障系统元素资源配置更加合理，也发挥着更为重要的作用。金融科技与科技金融对于商业银行而言，显得越发重要。上海农商银行明确数字化转型战略，加大前沿科技的应用力度，取得一定成效。

数字型金融一定是一个整体，有着自上而下的规划、相同的科技发展目标。只有在统一规划下的数字化转型，才是"数字型金融"，否则，充其量只能算作"数字金融"。上海农商银行一是将进一步细化金融科技的发展规划，在分析现状和问题的基础上,阐述金融科技的发展目标、路径、策略,秉持开放性、安全性的原则,将以往分散开发和管理的信息系统逐步统一标准和规范,为未来的长远发展奠定良好基础。二是与外部资源采取多样合作形式,应用科技手段围绕上海农商银行的核心业务衍生出一系列的周边业务,利用金融科技重新定义客户边界,切入客户高频生活场景,实现多点触达;利用区域性上海农商银行领头羊的优势,搭建普惠金融生态圈,同时与长三角各地政务机构单位或中小企业深化合作,提供特色产品与服务,共同搭建本地特色化生态圈。三是努力推动长三角农村金融机构数据的互联互通。以创新为驱动、数据为支撑,强化顶层设计,深化数据治理,努力开展长三角农村金融机构数据的互联互通,重点攻坚"金融机构之间各自为政,难以协调"和"利益问题导致数据联通工作难以推进"两个数据共享难题,形成数据的互惠共享,共同夯实服务长三角"智慧金融、数字银行、品质服务"的数据基础。四是积极把握技术发展趋势,推进5G、人工智能、大数据、云计算、物联网等先进技术在长三角领域的创新应用,在服务客户的同时,学懂弄通技术发展方向,为自身的数字型金融发展积累人才资源。

(四) 面向差异化竞争

随着长三角一体化的逐步深化,区域边界逐步打开,在金融同城化落实的大方向下,长三角金融机构相互渗透,竞争程度必然加大。在激烈的竞争下,提供差异化的金融服务才是金融机构的制胜法宝。上海农商银行发展战略对于差异化竞争有相关的阐述,重点落在普惠金融上,但策略并不明显,更多是在向先进银行学习、同质化竞争的过程。

上海农商银行一是将细化差异化竞争的战略部署,既要自上而下思考差异化的发展方向,又要通过考核激励等手段,鼓励自下而上探索并产生符合自身特点的差异化业务实践,只有上下双方共同发力、达成共识,才能让"差异化竞争"不仅仅成为一纸空文。二是重点关注产品差异化和营销差异化,既要不断思考新场景、新产品,找到与众不同的产品方向,又要加强产品组合管理,在产品组合上实现差异化。在营销层面,上海农商银行有着较强的传统营销能力,要进一步思考传统营销能力在当前电子化营销方向中的新应用,不仅实现营销渠道的转型,也要实现营销能力的转型。三是注重品牌建设的差异化,进一步强化对外宣传和品牌建设的规划,明确统一的品牌形象和宣传重点,不仅内部要接受差异化,也要让外部市场认可差异化,实现内外达成共识。

第十章 依托科创板,推进落实上海新一轮生物医药产业行动方案的机制与效果评价研究[*]

　　上海生物医药产业突破性发展是历史责任,对我国医药产业发展引领作用巨大。《上海新一轮生物医药产业行动方案》要求,"到 2025 年,基本建成具有国际影响力的生物医药创新策源地和生物医药产业集群"。这个目标的实现,在依靠企业主体发展动能的同时,也离不开政府引导和外部推进机制的建立。科创板作为中央交给上海的重要任务,也是上海可持续发展的重要动力来源,对生物医药、人工智能、半导体等六大战略新兴产业的发展具有不可替代的推动作用。依托科创板,推进落实上海新一轮生物医药产业行动方案,需要综合考虑科创板的职能定位、规则设计和生物医药企业的成长规律、产业布局态势和优化等因素,建立接地气、有实效的推进工作机制,从而充分发挥科创板为上海生物医药行业发展带来的资源配置、动力赋能优势。

第一节　上海新一轮生物医药产业行动与科创板概述

一、上海新一轮生物医药产业行动概述

　　生物医药产业是上海加快构建现代化经济体系、巩固提升实体经济能级的重要抓手,是上海市战略性新兴产业的重要支柱。经过多年发展,上海生物医药产业创新要素集聚、企业链条齐备、综合配套优势明显,有潜力、有能力成

---

　　[*] 本章是 2019 年上海市软科学课题研究项目,2020 年 12 月完成,项目负责人:吴大器;课题核心成员:沈晓阳、陈阳、金岸睿;成员:鲍江楠、刘婧、张文一。

为提升上海城市产业能级和核心竞争力的重要力量。为加快推动上海市生物医药产业高端化、智能化、国际化发展,更好地满足人民群众对健康生活的美好需求,2018 年 11 月,上海市政府公布《促进上海市生物医药产业高质量发展行动方案(2018—2020 年)》,成为引领上海新一轮生物医药产业高质量发展的指导方针。

（一）上海新一轮生物医药产业行动的发展目标

《行动方案》指出,上海要主动抢抓全球生物医药产业发展新机遇,充分发挥上海超大型城市综合优势,突出全产业链整体布局,坚持研发、转化与制造并重,聚焦重点领域和重大项目,前瞻布局、精准发力,推动生物医药产业实现高质量发展,打响上海生物医药品牌。

《行动方案》要求,聚焦研发、制造、配套这三个关键点推进上海新一轮生物医药产业发展。研发要巩固提升、超前布局,依托上海大科学装置和高端人才密集的优势,对标国际一流水平,加强临床资源统筹,力争突破一批共性关键技术,形成一批重大原创成果。制造要聚焦高端、打出品牌,坚持有所为、有所不为,加快建设一批特色鲜明、定位清晰、配套完备、绿色生态的高端产业园区,有效提高制造业的集聚度和发展水平;进一步完善市场化的项目承接机制,重点推动一批显示度高、带动性强、经济效益优、绿色环保的重大科研成果产业化。配套要系统综合、精准发力,加快构建集园区开发、资本运作、成果转化、企业服务于一体的园区运行机制,用好用活城市核心资源,完善产业创新服务体系,增强产业竞争力。

《行动方案》明确上海生物医药产业发展的总体目标:"到 2020 年,产业规模达到 4 000 亿元。申报上市药品 50 个以上;申报上市三类医疗器械产品 100 个以上。创新能力保持全国领先地位,基本建成亚太地区生物医药产业高端产品研发中心、制造中心、研发外包与服务中心和具有全球资源配置能力的现代药品和高端医疗器械流通体系。到 2025 年,基本建成具有国际影响力的生物医药创新策源地和生物医药产业集群。"

（二）上海新一轮生物医药产业行动的三大任务

1. 提升自主创新和成果转化能力,建设全球领先的生物医药创新研发中心

研发是生物医药产业的创新源头和立身之本,是上海代表国家参与国际竞争的重要支撑,必须进一步站高看远、整合力量、超前布局、释放活力,全力

巩固提升上海生物医药创新研发的领先地位。

(1) 发挥大科学装置和高端人才密集的优势,加强对颠覆性技术和高端核心产品的研发攻关。全力支持在沪各类科研机构发展壮大,聚焦脑科学与类脑科学、干细胞与再生医学、微生物基因组与合成生物学、人类细胞图谱、糖类药物等学术前沿,聚焦大数据、云计算、人工智能与生物医药产业交叉融合等热点方向,布局实施一批重大项目和重大专项,发起、参与若干国际大科学计划。支持一批创新主体,在新靶点新机制药物研制、细胞治疗、高端医疗器械、智能诊疗设备等方向,突破一批关键共性技术,研发一批重大创新产品,力争在创新药和高端医疗器械部分领域达到国际先进水平。

(2) 加强临床资源全市统筹,进一步提升临床研究和转化能力。加快构建临床研究信息化网络平台,统筹全市临床资源,重点支持一批骨干企业和关键研发项目。做实做强医院临床研究机构,重点建设若干临床医学研究中心。鼓励医院和医生参与临床研究,允许仅用于临床研究的病床不计入医疗机构总病床数。推动临床机构与生物医药研发机构、企业的联动合作。提升申康医联工程数据库功能,加快推动数据向临床研究等领域开放。将临床研究条件和能力纳入医疗机构等级评审,促进临床资源更好地为研发和产业发展服务。加强临床研究人才队伍建设,在上海高校中试点设立临床研究或转化医学专业,将临床研究的工作业绩纳入职称评定和职务晋升的考核内容。

(3) 做强做实一批研发和转化公共平台,有效整合各领域创新和产业化资源。坚持"国家战略、科学原创、上海使命"的理念,加快建设张江药物实验室,推动其成为具有全球影响力的原创新药研发平台。集中力量做强生物医药产业技术研发与转化功能型平台,理顺管理运行的体制机制,促进创新资源开放协同和研发成果的转移转化。强化临床前研究支撑服务体系建设,进一步提升新药筛选、新药安评、实验动物等一批临床前公共平台的服务能力。大力培育生物医药成果转化中介服务机构,提升生物医药成果转化的专业化服务水平。

(4) 健全研发外包与服务产业链,加快建设具有国际影响力的研发外包与服务中心。重点支持集聚一批平台型研发外包与服务机构,加快与国际接轨,实现从研发项目筛选、项目运营管理到临床研究的全生命周期创新集成。优化医疗服务资源配置,鼓励发展临床检验、医学影像、病理诊断等独立的第三方医疗机构。打造以市场为导向、企业为主体、高校和科研院所为依托的生物医药第三方研发链和产业链。

（5）加强产学研医协同创新，推动新技术、新产品尽快从实验室走向市场。鼓励生物医药企业与高校、科研院所、医疗机构共建研发实验室。完善在沪外资研发中心各项扶持政策，推动其与上海企业、高校、科研院所和医疗机构开展合作，支持鼓励跨国企业在沪研发生产创新药品和高端医疗器械。引导并支持有资质的医疗机构优先承担仿制药、人体生物等效性或临床有效性试验研究工作。

2. 重点规划建设一批定位清晰、配套完备、特色鲜明、绿色生态的高端制造园区，在市域范围内构建完整的产业链生态

加快建立市场化的项目承接机制，聚焦重点领域，集中资源和力量，遴选推动一批显示度高、带动性强、经济效益优、绿色环保的重大创新项目在上海实现产业化。

（1）明确定位、突出特色，统筹优化全市生物医药产业空间布局和公共配套。坚持"聚焦张江、全市协同、一核多点、错位发展"的理念，优化张江、奉贤、金山、临港等重点区域生物医药制造业发展空间和功能布局，实施分类指导，提高产出和效益。同步推动上海其他生物医药园区立足自身优势，聚焦重点，突出特色，提升集聚度和吸引力，更好地承接创新成果和产业项目。结合各园区实际，一次性配强园区环保设施和危化品处置设施，有针对性地完善公共设施配套，精准有效地满足项目产业化需求，整体提升园区管理服务水平和竞争力。

（2）坚持创新研发和高端制造并重，重点推动"张江药谷"就地拓展、提质扩容。在张江地区，加快建设高水平、专业化、适度规模、以生物制品为主的生产基地。通过提高土地使用效率、既有建筑合理化利用等举措，进一步提升张江地区发展能级，推动创新药物和医疗器械重大创新成果在张江就地产业化。

（3）推动张江与金山、奉贤、临港等园区错位互补、联动发展。在奉贤打造张江生物医药创新成果的重要承接地，推动"东方美谷"与"张江药谷"互补联动，重点提升对医药项目的承接能力。继续做强临港奉贤园区，提升其对高端医疗器械制造等项目的承接能力。在金山工业区、金山第二工业区分别规划建设高端绿色生物制品和高端原料药制造基地，共同承接重大产业项目。

（4）聚焦重点领域，协力推动一批重大创新成果产业化。在生物制品领域，重点推动抗体药物、新型疫苗、蛋白及多肽类生物药等产品研发和成果产

业化。在创新化学药物领域,重点推动肿瘤、心脑血管疾病、糖尿病、神经退行性疾病、呼吸系统疾病、重大传染病等领域药物研发,加快推动成果产业化。在医疗器械领域,重点聚焦数字医学影像设备、高端治疗设备、微创介入与植入医疗器械、临床诊断仪器等创新性强、附加值高的产品,加快实现产业化。

3. 坚持质量和效益优先,重点扶持一批龙头企业和创新型企业发展壮大

鼓励企业坚定不移地走高质量发展道路,将质量和效益打造成为上海生物医药产业的重要名片。

(1) 多渠道集聚和培育一批具有引领性的龙头骨干企业。结合深化国资国企改革,着力推动上海医药集团等市属医药国资企业转型升级。坚持亩产高、效益好、能耗低、环境友好的标准,促进生物医药骨干企业稳步提升产能、扩大规模。支持重点外资企业引入创新药品和器械等,鼓励大型外资企业及其上下游企业来沪发展。吸引各类企业总部来沪,鼓励国内外企业和国际组织(机构)在上海设立总部或研发中心,提升研发、营销结算、国际贸易等总部的核心功能。重点扶持一批有实力、有潜力的创新型生物医药企业发展壮大。

(2) 支持企业构建完善生产制造与产品质量保证体系,不断巩固提升质量优势。实施智能工厂和数字化车间建设示范工程,推进工业互联网和智能制造,鼓励生物医药企业加强自动化、信息化、智能化改造。严格实施药械生产质量管理规范(GMP),健全药品和高风险医疗器械安全信息追溯体系,实现产品研发、上市、流通、应用等环节的全生命周期监管。鼓励本地企业加快开展仿制药质量和疗效一致性评价工作,保障药品安全性和有效性。

(3) 建立具有全球资源配置能力的现代药品和高端医疗器械流通体系。在药品和高端医疗器械领域培育一批智慧生物医药供应链示范企业和创新示范基地,推动国际生物医药供应链公共服务平台建设。规划建设现代化的生物制品标准化储存设施和配送体系。推动药品零售消费信息与医疗机构处方信息、医保结算信息互联互通,依托"互联网+"促进药品零售企业创新转型升级。

(三) 上海新一轮生物医药产业行动的保障举措

1. 上海新一轮生物医药产业行动的六大保障举措

《行动方案》提出,要为上海新一轮生物医药产业行动建立六大保障举措:一是加大财政资金支持力度;二是加快创新产品的推广和应用;三是深化审批制度改革和通关便利化试点;四是落实定制化的土地和环保政策;五是发展生

物医药产业投融资体系;六是加强创新人才的培养和引进。

其中,第五个保障举措尤其值得重点关注。《行动方案》提出,发展生物医药产业投融资体系,就是要"大力支持各类生物医药投资基金在本市集聚,满足不同阶段企业的融资需求。用好用活市生物医药产业发展基金,完善决策机制,充分发挥其引导作用,加快吸引一批优秀基金来沪,支持重点产业化项目落地。探索设立支持临床研发与转化的专项基金,支持研发主体开展临床研究,引导推动创新成果实现产业化。支持鼓励优质生物医药企业境内外上市挂牌融资。在上海联交所开辟生物医药产权交易专项板块,将本市打造成为国内外生物医药产权交易和成果转移的新高地。"

2.科创板是推进落实上海新一轮生物医药产业行动方案的重要引擎

2018年11月,习近平总书记在第一届进博会开幕讲话中,明确要求上海加快试点科创板和注册制。几乎同时,上海颁布《行动方案》。2019年6月,科创板正式开板;截至2020年7月底,科创板上市企业达到143家,生物医药类上市企业33家,市值占比26%,合计募集资金319.42亿元。科创板对生物医药行业融资的直接效应展露无遗。在《行动方案》中提出的"发展生物医药产业投融资体系",也终于有了核心引擎。

二、科创板的历史使命和创新突破

以生物医药企业为典型代表的科创企业,与传统企业相比,有其自身的成长路径和发展规律:财务表现上,很多企业在前期技术攻关和产品研发期,投入和收益在时间上呈现出不匹配的特点,有的企业存在暂时性亏损,有的企业在研发阶段还没有产生收入;公司治理上,注册地在境外的科技创新企业可能存在表决权差异安排、协议控制架构等特殊方式,更加依赖人力资本。

设立科创板并试点注册制是提升服务科技创新企业能力,增强市场包容性,强化市场功能的一项资本市场重大改革举措。注册制是在中共十八届三中全会通过的《关于全面深化改革若干重大问题的决定》中讲"加快完善现代市场体系"时提出来的,目的"使市场在资源配置中起决定性作用和更好发挥政府作用"。试点注册制是一项"立足长远的基础性制度变革",通过建立以信息披露为核心的发审制度,把企业价值判断交给市场。

中央决定在上交所设立科创板并试点注册制,对于完善多层次资本市场体系,提升资本市场服务实体经济的能力,促进上海国际金融中心、科创中心建设，具有重要意义。同时，也为发挥市场功能，弥补制度短板，增强包容性提供了至关重要的突破口和实现路径。

（一）科创板试点注册制的历史使命

科创板的历史使命，是托起中国科技创新企业未来的重要组成部分。试点注册制是革新我国资本市场估值体系、优化科创企业成长发展环境的重要举措。注册制的本质是市场在资源配置中发挥决定性的作用，在公平的规则下把投融资的自主权交还给市场。注册制强调发行人的自身素质、强调中介机构的合规运作、强调投资者的充分知情权、强调市场机制的作用、强调司法机制对违规的严惩。更加市场化，以及包容性和兼容性的增强，是科创板带给资本市场的重要改变。允许满足条件的未盈利企业、特殊股权结构企业、红筹企业在科创板上市，使得科创板的创立，成为中国资本市场发展中具有深远影响的一个关键转折点。

注册制的实施将对资本市场参与各方带来较大的变化，可以毫不夸张地说，注册制的实施重构了我国资本市场的生态。对于监管部门，以前的审核权下放给了交易所，定价权交予了市场，监管将更体现在制定法规和严格执法方面。对于参与的券商，科创板的设立对证券公司全面服务实体经济的综合金融能力提出了更高要求。投资银行不能再单单依赖通道业务生存，必须深度发掘客户多样化需求，提高自身估值定价、交易撮合、资源配置、投资研究等多方面能力来服务客户。对于拟上市企业，注册制更加透明、公开、可预期，优秀企业更加容易登陆资本市场，这将推动企业更加专注于自身发展。对于投资者，企业初创期的投入更容易退出，更多人能够参与科创型企业快速发展的红利分享，这有利于激发资本市场的活力。

科创板对科创企业的发展助力作用并不仅仅体现在上市环节。上市只是科创企业资本化的一个重要步骤。一个企业特别是一个高科技企业的发展壮大，需要资本市场提供持续的催化剂和养分，科创板还需要进一步深化注册制。比如，如何构建更高效的并购重组和再融资制度，推动企业及时把握市场先机，不断发展壮大；比如，如何鼓励吸引更多投资者长期持续参与科创板，有效确保创新资本平稳退出，形成一个支持科创板企业发展的良性资本循环；又比如，信息披露如何量化、以何种方式披露等方面还需细化，以及参与中介机构的职责边界也还需进一步明确。

注册制将进一步推动了中国资本市场法治化、市场化、国际化建设，增强了我国资本市场服务新经济的深度和广度,拓宽了科创企业上市融资的通道,促进了我国资本市场对外开放。

(二) 科创板的主要创新突破

1. 企业上市核心标准实现重大突破

核准制下以盈利水平为核心条件,科创板注册制下以市值为衡量标尺,决定一家企业能否上市的核心标准,从"赚不赚钱"变为"值不值钱",标志着中国资本市场实现了历史性跨越,改变了以往规则体系下企业不符合利润指标条件就无法利用资本市场融资发展的片面性和局限性。一方面,资本市场服务实体经济的能力进一步提升;另一方面,投资价值也更能反映资本市场对上市公司的本质要求。

2. 科创板运行机制设计实现系统创新

(1) 科创板制度设计体现包容度和适应性。

上市条件方面,充分考虑科技创型企业特点,设置 5 套差异化的上市指标,将预计市值与收入、现金流、净利润和研发投入等财务指标进行组合,亏损企业也可上市,上市条件更包容;发行定价方面,取消市盈率限制,实现市场化,建立以机构投资者为参与主体的市场化询价、定价和配售机制,在制度设计上给各方利益充分的博弈空间,有利于形成有效的发行价格;其他诸如允许红筹架构、差异表决权公司上市,允许 A 股公司子公司分拆上市,放宽战略配售及股权激励的实施条件等;可以满足在关键领域通过持续研发投入已突破核心技术或取得阶段性成果、拥有良好发展前景,但财务表现不一的各类科创企业上市需求,满足科创企业吸引人才、保持管理层和核心技术团队稳定需求。

(2) 科创板试点注册制强化信息披露和审核效率。

由于注册制不再做实质性审核,科创板建立健全以信息披露为中心的股票发行上市制度,明确以投资者需求为导向的信息披露要求,同时针对科技创新企业特点,充分披露行业经营信息,尤其是科研水平、科研人员、科研投入等能够反映行业竞争力的信息,并在信息披露量化指标、披露时点和披露方式等方面,作出更具弹性的制度安排。

(3) 上市流程更加透明高效。

交易所发行上市审核遵循依法合规、公开透明、便捷高效的原则,提高审核透明度,审核过程和审核意见向社会公开,减少自由裁量空间,明确市场预期。交易所审核时限原则上为 6 个月，相比现行主板发行上市审核更快速。交易所收到发行上市申请文件后 5 个工作日内决定是否受理，自受理之日起 20 个工作日内提出审核问询，原则上自受理之日起 6 个月内出具同意的审核意见或者作出终止发行上市审核的决定，交易所审核时间不超过 3 个月，发行人及中介机构回复问询的时间总计不超过 3 个月。

（三）科创板和注册制的创新探索已经成效初显

1. 制度创新的"试验田"示范效应基本显现

总体上看，科创板运行平稳有序，符合各方预期，在上市审核与注册制度的落实方面，科创板上市包容性、可预期性充分体现。

一是从受理的 340 家企业来看，尽管大部分采用上市标准一，但是采用其他几套上市标准的企业也有接近 50 家。在上市的 110 家企业中，有不少未盈利企业，以及最近集"VIE＋同股不同权＋CDR"三大概念于一身的九号智能过会，这都充分体现了我们科创板的包容性。同时，整个审核过程保持了公开透明，发行上市审核问询及发行人、中介机构的回复全部在交易所官方网站及时公开，企业受理情况、各轮问询、中止与否、上市会议、提交注册等各项过程全部公开，审核周期可预期、审核效率都较以前有很大的提高。

二是在发行承销制度的落实方面，从科创板已询价的公司发行定价和上市表现来看，科创板发行定价机制总体运行良好，较好地平衡了发行人、投资者和主承销商的多方利益，较大程度地实现了市场化询价定价，在已上市的科创板公司中，绝大部分公司的发行市盈率低于可比公司，也基本落于卖方机构建议的估值区间内，市场化询价定价机制基本上得到各方认可，没有出现对发行定价不合理的普遍质疑。

三是在交易制度的落实方面，科创板一系列交易制度的创新与探索，在一定程度上平衡了多空交易，市场未出现此前所担心的暴涨暴跌的现象。从换手率来看，经过一段时间的过渡，交易量逐渐趋于平稳，换手率已经稳定在一定区间。

这几个环节的平稳有序发展充分证明了设立科创板并试点注册制这一资本市场重大的改革成功，说明了注册制推广实施的可行性。

2. 资本市场的科创板实践广受好评

科创板开板一年来，已取得重大成果，带给资本市场多方面的积极影响，受到科创企业、证券市场各类主体、政府监管部门等各方的一致好评。

一是一大批处于行业技术前沿、创新能力强、成长性良好、市场认可度高的科技类企业上市,充分发挥了资本市场服务实体经济的重要作用。

二是已上市科创板企业总体科创属性突出,主要集中于新一代信息技术产业、生物产业、新材料产业和高端装备制造产业,优化了以传统企业为主的原有上市公司产业结构。

三是科创板试点注册制,深入贯彻"以信息披露为核心"的理念,企业申请上市过程的透明度、结果的可预期性、审核的效率大大提高。

四是发行定价市场化、交易机制更趋灵活,包括市场化询价、突破市盈率限制、首发上市后前 5 个交易日不设涨跌幅限制、竞价交易涨跌幅比例 20% 等制度设计,使得市场博弈更为充分,真正发挥资本市场价值发现功能。

五是允许满足条件的未盈利企业、特殊股权结构企业、红筹企业在科创板上市,资本市场的包容性和兼容性得以增强,有利于提高直接融资比重。

3. 科创板对科创企业发展的激励效应逐步显现

截至 2020 年末,短短一年半左右的科创板实践,创造了中国资本市场历史上的诸多"第一"。一大批按照传统标准无法上市的科技创新企业,登上了科创板,打开直接融资的大门。例如,首家设置特殊表决权公司优刻得,首家无收入、未盈利公司泽璟制药,首家红筹公司华润微,首家红筹 CDR 九号智能等。更有从 IPO 申请获受理到证监会同意注册仅仅用了 29 天的时间的中芯国际,作为国内芯片龙头企业,中芯国际与 A 股市场快速对接,展现出注册制下科创板对科技创新企业的支持力度。

科创板已上市企业高度集中在包括集成电路、生物医药等高新技术产业和战略性新兴产业,很好地贯彻了科创板"面向世界科技前沿、面向经济主战场、面向国家重大需求"的战略定位,彰显了资本市场服务实体经济发展的本质特征。

科创板不仅有利于这些科创企业获取融资支持、规范公司治理、促进创新激励、赢得品牌效应,而且有助于投资者分享科创企业发展的红利。可以说,科创板的成功设立,利在企业、利在市场、更利在国家。

科创板对科创企业发展的激励效应至少体现在三个方面:

一是促进企业融资。科创板设置了"以市值为主体、以营业收入/净利润/现金流/研发占比为辅助"的上市标准,未盈利企业、红筹企业、同股不同权企业也可以在满足相应条件下登陆科创板。可以说,科创板弥补了中国资本市场支持科技创新的短板,拓宽了科创企业上市融资的渠道。

二是兑现企业价值。科创板实行更加市场化的询价定价机制,引导主流机构充分考虑中长期股价波动风险给予合理报价,同时引入多项发行定价约束机制,较好地平衡了发行人、投资者和主承销商的多方利益。可以说,科创板的市场化定价机制有助于发挥资本市场的价值发现功能,更加科学地反映了企业价值。

三是优化企业创新激励。科创板实施更加符合科创企业发展的股权激励规则,扩大了激励对象范围,增加了激励股份的比例(可放宽至 20%),放松了限制性股票价格授予价格不得低于市场参考价的 50% 等。可以说,科创板有助于科创企业灵活运用股权激励政策,便于企业吸纳、锁定科技创新人才,为企业长期发展提供人力支撑。

纵观全球发展历程,科研兴国、科技强国已逐步成为大家的共识。我国正处于经济转型的重要时期,需要培养一批有科研技术、经济体量、竞争实力、国际影响力的龙头科技企业,人才与资本是科技企业发展所必需的要素。科创板的建立有利于解决企业发展"资"的问题,并有利于通过股权激励、员工持股等方式,促进企业进一步优化"人"的问题,最终会成为促进我国经济实现成功转型、迈向快速发展"助推器"。

(四) 科创板的制度改进空间

当前科创板发展已取得阶段性成果,积累了一定的经验,同时也应持续在制度规则、操作层面作进一步改革和完善,充分利用其上市公司具有较强的科创属性、投资者具有较强的风险承受能力的板块优势,坚持先行先试,更好地发挥改革试验田的作用。

一是进一步明确和优化科创板注册环节相关流程和细则。相对于交易所审核环节目前已较为完善、透明、可预期,科创板注册环节相关流程和细则仍有待进一步明确和优化,例如,明确注册环节主要关注的内容与标准、明确注册部门和人员设置及其职责与监督等,以利于进一步提高审核效率,明确市场预期。

二是科创板再融资规则体系需要加紧落地。目前距离科创板首批挂牌企业上市已近一年,相关企业持续利用资本市场平台融资促发展的需求也已经客观存在,亟待科创板再融资规则体系的全面落地。

三是建立长期投资者制度,加快引入长期资金。上交所近期发布下一阶段科创板改革的思路,包括建立长期投资者制度、完善出台再融资规则等,对于科创板的长远发展是重大利好。科创板的可持续发展必须引入长期投资者、长期增量资金,从而亟须建立鼓励、吸引长期投资者和资金的相关制度。

第二节　科创板赋能上海生物医药产业升级发展

一、科创板对生物医药产业发展的推动效用

（一）体现创新导向,推动行业价值新发现

从审核标准看,科创板对生物医药领域企业的界定范围主要包括生物制品、高端化学药、高端医疗设备与器械及相关技术服务等领域。除去常规审核指标以外,目前试行的《科创属性评价指引》采用"3项常规指标＋5项例外条款"的结构,进一步提出了核心技术先进性、是否获得过科技奖项、国家重大科技专项,对进口产品的替代性,核心专利数量等条款作为企业科创属性界定依据。特别是《指引》中提到的"发行人拥有的核心技术经国家主管部门认定具有国际领先、引领作用或者对于国家战略具有重大意义",突出了创新战略导向和科技成果评价的重要性。

表 10-1　部分已上市生物医药企业知识产权统计　　　　单位:项

发行人名称	发明专利	实用新型专利	外观设计专利	国际专利	合计
上海微创心脉医疗科技股份有限公司	43	16	2	25	86
南微医学科技股份有限公司	29	55	7	7	98
深圳微芯生物科技股份有限公司	17	/	/	42	59
北京热景生物技术股份有限公司	11	17	3	1	32
申联生物医药(上海)股份有限公司	18	40	4	/	62
青岛海尔生物医疗股份有限公司	32	115	40	/	187
赛诺医疗科学技术股份有限公司	207	3	1	/	211
上海昊海生物科技股份有限公司	48	/	/	3	51
华熙生物科技股份有限公司	31	10	2	4	47
深圳普门科技股份有限公司	18	48	14	/	80

（续表）

发行人名称	发明专利	实用新型专利	外观设计专利	国际专利	合计
上海美迪西生物医药股份有限公司	7	/	/	/	7
博瑞生物医药(苏州)股份有限公司	72	2	/	15	89
迈得医疗工业设备股份有限公司	150	57	1	/	208
无锡祥生医疗科技股份有限公司	42	68	62	5	177
江苏硕世生物科技股份有限公司	14	12	/	/	26
北京佰仁医疗科技股份有限公司	20	/	/	/	20
厦门特宝生物工程股份有限公司	14	/	/	/	14
广州洁特生物过滤股份有限公司	31	48	16	5	100
浙江东方基因生物制品股份有限公司	9	50	18	18	95
苏州泽璟生物制药股份有限公司	21	/	/	40	61
百奥泰生物制药股份有限公司	17	/	/	9	26

从已上市企业现状看,核心技术方面,企业均通过自主研发、权利转让或许可使用的方式拥有自主知识产权的核心技术,特别是体现技术实力的发明专利(见表10-1)。研发体系方面(见表10-2),大部分企业报告期内平均研发投入在1 000万元以上,研发人员占比也多数在15%以上。泽璟制药和百奥泰两家采用第五套标准上市的企业,研发投入更是分别达到1.25亿元和3.6亿元,研发人员占比多达56.93%和50.46%。研发合作方面,多家企业拥有内部研发机构,或与国内外高校及科研机构建立了紧密的科研合作网络,为企业持续创新和保持核心竞争力提供保障。

以张江上市企业为例,复旦张江拥有三大核心产品且技术壁垒较高。其中,艾拉和复美达基于其光动力技术平台,艾拉占据超过一半的市场份额,排名第一;里葆多基于其纳米技术平台,是全球首个抗癌类脂质体药物Doxil的国内首仿药。此外。有11款产品处于临床前研究和临床试验阶段,且以创新药为主,覆盖肿瘤、肝胆疾病和自身免疫疾病等多种领域。

从发展趋势看:(1)科创板将持续为创新研发型企业创造更好的资本环境,首创新药仍将是资本市场的关注焦点,能够降低研发风险和维护市场的竞争地位的企业备受关注;(2)AI、5G和医疗大数据等新技术促使AI+医疗类企业迈向数字化、智能化、互联化,医学影像、高端医疗设备、医疗大数据、智慧医疗等细分赛道成为热点,企业的财务状况和能否解决医疗行业痛点成为科创板考量要点;(3)细胞、基因等关键技术加速生物科技工程化、智能化发展,细胞免疫治疗、基因治疗等生物技术领域将会是科创板潜力企业群体。

表 10-2 部分已上市生物医药企业研发投入情况统计

发行人名称	报告期内平均研发费用(万元)	报告期内平均研发费用/营业收入	研发人员占比
上海微创心脉医疗科技股份有限公司	4 468.96	26.94%	26.06%
南微医学科技股份有限公司	3 492.86	5.18%	17.03%
深圳微芯生物科技股份有限公司	6 755.65	59.46%	28.03%
北京热景生物技术股份有限公司	1 737.78	13.17%	24.24%
申联生物医药(上海)股份有限公司	1 917.62	8.30%	18.97%
青岛海尔生物医疗股份有限公司	6 588.37	12.08%	25.00%
赛诺医疗科学技术股份有限公司	12 049.77	42.01%	12.74%
上海昊海生物科技股份有限公司	7 722.19	6.79%	17.34%
华熙生物科技股份有限公司	3 375.99	4.28%	15.00%
深圳普门科技股份有限公司	5 393.08	22.59%	36.50%
上海美迪西生物医药股份有限公司	1 372.60	5.47%	82.26%
博瑞生物医药(苏州)股份有限公司	7 311.89	29.76%	36.20%
迈得医疗工业设备股份有限公司	1 631.13	11.32%	20.56%
无锡祥生医疗科技股份有限公司	3 575.24	15.94%	32.80%
江苏硕世生物科技股份有限公司	2 224.97	13.39%	19.16%
北京佰仁医疗科技股份有限公司	1 213.46	13.77%	17.96%
厦门特宝生物工程股份有限公司	5 963.64	18.68%	17.37%
广州洁特生物过滤股份有限公司	817.31	5.65%	10.38%
浙江东方基因生物制品股份有限公司	1 576.29	7.40%	12.35%
苏州泽璟生物制药股份有限公司	12 526.16	不适用	56.93%
百奥泰生物制药股份有限公司	36 048.03	不适用	50.46%

(二) 体现资本赋能,带动产业整体升级

1. 助力企业创新发展

从募资情况看,截至 2020 年 6 月 14 日,上交所共受理科创板上市申请 337 家,其中生物产业共受理 79 家,占 23.44%。已上市的 111 家企业中,生物产业已上市 26 家,IPO 募资总额达 219.39 亿元,总市值 3 875 亿元。其中,融资排位前三的依次是华熙生物(31.54 亿元)、泽璟生物(23.84 亿元)、百奥泰(20 亿元);市值排位前三的依次是华熙生物(611 亿元)、南微医学(259.08 亿元)、百奥泰(249.32 亿元)。从已上市企业业绩看,据 2019 年财报显示,华熙生物、昊海生科、南微医学、南新制药、海尔生物 5 家企业营收超过 10 亿元,其中华熙生物达到 18.86 亿元。临床前 CRO 的成都先导(+72.8%)、慢性乙肝疾病的特宝生物(+62.77%)和医疗器械的三友医疗(+59.38%)三家企业营收涨幅超 50%。仅有采用第 5 套标准申请上市的泽璟制药(−4.62 亿元)和百奥泰(−10.24 亿元)两家年内亏损,但两家企业的研发项目持续推进,研发投入持续增加。2020 年第一季度虽受新冠肺炎疫情影响,仍有半数以上企业保持营收稳定增长。部分企业因疫情带来红利,如硕世生物因新冠检测试剂产品实现 2 亿元营收;洁特生物因口罩等防护用品实现 0.74 亿元营收等;部分企业因核心产品上市实现稳定收入,如百奥泰产品格乐立上市实现 2 000 万元营收。

2. 助力资本生态完善

对企业而言,科创板发行制度和上市门槛的调整,与港交所上市规则 18A、深交所创业板形成互补,弥补了中国资本市场支持科技创新的短板,释放积极市场信号,为更多优质企业提供上市平台和融资机会。对一级市场而言,为 PE、VC 类投资机构提供了更广阔的退出渠道,缩短创投机构投资周期,加强创投行业整体流动性,激发一级市场生命健康创新科技投资热情,有利于市场实现"投资—退出—再投资"的良性正循环。同时,科创板企业价格也可传导并指导一级市场的估值和定价,完善行业定价机制。

(三) 体现市场规律,提升产业包容度和识别度

从以市值为核心的上市指标体系看,更好地包容了不同发展阶段、不同行业类型企业上市的需要,为未盈利企业、红筹企业、同股不同权企业提供了上市通道,特别是第五套标准"允许获得阶段性成果(临床二期)生物医药公司上市",突出了对生物医药"硬核"科技企业的"未来的成长潜力"的直接支持。

从市场化的询价定价机制看,引导主流机构充分考虑中长期股价波动风险给予合理报价,同时引入多项发行定价约束机制,较好地平衡了发行人、投资者和主承销商的多方利益。目前运行下来,绝大部分公司发行价格处于各大机构建议区间之内,同时也未超出其他多数券商建议的估值区间,估值定价正日益走向市场化。

从促进创新的股权激励规则看,扩大了激励对象范围,放宽了限制性股票的授予价格要求(可低于市场参考价50%),股权激励的比例上限提升至20%等,有利于企业灵活安排股权激励,稳定核心创新人才,促进企业长期稳定发展。

(四) 体现长三角区域一体化与资本市场互动,助力形成区域产业力量

1. 之于资本市场,长三角资源为科创板引入活水

一是长三角地区生物医药产业发展处于全国领先地位,"十三五"以来保持两位数增长速度,区内拥有一批国际竞争力较强的产业集群,承载大量优秀生物医药创新企业、研究机构和院所,源源不断地为科创板输送资源。二是区域生物医药产业基础和数字经济优势快速结合,催生生命健康产业发展的新业态和新模式,极大地拓展生物医药产业新赛道和新场景,AI+医疗领域已成为资本市场投资热门。三是随着长三角一体化的加速推进,三省一市的协调推进机制和长三角资本市场服务基地,为共同培育、筛选、培育科创板企业提供良好机制支撑。

2. 之于长三角区域,科创板助力长三角转型升级

当前,科技创新已经成为长三角区域经济增长的主动力,创新链、产业链和价值链深度融合。为增强区域创新策源功能,建立科创产业融合发展体系,形成世界级产业集群,亟须利用金融杠杆,进一步向创新型高新科技资本市场借力,吸引大量社会资本深入产业、参与助力。科创板突出的科创属性和创新的制度设计,为长三角科创企业融资提供便利,助力经济转型升级。

从科创板现状看,上市/申报上市生物医药企业的地域集中性已然凸显。截至2020年6月14日,(1)26家已上市生物医药企业中有13家企业(6家来自上海市、6家来自江苏省、1家来自浙江省)位于长三角地区,占总数的46%,其他省市中,上市家数较多的主要位于广东省(4家)和福建省(2家)。6家上海企业中,3家来自上海张江,占50%(心脉医疗、美迪西、复旦张江)(见表10-3)。(2)共有41家生物医药企业排队申报科创板、等待上市,其中21家

企业位于长三角地区(江苏9家、上海8家、浙江4家),占总数的51%。8家
上海企业中,6家来自上海张江,占75%(皓元医药、之江生物、仁会生物、艾力
斯、三生国健、君实生物)(见表10-4)。

表10-3　长三角区域已上市生物医药企业(截至2020年6月)

序号	企业名称	注册地
1	心脉医疗	上海
2	昊海生物	上海
3	三友医疗	上海
4	申联生物	上海
5	美迪西	上海
6	复旦张江	上海
7	南微医学	江苏
8	博瑞医药	江苏
9	泽璟制药	江苏
10	硕世生物	江苏
11	吉贝尔	江苏
12	祥生医疗	江苏
13	东方生物	浙江

表10-4　长三角区域申报科创板生物医药企业(截至2020年6月)

序号	企业名称	注册地
1	健耕医疗	上海
2	皓元医药	上海
3	之江生物	上海
4	仁会生物	上海
5	艾力斯	上海
6	康鹏科技	上海
7	三生国健	上海
8	君实生物	上海

（续表）

序号	企业名称	注册地
9	康众医疗	江苏
10	柯菲平	江苏
11	艾隆科技	江苏
12	尚沃医疗	江苏
13	浩欧博	江苏
14	天臣医疗	江苏
15	前沿生物	江苏
16	艾迪药业	江苏
17	伟思医疗	江苏
18	奥泰生物	浙江
19	安旭生物	浙江
20	安杰思	浙江
21	天益医疗	浙江

二、生物医药企业融资需求及在科创板上市的问题诉求

（一）生物医药企业独特性

在众多行业门类中，生物医药企业，特别是创新研发型生物医药企业，作为相对独特的一类群体，而应予以特别关注。其一，创新研发型生物医药企业（国际上称为生物科技公司——Biotech），因长期的无收入与盈利特征，在众多科技企业中最为典型和集中。以美国资本市场为例，业务发展尚处初创、未能通过任何财务资格测试而又寻求上市的公司中，生物科技公司（Biotech）占了大部分。其二，我国生物医药产业整个行业迎来从仿制时代向创新时代的重要转换，一线资本大举进入、高起点创业涌现、高水平成果爆发。2018年中国对全球医药研发的贡献率已上升到4.6%，首次跨入第二梯队（美国为68%、日本为11%、英国为5%、德国为4.6%）。特别是海外归国的华人科学家创新创业群体，正是这一趋势转换的重要战略力量。以上海和江苏为代表的长三角地区是重要集聚地。重点关注这类群体，正是出于其特殊历史地位

的考虑。其三,比较国际成熟市场经验,以香港主板"18A"为例,科创板在针对创新研发型生物医药上市上,还有较大进步空间。因此,科创板初步完成稳步运行的第一步后,有必要针对创新型生物医药企业进行精细化的完善和提升。

(二) 生物医药企业科创板上市情况及融资需求

科创板的突破性变化主要体现在:(1)允许尚未盈利或存在累计未弥补亏损的企业上市,主要在第5套上市标准中进行了规定;(2)允许红筹企业上市;(3)允许分拆业务独立、符合条件的子公司上市;(4)放开发行价格限制;(5)灵活股权激励制度;(6)特定条件下的同股不同权安排;(7)严格的强制退市制度;(8)限制特定股东减持首发前股份。上述制度改革创新大幅度提升研发型生物医药企业上市的包容度和适应性。

1. 生物医药企业科创板上市基本情况

截至2020年6月14日,生物医药领域共有79家企业申报科创板并获得受理,占比超1/4。3家无盈利生物医药企业(泽璟制药、百奥泰、天智航)提交了申请。已上市生物医药领域企业26家,总市值3 875亿元。从已上市企业标准选择看,85％选择第一套标准(市值＋利润＋收入),1家企业选择第二套标准(市值＋收入＋研发投入),1家企业选择第四套标准(市值＋收入),2家企业(泽璟制药、百奥泰)选择第五套标准(市值标准)。从已上市企业地域分布看,上海和江苏各6家,各占23％,并列排名第1。

2. 已申报科创板的生物医药企业募集资金需求

与其他主中小创企业的资金募投不同,创新研发企业资金用途以技术研发和产业化为主线,重点投向科技创新领域,减少了市场准入性投入。根据科创板企业的招股说明书分析,大部分企业募集资金主要用于研发项目、技术改进或产线升级项目、生产建设项目,这三类费用占募集资金总数的比例平均约在10％—60％区间内,只有极少数占比少于10％。相较而言,生物医药企业的研发类费用占募资总额比重更高。以已上市的6家上海生物医药企业为例,5家研发类投入占募资总额的70％以上(其中申联生物达100％、昊海生科85％、心脉医疗78％、复旦张江72％、美迪西70％;仅三友医疗较低,但也达55％),主要用于新药/器械研发项目投入和研发中心建设,目的在于提升企业的创新研发能力和产业化水平;另有15％—30％募资用于补充流动资金。企业科创板上市募集资金的科研投入力度与科创板设立初衷遥相呼应。

3. 张江生物医药企业融资需求

为进一步分析创新研发型生物医药企业早期的融资需求,我们通过企业问卷调研的方式,搜集整理了张江 67 家创新研发型生物医药企业融资情况。其中,42 家是初创型企业,占 62.7%;31 家产品处于临床与临床前阶段的企业,占 46%。

根据问卷统计结果,从风险投资来源看,几乎所有企业最重要的风险投资来源于中国境内,上海和北京是主要来源地。从风险投资重要性看,51%的受访企业认为"风险投资/技术转移机构/知识产权服务机构/律所/会计师事务所"是张江最有必要加强的产业生态要素,突出了对资本和专业服务的需求。从融资支持看,18%的受访企业(12 家)享受过或正在享受融资支持,其中初创企业 8 家,占 67%;临床与临床前阶段的企业 7 家,占 58%。问卷结果进一步印证风险投资和融资支持对创新研发型生物医药企业在的初创阶段的重要性。

(三)生物医药企业科创板上市的问题及诉求

1. 创新取向有待鲜明

从目前科创板受理及上市的生物医药企业看,真正的 biotech 公司占比较少(目前无上市,其中 3 家尚处于审核阶段)。容易被理解为科创板的定位还是以服务有盈利的企业为主导。在稳步运行的起步阶段,在强调创新与控制风险上,更倾向于后者可以理解,但未来还是更应进一步强化创新取向。

2. 准入门槛有待降低

主要反馈集中在:(1)普遍反映 40 亿元估值标准偏高。不少业内人士表示,对于大部分新药研发企业,20 亿元的估值就是比较刚性的门槛。(2)红筹上市的门槛更高,需达到"100 亿元估值"或"50 亿元估值＋5 亿元收入"。

3. 减持规则较为严苛

按照目前规则,公司上市时未盈利的,在公司实现盈利前,控股股东、实际控制人、董监高及核心技术人员上市 3 年内不得减持首发前股份;对于上述主体 3 年后的减持要求也较为严苛。

4. 配套规则尚待推敲或明确

座谈企业反馈主要集中在:(1)如何进行实际控制人的合理认定? 研发型生物医药企业早期融资规模越来越大,实控人看起来应该是投资人控股,但基金有一定的存续期且不参与公司运营。如何认定实际控制人值得进一步推敲。(2)如何进行合理的企业估值和定价? 国外资本市场的一级市场和二级市场估值传递体系是通畅的,但国内上市和未上市如同鲤鱼跳龙门。(3)如何创造更为便利的上市后再融资渠道? 香港再融资渠道非常通畅,内地再融资审批和监管程序相对严格,可使用的再融资工具组合也相对较少。(4)在退市要求上,"上市后第四个会计年度,净利润为负值且收入少于1亿元;或净资产为负"的企业将面临退市,对于研发型生物医药企业过于严格。(5)对于红筹企业上市,外管、商务部分政策尚有未明之处,如企业老股是否可以在科创板上市,后续是否可正常减持,减持所获资金是否可以出境,等等。

三、生物医药企业在科创板上市的政策需求和建议

(一) 顺畅、合规的上市生态通道方面

1. 鲜明的创新导向

香港启用"18A"上市规则以来,歌礼生物成为"无收入第一股",百济神州以"尚无盈利"紧跟上市,迅速树立了港股拥抱无盈利、无收入生物科技企业的标签。截至2019年7月末,递表的生物科技公司17家,其中已上市8家,信达生物、君实生物、基石药业、华领医药等已上市企业都是我国研发型生物医药企业的当家花旦和主流代表。

2. 精细化的管理规则

精细化地体现生物科技公司特点,对上市门槛进行9项指标的定义,包括刚性指标和辅助指标。精细化地体现细分产业特点,对药剂(小分子药物)、生物制剂、医疗器材(包括诊断器材)、其他等产品概念验证进行清晰定义。精细化地对"资深投资者""相当数额的投资"等定义进行细致的列举式说明。在精细化管理规则中,体现的是应对创新风险、降低创新风险,而不是规避风险。

3. 适度的上市门槛

有两个关键指针。一个是15亿港元的估值门槛。港交所对纳斯达克生物科技公司进行深入分析后发现,64%的企业有能力达到15亿港元的上市预期要求。另一个是通过一期临床试验的产品门槛。港交所的逻辑是:虽然第一期临床试验后公司的失败率仍然很高;虽然通过第一期临床试验的规定,意味着会错过一些大有前景而未通过临床试验的公司,会因此而转到美国上市;但至少应已通过第一期临床试验,以为投资者评估申请人研发及核心产品提供参考。门槛设置有取有舍、宽紧适度。

4. 良好的媒体环境

具体包括：营造良好的国内媒体环境，要求各类媒体据实报道，特别是各类小型自媒体。避免断章取义或是不属实的报道，对优秀企业的负面影响。

（二）助力企业技术创新和产品孵化助力方面

1. 支持企业国际合作交流

为更好促进生物医药产业达到国际领先水平，鼓励国内生物医药企业进行国际交流，支持引入国外先进成果和团队，促进国内外企业的战略性合作和投资，并提供相关需求的绿色通道。

2. 支持研发费用资本化

针对国内进行三期临床的生物医药企业，在会计准则方面，进一步明确研发费用资本化的对应条件，并适度放宽。如支持并引导进入三期临床的企业，将三期临床阶段的研发费用予以资本化。这样可有效改善企业财务状况，促进企业早日实现上市。

3. 提供销售/准入等通道支持

医疗健康行业的付费方是医保，未来有商业保险。创新企业，尤其是科创板企业，技术领先、产品临床效果已经得到认可，建议走绿色通道进医保，并在销售端和准入端提供支持。

4. 加强天使投资激励

针对生物医药行业周期长、不确定性高的特殊性，为天使机构设置激励措施，提高天使机构的投资动力，加强对市场机构不敢投的初创期生物医药企业进行投资。

（三）助力企业经营发展方面

1. 支持上市后持续融资

参考香港再融资渠道，加强企业上市后再融资的制度设计，再融资的审批和监管，以及可使用的再融资工具组合的问题可以深入探讨，并突出对生物科技企业的差异化安排。

2. 支持企业上市扶持政策

对进入上市储备库、上市培育库、上市推荐库的企业，(1)在科技金融贷款融资、科技保险贷款贴息、保险补助等方面给予综合支持；(2)已与券商开展实质性合作，并签署保荐、承销等相关协议的给予奖励；(3)重点人才，给予人才补助支持。

第三节　构建以科创板为龙头的上海生物医药产业投融资体系,推进落实上海新一轮生物医药产业行动方案

《促进上海市生物医药产业高质量发展行动方案(2018—2020 年)》中,明确提出三大任务:一是提升自主创新和成果转化能力,建设全球领先的生物医药创新研发中心;二是重点规划建设一批定位清晰、配套完备、特色鲜明、绿色生态的高端制造园区,在市域范围内构建完整的产业链生态,打响上海制造品牌;三是坚持质量和效益优先,重点扶持一批龙头企业和创新型企业发展壮大。

依托科创板,推进落实上海新一轮生物医药产业行动方案,需要在持续开展科创板自身制度创新、提升资本市场服务科创企业能级的同时,立足于长三角一体化融合发展的国家战略高度,根据到 2025 年基本建成具有国际影响力的生物医药创新策源地、生物医药产业集群的目标要求,努力构建以科创板为龙头的上海生物医药产业投融资体系,充分发挥市场在资源配置中的主导作用,促进生物医药产业行动方案三大任务向前积极推进。

一、完成上海新一轮生物医药产业行动三大任务,离不开科创板制度创新的持续优化

(一) 当前生物医药企业反映比较集中的科创板制度改进焦点

1. 科创属性有待进一步优化

主要内容有:(1)生物医药科创属性标准不是简单的提高或降低,而是要找到适合行业的科创板上市标准。目前生物医药细分领域上市标准有待建立。(2)药企的核心能力不仅体现在研发能力也体现在商业化能力上,但现行的格式准则更偏重技术的论证。

2. 准入门槛有待进一步放宽

主要包括:(1)第 5 套标准融资市值要求偏高。(2)AB 股(同股不同权)企业上市门槛偏高(目前为 15 亿美元市值),会导致许多生物医药企业因快速融资而失去控制权,丧失研发属性,或因不想失去控股权导致融资困难。(3)VIE架构企业申报科创板的标准有待明确。(4)科创板 License-in 企业较少,部分企业担心科创板对 License-in 模式的科创属性存疑。

3.配套规则有待差异化安排

主要体现在:当前已上市企业持续融资安排(缺乏分类支持)、募集资金投向标准(募资补流比例限制影响资金投向研发)、并购重组信息披露监管等规则,有待结合生物医药企业研发投入大、周期长、风险高的特点,进行差异化的制度安排。

4.科创板与长三角生物医药制度关联有待加强

主要表现在:区域地方政府与地方证监局、上交所有待加强工作联系;支持区域创新型企业"科创板"上市扶持政策有待出台;长三角资本市场服务基地功能有待进一步提升。

(二)上市融资是生物医药产业发展的核心需求,相关制度设计需要持续优化

生物医药研发是数据驱动价值增长,而不是机构背书/设立各种监管来判断提高质量,因为没有人可以预测生物医药企业的研发数据。以美国市场为例,生物医药产业是10%的企业贡献市场90%的回报,而其中5%的企业又贡献90%的大部分。因此,应引导鼓励基金/股民做分散投资(60%亏损,30%略微回报,10%获得超额回报),增加可投资的生物医药企业,建立合理的投资回报市场,不能把科创板的创新投资变成一个精挑细选、少数供给、单边市场稳赚不赔的投资市场。

具体包括以下建议:

1.构建顺畅、合规的生物医药企业上市通道

(1)细化科创属性评价。主要包括两点:一是建议进一步设立差异化、可量化、符合产业细分领域特点的上市标准,如生物医药内细分高端化学药、生物药、医疗器械等,增强企业上市的可预期性。二是建议兼顾对企业的商业化能力的考量。

(2)放宽资本市场的门槛。主要体现在四个方面:一是建议第5套标准融资市值要求调低到10亿元[①],把临床Ⅱ期前移到获得IND,降低一级市场投资人投资生物医药企业的门槛,进一步拓宽创新性小型生物医药企业的融资通道。但可以锁定投资人和管理层退出期,并设置更高的投资者要求。二

[①]　参考香港联交所2018年修改的《上市规则》第十八A章,对于未盈利的生物医药企业上市,需满足的市值条件为15亿港元。

是建议降低 AB 股(同股不同权)企业上市门槛,保障企业研发属性。三是建议进一步明确 VIE 架构企业申报科创板的负面清单,明晰境外股东(包括机构和自然人)在国内资本市场操作的相关指导性意见,提升科创板对 VIE 架构创新企业的吸引力。四是建议更加包容地支持多种模式的创新企业到科创板上市。如再鼎医药(ZLAB.O)、歌礼制药(1672.HK)、华领医药(2552.HK)等以 License-in 为核心模式的医药企业。

2. 优化已上市企业持续融资、并购重组制度安排

(1) 制定差异化再融资标准。具体内容包括:一是重点支持市值 1 亿—20 亿美元企业的上市和后续再融资。美国创新主体上市后一般 10 亿—50 亿美元居多,IPO 时一般 1 亿—10 亿美元居多。对中国市场而言,第一阶段(2020—2030 年)更多是聚焦中国市场,需要打造更多上市后市值为 5 亿—20 亿美元,上市前市值为 1.5 亿—5 亿美元的公司,而不是刻意重复支持超高市值公司。二是重点支持尚未形成稳定收入利润的企业持续融资,丰富小额快速融资渠道。

(2) 放宽募集资金用于补充流动资金比例限制。对于高研发投入特点的企业,持续融资的资金用途主要在于产品研发投入,支付高新技术人员工资等非资本性支出,因此补充流动资金尤为关键。建议针对高研发医药企业制定差异化的募集资金投向标准,发挥以"信息披露"为核心的注册制理念,由市场判断募集资金使用的高效性。

(3) 强化差异化信息披露监管。针对性弱化产业并购重组对其盈利能力的要求,强化上市公司与标的之间协同效应及标的产品研发进程、科创属性、潜在风险的信息披露要求,从而使得上市公司能够在契合自身发展需求下做出更市场化的并购选择。

3. 增强科创板与长三角生物医药产业发展制度关联

(1) 建立科创板与长三角相关部门的工作联系机制。发挥好长三角资本市场服务基地作用,完善线上线下服务功能,为共同培育、筛选科创板企业提供良好的机制支撑。

(2) 加强政策支持,提高企业上市积极性。共建长三角科创企业库,协同筛选区域细分领域优质企业,鼓励地方政府对科创板上市企业和上市后备企业给予专项政策支持,形成示范作用。

(三) 比照香港资本市场,提升科创板的制度创新空间和产业赋能层级

在科创板的众多行业门类中,研发型生物医药企业作为相对独特的一类

群体,应予以特别关注。针对部分研发型生物医药企业反映的科创板上市门槛偏高的问题,上海市政府参事室吴大器参事工作室会同张江集团开展专题研究,集中听取代表性研发型生物医药企业、投资机构、券商、行业专家等意见建议,与上海证监局、上海证券交易所等主管部门进行交流,深入研究香港主板上市规则 18A,在此基础上提出意见与建议。

1. 香港主板市场服务生物科技企业的 18A 规则分析

2018 年 3 月,香港联交所在主板上市规则中,专门加入针对未有收益或盈利的生物科技企业的第十八 A 章,即业界著名的"18A",同时制定了配套的指引信,强烈释放了港股拥抱无盈利、无收入生物科技公司的信号,使香港迅速成为全球第二大生物科技企业上市地。主要启示:

(1) 鲜明的创新导向。香港启用"18A"上市规则以来,歌礼生物成为"无收入第一股",百济神州以"尚无盈利"紧跟上市,迅速树立了港股拥抱无盈利、无收入生物科技企业的标签。截至 2019 年 7 月底,递表的 17 家生物科技公司,已上市 8 家,信达生物、君实生物、基石药业、华领医药等已上市企业都是我国研发型生物医药企业的当家花旦和主流代表。

(2) 精细化的管理规则。精细化地体现生物科技公司特点,对上市门槛进行 9 项指标的定义,包括刚性指标和辅助指标。精细化地体现细分产业特点,对药剂(小分子药物)、生物制剂、医疗器材(包括诊断器材)、其他等产品概念验证进行清晰定义。精细化地对"资深投资者""相当数额的投资"等定义进行细致的列举式说明。在精细化管理规则中,体现的是应对创新风险、降低创新风险,而不是规避风险。

(3) 适度的上市门槛。有两个关键指针。一个是 15 亿港元的估值门槛。港交所对纳斯达克生物科技公司进行深入分析后发现,64% 的企业有能力达到 15 亿港元的上市预期要求。一个是通过一期临床试验的产品门槛。港交所的逻辑是:虽然第一期临床试验后公司的失败率仍然很高;虽然通过第一期临床试验的规定,意味着会错过一些大有前景而未通过临床试验的公司,会因此而转到美国上市;但至少应已通过第一期临床试验、以为投资者评估申请人研发及核心产品提供参考。门槛设置有取有舍、宽紧适度。

(4) 香港资本市场的本底优势。香港作为西方认可的国际金融中心,其制度基础和开放优势都比较突出。比如,在再融资、个人外汇管理等方面的规范、通畅,都为吸引优质企业港股上市提供了重要前提。

2. 科创板助力研发型生物医药企业发展的具体建议

（1）强化创新导向，树立科创板拥抱研发型生物医药企业的鲜明标签。针对研发型生物医药企业（Biotech）的特殊性，科创板在稳步运行一段时间后，有必要进一步强化创新导向。一方面，让越来越多的研发型生物医药主流企业进入科创板，特别是鼓励"金字塔尖科学家＋原跨国药企高管团队＋全球化技术研发团队＋顶级风投"的主流生物科技公司在科创板上市。另一方面，让科创板更好运用中国的主场创新优势，用好上海和长三角地区的主场创新优势，使科创板能在生物医药创新群体崛起的历史机遇中，抓住时机、互为促进、共赢发展。假以时日，生物医药一定能成为科创板最受瞩目的板块。

（2）重特性、尊重差异，出台针对研发型生物医药板块的上市细则。建议针对研发型生物医药板块的特殊性，补充出台精细化细则。一是尊重产业特性。在上市准入上，建议设置更为精细和合理准入门槛，而不只是简单降低40亿元的市值门槛。在资本减持上，建议优化资本减持要求或通过非公开转让通道，为机构减持提供合理通道。并放宽退市要求。二是尊重细分差异。根据创新等级和风险系数，区分"me-too、me-better"药物（跟随创新）、"first in class"药物（原始创新）差异。根据行业细分差异，区分药剂、生物制剂以及医疗器械差异。以更好匹配准入门槛和监管要求。

（3）正视风险、应对风险，探索针对性的风险管控举措。一是强化信息披露，以强有力的机制保证企业信息披露及时和充分，特别是对研发进程有重大影响的信息披露，如对临床实验失败、临床实验中不良事件，是否考虑纳入主动披露内容。二是强化市场约束，充分发挥专业机构投资者对项目的筛选功能以及定价参考功能，强化保荐机构IPO的保荐责任和上市后的持续督导责任，通过各方协力降低风险。三是强化投资者风险意识，科创板投资者相对比较专业，要严格执行投资者适当性管理，培育成熟的股权投资文化，以及买者自负的理念。四是强化监管力度，对于违法违规行为及时采取措施，严格执法，完善司法救济途径，保护投资者合法权益。例如，针对新药临床结束到上报监管机构的较长窗口期，建议要有对内部交易的监控和处罚。五是进一步探讨合理化的实际控制人认定。

（4）先行探索共性配套政策，弥补中国资本市场本地优势。研发型生物医药企业的特点是高度国际化，全球化的创业团队、全球化的多地临床试验、全球范围的研发合作。因此，科创板的制度创新不仅是上市本身，也需要外汇管理部门、商务部门、税务部门等通力合力，弥补中国资本市场在面向国际化的资金进出优势。包括上市后再融资问题、个人外汇管制问题，等等。

二、构建以科创板为龙头的上海生物医药产业投融资体系，是加快完成上海新一轮生物医药产业行动三大任务的重要保障举措

发展生物医药产业投融资体系，就是要大力支持各类生物医药投资基金在本市集聚，满足不同阶段企业的融资需求。用好用活上海市生物医药产业发展基金，完善决策机制，充分发挥其引导作用，加快吸引一批优秀基金来沪，支持重点产业化项目落地。探索设立支持临床研发与转化的专项基金，支持研发主体开展临床研究，引导推动创新成果实现产业化。支持鼓励优质生物医药企业境内外上市挂牌融资。在上海联交所开辟生物医药产权交易专项板块，将上海打造成为国内外生物医药产权交易和成果转移的新高地。

（一）上海生物医药产业投融资体系的职能和构建

1. 生物医药产业投融资模式

生物医药产业作为高新技术产业，具备资金密集型和人才密集型两大特点，围绕价值链也形成了特定的投融资模式，国内外相对成熟的模式如下：

（1）私募股权融资模式。全球新兴产业相对成熟的融资模式，2000—2009 年生物产业共融资 3 853 亿美元，其中，私募股权融资（含创业风险投资）515 亿美元，占 13.4%。对于生物医药产业，无论是 VC 还是 PE 投资机构都非常看好其将来的爆发性增长。这方面，全球风投界有不少经典的投资案例。

（2）证券市场融资模式。上市不是企业的终极目标，但一定是一个企业阶段性的目标。2000—2009 年，全球生物医药企业依托资本市场，通过股票公开发行（IPO）、上市公司股票再发行和上市公司私募方式融得股权资本 972 亿美元，占 25.2%，通过债券融资方式融资 784 亿美元，占 20.3%。这一系列数据充分表明，通过证券市场融资仍然是生物医药产业的主流融资模式。当然对于世界各国而言，由于证券市场监管法律法规不同，融资的规模和难易程度也有所不同。

（3）企业间合作融资模式。近几年来在生物医药产业兴起的一种新的融资模式，有企业研发合作、专利拍卖与转让两种。2000—2009 年，全球生物医药企业通过研发合作和专利转让等方式，在医药产业内部募集资金 1 581 亿美元，占总融资额的 41.0%。由于医药产业本身的高投入、高风险、长回报期

的特点,加之引入风投机构和证券市场融资的难度和不确定性,企业间合作、抱团取暖就成为一种最为可行的融资模式。

(4) 银行信贷模式。相对于前面三种融资模式而言,是一种相对古老的融资模式。银行信贷占比低于 0.5%,处于相当低的水平。这充分说明了生物医药产业作为一个新兴产业,在产品尚处于推广期,经营模式、商业模式和盈利模式尚未成熟,未来发展战略和规划尚未明朗的情况下,相关企业要取得银行授信支持的难度很大,融资成功率低。

(5) 政府支持补贴模式。生物医药产业作为新兴产业,受到各国政府相关产业政策的重视。然而由于各国商业环境和法律法规不同,因此各国政府支持和补贴的力度也有所区别,不可一概而论。这方面的占比低于 0.5%,充分说明政府支持和补贴只能起到示范作用和具备一定程度的象征意义,并不能成为企业融资的主要来源。

2. 构建上海生物医药产业投融资体系的内涵

构建上海生物医药产业投融资体系,就是要根据《促进上海市生物医药产业高质量发展行动方案(2018—2020 年)》的目标要求,以科创板为龙头,围绕生物医药企业上市的发展路径,把政府设立的生物医药产业发展母基金、生物医药发展专项基金、各生物医药产业园区设立的招商基金、各大券商的直投基金和海内外生物医药主题私募基金,以及银行配套融资扶持、新三板及地方金融交易所、地方产权交易所等要素系统而有序地整合起来,为处于不同发展阶段、不同上市进程中的生物医药企业提供契合其发展需求的金融服务体系。

生物医药企业最大的特点就是前期投入大、研发周期长、验证周期长。一个产品从研发立项到上市销售,往往需要经过 10 年以上的时间。按通常情况,生物医药企业在成立并发展的初期,可以选择难度较小和融资规模较小的私募基金天使投资和政府支持补贴;有了初步的发展之后可以选择难度较小但规模较大的企业间合作模式;当企业有了一定规模之后即可申请银行贷款的支持;在满足了新三板/创业板/中小板等资本市场的要求之后,可以选择 IPO 上市融资。而中国生物医药企业多为中小型企业,融资难问题长期以来十分突出。

因此,构建上海生物医药产业投融资体系,需要从政府到产业园区、社会资本的共同努力。上海生物医药产业发展的主管部门,尤其需要系统规划,整体着手,积极调动方方面面的资源和积极性:一是市政府要加大投入,设立生物医药产业发展母基金和重大生物医药技术创新发展扶持基金;二是各区政府、各园区管委会要积极创新招商方式和企业服务模式,积极设立生物医药企业孵化基金、项目落地基金和重大项目专项扶持金;三是积极引导海外资本和社会资本集聚上海,设立生物医药私募投资基金,通过母基金配套、重大技术创新补贴、科创板退出奖励等方式,把上海建设成为生物医药产业投融资中心;四是要积极推动要素市场发展,建设生物医药产业产权交易、产业并购、资源流动平台,促进项目和产品的发展与流通。

(二)上海生物医药产业投融资体系助力生物医药产业技术创新

1. 贴上"硬科技"标签,拓宽产业发展空间

科创板是上海生物医药产业投融资体系的龙头。科创板将生物医药行业定位为科创板的"硬科技"属性,为生物医药登陆资本市场打开一片新天地,拓宽了整个生物医药产业的发展空间。科创板以其包容性的制度设计,汇集了一批信息技术、生物医药、高端装备、新材料、节能环保等领域的"硬科技"企业。截至2020年6月末,科创板共申报403家企业,从行业分布来看,新一代信息技术领域有149家、生物领域94家、高端装备领域67家、新材料领域45家、节能环保领域30家、新能源领域12家,其他领域6家,申报情况与我国创新驱动战略基本吻合,符合科创板定位;充分显示了科创板制度在支持服务包括生物医药在内科技创新企业方面具备足够的吸引力。

2. 为未盈利生物医药企业开放上市融资,提供充沛的创新资金

资金是企业的血液,更是生物医药产业技术创新的基础。科创板为未盈利生物医药企业打开上市大门。科创板上市的第五套标准,即《上海证券交易所科创板股票发行上市审核规则》第22条第2款第(5)项规定的上市标准:"预计市值不低于人民币40亿元,主要业务或产品需经国家有关部门批准,市场空间大,目前已取得阶段性成果。医药行业企业需至少有一项核心产品获准开展二期临床试验,其他符合科创板定位的企业需具备明显的技术优势并满足相应条件",为未盈利生物医药企业A股上市创造了合规通道。

按照科创板第五套标准申报上市的生物医药企业,虽盈利能力暂时不足,但都具有较强的研发实力,主要产品已上市或处于二期或三期临床阶段,且研发管线所布局的市场前景广阔。例如,君实生物是肿瘤免疫疗法领域的明星企业,主要产品特瑞普利单抗是被中国国家药监局批准上市的4种国产的PD-1/PD-L1注射液中的一种。2020年3月,特瑞普利单抗联合阿昔替尼用

于黏膜黑色素瘤被美国 FDA 授予孤儿药称号,是《孤儿药法》颁布以来第一个在黏膜黑色素瘤领域被授予"孤儿药"认定的品种。特瑞普利单抗目前已取得二线治疗晚期黑色素瘤的适应证,且有 14 项关键注册临床试验正在进行,包括多种常见癌症类型,随着后续更多适应证的获批,该药物将具有更广泛的应用空间。

3. 投资导向效应明显,创新成为企业核心竞争力

科创板的设立,为生物医药企业上市融资大大开放了门槛,从而解决了各类生物医药产业投资基金的退出焦虑,极大地提高了各类社会资本对生物医药企业的投资热情。在投资资金高度汇集、充分竞争的时候,生物医药企业的创新能力、其产品的科技含量就成为决定企业能否脱颖而出的关键因素。创新,真正成了生物医药企业的核心竞争力。技术更新和迭代,成为生物医药产业向前发展、提升的动力和源泉。

(三)上海生物医药产业投融资体系助力产业园区招商和发展

1. 上海生物医药产业园区布局

2020 年 10 月 22 日,上海颁布《关于推动生物医药产业园区特色化发展的实施方案》,明确上海生物医药产业园区的主要布局:重点建设定位清晰、特色鲜明、配套完备、绿色生态的"1+5+X"生物医药产业园区,加强规划布局、环保管理、生产厂房、基础设施、公共服务"五个专业化"体系建设,推动上海生物医药产业高端化、智能化和国际化发展,加速建设全球顶尖的生命科学创新策源地、国内领先的生物医药先导区和长三角一体化生物医药产业协同引领区。

建设重点重点包括六大生物医药产业园区:

一是张江生物医药创新引领核心区。发挥张江创新药产业基地的产业空间优势,联动张江医疗器械产业基地、张江总部园、张江国际医学园区、外高桥保税区等区域的研发和转化,坚持创新研发和高端制造并重,重点发展创新药物和高端医疗器械的研发转化制造产业链,建设具有全球影响力的生物医药产业创新高地。其重点任务是:持续提升策源能力,建设生物医药领域国家重大科技基础设施,加强前沿基础研究,围绕新靶标、新位点、新机制、新分子实体,开展基础研究和应用研究。积极组织攻关合成生物学、干细胞、个性化诊断、新一代测序技术等前沿颠覆性技术,实施高端生物制品、新型药物设计开发、高端影像设备等产业技术攻关和基础再造工程。着力提升临床研究和成果转化能力,搭建临床机构与生物医药产业联动发展机制。争创一批国家级

创新研究机构,建设一批共性技术研究、成果转化、生产代加工等平台,推动多梯次企业发展,培育和引进一批创新型领军企业。发挥"张江药谷"溢出效应,强化与临港新片区精准医疗先行示范区、东方美谷生命健康融合发展区等区域的联动发展,不断提升张江核心区的创新引领能级。

二是临港新片区精准医疗先行示范区。依托临港新片区生命蓝湾,重点发展靶向药物、高端数字化医疗器械、健康服务等领域,打造具有国际竞争力的生物医药研发制造基地和服务中心。其重点任务是:充分发挥自贸试验区临港新片区改革试点和政策红利优势,争取率先落地生物医药"上海方案"的突破政策,在生物医药研发用特殊物品进口便利化、生物医药研发货物出口流程优化和生物医药研发保税等方面开展先行先试,聚焦高端生物制品、创新化学药和高端医疗器械等领域,加快提升临港新片区高端项目承接能力,聚焦国内外优秀企业、科研院所以及配套服务机构,推进产学研医融合和技术孵化,持续优化完善产业链。

三是东方美谷生命健康融合发展区。发挥东方美谷品牌优势,带动奉贤经济开发区、工业综合开发区、杭州湾经济技术开发区、奉城工业园区等区域,重点发展疫苗、现代中药等领域,着力打造"东方美谷"生命健康产业集群。其重点任务是:面向国家战略和应急研发需求,开展疫苗关键技术储备与重大项目攻关。重点布局多价疫苗、治疗性疫苗等优质高效的新型疫苗品种。打造疫苗产业 RNA 合成平台、载体平台、蛋白平台、大规模细胞培养平台和试验检测平台,打通产业链关键环节,打造具有国际化水准的疫苗产学研高地。加强产学研医结合,与中医药特色高校、研究院所合作建设中药特色园区,推动中药饮片、中成药及中药制剂标准化和产业化,加快中药产业现代化和国际化进程。发挥中医"治未病"优势,紧抓发展中医药大健康产业机遇,引领健康新时尚。

四是金海岸现代制药绿色承载区。依托湾区生物医药港,重点发展高附加值原料药、新型制剂、细胞治疗等领域,打造全市生物医药生产制造重要承载地。其重点任务是:发挥化学工业区优势,聚焦高端原料药、新型制剂、医药中间体等环节,发展绿色制药技术,打造低能耗、低排放、高效率、高安全性的可持续发展模式,推动原料药产业整体升级。发挥园区在抗体药物、免疫细胞治疗等细分领域的先发优势,围绕重点企业培育产业链生态圈,打造精准医学产业化基地、细胞治疗产业集聚地。

　　五是北上海生物医药高端制造集聚区。依托北上海生物医药产业园,重点发展高端医药制造、高端医疗器械装备生产、现代医药物流等领域,打造生物医药高端制造与服务融合发展基地。其重点任务是:发挥区域南北联动优势,推动高端医药制造与服务一体化布局。围绕药品生产全链条,重点支持制药机械装备技术创新、高端制造和产业应用,鼓励制剂设备、包装检测设备等制药机械装备制造水平升级,实现制药装备智能化,形成技术研发、高端制造、质量检测和应用示范的医药制造装备全产业链。重点聚焦高端现代物流领域,充分发挥宝山区高速路网、港口航运等交通网络优势,发展现代生物医药物流产业,创新供应链管理方法手段,精准对接生物医药产业上下游企业发展需要。

　　六是南虹桥智慧医疗创新试验区。依托新虹桥国际医学园区、创新医疗示范基地和国际健康生命城等片区,重点发展智慧医疗高端产品及国际医疗高端服务等领域,打造生物医药产业与健康医疗、人工智能与医疗器械融合发展的示范基地,建设生物医药产业长三角一体化发展样板。其重点任务是:着眼智慧医疗发展,打造人工智能大数据赋能生物医药产业的样板,重点建设智能医疗机器人产业研究院等一批产业化研发机构。加快手术机器人、护理机器人以及康复机器人等在各个医疗环节应用场景的延伸,打造国际一流的医疗机器人产业生态。加快生物医药产业应用场景建设,对标国际一流,引进培育一批高水平医技中心、专科医院和综合医院,创新诊断治疗方法,打造智慧医疗服务新模式。发挥长三角一体化发展桥头堡作用,吸引苏浙皖龙头企业和创新企业来沪发展,建设辐射苏浙皖地区的智慧医疗产业高地。

　　2. 上海生物医药产业投融资体系对产业园区发展的助力作用

　　各级产业园区设立的生物医药产业引导基金,是上海生物医药产业投融资体系的重要组成部分。

　　为发挥市场在资源配置中的决定性作用,国务院发布《关于清理规范税收等优惠政策的通知》(国发〔2014〕62号),规定未经国务院批准,各地区、各部门不得对企业承诺财政优惠政策,并要求各地区、各部门开展专项清理,排查本地区、本部门制定出台的税收等优惠政策。这意味着国家不允许地方政府通过补贴、税收优惠等方式来直接扶持企业投资,而地方政府则可以顺应政策形势,转变发展思维,通过引导基金等间接投资方式来引导更多社会资本参与市场化建设,促进地方经济发展,进而发挥政府财政资金"四两拨千斤"的作用。尤其是在经济新常态下,产业引导基金作为"政府引导"与"市场运作"相结合的新型运作方式,通过政府财政资金的杠杆作用来放大社会投资资金使用效果,助力产业升级转型,日益成为各地政府和市场机构的关注焦点,被社会各界广泛寄予厚望。

(1)政府产业引导基金的运作模式。产业引导基金基于国外政府扶持股权投资的行业实践与成熟经验,作为政府参与创业风险投资的重要手段,以"母基金"的方式运作(FOFs)。

产业引导基金的资金来源主要为:支持创业投资企业发展的财政性专项资金;引导基金的投资收益与担保收益;闲置资金存放银行或购买国债所得的利息收入;企业或社会的资金等。我国的政府产业引导基金资金来源主要有两种:地方政府通过财政出资独立完成和政府与社会联合出资设立。产业引导基金资金绝大多数来源于政府出资。

对于产业引导基金的管理运作,地方政府一般会成立引导基金管理委员会作为基金的最高投资决策机构,行使产业引导基金决策和管理职责,管理委员会一般不直接参与引导基金的日常运作,其主要是由地方政府及相关职能部门的负责人组成;各地引导基金管理委员会的成员构成、职务分配等均有区别,其权利重心也不尽相同,发改、经信、科技、财政等职能部门在不同的引导基金中会扮演不同角色,并对引导基金的投资决策及管理模式等产生影响。总体来看,引导基金的管理主要归口发改和科技部门两大系统,前者主要导向是推动本地创投业发展,后者则致力于推动中小科技企业融资。

对于日常管理及投资运作,各地引导基金的管理模式也有很大差别:有的会新设引导基金管理机构,或以公司制设立并对其自行管理,有的则委托相关事业单位或外部机构管理。目前,引导基金的管理方式主要有以下几种:一是成立独立的事业法人主体作为基金的管理机构。比如深圳市创业投资引导基金,专门成立深圳市创业投资引导基金管理委员会办公室(市创投办),负责引导基金的日常管理工作。二是委托地方国有资产经营公司或政府投资平台公司负责引导基金的管理运作。比如北京石景山区创业投资引导基金是以石景山区国有资产经营公司作为受托管理机构,负责引导基金的运作。三是委托地方国有创投企业负责产业引导基金管理运作。比如上海市创业投资引导基金由上海创业投资有限公司作为管理机构。四是成立引导基金管理公司或者由公司制引导基金自行管理。前者如北京股权投资发展基金管理有限公司、浙江省创业风险投资引导基金管理有限公司,此类公司并非引导基金的出资主体,而仅作为受托机构负责基金管理运作;后者如上海浦东科技投资有限公司、成都银科创业投资有限公司等,由公司内部团队负责基金管理运作,内部治理按照《公司法》执行。五是委托外部专业管理机构负责引导基金管理。比如上海市杨浦区人民政府引导基金委托美国硅谷银行,金山区、闵行区创业投资引导基金委托盛世投资,绍兴市创业投资引导基金委托凯泰基金等。

在基金管理费方面,对于引导基金管理机构来说,一般会得到2%左右的固定管理费。由于多数产业引导基金出于政策导向,主要以带动社会资本参与创业投资为主要目的,并无盈利要求,因此管理机构获得业绩分成的情况并不常见。少数引导基金为鼓励基金投向本地,会设置一些奖励机制,比如深圳市创业投资引导基金规定,按照市场通行规则,在各出资人收回对子基金实缴出资的前提下,将子基金投资净收益的20%奖励子基金管理机构,其余80%部分由各出资人按照出资比例进行分配。

产业引导基金应按照"政府引导、市场运作,科学决策、防范风险"的原则进行投资运作,其扶持对象主要是按照《创业投资企业管理暂行办法》规定程序备案的在中国境内设立的各类创业投资企业,引导基金不直接从事创业投资业务。我国引导基金的主要运作模式有参股、跟进投资、风险补助、融资担保及投资保障等。

(2)产业引导基金对园区建设和发展的推动作用

一是引导社会资金集聚,形成资本供给效应。引导基金的设立能够有效地改善企业资本的供给,解决企业投资的资金来源问题。企业投资的投资期长、风险大、流动性差,不像股票等证券投资可以迅速变现、流动性好,民间资本偏好于证券市场,而创业投资等股权投资整体资金供给不足,完全依靠市场机制无法有效解决资本供给不足问题。因此,政府设立引导基金,通过政府信用,吸引保险资金、社保资金等机构投资者的资金以及民间资本、国外资本等社会资金聚集,形成资本供给进入投资领域,这为企业投资提供了一个很好的资金来源渠道。

二是优化资金配置方向,落实国家产业政策。政府引导基金的投资对象是以创新型企业为主体,从而起到引导和带动社会资本对高科技创新企业的投资。我国创业投资者偏好于投资期短见效快的IT类、教育、餐饮等领域项目,而对于成长期较长的生物医药、节能环保等领域项目投资偏少,这与国家科技发展规划鼓励的方向不协调,创业投资不能有效地发挥其对产业调整和发展的促进作用。通过设立政府引导基金,以政府信用吸引社会资金,可以改善和调整社会资金配置,引导资金流向生物医药、节能环保、新能源与新材料等战略性新兴产业领域,培育出一批以市场为导向、以自主研发为动力的创新型企业,有利于产业结构的调整升级。

三是引导资金投资方向,扶持创新中小企业。政府引导基金有一个较强的政策导向——扶持极具创新能力的中小企业。国内很多创业投资机构及海外基金均出现投资企业阶段不均衡的特点,多倾向于投资中后期的项目,特别是已经能看到上市前景(Pre-IPO)的企业更是如此。而处于种子期与初创期的企业具有很高的风险,正处于生死存亡的关键时刻,但却很难吸引到资金的投入。创业早期企业存在融资困难,而中后期企业资金供给相对过剩。通过设立政府引导基金,引导社会资金投资处于初创期的企业,从而可以培养一批极具创新能力、市场前景好的初创期企业快速成长,为商业化创业投资机构进一步投资规避一定的风险,引导其后续投资,用“接力棒”方式将企业做强做大,最终实现政府目标的创业投资机构和商业化的创业投资机构共同发展,建立起政府资金和商业资金相互促进、相互依赖的创业投资体系。

四是引导资金区域流向,协调区域经济发展。市场机制的作用会扩大地区间的创业投资资源不平衡现象,经济条件优越,发展条件越好的东部地区,越容易获得创投资本;而经济条件恶劣,发展越落后的中西部地区,越难获得创投资本。创业投资资本分布的不平衡进一步扩大了区域经济之间的差距。通过设立政府引导基金,引导社会资金投资于中西部地区,争取更多的中西部投资项目,有利于缓解区域间经济发展不平衡,对于促进区域经济协调发展具有重要的推动作用。

(四)上海生物医药产业投融资体系助力生物医药产业生态链优化和跨区域整合

科创板为龙头的上海生物医药产业投融资体系,可推动上海成为全国生物医药企业产权交易中心和并购中心,优化生物医药产业的国内布局,强化上海技术创新优势和产业中心优势。

一是科创板在规则方面给予上市企业提供并购重组方面的便利。延续证券法全部推行注册制及科创板的上市推行注册制,科创板并购重组同样适用注册制,且审核速度高效。如此前于 2019 年 5 月 25 日获得上交所审核通过的科创板并购重组第一单华兴源创,从 3 月 27 日受理到 5 月 25 日审核通过,耗时仅 60 天。在上交所审核通过后,华兴源创需要针对审核意见提出的问题进行逐项落实及回复,上交所将在收到公司落实意见回复后提交中国证监会注册。科创板并购重组方面仍然延续首发上市的精神,强调公司的科创属性并支持公司在本行业内进行并购重组提升公司核心竞争能力。

二是前期国内资本对生物医药企业融资热度较高,科创板创造新融资渠道。以前年度,据光大证券研究所统计,常见的国内尚未盈利的创新型生物科技公司主要依靠 PE/VC、港股美股上市等进行融资。数据显示,2018 年,国内有 600 多家创新医药企业依靠 PE/VC 融资,融资额合计高达 979 亿元。另外,近 5 年,国内生物医疗行业投资案例数量、投资金额年复合增长率约为 40%,仅次于 IT 行业。2020 年上半年,医疗健康领域融资总额为 43.4 亿美元,与 2018 年下半年的 35.5 亿美元相比增长 20%。因此,在科创板开板之后,生物医药企业较以前年度增加了融资途径。同时,由于生物医药企业在科创板上市的增多,也将吸引生物医药投资基金在上海聚集,在上海形成良好的投资环境和生态。

三是上海发挥作为长三角地区医药创新核心区的先驱优势,将吸引更多资本进入上海,通过产权交易、投资入股、企业并购等多种方式支持上海地区生物医药企业的发展。资料显示,根据 2018 年中国生物医药产业发展指数(CBIB)对我国生物医药产业领域具有代表性的 36 个主要城市分析来看,2018 年上海生物医药企业数量、上市企业数量、规上企业数量、医药工业百强企业数量均位列全国第 2 位;上市公司总市值位列全国第 3 位;独角兽企业数量位列全国第 1 位;上市企业主营业务收入位列全国第 1 位。具体来看,如张江生物医药产业发展园区的企业总数,医药工业百强企业数,独角兽企业数,A 股及新三板企业数量,发明专利申请数量,药物临床试验数量,CDE 药品受理总数,上市二、三类医疗器械数量 8 项指标全国领先,高新技术企业数、上市药品数量、高层次人才数量分列全国第 4 位、第 21 位、第 3 位。张江生物医药园也已形成化学制药、生物制药、医疗器械三大集群快速发展,基因测序、细胞治疗、智慧医疗等新兴领域迅速崛起的格局。同时,国内顶尖科研机构、优质医疗资源及高精尖科研人才均在上海汇集。在张江生物发展区成立多支政府引导基金,集聚了一批国内外知名的风险投资机构和私募股权投资机构。上海具有一定的生物医药资本、技术、项目、人才方面的优势。

三、加快构建以科创板为龙头的上海生物医药产业投融资体系的政策建议

（一）系统规划，整体着眼

上海生物医药产业投融资体系是一个以科创板为龙头、围绕生物医药企业上市的发展路径，把政府设立的生物医药产业发展母基金、生物医药发展专项基金、各生物医药产业园区设立的招商基金、各大券商的直投基金和海内外生物医药主题私募基金，以及银行配套融资扶持、新三板及地方金融交易所、地方产权交易所等要素系统而有序地整合起来，为处于不同发展阶段、不同上市进程中的生物医药企业提供契合其发展需求的金融服务体系。

构建上海生物医药产业投融资体系，涉及政府、产业主管部门、产业园区、金融主管部门、银行、券商、私募基金、政府产业引导基金、金融资产交易所等方方面面，需要整体着眼，系统规划，高屋建瓴，才能充分调动相关各方的积极性，把市场对资源的配置机制落到实处。

（二）跨部门联动，发挥相关政府管理部门的叠加效应

九龙治水，不如一龙戏水。上海生物医药产业投融资体系的产业发展促进功能要真正发挥，离不开相关政府部门的相互协作和管理智慧叠加。从这个意义上讲，构建上海生物医药产业投融资体系，是立足上海生物医药产业行动方案落地的重要举措，应该由市政府牵头，相关政府管理部门和行业主管部门分层协作、联动共管，才能真正心往一处想，劲往一处使，形成合力。

（三）聚焦资本和项目两个焦点，着力构建全周期服务链条

聚焦资本，就是要组织各类基金，按照生物医药企业上市各阶段的发展需求，形成从天使轮、A 轮到 PRE IPO 最终上市的全流程投资服务体系。聚焦项目，就是要按照企业发展的生命周期规律，对处在产品研发、测试验证、市场导入、高速成长等不同阶段的生物医药企业，提供不同的发展扶持。不同类型的投融资资本和不同发展阶段的生物医药项目得到高度匹配，上海生物医药产业投融资体系基本建成。

（四）开放创新，充分吸收海外资金和社会资本共同参与

在科创板的财富效应带动下，社会资本参与生物医药产业投资的热情如火如荼。上海正在成为生物医药产业投资中心。需要重视的是，充分鼓励海外资本落户上海，参与生物医药产业投融资。一般投资基金都有比较高度的专业性，海外背景的生物医药产业投资基金，往往会给上海生物医药产业带来海外的先进产业发展资源和技术创新资源。

（五）在长三角一体化的国家战略中思考问题和完善对策

构建上海生物医药产业投融资体系，不能仅仅满足于上海本地生物医药产业发展的需求，要在长三角一体化的国家战略大环境下思考问题和完善对策。长三角是中国生物医药产业发展中心，上海、苏州、杭州、泰州、温州都是全国知名的生物医药产业发展高地。构建上海生物医药产业投融资体系，既要重视对长三角乃至全国生物医药产业的辐射效应，也要充分发挥产业资本对生物医药产业的跨区域整合和产业链优化效应。

总体而言，上海生物医药产业投融资体系是一个以科创板为龙头、围绕生物医药企业上市的发展路径，把政府设立的生物医药产业发展母基金、生物医药发展专项基金、各生物医药产业园区设立的招商基金、各大券商的直投基金和海内外生物医药主题私募基金，以及银行配套融资扶持、新三板及地方金融交易所、地方产权交易所等要素系统而有序地整合起来，为处于不同发展阶段、不同上市进程中的生物医药企业提供契合其发展需求的金融服务体系。

构建上海生物医药产业投融资体系，涉及政府、产业主管部门、产业园区、金融主管部门、银行、券商、私募基金、政府产业引导基金、金融资产交易所等方方面面，是一个复杂的系统工程。做好这项工作，一是需要整体着眼，系统规划，高屋建瓴，才能充分调动相关各方的积极性，把市场对资源的配置机制落到实处；二是需要跨部门联动，发挥相关政府管理部门的叠加效应；三是需要聚焦资本和项目两个焦点，着力构建全周期服务链条；四是需要开放创新，充分吸收海外资金和社会资本共同参与，海外背景的生物医药产业投资基金，往往会给上海生物医药产业带来海外的先进产业发展资源和技术创新资源；五是需要在长三角一体化的国家战略中思考问题和完善对策，既要重视科创板对长三角乃至全国生物医药产业的辐射效应，也要充分发挥产业资本对生物医药产业的跨区域整合和产业链优化效应。

附件：《依托科创板，推进落实上海新一轮生物医药产业行动方案的机制与效果评价研究》专题座谈会资料汇集

一、座谈会信息

时间：2020 年 7 月 22 日（星期三）下午 13:30

地点：盛夏路 61 弄 3 号楼 ZJ.合院 BOX 9（一楼）

二、座谈会参会单位

上海市参事室、市参事室课题组,张江集团,特邀职能部门(上海证监局公司监管二处、上海市经信委生物医药处、上海科创办科技金融处、上海证券交易所发行上市服务中心、浦东新区金融局综合处),特邀企业机构(申万宏源、国泰君安证券、民生证券、张科领弋投资、和元生物、思路迪医药、三生国健、君实生物、复旦张江、奕瑞光电子)参加座谈会。

三、座谈提纲

科创板正式开板一年来,支持生物医药产业成效显著、有目共睹。截至 6 月中旬,上交所共受理科创板上市申请 337 家,生物产业受理 79 家(占 23.44%)、已上市 26 家(其中 12 家来自长三角地区)。希望围绕以下问题发表观点和建议:

(1)科创板支持生物医药产业创新发展可圈可点的作用和效用?

(2)科创板对生物医药科创属性要求是否需提高以及如何提高?如何进一步支持符合要求的无收入未盈利的生物医药企业登陆科创板?(从已上市的 26 家生物医药企业来看,有 22 家选择标准一、1 家选择标准二、1 家选择标准四、2 家选择标准五)。

(3)对已上市生物医药公司的持续融资、并购重组等安排,科创板如何加强差异化针对性引导?

(4)如何突出科创板与长三角生物医药产业优势集群的制度关联,提升支撑引领效应?

四、发言内容整理

(一)特邀企业发言

1. 申万宏源

第一,科创板发挥作用的七个方面。一是支持亏损未盈利的生物医药通过融资提升研发能力,为风投资本提供退出渠道,比如君实。二是吸引优质企业从海外回归国内资本市场。三是多元化估值方式使生物医药企业得到高估值市场认同。目前 30 家总市值超过 6 500 亿元,有 22 家市值超过 100 亿元,占比超过 70%,远高于其他行业,而仿制药、传统中医药的估值提高很有限。四是上市标准缩短,二期临床数据比较好的创新药可以提前 4—5 年引进。五是向高速发展企业打开了大门,资金让企业快速增长。六是以股权激励形式吸引和留住人,科创板更有包容性。七是科创板采用灵活的定价机制,有利于价格发现和吸引投资者。

第二,科创板对生物医药科创属性要求提高。今年发布了科创属性的评价指引,明确科创属性具体指标。相较上年没有标准而言,对于企业选拔(避免良莠不齐)和中介机构的工作积极性都有正向影响(内部考核打分)。建议:(1)在生物医药细分领域建立科创生物医药组织评价机制,为生物医药企业上市制定具体的标准。(2)目前未盈利企业的市值要求 40 亿元,对医药类企业至少需要一项核心产品,或者开展二期临床试验。有两个建议,一是建议市值标准可以放低一点;二是尽量增加一部分上市的条件,争取多一些二期三期临床试验的核心产品,减少投资者血本无归的情况。

第三,对于已上市生物医药公司持续的安排,建议加强差异化引导,针对处于不同发展阶段的生物医药企业,制定差异化再融资标准。比如重组允许新增特别表决权,使企业在并购重组过程中能够吸引优质的资源;支持生物医药类的科创板企业通过定向增发、资产收购等扩大规模,实行产业升级和战略转型。建议对生物医药企业目录项目设置一定的条件,比如针对创新药和仿制药设定不同的临床阶段要求,对扩充产能和借营销网络补充流动资金等做一些限制,引导资金流向真正有市场前景的生物医药企业,反向推动企业多做研发而非简单的销售规模。

第四,涉及科创板和长三角医药产业集群关联的问题,现在张江和苏州两地加起来占科创板医药企业一半,这两个地方是不是可能有生物产业的大合作和良性竞争。

2. 民生证券

针对第一个问题:一是为中小医药企业特别是亏损企业的创新发展提供了有利的融资渠道和上市的可能性。生物医药企业资金需求量巨大,而且我国生物医药产业企业表现为数量多、规模小,缺乏竞争力,具有高风险、高投入、高技术、周期长等的特点,难以获得融资。此外,在企业发展初期,即使拥有良好的技术,也难以达到主板或创业板上市的业绩要求。科创板的创立为有先进技术并且有发展潜力的生物医药企业提供融资渠道,从而帮助企业度过初期,保证研发投入,进而提升竞争力,持续健康成长。

截至 2020 年 7 月中旬,生物医药产业在科创板的上市公司已达 32 家(包括近期已领取股票代码待上市企业),上述企业募集资金额达到累计达 339.40 亿元。在审企业 48 家,拟募集资金金额 554.27 亿元。具体情况如下:

项　目	已上市生物医药产业企业		在审生物医药产业企业	
	数量（家）	占比	数量（家）	占比
标准一	23	69.70％	37	77.08％
标准二	3	9.09％	—	—
标准三	—	—	2	4.17％
标准四	2	6.06％	1	2.08％
标准五	4	12.12％	8	16.67％
合　计	32	100.00％	48	100.00％

　　从选择的上市标准来看,已上市和在审企业中超过70％的企业均选择标准一,一定程度上反映出,已上市和在审生物医药公司业绩规模尚小,通过科创板的融资将为其新药的研发与推广、生产规模的扩大提供有力支持,已上市和在审科创板企业规模如下:

营业收入规模	2019 年营业收入		3 年平均营业收入	
	公司数量（家）	占　比	公司数量（家）	占　比
≤3 亿元	36	45.00％	49	61.25％
3—5 亿元	21	26.25％	11	13.75％
5—10 亿元	11	13.75％	13	16.25％
10 亿元以上	12	15.00％	7	8.75％
合　　计	80	100.00％	80	100.00％

净利润规模	2019 年净利润		3 年平均净利润	
	公司数量（家）	占　比	公司数量（家）	占　比
亏　损	13	16.25％	14	17.50％
0—0.5 亿元	11	13.75％	25	31.25％
0.5—1 亿元	30	37.50％	26	32.50％
1—2 亿元	17	21.25％	7	8.75％
2 亿元以上	9	11.25％	8	10.00％
合　　计	80	100.00％	80	100.00％

　　注:科前生物尚未更新 2019 年数据,其 2019 年数据根据其半年报数据×2 计算得到。

二是引导一级及二级市场资金加大对生物医药产业的创新支持。生物医药创新企业前期研发投入高,是资金和技术密集型行业,融资需求旺盛。科创板设立之前,生物医药企业一级市场的融资规模远大于二级市场,但一级市场资金退出渠道单一,资金利用效率不高。科创板的推出不仅丰富了生物医药企业融资手段,而且增加 PE/VC 等退出渠道。同时引导和吸引二级市场的资金加大对生物医药企业的投资力度,活跃了一级及二级市场资金对生物医药企业的投资热情,推动生物医药行业一、二级投资市场的联动发展。

三是生物医药上市的数量大幅增加,上市周期大幅缩短,促进了生物医药产业尤其是上海生物医药产业的发展。2018 年,当年上市的生物医药公司(主板、中小板、创业板)为 8 家。2019 年仅在科创板开始受理到 2019 年末的几个月时间内,通过科创板上市的生物医药公司已达 15 家,其中注册地为上海的公司为 8 家。科创板开通后,生物医药上市企业快速增加,促进了生物医药产业尤其是上海生物医药产业的发展。

四是畅通了生物医药创新的产业循环,促进企业加大了研发力度,加速了国内创新药的研发。截至 2020 年 7 月中旬,生物医药产业在科创板的上市公司已达 32 家(包括近期已领取股票代码待上市企业),上述企业募集资金额达到累计达 339.40 亿元。在审企业 48 家,拟募集资金金额 554.27 亿元。从科创板已上市或在审企业募投项目的内容来看,创新药成募投方向,这一细分领域是热门。大量中小型创新药企业开始试图通过科创板募资,布局创新药领域,加大研发力度,有利于我国由以往仿制药占据主导的市场逐渐朝创新药方向迈进。

针对第二个问题:目前要求和标准还比较适中,申报数量结果就是明证。要考虑到风险的评估,如支持更多的企业上市是否可以设置特别的板块,包括评价指引、特别的要求、多组合具体要求的上市标准。科创板可以综合考量企业现有技术、研发能力、研发投入比以及预期未来的盈利能力,适当降低无收入未盈利企业的市值要求,从而让有潜力的更多的生物医药企业共享资本红利,但应设置更高的投资者要求。

针对第三个问题:一是针对规模较小企业,丰富小额快速融资渠道。二是企业合并方面,合并团队方面,可以发行股份以更低的价格进行收购,突破现行规则,同时对发行股份数量加以限制,防止利益输送。

针对第四个问题:近几年来,我国生物技术产业规模不断壮大,以年均

20%左右的增速,成为中国经济的重要增长点。我国已经形成以长三角、环渤海、珠三角为核心的生物医药产业聚集区。全国生物医药产业园数量突破400家,其中长三角占比超过30%。长三角地区在高校、科研、人才、生物医药企业等创新资源优势,积极贯彻落实国家生物医药相关产业政策,加强生物医药产业链上下游的协同创新,促进了地区的资源共享,以及资金、技术、市场、知识产权等方面的合作。

以上海和江苏为例。作为长三角区域生物医药产业的龙头,上海发挥雄厚的新药研发能力,仅2018年一年获批进入临床的创新药物达50多个,正在开展的临床研究项目有176个。尤其是上海张江,一直有三个3的说法:我国食药监总局每批准3个一类新药,就有1个来自张江;连续几年,张江从国家新药创制重大专项中拿到的经费占全国约1/3;张江企业申报新药的成功率,是全国平均水平的3倍。江苏泰州中国医药城疫苗产业集聚了13家疫苗企业,拥有各类疫苗产品近50个,是我国唯一的新型疫苗及特异性诊断试剂集聚发展的试点。江苏苏州抢占医药产业前沿,主要包括医疗器械、化学制药、生物制药、现代中药四大制造业领域,其中主要是医疗器械和化学制药,生产总值约占全苏州产业总量50%左右,累计集聚3 000余家生物医药类企业,相关产值超千亿元,年均复合增长率高达18%。

从科创板已上市和在审生物医药企业数量来看,长三角地区的企业占比超过40%,是科创板生物医药行业企业的主力军。各区域已上市和在审生物医药企业数量如下:

地　　区	已上市和在审生物医药企业数量(家)
江苏省(长三角)	16
上海(长三角)	15
北　京	13
广东省	8
浙江省(长三角)	6
山东省	5
湖南省	4
四川省	4
天　津	2

地　　区	已上市和在审生物医药企业数量(家)
辽宁省	2
陕西省	1
山西省	1
湖北省	1
河南省	1
福建省	1
总　计	80

　　从科创板上市和在审生物医药企业数量可以看出长三角地区的生物医药产业优势集群得到显现,科创板也为该区域的生物医药产业的创新提供了新动能。随着长三角生物医药企业在科创板上市数量的增多,相关融资规模随之增加,相关企业对生物医药的研发投入力度加大,相关创新成果将显现。其将引领长三角乃至全国其他区域的生物医药产业企业在科创板上市的热情,促进上述企业创新力度。

　　3. 国泰君安证券

　　第一,科创板对生物医药产业创新发展的支持,主要体现在以下几个方面:一是为生物医药企业在国内上市提供了更多机会。(1)科创板打破了"无收入未盈利的医药企业无法在国内上市"的限制。(2)过去生物医药公司更多选择港交所或者纳斯达克上市,科创板为医药企业提供转战国内上市发展的机会。(3)科创板设置了五套上市标准,支持更多医药企业上市。二是打破23倍市盈率的限制,促进合理估值。已上市的"医药制造业"企业共17家,其中13家盈利企业都选用了市盈率的估值方法,估值水平从39.01倍到467.51倍不等,中位值为49.21倍,平均值为112.43倍;4家尚未盈利企业选用了市值/研发费用的估值方法,估值水平从21.62到56.74不等,中位值为38.10,平均值为38.64。三是有力促进了医药企业的融资规模。最近一年,在科创板和A股其他板块上市的医药企业分别是17家和6家,融资规模分别是224.56亿元和57.83亿元。

　　第二,对于科创属性,随着相关法律法规的建立健全,科创板对科创属性已有了相对成熟的参照体系,同时在申请文件中还要求进一步论述核心技术和核心竞争力,并与同行业企业进行对比,因此目前科创属性的标准不必提高,更多还是交给市场去判断,同时加强事后监管,保证生物医药企业在上市后合法、合规地开展业务,后续如有需要,可根据上市企业的市场表现情况完善相关要求。另外,对于医疗器械类企业,2020 年的市场环境下可能面临收入利润下滑的压力,从而可能导致不符合科创属性年化收入增长 20% 的指标,因此建议酌情考虑特殊环境下的影响。

对于进一步支持无收入未盈利的生物医药企业。一方面,现有制度对未盈利生物医药企业的支持已取得一定成效,截至 2020 年 7 月 20 日,科创板在审及已上市生物医药企业共计 48 家,其中标准一至标准五分别为 31 家、1家、1 家、3 家和 12 家,标准五占比已有所提升。另一方面,监管机构可进一步支持优质的无收入未盈利的生物医药企业上市。目前,医药企业研发模式主要包括自主研发和授权引进(License-in),License-in 已成为行业普遍存在的研发模式。近几年来,国内越来越多的创新型医药企业结合在我国高发但没有很好特效药的疾病领域,将一些在国外已经处于临床研发中后期的项目引进国内开发,逐步实现从单纯的品种引进向专利/产品授权、外延并购升级,缩短药品成功上市的时间。此外,随着越来越多的海外专业背景人才回国创业,依托团队对新药研发环节的熟悉和对海外市场的了解,涌现出越来越多采取以 License-in 为核心模式的医药企业。其中的优秀企业,如再鼎医药(ZLAB.O)、歌礼制药(1672.HK)、华领医药(2552.HK)等陆续在纳斯达克或香港上市,科创板这类企业相对较少,部分企业存在顾虑,担心科创板对 License-in 模式的科创属性存疑。因此,为进一步支持生物医药企业的创新和发展,建议科创板更加包容,支持多种模式的创新药企业来科创板上市。

第三,考虑到生物医药行业具有研发投入大、研发周期长、风险高的特点,建议可以兼顾风险把控和政策支持,在一般性要求下,针对部分事项进行差异化安排:(1)对于成熟的生物医药企业,尤其是市值、收入或者利润已经达到一定体量的,建议监管机构大力支持其进行产业并购或再融资,促进其实现产品线的扩张或外延式的扩张,通过资本市场形成一批头部生物医药上市公司。(2)对于尚未形成稳定收入利润的生物医药企业,监管机构可重点支持其持续融资,获取资金用于研发或市场投入。(3)根据生物医药企业的特点,建议科创板再持续融资的募投项目上更加开放包容。传统制造企业可使用募集资金大量投入固定资产购建,而生物医药企业往往是轻资产运行,主要资金投入研发和团队建设，因此资本化投入相对更少。

第四，长三角城市群以上海为中心，包括苏浙皖沪三省一市，致力于建设面向全球、辐射亚太、引领全国的世界级城市群。长三角区域生物医药企业是科创板生物医药产业的重要组成部分，科创板可从以下方面突出长三角生物医药产业优势集群：一是科创板可与长三角区域政府对接，提升激励机制。例如针对生物药品、化学药品等不同板块设置评价指标，筛选出细分领域真正优质的企业，鼓励政府每年拿出专项资金支持这些优质企业的人才引进、项目研发，同时鼓励企业与高校和科研院所建立产学研合作关系，打造自主可控的生物医药产业创新主阵地。二是鼓励同质化企业之间的兼并重组。长三角地区医药产业也出现了地区之间发展差距大、同质化竞争并存的问题，不少园区内、园区间的创新制剂、精准医疗、医学检验及医疗健康等领域研发、产业化项目出现了重复投资、产品相同、市场重叠等现象。科创板可鼓励同质化企业之间的兼并重组，将特色、优势园区进一步集聚发展，从而更好地与接轨国际。三是利用区位优势提前布局，引导产业发展。长三角地区以上海为中心，具有丰富的优质生物医药产业资源。政府或监管机构可组织上交所或优质成熟的上市医药企业，与处于孵化期或早期的生物医药企业进行沟通交流，帮助企业与资本对接，早日实现股权融资、上市辅导和兼并收购等资本运作，促进企业快速发展。四是推进长三角政策服务支持。一方面，深入推进长三角政策协同，携手共建长三角药品监管区域协作体系，加速新药研发和上市进程，各地的检查结果、标准手续统一，形成协同监管，使得产业链上下游可以更好地安排业务所在地，共同打造全产业链的生物医药产业集群；另一方面，不断完善产业服务平台体系，加强布局建设生物医药领域的服务平台，为企业提供药物筛选、药效评估、临床研究、中试放大、注册认证等全方位和全部环节的服务，中小医药企业在借助世界级高端装备和服务提升研发水平、提高研发效率上获得更多选择。

4. 张科领弋投资

第一，科创板的设立对于支持生物医药产业发展有好处。一方面给予企业新的融资渠道，完成战略设想；另一方面，给基金良性的循环和退出渠道。在2000年初，国内只有少量的美元基金投早期的生物医药项目。那时候企业有新的想法，却没有太多资源支撑其进一步发展。科创板设立后，不论人民币还是美元基金，都找到了比较好的退出渠道，这个板块对于发展产业来说是至关重要的。

对于像张科领弋这类主要投早期项目的基金来说，从投资到企业上市，退出周期比较漫长。所以希望在退出的规则上可以考虑一级市场机构的需求，鼓励投早期项目的基金在企业上市之前有更多的退出机会和退出渠道，让 LP 更早收回前期投入用于新的投资，形成良性循环。

第二，科创属性的标准不是简单的提高和降低的问题，而是要找到适合生物医药行业的科创板上市标准。新药研发周期漫长，现在的科创板上市标准选择临床二期作为企业上市的门槛标准，但是临床二期失败的概率是最大的。相比而言，包括纳斯达克在内的全球资本市场对生物医药企业上市门槛范围的考虑还是比较灵活的。对于高投入的医疗器械企业，在完成临床试验之前都是不盈利的。高风险医疗器械企业要求临床试验数量比较多，在临床试验阶段要靠融资推动产品走下去，所以建议根据这类企业的特点设立合理的上市门槛。

做药本身是高风险的，光靠一级市场无法支撑所有的创新药研发。通过开放市场可以鼓励大家更多投入研发新的东西，用数量来解决概率问题。通过放宽资本市场的门槛，让更多企业上市融资，可以实现一、二级市场更好的联动，生物技术公司才能找到更好的渠道去融资。目前申请科创板上市的优质生物医药企业还是比较少。除了科创板，优质的企业还有纳斯达克、港股等很多选择。建议从顶层架构上考虑，创建更友好的环境吸引优质的生物医药企业来科创板上市。

5. 奕瑞光电子

公司在上市过程中感受到流程非常快，2019 年 10 月公司决定报科创板，2020 年 7 月 15 日已经完成过会，整个流程效率非常高。科创板非常符合像奕瑞光电子这样的医疗器械科创型公司，也为公司以后的发展提供了更好的平台。公司未来可能会考虑国际并购或者是资产重组，希望以后在科创板平台上能够有相应的政策支持或者标准考虑。

6. 君实生物

第一，科创属性方面，希望科创板能够更多支持源头创新企业。长期看生物医药企业要逐步成长到能够持续经营的阶段，除了依靠资本市场融资，必须有自我造血能力，能够把产品推进到商业化，实现销售。这种类型的企业更加适合目前针对科创板的五套规则。科创板对未盈利企业有在规定时间内需要盈利的要求,而纳斯达克和港股没有这方面的要求。对于更好地支持真正的生物科技公司登陆科创板,建议对公司主营业务、在研产品核心竞争力、研发潜力、核心技术进行更加专业的判断,对企业未来整体战略规划有更加准确的把关,更好地支持有可塑性,同时对未来有合理商业化规划的未盈利企业上市。

第二,我们正在研究科创板的再融资办法。海外市场未盈利的生物医药企业持续融资和并购重组是非常重要的资本市场安排。科创板推出的再融资办法,从规则上已经提供一定的具有可选择性的融资工具,在流程的简便上,科创板也作了特别考虑。并购重组本身是生物医药科技公司很重要的资本市场活动,希望科创板能够给并购留出一定空间。

第三,长三角具有显著的产业集群优势。例如,君实生物总部在张江,在苏州吴江建立了第一个生产基地,在临港有第二个生产基地,合作伙伴和参股公司也有分布在杭州的。长三角的产业集群支撑了公司主要业务以及资本市场的需求,同时引领周边的企业,为整个行业发展提供协同。

7. 思路迪医药

创新性生物医药企业上市建议,大道至简,知易行难。因为美国已经有非常成功的模式可以总结规律来借鉴,但要全部执行,需要政府勇于创新,大胆决策,突破常规思维。

一是生物医药研发,永远是数据驱动价值增长,而不是机构背书/设立各种监管来判断提高质量,否则就不会出现企业股票大涨了,因为没有人可以预测生物医药企业的研发数据。质量是靠筛选出来的,是靠资金推动的数据创新跑出来的。美国市场告诉我们,生物医药是10%的企业贡献市场90%的回报,而其中5%的企业又贡献90%的大部分。投资生物医药创新,不可能每个企业都成功,那样就没有超额回报了,应该是引导鼓励基金/股民做分散投资,60%亏损,30%略微回报,10%获得超额回报,供给增加了,可投资的生物医药企业多了,就会形成一个合理的投资回报市场,不能把生物医药创新投资变成一个精挑细选,少数供给,单边市场稳赚不赔的投资市场。

二是提前打开融资通道,把标准五融资市值要求调低到10亿元,把临床II期前移到获得IND,这样可以降低一级市场投资人投资生物医药企业的门槛,拓宽创新性小型生物医药企业的融资通道,是繁荣生物医药创新的充分必要条件。从美国生物医药创新历史来看,创新生物医药企业失败是必然的,成功是偶然的,但必然的基数大了,偶然的数目就多了,生物医药市场就繁荣起来了,交易所应该通过设计合理的规则并放宽上市通道来增加供给,而不是通过强管控来避免恶意做局上市圈钱。

三是美国的公司创新主体上市后一般10亿—50亿美元居多,IPO时一般1亿—10亿美元居多。因此对中国生物医药市场而言,第一阶段(2020—2030年)更多是聚焦中国市场,需要打造更多上市后市值为5亿—20亿美元,上市前市值为1.5亿—5亿美元的公司,对这些公司的上市和后续再融资给予支持,而不是让部分已经有巨大销售额的有钱的公司,再上市变得更有钱,并刻意去支持和扶持更多1 000亿市值公司,这样看上去树立了标杆,但实际上消耗了市场资金资源,会扼杀创新,创新回报大的一定在更小的企业,巨头要减少支持,1亿—20亿美元的公司要给予大量支持。举例:美国吉利德公司1992年IPO,融资8 000万美元,1995年第一个药物获批,但销售额不佳,后面三次再融资,累计融资2.5亿美元,直到2001年才开始其新一代抗艾滋病药物获得大卖,成就今天千亿美元的市值。

四是降低AB股(同股不同权)企业上市门槛,目前为15亿美元(100亿元人民币市值)门槛,这样会导致许多生物医药公司早期因为快速融资而不得不失去控制权,导致丧失研发属性,或者因为不想失去控股权导致融资困难。美国已经成功实施几十年,积累了大量宝贵经验可以学习,我们不需要再花几十年摸索一套新规则。

五是降低标准五企业的市值上市要求,从40亿元降低到10亿元;但可以锁定投资人和管理层退出期,比如药物上市后,实现1亿元以上销售额才能退出,或者只能通过大宗交易退出,避免出现做局上市用"科学创新"欺骗散户股民。

六是推动上下游生态链公司上市,对这些企业也要突破政策法规限制。比如自制试剂第三方检测业务(LDT),美国市场达到千亿美元,这个业务的合规上市大大促进临床药物研发和新靶点开发以及创新诊断,但在中国目前政策属于灰色,影响这类企业上市,也就影响了生物医药生态链的发展。

七是上市公司并购和被并购,反对设计定价或者管理模式,而应该增加监督模式,让市场作决策。

八是降低企业上市后再融资要求。

8. 三生国健

第一,科创板有利于促进中国整个生物医药行业的发展。科创板是中国资本市场改革关键性的一步,将过去上市公司追求利润为主的模式引导到通过技术创新去建立更有壁垒的、更可持续的一种企业发展模式。科创板上市的5套标准中,标准五是专门针对未盈利或未有收入的生物科技等领域企业而设定的上市规则。生物医药企业能够在不受盈利能力或收入的限制下登陆科创板,从制度上保障了那些需要长期投入研发核心技术和利用核心技术开发原创产品的高科技企业。之前绝大部分新药的开发都是跟随策略(fast follow),这自然与技术储备有关,但同时也与缺乏科创板这类支持创新的资本有关。在偏保守的资金偏好驱动下,研发策略一般也会趋于保守。在科创板的支持下,国内的生物医药企业,整个行业也有希望更多地向真正的创新药发起挑战。

另外,注册制相较于传统的审核制,是一个更加市场化的转变,也非常适合"新经济"、"科创"属性和定位的生物医药企业。不但审核周期上大大提升了发行人IPO的周期,为发行人高效融资提供了便利性,而且后续配套监管其实对上市公司信息披露、合规经营等提出更高监管要求。

第二,上科创板是对企业科技含金量的认定,这一属性要强化,一定不能弱化。当科创板真正的创新属性得到体现,大家就会看到原来科创板不仅仅是一个融资的平台,不仅仅是一个资本运作的平台,更重要的是检验一个企业是否能够真正做到持续创新,能不能够通过这些创新走向技术革新,走到世界前沿的展示舞台。今年3月20日,中国证监会发布《科创属性评价指引(试行)》对于科创属性给予了官方标准,"3+5"标准,让我们对科创属性的认识更加清晰和透明。

科创板虽然淡化了对生物药企盈利指标考核要求,但制定的上市市值门槛并不低。由于新药研发的长周期性和高风险性,企业估值定价难,是生物药企的一大特征。科创板制定的上市门槛,还是高于港交所、纳斯达克等资本市场,比如港股资本市场,对于未盈利生物药企提出的上市市值要求是至少15亿港元,纳斯达克是7 500万美元,科创板设定了较高的上市市值门槛,应该是考虑到保护中小投资者的利益需要。随着科创板的日益成熟以及中国资本市场投资者的成长,这一标准可以在合适的时机进行调整。当然要走向成熟,还需要一定的时间。

第三,上交所近期发布了下一阶段科创板改革的思路,如建立长期投资者制度、完善出台再融资规则等,科创板的一系列制度建设是借鉴了美国、中国香港等成熟证券市场的经验,同时也保留内地特色的证券市场风格的综合体现。这里就包括了长期投资者制度。对于再融资规则出台,对于生物医药企业更是特别期待的,可能一次IPO并不能够完全满足企业在实现自我造血前对于资金的需求,所以非常需要此类制度的尽快完善落地。

另外,对于科创板生物医药企业的重组和定增,应该考虑到科创属性的特点来进行差异化的引导。重组应该鼓励这个标的资产在科创属性上是比较强的,或者与目前企业的核心方向是有一定的互补作用的。定价权应该交给交易双方,因为医药领域核心技术的价值判断有比较高的专业门槛,只有买卖双方有更好的判断,在价格方面不适宜做严格的管控。

第四,目前我国已经形成了以长三角、环渤海、珠三角为核心的生物医药产业聚集区。全国生物医药产业园数量突破400家,其中长三角占比32.5%。加强对生物医药企业登陆科创版的服务,主动对接科创企业孵化培育,改制上市全生命周期发展需求,鼓舞更多的优质生物医药企业登陆科创板挂牌融资。

9. 复旦张江

第一,作为在张江园区24年的生物医药企业,对外部融资渠道,一级市场的资金,非常有感触。融资渠道狭窄,有钱的时候做研发,没钱的时候首要任务是让自己活下去。现在科创板推出,解决了高投入长周期高负债率的生物医药公司的资金问题。

第二,对于已上市公司来说,更加关心的是后续持续融资。在香港股市有一般性授权,每年只要股东大会有审批议案,可以有接近10%的一般性授权,在未来一年中,管理层可以根据实际需要预售。上交所推出小额快速融资的政策,从方向上说,跟港股是一致的,虽然金额只有3亿元人民币。未来希望看到科创板整体执行,包括未来投资,可以真实地快速地落实落地,为我们这样的企业提供一个通道。

第三,对于科创板的监管,注册制将更多公司信息公开透明地披露给投资者,让投资者有效根据公司信息作为判断,但实际感受上有一点偏差。比如,上市以后的募集资金如果有闲置资金可以做一般安全性的保本理财,或者前期在上市之前公司垫付的自有资金可以从募集资金里置换,港股披露一个公告就可以了,但在A股发了7个,加上港股的海外监管公告,一共14个。普通投资者想切实知道的公司实际情况会被众多信息淹没,比如券商要出的确认书,律师要出的东西,公司发那么多公告,投资者首先的反应就是,公司会不会有什么特别大的事情，其实并没有。未来在监管的信息披露方面，尤其像两地公司的，很多变成 A 股要发，港股一定要匹配发一模一样，未来港股也需要发 A 股，这是为了保证两地披露的一致性。有没有什么简便一点的措施确保投资者可以准确及时抓住公司真实想披露的重点内容。

10. 和元生物

第一，对小微型企业融资非常重要，科创板对我们而言是春天，使上市计划至少提前了两年。公司融资非常难，作为新兴产业，做基因治疗的 CRO，估值非常低，新药公司能拿到几十亿元，我们只有几亿元，得不到投资人的青睐，科创板出来刚好给投资人一些退出的机会，能让我们这类企业的价值被发现。

第二，生物医药的产业链，作为基因治疗中间链上的企业，科创属性如何提高？标准是什么，如何评判高标准，这很难。在很多指标里提到研发投入、专利数，很多企业为了体现科技属性，在研发投入上进行企业可掌控的安排，满足上市条件，科创属性的判断上希望更加优化。专利数，5 项和 10 项、50 项哪个更好，不同细分领域有很大差别，我们做 CDMO，更多倾向做技术保密，最核心东西不会申请，申请一些技术类，数量上怎么评判，市场评价会拿这个标准衡量一个企业。产业的细分领域，希望出台更新更加符合细分领域特点的标准出来。

第三，关于标准一和标准五，如何选择？目前 22 家企业选择标准一，2 家企业选择标准五。我们是创新性公司，可比的公司国内没有，国际上跟我们有一些不同，既做 CDMO 又做新药开发，我们更倾向做 CDMO。在盈利上，我们是前期导入型，需要有大量的技术开发，有大量的资产投入，会有两到三年的前置投入，这会带来盈利能力的后移，然后出现很高的增长，不同于新药很多年有一个非常爆发。在选择标准一和标准五时，跟上交所沟通，也可以选择标准五，"五"针对新药开发公司，CDMO 公司没有放，我们跟传统 CRO 有差别，技术含量更高一些。科创板有新的东西对人才吸引力非常强，国内没有现成的人才，要么从国外引进，要么自己培养，在上市前做股权激励计划，对人才引进起到很大的帮助。

11. 张江科技

第一，科创板的创新举措推动着创新企业的发展，也对产业集聚效应起到良好的推动作用。一是登陆科创板的企业为整个生物医药行业的发展提供了标杆;同时为企业增加了社会的曝光度,具有社会效应。二是科创板上市为企业的融资提供了渠道,不仅有私募市场的 PE、VC,而是向更广阔的公开市场。三是科创板为投资机构的退出提供了通道,使创业投资的资金链形成闭环,也缩短了退出周期,能够吸引更多的资金进入,对生物医药产业的发展有很大的激励作用。以张江为例,截至目前,位于张江的科创板上市生物医药企业有 5 家:君实生物、复旦张江、美迪西生物、心脉医疗、三生国健。凯赛生物已经注册生效,已问询企业有泽生科技、仁会生物、皓元医药、之江生物、艾力斯医药。张江科投生态有幸服务过其中的心脉医疗、泽生科技、君实生物、美迪西生物、之江生物、艾力斯医药。

第二,生物医药企业是典型的研发高投入行业,需要资本市场的强有力支持,建议进一步把能交给市场判断决策的事情交给市场。比如,不只是用营收利润、研发规模这些指标作为上市条件,而是根据生物医药公司的发展关键节点,如对 I 类新药、临床试验 II 期等。另外,对于 VIE 架构的企业申报科创板,目前只看到个案,具体的标准,或者说负面清单需要进一步明确,以提升科创板对 VIE 架构创新企业的吸引力。对于此类架构的企业,还会涉及境外股东,包括机构和自然人,如何在国内资本市场操作,相关的指导性意见还需要进一步明晰。

第三,并购重组是很多创新项目对接资本市场的重要路径,这个问题非常有前瞻性。我认为还是要坚持市场导向,以创新药为例,具有平台属性的上市公司并购重组产品品类较单一的创新型公司,在增强自身的技术积累,拓展产业外延的同时,也能加速创新型公司成长,促进整体行业发展。应支持和鼓励并购重组这种正常的商业活动,并可以通过各种制度安排,促进并购重组的市场化、法制化。

第四,从产业创新链来看,上海具有人才集聚的优势,研发创新能力突出;周边区域具有成本优势,生产制造创新能力占优。首先,需要充分发挥资本在企业发展过程中的影响力和资源配置的能力,以资本价值链带动长三角区域产业链的协同发展。比如像科投正在运营的生物医药专项子基金,就是聚焦生命健康领域,挖掘和培育优质项目,加上配合科创生态中的专业技术、市场拓展、金融机构、主管部门等各类资源,精准赋能企业,为科创板提供“源头活水”,同时有利于对生物医药创新企业的吸引和集聚,提升支撑引领效应。其次,通过管理产业引导母基金,以资本协同招商,通过招投联动,在产业资源配置上发挥引导作用，引导产业链围绕上海研发高地、周边生产制造的错位发展和融合布局，提升生物医药产业集群的整体能级。再次，通过参与市场化子基金的投资，撬动更多社会资本进入像生物医药这样的硬科技产业，也有利于在更多细分赛道上的布局，弥补直接投资的不足。同时，科创板提供的退出通道也进一步增强了对社会资本进入这类产业的吸引力。通过资本的加速，上海在生物医药领域的产业引领作用将得到进一步强化。

（二）特邀职能部门发言

1. 上海科创办科技金融处

上海市科创办是在面上推进企业发展，落地到浦东新区，对口的是一区28园，相当于高新区的范围。介绍一下张江示范区生物医药产业的概况，科创板上市的情况。

第一，生物医药在全球，特别是中国经历快速发展阶段，而且是研发高投入。近几年来中国上海生物产业发展加速，2008年到2018年诞生一共41个一类新药，2012年诞生10个，2019年批准国产一类新药12个。在这么长周期的后面是大量的企业研发培育和创新积淀才产生这些结果。近年来生物医药企业，特别是核心园，靠着大量补贴和融资在后面做支撑。2020年受到新冠肺炎疫情影响，全国以及上海市股权融资是腰斩，不管是数量还是金额下降很厉害，但生物医药领域是一枝独秀。保守估计，上海市2020年上半年生物医药领域股权融资超过100亿元人民币，是大量的投入。A轮融资达到19亿元的项目是核心园。中国包括上海生物医药产业快速发展，特别在创新层面，与国际领先水平持平，背后靠大量资本支撑。科创板在2018年推出后，2019年已经有陆陆续续企业上市，也有估值很高的，君实目前是科创板生物医药领域最高的，800多亿元估值，这背后是资本市场对上海，特别是张江示范区，这么多年积淀的生物医药产业和技术背后的支撑。

第二，资本对科创板的认可，特别是生物医药企业的认可。目前为止上海上市发行科创板企业20家，生物医药是8家，占全市46%，募集资金122亿元，占全市16%。其中，中芯国际400多亿元募资，除中芯国际之外，科创板发行生物医药企业募资占43%。2020年上半年中国企业IPO 188家，在全球各个主要市场IPO，A股上市138家，科创板一枝独秀，上半年科创板发46家，各个板块A股上市医疗健康企业16家，有10家在我们科创板。从大的比例和概率上看，科创板是为生物医药企业借助资本市场扩大自己研发投入，为之后的发展提供更好的支撑。

第三,科创板大力支持生物医药产业发展,助力生物医药企业加大研发和持续活力。截至2019年末,张江示范区里在全球各个主要市场上市企业256家,A股160家,原来传统A股板块里上市比较多的是传统产业、金融地产、信息电子,生物医药行业排位靠后,募资总额占不到前面。科创板2019年推出后,对生物医药产业发展支撑力度很大,还有很多技术上、制度上的设计,包括已经上市企业以后的再融资、并购,怎么更好地支撑已上市的科创板企业进一步扩大融资做好发展,这是接下去可以探讨的。

2. 浦东新区金融局综合处

第一,梳理分析浦东新区上市企业后备库。浦东新区已有13家企业在科创板上市交易,占全市的三分之二。同时,尚有18家企业处于科创板审核进程中,其中,凯赛生物已注册生效,即将启动发行;芯原微电子已提交注册。此外,排摸挖掘上市后备企业50家,其中40家有望申报科创板,31家已启动上市准备工作。近期,金融局还会同上交所对之江生物、钛米机器人等一批重点企业,加强走访服务和上市辅导,并开设绿色通道,加快辅导备案和上市受理。

第二,落实"四专服务"工作机制。2019年以来基地建立了"服务专人对接、上市专班辅导、需求专属清单、行政专项协调"工作机制,将浦东新区上市后备企业全部纳入服务范围,"一口受理"、及时解决企业上市合规问题。特别是疫情发生以来,金融局将无违规证明办理时限从5天缩短到1天,做到即来即办,并协调海关、社保等部门,通过线上办理企业无违规证明,确保企业申报进程不受疫情影响。

第三,2018年11月14日长三角资本市场服务基地揭牌成立,由浦东新区人民政府和上海证券交易所发起设立。我们线上线下相结合,做实基地各项功能。经过一年多的运行,基地已形成十项重要的服务功能,其包括:上市发现培育、上市审核支持、股权投资对接、债权融资服务、路演推介展示、专业服务匹配、上市辅导培训、上市行政服务、金融指数编制和金融风险防范。在线下,我们与上交所紧密合作,打造了系列特色品牌活动,上交所"启航"、"护航"、"助航"首期科创板专题培训都在基地举办。我们开展"基地走进长三角"系列活动,与南京、杭州、镇江基地分中心联合举办金融合作交流会,为当地企业开展上市培训和投融资对接。我们开展"长三角科创企业"系列云路演,支持上市后备企业对接400余家股权投资机构及投资人。我们创设了"上市问诊"模拟审核,连续三期邀请上交所专家对来自长三角的23家冲刺科创板企业进行"一对一"的把脉问诊,解答企业疑难问题。截至目前,基地已举办各类活动180余期,服务长三角企业3 000余家,线上线下超2万人次参与。在线上,我们推进基地信息管理系统建设,以信息化应用促进基地服务能级不断提升。我们首创了上市发现培育功能,对照科创板相关标准,创建了基于AI算法的人工智能模型,建立层层递进的上市企业储备库、培育库和推荐库,目前入库企业分别达到5 014家、502家和112家,形成长三角上市企业"蓄水池",从科创板001号受理企业晶晨半导体到刚火箭上市的中芯国际,众多优质企业都从这里走向资本市场。我们首创上市审核支持功能,建立企业画像系统,正在建设科创板预审核标准和在线评价系统,为上交所科创板审核提供辅助支持。我们还首创科技金融精准对接平台,为企业和机构提供股权、债权投融资及专业服务的撮合对接。截至目前,长三角科创板上市企业数量达59家,占全国的45%,其中上海20家(浦东新区13家)、江苏25家、浙江11家、安徽3家。长三角上市企业高度集中在新一代信息技术和生物医药等"硬科技"行业,科技创新能力突出,普遍拥有上百项专利。长三角科创板上市企业募集资金达1 185亿元,占全国的60%。市值合计1.5万亿元,占全国的58%,中芯国际、金山办公、中微公司、沪硅产业、澜起科技、君实生物6家公司市值突破千亿元,成为中国科创板的"六巨头",其中长三角企业占5席。基地联盟成员积极发挥资源优势和带动作用,33%的长三角科创板上市企业获得来自基地股权投资成员的投资;由高瓴资本、达晨财智等联盟成员单位领投了一批具有上市潜力的长三角科技企业。联盟成员中的券商、会所、律所等专业服务机构则为近半数的长三角企业登陆科创板"保驾护航"。

3. 上海证券交易所发行上市服务中心

第一,支持生物医药产业创新发展。生物医药作为高度资本密集和高度技术密集的产业,具有研发投入大、临床试验风险高、投资回报周期长等特点。科创板设置了以"市值"为核心的多套上市标准,提供了市值与净利润、现金流、收入、研发投入等指标不同组合的5套上市标准,允许存在累计未弥补亏损、尚未盈利乃至尚未形成主营业务收入的企业在科创板上市,满足不同成长阶段生物医药企业的需求。其中,"市值"上市标准五的要求为"预计市值不低于人民币40亿元,主要业务或产品需经国家有关部门批准,市场空间大,目前已取得阶段性成果。医药行业企业需至少有一项核心产品获准开展二期临床试验,其他符合科创板定位的企业需具备明显的技术优势并满足相应条件",适用范围广、包容度强,为核心产品尚处于临床阶段的生物医药企业提供上市融资"特殊通道"。

目前,生物医药领域79％的已受理企业选择标准一,3家选择标准二(市值＋收入＋研发投入),2家选择标准三(市值＋收入＋现金流),2家选择标准四(市值＋收入),12家药品研发制造企业选择标准五(市值),其中,微芯生物、赛诺医疗、特宝生物、泽璟制药、百奥泰等生物医药企业已先后通过不同的上市标准成功登陆科创板。

第二,持续推出配套规则便利企业融资发展。2019年3月,中国证监会发布《科创属性评价指引(试行)》,提出科创属性具体的评价指标体系,明确具有科创属性企业的内涵和外延,同时规定支持和鼓励符合科创属性评价标准的企业申报科创板。随后,上交所发布《上海证券交易所科创板企业发行上市申报及推荐暂行规定》,依据中国证监会有关科创属性评价指引的指导性要求,结合科创板发行上市审核工作实践,对发行人如何自我评估、保荐机构如何核查把关的相关要求进行了优化调整,精简了优化评估和核查内容,并专门制订示范格式。上交所将继续发挥科创板"试验田"的作用,优化审核方式,提高信披质量,稳定市场预期,保障常态供给,通过推出升级迭代的"科创板审核2.0",将注册制改革不断推向深入。

近期,中国证监会发布《科创板上市公司证券发行注册管理办法(试行)》,进一步精简优化发行条件,科创板再融资主要关注上市公司的规范运行,相比于A股其他板块,不再将盈利要求作为发行条件,将助力"投资回报周期长"的生物医药企业利用资本市场做优做强;同时,最大限度压缩审核和注册期限,交易所审核期限为2个月,中国证监会注册期限为15个工作日,对于"小额快速"融资设置简易程序,交易所在2个工作日内受理,3个工作日内作出审核意见,中国证监会在3个工作日内作出是否注册的决定,提高科创板上市公司融资效率。

此前,上交所发布《上海证券交易所科创板上市公司重大资产重组审核规则》,明确审核时限,上交所自受理发行股份购买资产申请至出具审核意见,不超过45天;进一步丰富科创公司实施并购重组的市场化支付工具,结合现行并购重组定向可转债试点成果,明确科创公司可以按照中国证监会有关规定,通过发行定向可转债购买资产,并可以自主约定转股期、赎回、回售、转股价格修正等条款;充分吸收现有并购重组审核"分道制""小额快速"等有益经验,进一步优化重组审核程序,提高审核效率,结合科创公司的日常信息披露和规范运作情况、中介机构执业质量,对于合规合理、信息披露充分的重组交易,以及符合"小额快速"标准的重组交易,将减少审核问询或直接出具审核报告。

第三,助力长三角区域生物医药产业发展。目前,申报科创板的生物医药企业中44%来自长三角地区;而已成功上市的生物医药企业中52%来自长三角地区,企业所处细分领域覆盖新药研发制造、CRO、医疗器械等。未来,科创板将助力更多长三角地区生物医药企业上市融资、创新发展。

4. 上海证监局公司监管二处

第一,关于科创属性,建议:(1)对生物医药科创属性评价进行进一步的细化。根据生物医药企业所处的具体领域,如高端化学药、新药、生物类似药、医疗器械等,进一步建立差异化、可量化的上市标准,增强生物医药企业上市的可预期性。(2)兼顾对商业化能力的考量。从药企财务报表看,平均销售费用率约占营业收入的30%以上,药企的核心能力不仅体现在研发能力也体现在商业化能力,商业化能力构建需要投入的资源也远大于临床前研发。由于现行的格式准则更偏重技术的论证,建议兼顾生物医药公司的商业化能力的要求。

第二,对于标准五,建议适当降低对无收入未盈利的生物医药企业市值标准。目前医药市场医药企业估值整体较高,但仍有大量生物医药企业难以满足40亿元市值的要求,未来随着社保政策的推进,对药价及药企利润形成一定冲击,可能影响药企估值。建议适当降低生物医药企业的市值标准,例如可参考香港联交所2018年修改的《上市规则》第十八A章,对于未盈利的生物医药企业上市,需满足的市值条件为15亿港元。

第三,对于持续融资和并购重组,建议:(1)放宽募集资金用于补充流动资金比例限制。对于以研发为导向的生物医药企业,持续融资的资金用途主要在于产品研发投入,支付高新技术人员工资等非资本性支出,因此补充流动资金尤为关键。目前,依据《科创板上市公司证券发行上市审核问答》,通过配股、发行优先股、向特定对象实施定向增发的,可以将募集资金全部用于补充流动资金和偿还债务;通过其他方式募集资金的,用于补充流动资金和偿还债务的比例不得超过募集资金总额的30%①。虽然法规允许高研发投入特点的企业有所突破,但部分市场机构反映,在实操层面仍存在为避免超过补流上限,强调募集资金投向固定资产投资的情形。建议可以针对生物医药企业,特别是新药研发企业制定差异化的募集资金投向标准,放宽对其募集补充流动资金的限制,发挥以"信息披露"为核心的注册制理念,由市场判断募集资金使用的高效性。(2)调整构成重大资产重组的认定标准。根据《科创板上市公司重大资产重组特别规定》,科创公司实施重大资产重组,基本按照《重组办法》相应规定予以认定。科创板28家生物医药公司总资产规模平均19亿元,在六大战略新兴产业分类排倒数第二。由此可知,生物医药公司实施并购重组较易触及重大资产重组的指标要求②,建议可引入市值体量对比等指标,衡量重大资产重组认定标准等方式差异化认定生物医药行业重大资产重组构成标准。(3)强化差异化信息披露监管。在信息披露方面,建议针对性弱化生物医药产业并购重组对其盈利能力的强调,强化上市公司与标的之间协同效应及标的产品研发进程、潜在风险的信息披露要求,从而使得上市公司能够在契合自身发展需求下作出更市场化的并购选择。

第四,对于长三角一体化,建议:(1)增大政府支持力度。一是出台相关鼓励政策,提高生物医药企业上市积极性。借助"浦江之光"行动,相关部门联合开展实地调研,摸排长三角生物医药企业在各方面的需求并制定相应的扶持政策,形成示范作用。二是围绕优质生物医药红筹企业回归和上市,系统研究完善一揽子政策安排,解决企业回归后股权、投资者权益、监管标准等后顾之

---

① 《科创板上市公司证券发行上市审核问答》问答 4:(一)上市公司应综合考虑现有货币资金、资产负债结构、经营规模及变动趋势、未来流动资金需求,合理确定募集资金中用于补充流动资金和偿还债务的规模。通过配股、发行优先股、董事会确定发行对象的向特定对象发行股票方式募集资金的,可以将募集资金全部用于补充流动资金和偿还债务;通过其他方式募集资金的,用于补充流动资金和偿还债务的比例不得超过募集资金总额的30%;对于具有轻资产、高研发投入特点的企业,补充流动资金和偿还债务超过上述比例的,应充分论证其合理性。(二)募集资金用于支付人员工资、货款、铺底流动资金等非资本性支出的,视同补充流动资金。资本化阶段的研发支出不计入补充流动资金。

② 《科创板上市公司重大资产重组特别规定》第四条:科创公司实施重大资产重组,按照《重组办法》第十二条予以认定,但其中营业收入指标执行下列标准:购买、出售的资产在最近一个会计年度所产生的营业收入占科创公司同期经审计的合并财务会计报告营业收入的比例达到50%以上,且超过5 000万元人民币。

忧,充分发挥科创板"示范效应"。(2)强化中介机构培育。一是围绕科技创新和培育科创型企业,制定相关政策,吸引券商投行、律师事务所、会计师事务所、风险投资基金(VC)、股权投资基金(PE)、专利代理机构、产权交易机构、天使基金等各类专业机构"落户"长三角,发挥长三角资本市场服务基地,为生物医药企业的发展提供全天候、全周期的专业性、个性化服务。二是进一步加强对外开放,通过引入外资一流中介机构,推动行业整体执业水平的提升,为生物医药企业提供更加专业、优质的服务。

5. 上海市经信委生物医药处

第一,上海生物医药产业现状。上海生物医药产业体系较为发达,创新要素相对富集,国际化程度较高。产业规模布局平稳。2019 年,上海生物医药产业经济总量 3 833.3 亿元,比上年增长 11.6%,其中,生物医药制造业总产值 1 319.9 亿元,增长 7.3%;医药商业实现商品销售总额 2 113.1 亿元,增长 7%;生物医药服务业完成总产出 400.3 亿元,增长 17.9%。2020 年,截至 5 月,上海生物医药制造业总产值本年度累计 533.45 亿元,受疫情影响,同比增长 −0.3%。

第二,上海科创板上市生物医药企业情况。截至 7 月 15 日,上海科创板上市生物医药企业共 8 家。上市标准五如下:一是预计市值不低于 10 亿元,最近两年净利润均为正且累计净利润不低于 5 000 万元,或者预计市值不低于 10 亿元,最近一年净利润为正且营业收入不低于 1 亿元;二是预计市值不低于 15 亿元,最近一年营业收入不低于 2 亿元,且最近三年研发投入合计占最近三年营业收入的比例不低于 15%;三是预计市值不低于 20 亿元,最近一年营业收入不低于 3 亿元,且最近三年经营活动产生的现金流量净额累计不低于 1 亿元;四是预计市值不低于 30 亿元,且最近一年营业收入不低于 3 亿元;五是预计市值不低于 40 亿元,主要业务或产品需经国家有关部门批准,市场空间大,目前已取得阶段性成果,并获得知名投资机构一定金额的投资。医药行业企业需取得至少一项一类新药二期临床试验批件,其他符合科创板定位的企业需具备明显的技术优势并满足相应条件。

上海科创板上市的 8 家生物医药企业,分布于医疗器械、生物制品、化学药、CRO 等细分领域。第一家上市企业心脉医疗上市时间为 2019 年 7 月中旬。这 8 家企业上市前均有盈利,未采用标准五上市。

上海科创板上市企业

序号	企　业	细分领域	备注
1	上海微创心脉医疗科技股份有限公司	医疗器械	科创板 IPO
2	申联生物医药(上海)股份有限公司	兽用生物制品	科创板 IPO
3	上海昊海生物科技股份有限公司	医疗器械	科创板 IPO
4	上海三友医疗器械股份有限公司	医疗器械	科创板 IPO
5	上海美迪西生物医药股份有限公司	CRO	科创板 IPO
6	上海复旦张江生物医药股份有限公司	化　药	科创板 IPO
7	上海君实生物医药科技股份有限公司	生物制品	科创板 IPO
8	三生国健药业(上海)股份有限公司	生物制品	科创板 IPO

对无收入未盈利或收入不足的生物医药企业,只能采取标准五"预计市值不低于人民币 40 亿元"上市。

第十一章　优化上海天使投资政策研究

　　当前我国经济运行面临不少困难和挑战。从国际看，世界经济处于贸易摩擦增多、流动性环境收紧、地缘政治风险上升互相叠加的敏感时期，外部环境的各种潜在风险不容低估，今后还将通过贸易、资金、汇率和地缘政治等多个渠道对国内的经济发展产生影响。从国内看，制约高质量发展的结构性、深层次的问题仍然非常突出，创新能力和核心竞争力不强，中高端产品和服务有效供给不足，尤其是在全球新一轮科技革命和产业变革的大背景下，我国实体经济大而不强，新旧动能接续不畅，科技进步面临的许多瓶颈制约等问题依然存在。美国、以色列等国的经验表明，发展天使投资是实现经济转型升级的利器之一。因此，天使投资应成为我国创新资本形成和创新能力培育的有力工具，为实现经济高质量发展服务。

　　近几年来，我国天使投资在基金规模、数量和投资项目方面增长较快，但整体发展水平与美国、以色列等创业投资先进国家仍然存在一定的差距。这种差距在资金端表现为长期资本的供给不足，在管理端表现为专业投资管理机构的价值尚未凸显，在人才端表现为专业化的高端投资管理人才队伍存在明显的缺口，在退出端表现为退出渠道依旧比较狭窄，还需要进一步为天使投资发展创造良好的政策环境。上海是我国天使投资发展的重镇，天使投资对于上海实现创新驱动转型发展发挥了积极作用，但从实现经济高质量发展的需要来看，还需要加大发展力度。

第一节　上海市支持天使投资发展的主要政策

　　天使投资具有很强的外部性，其所支持的中小微创业企业具有高风险性，单纯依靠市场配置天使投资资本必然出现市场失灵现象。因此世界各国普遍通过财税政策扶持天使投资的发展。近些年来,我国不断出台一些政策支持和规范天使投资发展,上海市也出台一些政策,主要有《上海市天使投资引导基金管理实施细则》(沪发改财金〔2014〕49 号)、《上海市天使投资风险补偿管理暂行办法》(沪科合〔2015〕27 号)、《上海市创业投资引导基金管理办法》(沪府发〔2017〕81 号)、《关于促进上海创业投资持续健康高质量发展的若干意见》(沪府规〔2019〕29 号)。2020 年 7 月,上海在 49 号文基础上对《上海市天使投资引导基金管理实施细则》进行修订。

一、《关于加快上海创业投资发展若干意见的通知》

2014 年 7 月 2 日,上海市人民政府印发《关于加快上海创业投资发展若干意见的通知》,明确上海创业投资发展的指导思想、基本原则、目标任务,并从三个方面提出发展措施。

一是发挥政府引导作用,带动各类资本进入创业投资领域。建立健全创业投资引导基金持续投入机制;吸引境外专业机构组建人民币创业投资基金;鼓励国有产业集团参与设立创业投资企业;加快推动天使投资发展;鼓励重点产业领域并购;丰富创业投资企业募集资金渠道。

二是聚焦培育新兴产业,加大创业投资政策支持力度。加强产学研用相结合培育优质项目源;建立创业投资与政府专项对接机制;探索建立早期创投奖励和风险补偿机制;打造上海创业投资基金和孵化器集聚区。

三是不断完善创业投资管理和服务体系。加强对创业投资工作的组织领导;做好创业投资企业备案管理工作;加强创业投资行业自律和协会建设;健全创业投资中介服务体系建设;加强创业投资与金融机构、市场的联动;加快创业投资人才队伍引进和培养。

二、《上海市天使投资引导基金管理实施细则》

2014 年 12 月 16 日,上海市发改委发布《上海市天使投资引导基金管理实施细则》。根据《细则》,申请天使引导基金参股支持的天使投资企业,应当具备的条件包括:新设立的天使投资企业管理资金规模原则上不少于 3 000 万元,且全部出资在 3 年内到位,其中,首期到位资金不低于认缴出资总额的 30%,且所有的投资者均以货币形式出资;管理团队具有良好的职业操守和既有投资经验或与投资领域相关的行业经验；在上海市创业投资企业备案管理部门备案并接受监管；主要投资于政府扶持和鼓励的产业领域中的初创期企业，且有侧重的专业投资领域；天使引导基金参股的天使投资企业主要投资于上海市范围内的企业；管理和投资运作规范，具有完整的投资决策程序、风险控制机制和健全的财务管理制度。

根据《细则》，天使引导基金对单个天使投资企业的投资金额，原则上为500万元至3 000万元，占单个天使投资企业认缴出资总额比例不超过50％。天使引导基金的主要资金来源包括：上海市创业投资引导基金，天使引导基金运行的各项收益，个人、企业或社会机构无偿捐赠的资金，其他的各类资金。

2014年以来，政府引导基金运作管理主要发生三方面的变化：一是引导基金决策机制调整，2019年，在上海市各类领导小组清理工作中，创投领导小组被取消；二是政府在引导基金管理中不断简政放权，重心逐渐转向合规审核、绩效评价等事中事后管理；三是国家相关政策细则有了新的调整。为适应这些变化，2020年7月，在49号文基础上，上海市发改委重新制定《上海市天使投资引导基金管理实施细则》，主要修改内容包括：一是天使引导基金通过鼓励天使投资企业发展，最终支持初创创新企业成长，天使引导基金由上海创业接力科技金融集团负责管理，上海市发改委行使政策制定和监督考核等职能；二是天使引导基金主要资金来源是上海市创业投资引导基金，以及天使引导基金运作各项收益；三是天使引导基金支持对象，原则上应是注册在上海的天使投资企业，规模不低于3 000万元，其中天使引导基金出资不超过3 000万元，持股比例不超过50％；四是天使引导基金操作程序包括公开征集、尽职调查、专家评审、媒体公示、备案管理；五是1 500万元以上的项目投资，由受托管理机构决策后报市发展改革委备案，1 500万元以下的项目投资，由受托管理机构决策，抄报市发展改革委；六是天使引导基金参股基金，在参股后5年时间内可以申请以原值退出；七是天使引导基金存量资金只能存放银行或购买固定收益证券，不得用于股票、房地产等投资；八是市发改委对天使引导基金受托管理机构开展合规审核、绩效评估等事中事后管理。

三、《上海市天使投资风险补偿管理暂行办法》

2015年12月29日，上海市科委协同市财政局、市发改委发布《上海市天使投资风险补偿管理暂行办法》。《管理办法》明确，风险补偿的对象为投资于上海市种子期、初创期科技型企业的创业投资机构。其中,种子期企业综合参考工信部《中小企业划型标准规定》中有关工业、信息传输业、软件和信息技术服务业小型企业标准,界定为"成立时间不超过 3 年、职工人数不超过 50 人,且资产总额不超过 500 万元人民币、年销售额或营业额不超过 500 万元人民币"的企业;初创期企业与市发改委出台的《上海市天使投资引导基金管理实施细则》相衔接,界定为"职工人数不超过 200 人,且资产总额不超过 2 000 万元人民币、年销售额或营业额不超过 2 000 万元人民币"的企业;科技型企业是指按照本市科技企业相关标准界定的企业。

风险补偿的标准分两档设定:对投资机构投资种子期科技型企业所发生的实际投资损失,由专项资金给予最高不超过 60% 的风险补偿;投资初创期科技型企业发生的实际投资损失,给予最高不超过 30% 的风险补偿。单个投资项目的风险补偿金额最高不超过 300 万元,单个投资机构年度风险补偿金额不超过 600 万元。

四、《上海市创业投资引导基金管理办法》

上海市政府于 2010 年设立了上海市创业投资引导基金,并颁布《上海市创业投资引导基金管理暂行办法》。在原管理办法基础上,结合上海市创业投资行业发展新形势,2017 年 10 月 26 日,上海市下发《上海市创业投资引导基金管理办法》。与 2010 年发布的《上海市创业投资引导基金管理暂行办法》相比,重新制定的《管理办法》主要在以下几个方面进行完善:

一是以国家关于政府投资基金管理的要求作为修订依据,对资金来源、风险控制等内容进行调整优化。

二是目标更高,辐射范围更广,从"促进优质创业资本、项目、技术、人才向上海聚焦"拓展到不限地域,进一步体现上海创新先行者的引领作用。

三是适用范围更全,根据创投行业发展趋势和国家政策导向,除了创业投资企业外,将天使投资企业和创业投资母基金也纳入适用范围。

四是不再要求以事业法人形式设立引导基金,不再指定引导基金受托管理机构,而是提出引导基金可以委托符合资质条件的管理机构负责引导基金的日常管理与运作,引导基金受托管理机构的选择方式更市场化,可以进一步发挥市场配置资源的作用。

五是对引导基金运作方式进行了完善,同时形成天使、创投、市场化母基金、产业并购基金等多层次参股投资体系。

六是将原管理办法中一些程序性、操作性内容进行简化,体现原则性,同时规范引导基金退出方式,对不同退出情况进行原则性描述。

七是以"负面清单"形式,进一步规范引导基金运作领域,体现市场化方向,同时进一步强化引导基金受托管理机构的责任和义务。

八是将引导基金纳入社会信用体系管理框架,加强引导基金信用体系建设。

第二节　上海天使投资政策存在的主要问题及建议

近年来为发展天使投资,发挥天使投资引导基金的作用,上海、北京、深圳等地出台了一系列政策。其中,上海支持天使投资的政策较为系统全面,其中一些举措在国内属于首创,但与深圳、北京、杭州相关政策相比,上海在天使投资引导基金支持对象的范围、子基金的管理、让利机制以及天使投资引导基金自身的激励机制和对天使投资的风险补偿机制等五个方面还存在一定差距,应进一步加大改革力度。

一、上海天使投资引导基金支持对象还不广

根据 2020 年 7 月修订的《上海市天使投资引导基金管理实施细则》,上海天使引导基金支持对象为符合一定条件的天使投资企业。而根据 2020 年 2 月通过的深圳天使母基金《实施细则》,不仅境内外天使投资企业可以申请设立子基金,而且国内外知名高等院校、科研院所、重点实验室等技术源头单位、国际知名的技术转移机构及国家级科技企业孵化器等科技成果转化机构都可以作为管理机构申请设立子基金。将这些机构纳入天使投资引导基金的支持对象是非常有意义的。以生物医药产业为例,美国波士顿地区是全球最具活力的生物产业集聚区,其成功的重要原因之一是通过天使投资支持"教授＋学生"的创业模式,如麻省理工学院的"5 万美元创业竞争"创业基金每年资助学生中的创业者,最初成立的 5 年内就支持了超过 35 家公司的成立。

因此,建议上海扩大天使投资引导基金支持范围,将 CVC 投资机构,也就是大企业的直投部门,还有国内外知名高等院校、科研院所、国家级孵化器这样的科技源头单位和成果转化平台,都可以作为管理机构来申请设立子

基金。

二、对天使投资引导基金子基金的管理规定还不健全

天使投资引导基金的主要投资对象是子基金,因此必须加强对子基金的管理,既要加强约束,也要加大支持力度,给予一定的自主权。修订后的《上海市天使投资引导基金管理实施细则》主要是从决策的角度提出一些对子基金的管理措施,如对天使引导基金承诺出资金额不超过 1 500 万元和超过 1 500 万元的参股基金,分别规定由受托管理机构和评审委员会根据尽职调查和评审情况,将投资决议抄告上海市发改委或报上海市发改委备案。而深圳对天使投资引导基金所设立的子基金管理出台了非常具体的管理措施,从十五个方面提出了子基金的设立要求。如在投资限额方面,允许子基金去追投投资组合里面已投项目,但追投总资金不超过规模的 30%,单个项目投资资金累计最高不超过规模的 20%,这样可以让子基金在前面先投一批项目以后,从中再挑一些比较好的优质项目继续追加投资,降低投资组合的风险,提高子基金的整体收益。

因此,建议上海进一步完善对天使投资引导基金的管理,出台更加具体的管理规定。

三、天使投资引导基金让利机制的力度和可操作性还不强

修订后的《上海市天使投资引导基金管理实施细则》的第 16 条、17 条和 18 条涉及上海天使投资引导基金的让利机制,如第 17 条规定,对于天使引导基金以参与设立市场化母基金的方式的出资部分,可以按照事先商定的协议适度让利,具体让利原则另行制定。与深圳、杭州等地相比,上海天使投资引导基金让利机制的力度和可操作性还不强。深圳天使投资母基金的让利方式明确为让渡超额收益,即子基金采取项目"即退即分"和基金整体"先回本后分利"原则,在各合伙人收回全部实缴出资后,若子基金满足相关要求,天使母基金将投资于深圳地区项目所得全部收益让渡给子基金管理机构和其他出资人。杭州的方式则是将引导基金参股基金的资金分为两部分,50%为让利性出资,50%为同股同权性出资,其中让利性出资部分不以盈利为目的,其他出资人(不包括引导基金出资同股同权部分)具有优先受让权;天使基金存续期结束时且引导基金收回所有出资本金及相应利息,引导基金同股同权出资部

分年平均收益率不低于届时中国人民银行公布的一年期贷款基准利率的,引导基金可将其超利率收益部分的 20％的收益让渡给阶段参股合作的天使投资机构。

因此,建议上海进一步优化天使投资引导基金让利机制,出台更加具体的政策,加大让利力度,提高政策的可操作性。

四、对天使投资引导基金自身的激励机制还不健全

作为国有创投机构,上海创业接力科技金融集团作为受托管理机构,承担上海市天使投资引导基金的管理工作。2019 年 7 月出台的《关于促进上海创业投资持续健康高质量发展的若干意见》十分重视国资创业投资企业市场化运作机制,提出要"深化国有创业投资企业市场化运作试点,鼓励国有创业投资企业内部实施有效的管理人员约束和激励机制,将投资效益与管理人员的约束和激励相结合,持续探索跟投、评估、事前约定股权退出等创新"。但与深圳相比,上海还缺乏更加具体的规定,影响包括天使投资引导基金在内的国有创投机构激励机制的进一步完善。而 2018 年 12 月出台的《深圳市促进创业投资行业发展的若干措施》不仅提出要"鼓励国有创业投资机构内部实施有效的管理人员激励与约束机制,建立和完善国有创业投资机构和创业投资核心团队持股和跟投机制",而且非常明确地提出"进一步放宽新设立创业投资机构的单一员工持股比例,允许管理层和核心骨干持股比例占总股本的 30％"。

因此,建议上海加大国有创投机构体制机制改革力度,尽快出台相关细则,建立强制跟投和自愿跟投制度,在管理层和核心骨干持有被投企业一定股份方面有较大的突破。

五、天使投资风险补偿机制的实效性还不强

早在 2015 年,上海市科委、财政局、发改委就联合印发的《上海市天使投资风险补偿管理暂行办法》提出,"对投资机构投资种子期科技型企业项目所发生的投资损失,可按不超过实际投资损失的 60％给予补偿。对投资机构投资初创期科技型企业项目所发生的投资损失,可按不超过实际投资损失的 30％给予补偿"。该政策对支持上海天使投资发挥了一定作用,但也存在两方面的问题:一是发生投资损失后再进行补偿,时效性不强;二是针对投资损失进行补偿,可操作性不强。2019 年 2 月出台的《中关村国家自主创新示范区

促进科技金融深度融合创新发展支持资金管理办法》规定:"支持投资机构在中关村示范区开展天使投资和创业投资,聚焦投资重点产业领域、具有核心技术或自主知识产权的企业,引导早期投资、价值投资和长期投资。对于符合上述条件开展天使投资的,按照其实际投资额的 15％给予风险补贴,单笔补贴不超过 50 万元,单家投资机构每年补贴总额不超过 150 万元。"

与上海政策相比,北京中关村的相关政策则较为直接,更加有效。因此,建议上海进一步优化天使投资风险补偿机制,变"后补"为"前补",变按实际损失补偿为按实际投资额补偿。

第十二章 浦东新区增强金融服务浦东实体经济功能研究

近年来,浦东新区高度重视"金融要为实体经济服务,要不断增强金融服务实体经济能力"的工作,充分发挥浦东新区金融资源丰富的优势,全面提升金融服务实体经济的效能,推动更多金融资源配置到经济社会发展的重点领域和薄弱环节,更好满足实体经济多样化的金融需求。在新冠肺炎疫情特殊时期,着力强化金融服务实体经济的支撑作用,不断推出促进企业平稳健康发展的实施办法,为推进浦东新区的"五大倍增行动"积极发挥作用。

第一节 浦东新区推进金融服务实体经济工作的主要特点

一、大力发展普惠金融,服务小微企业和"三农"

（一）支持小微企业、"三农"间接融资

浦东新区相关职能部门共同努力,强化市区联动,银税互动,成效明显。2019年区小微增信基金累计服务 6 010 家次浦东企业,贷款金额达 74.6 亿元。浦东新区金融局设立金融产品创新奖鼓励银行创新信贷产品,2018 年和 2019 两年已累计帮助 4 694 家次浦东新区企业获得 35.2 亿元资金支持。推出"浦东新区企业信用赋能综合服务平台",7 家银行已在平台上定向推出"浦信优贷""浦东增信贷""浦云税贷"等 7 个浦东专属信贷产品,提供近 35 亿元信用贷款。

（二）支持小微企业、"三农"直接融资

浦东小微企业成长基金积极支持新区和大张江园区范围的、处于成长发展阶段的小微企业发展。整合农村集体资金,建立了浦东"乡村振兴发展基金"。

二、积极推进产业金融,强化金融与优势产业对接

(一)争取政策性金融资源支持重点优势产业发展

集成电路、生物医药两大产业集群入选国家第一批战略性新兴产业集群名单,11家集成电路企业入选市首批贷款贴息范围。

(二)为重点优势产业发展提供个性化、精准化金融服务

成立浦东科创母基金和区产业创新中心,重点支持六大"硬核"产业发展。长三角资本市场服务基地助推9家浦东企业成功上市科创板。浦东新区金融局建立重点优势产业企业服务机制和"一企一策"精准化融资服务模式,多次举办细分行业投融资对接活动。

三、深化加大金融支持力度,助力疫情防控和复工复产

(一)各职能部门注重不断强化金融支持的力度

浦东新区发改委、科经委、商务委、农业农村委、税务局积极落实防疫重点保障企业融资和税收支持政策。新区财政局、金融局优化小微增信基金政策,建立"4＋3"分类分级响应机制和"云服务"模式,协调推动银行为疫情防控重点企业和受疫情影响中小企业发放贷款。至2020年5月底,已帮助1 494家疫情防控重点企业和受疫情影响中小企业获得贷款88.02亿元。浦东新区国资委支持浦东科创集团成功发行国内首单知识产权暨疫情防控资产证券化项目。浦东新区启动的"信用赋能金融助力"六大专项行动,依托浦东新区企业信用赋能综合服务平台,支持10家银行为浦东新区企业提供1 600亿元专项信贷额度。

(二)各开发区、街镇注重不断强化金融服务能力

陆家嘴管理局帮助金融机构复工复产,全力推进金融板块招商工作;金桥管理局与银行合作为企业提供金融服务绿色通道;张江管理局与上海科创办合作推出"云投会"、科创抗疫贷等举措;世博管理局加强与浦东新区金融局的合作,支持银行为受疫情影响的多家企业解决融资困难。各街镇积极为解决企业资金困难牵线搭桥,加强服务。

第二节　浦东新区推进金融服务实体经济工作存在的主要不足

一、金融服务实体经济的机制尚需完善

(一) 小微企业融资难问题依然较突出

浦东新区只有少数(10%)小微企业能从银行获得融资。政策性担保门槛仍然较高,小微企业因为抵押和担保不足导致"贷不到""贷不足"问题仍较为普遍。银企双方信息不对称现象仍然较为普遍,导致小微企业"不会贷"和金融机构"贷不出"问题同时并存。

(二) 农业经营主体融资困境仍然存在

目前浦东新区以"政银保"方式支持农业经营主体的信用保证贷款额度有限,订单贷款、融资租赁等新型融资手段在农业领域应用得较少。

二、金融服务实体经济的合力尚需优化

(一) 相关职能部门协同推进金融服务实体经济的合力还要加强

虽然近年来浦东新区各部门在金融支持实体经济发展中加强协同,但仍然存在着部门间信息共享、政策协同不够等问题。如由于新区层面的金融政策分散在一些职能部门,在具体落实过程中,中小微企业需花费时间和人力分别到各职能部门了解政策、申请、跟进。

(二) 一些基层部门协同推进金融服务实体经济的作用还要加强

浦东新区一些开发区、街镇还缺乏推动金融服务实体经济的常规性工作制度,与相关职能部门的纵向联动还不够,主动利用政策撬动浦东新区丰富的金融资源为区域内企业提供精准金融服务的能力还不强。

三、金融服务实体经济的创新尚需加强

(一) 解决传统金融服务供给与创新型企业资金需求之间矛盾的办法还不多

从市场体系看,以间接融资为主体的融资体系与创新型企业多元化资金需求之间仍存在较大矛盾,如一些"轻资产"企业反映,受困于知识产权评估和处置难而无法获得知识产权质押贷款;从融资期限看,传统金融服务短期资金

供给与创新型企业长期资金需求之间也存在较大矛盾，如一些科技型企业反映很难获得中长期贷款。

（二）支持直接融资的政策创新还需加强

与北京中关村、深圳南山区等地相比，浦东新区对股权投资机构、私募基金、并购基金的政策创新力度还不大；区国有创投、政府引导基金市场化运作程度还不高，对重点优势产业中的部分企业股权投资支持的力度还需加强。

第三节　对浦东新区增强金融服务实体经济功能的建议

一、进一步完善金融服务实体经济机制

（一）科学整合多元的资本服务力量

着眼金融服务实体经济效能，围绕后疫情产业新规划发展需要，整合各项金融和政策资源，建设浦东新区财政资本服务实体经济平台。统筹区域内金融资源、信用评级机构、社会服务组织等形成多元化的资本服务力量，形成政府引导，各类市场主体发挥创造力。形成以产业发展为核心的发展机制，科学把握政府部门在金融服务实体经济中的定位，积极推动创新融资担保方式、建立健全社会信用体系，搭建产融对接服务平台，主动助推金融机构服务实体经济。

（二）不断完善金融协同服务实体经济机制

浦东新区相关职能部门，各开发区、街镇、园区以及行业协会和各类金融服务机构要共建新区金融协同服务机制，为中小微企业打造"一窗受理、一站式服务"。通过组织相关职能部门定期举办政策宣讲会、沙龙等多样形式为企业精准对接服务方搭建政府平台。加大力度宣讲现有各类服务实体经济的金融和财政扶持政策，持续加强对各相关委办局和各开发区、街镇干部的财政金融政策培训，提高善用政策服务实体经济的工作能力。

二、进一步加大发展普惠金融的力度

（一）建立小微增信基金长效发展机制

加快落实《上海市促进中小企业发展条例》关于发挥政府性融资担保机构作用的规定，稳步持续扩大浦东小微增信基金规模，为基金设立保持一定年增

长率的资金补充机制,对中小微企业合规放款的坏账提高赔付率。完善小微增信基金激励和绩效评价机制,细化中小微企业金融产品奖励项目申报条件,引导合作银行利用大数据、区块链等技术为浦东中小微企业提供更优质的金融服务。在贷款规模奖励中,将知识产权质押贷款、信用贷款、中长期贷款、首次贷款等比例也纳入考核指标。引入保险、评估机构,形成"政府＋银行＋保险＋评估"共担风险的融资模式,破解知识产权质押融资的难点。

(二) 助力金融机构高效扩大普惠金融的覆盖面

推进贷款资源有效配置,在金融产品和服务创新方面加大推进力度,提高金融服务效率。加快推进普惠金融数据共享、"银税互动"平台信息共享,推进金融机构与服务平台、保险公司、税务机关等机构合作。助推金融科技,推动数字普惠金融发展。创新数字普惠金融服务和产品,对技术创新度高、行业带动性强、示范效果较好的产业金融场景应用项目,可按项目总投资金额一定比例给予支持。通过大数据赋能,切实提高中小企业首贷比。试点建立确权中心,开展基于区块链的政府、国有企业对民营企业债务关系确权,促进供应链融资。

三、进一步强化对重点优势产业的支持

(一) 推进产业金融综合服务平台建设

注重企业债权融资、风险补偿资金、创业引导基金、领军直投、企业上市等多方面结合,建立综合性的金融综合服务平台,为企业提供全方位、全生命周期金融产品服务。探索设立浦东版"科创贷"产品。支持金融机构推出付款代理、票据池等供应链组合产品,为重点优势产业链提供结算、融资一体化金融服务,全面解决产业链上下游中小企业的融资问题。

(二) 更加重视对重点优势产业的直接融资支持

优化对股权投资机构、私募基金、并购基金的财政扶持政策。加大国有创投机构体制机制改革力度,完善国有创投机构法人治理结构。充分发挥浦东科创母基金的作用,在返投比例和向社会资本的让利机制上加大改革力度,吸引更多的社会资本,放大财政资金的杠杆效应。推进浦东新区产业创新中心建设,完善"项目经理"制度,形成权责明晰、激励相容的机制。稳妥开展外部投贷联动,支持成立投贷联动合作联盟,通过联盟成员深度合作推进落实具体项目的投资、并购、上市等业务。

四、进一步优化金融支持复工复产的实策

（一）加大金融支持企业复工复产的力度

进一步加大宣传和深入落实浦东支持实体经济的实施办法，优化金融扶持政策，扩大政策支持范围，简化申请流程，提高政策针对性、可操作性、实效性。重点帮扶受疫情影响明显的外贸出口、交通物流、批发零售、住宿餐饮、文化娱乐等企业和重点优势产业链上的重要节点企业。建立因疫情需要重点帮扶的中小企业名单并动态更新，采取"一企一策"和闭环的金融扶持工作机制。

（二）全方位支持中小微企业纾困解难

一方面，应切实解决企业的资金难题。探索建立常设性的续贷中心，从有效帮助受疫情影响的中小企业开始，降低企业"过桥""倒贷"成本，提升续贷效率。建立纾困产业基金，对一些因疫情影响而吸引股权投资暂时遇到困难的创新型企业进行投资。另一方面，应多管齐下帮扶企业，加强财政、税收与金融政策的联动，支持中小微企业转型发展，为一些企业发展线上经济、外贸转内需等提供更加精准的政策扶持和服务。通过购买第三方服务的方式为小微企业提供财务和金融咨询服务，因势利导，帮助小微企业更好地与金融机构有效互动。

附录:2019 年上海国际金融中心建设大事记

1月3日,长三角地区上海、江苏、浙江和安徽三省一市政府在上海签署《长三角地区市场体系一体化建设合作备忘录》。根据备忘录,三省一市协同做好中国国际进口博览会服务保障,联合搭建进博会交易服务平台,推进长三角市场体系一体化。

1月11日,中央国债登记结算有限责任公司发布通知,与中国金融期货交易所联合启动债券作为期货保证金业务适用范围扩大事宜,明确自1月21日起,将业务适用范围由国债期货扩大至中金所全部金融期货品种。此举是我国金融市场债券作为期货保证金制度发展的又一重要突破,也是跨市场、跨机构互联互通的重大举措。

1月17日,国债期货期转现交易在中国金融期货交易所正式启动。这是我国金融期货市场改革创新发展的重要一步。

同日,经国务院同意,中国人民银行等八部门联合印发《上海国际金融中心建设行动计划(2018—2020年)》,阐述2018—2020年期间上海国际金融中心建设的指导思想、发展目标和主要任务,标志着上海国际金融中心建设进入冲刺阶段,为确保2020年如期实现国际金融中心基本建成的战略目标提供重要保障、方向指引和实现路径。

1月18日,为贯彻落实国务院金融稳定发展委员会关于防范化解上市公司股票质押风险的相关要求,鼓励和帮助市场主体主动化解风险,经中国证监会批准,上海证券交易所发布《关于股票质押式回购交易相关事项的通知》。

1月25日,中国银行在银行间债券市场成功发行400亿元无固定期限资本债券。这是我国商业银行获批发行的首单此类新的资本工具,为后续商业银行发行无固定期限资本债券提供范本,以拓宽商业银行补充其他一级资本工具的渠道。

1 月 28 日,全球首个天然橡胶期权在上海期货交易所正式挂牌交易。

2 月 1 日,上海期货交易所发布公告,对《上海期货交易所交割细则》《上海期货交易所黄金期货交割实施细则(试行)》《上海期货交易所燃料油期货交割实施细则》《上海期货交易所石油沥青期货交割实施细则(试行)》进行修订。

2 月 18 日,上海市委副书记、市长应勇主持召开金融工作调研座谈会,与中央在沪金融管理部门、金融要素市场、重点金融机构共同研究贯彻落实习近平总书记交给上海的三项新的重大任务,加快推进上海国际金融中心建设,防范与化解金融风险。

2 月 19 日,为贯彻落实党中央、国务院防控金融风险、维护国家金融安全和社会稳定的决策部署,进一步规范全市各类交易场所经营行为,上海市地方金融监督管理局牵头组织起草的《上海市交易场所管理暂行办法》正式发布,2019 年 3 月 1 日起施行。要求按照"总量控制、合理布局、审慎审批"的原则,统筹规划各类交易场所的数量规模和区域分布,审慎批准设立交易场所。原则上,同类交易场所只设一家。

2 月 22 日,为加快推进设立科创板并试点注册制改革平稳落地,上海证券交易所在中国证监会的统一部署下,"多线并进"推进各项准备工作。经中国证监会批准,上交所调整部门组织架构并成立科创板上市审核中心、科创板公司监管部和企业培训部三个一级部门。新设部门的主要职能包括材料受理,项目审核,科创板上市公司持续监管,并购重组监管,科创企业以及投行等中介机构的培训工作等。

2 月 26 日,总部位于上海的金砖国家新开发银行宣布,在华成功发行以人民币计价的债券,规模为 30 亿元,其中,3 年期限债券 20 亿元,5 年期限债 10 亿元。

3 月 1 日,上海证券交易所南方中心正式揭牌落户广州,为科技创新型企业了解相关政策提供便利,助力企业对接科创板。

3 月 15 日,中国金融期货交易所新一代交易系统正式上线运行。包括此前上线的新一代结算系统、新一代监察系统,中金所历时 4 年自主研发的新一代系统已经完成建设工作,实现技术系统的全面升级换代。

3 月 20 日,上海清算所批准美国银行有限公司上海分行成为首家美国在华非法人机构清算会员，可开展人民币利率互换自营业务。

3月25日，除购买国债、银行理财等之外，从当日起，个人投资者到银行柜台可购买地方债。

同日，从当日夜盘连续交易开始，上海期货交易所正式对外发布原油期货价格指数——上期原油指数，为相关行业提供参考。

3月27日，上海证券交易所与卢森堡证券交易所举行绿色债券信息通合作协议补充协议签署仪式，正式启动绿色债券东向展示（卢森堡证券交易所挂牌的绿色债券信息在上海证券交易所网站展示），为资本市场绿色金融国际合作提供新的典范。同时，上海清算所与卢森堡证券交易所合作，为绿色债券发行人提供境内外同步信息披露服务。

3月29日，河北交通投资集团公司2019年非公开发行公司债券通过上海证券交易所挂牌条件确认。募集资金50亿元，为交易所市场首单服务于雄安新区建设的公司债券。

4月13日，上海证券交易所召开第一届科创板股票上市委员会成立大会。

4月30日，中国银行上海市分行成功为某民营企业开立基本存款账户并向人民币银行结算账户管理系统备案。这标志着取消企业银行账户行政许可在上海市的全面实施。自此，境内依法设立的企业法人、非法人企业、个体工商户在上海市银行机构办理基本存款账户、临时存款账户业务，由核准制改为备案制。

同日，中国人民银行上海总部、市地方金融监管局、市市场监管局举行"上海市动产担保统一登记试点工作启动仪式"。在启动仪式上，中电投融和融资租赁有限公司、上海汽车集团财务有限责任公司、仲利国际租赁有限公司、中信银行上海分行、上海晶特印刷科技有限公司、上海东方明珠进出口有限公司等单位在中国人民银行征信中心动产融资统一登记公示系统中，分别完成生产设备、产品等类别的动产抵押登记业务，标志着上海市动产担保统一登记试点工作正式启动。

5月7日，法国巴黎资产管理公司、荷兰最大的资产管理机构荷宝资产、韩国最大的资管机构未来资产等10家境外知名资管公司与上海陆家嘴金融城签署合作备忘录，正式以浦东新区为基地扩大在华业务。

5 月 9 日,中国农业发展银行通过上海证券交易所债券发行系统成功招标发行 100 亿元政策性金融债。这是农发行首次在上交所发行政策性金融债。

5 月 10 日,中国金融期货交易所发布《关于公布国债期货做市商名单的公告》,同意招商证券等 8 家机构成为国债期货做市商,并于 5 月 16 日正式启动国债期货做市交易。

5 月 16 日,工银安盛资产管理有限公司在上海开业。这是我国提出加快保险业对外开放进程以来获批成立的第一家合资保险资管公司。

5 月 22—23 日,国际海上保险联盟(简称"IUMI")2019 亚洲论坛在黄浦区举行。此次论坛是自 IUMI 成立以来首次在中国大陆举办的大型会议。

5 月 27 日,上海证券交易所发布科创板上市委 2019 年第一次审议会议公告,表明科创板上市委审议工作正式启动。

同日,上海票据交易所"贴现通"业务正式上线,这是票交所自上年推出票据收益率曲线、票据供应链产品"票付通"之后,在票据基础设施建设方面的进一步创新。中国工商银行、招商银行、浦发银行、浙商银行、江苏银行 5 家银行,试点为持票企业和贴现机构提供贴现信息咨询和撮合服务,标志银行正式进入票据经纪领域。

5 月 29 日,交通银行发布公告称,全资子公司交银理财有限责任公司获得中国银保监会批准开业,主要从事发行公募理财产品、发行私募理财产品、理财顾问和咨询等资产管理相关业务,注册资本 80 亿元,注册地为上海。

6 月 13 日,在第十一届陆家嘴论坛开幕式上,中国证监会和上海市政府联合举办上海证券交易所科创板开板仪式。科创板正式开板,标志着党中央、国务院关于设立科创板并试点注册制这一重大改革任务的落地实施。

同日,中国银行全资子公司中银金融科技有限公司在上海正式成立。上海市市长应勇、中国银行行长刘连舸共同为中银金科揭牌。

6 月 13—14 日,由上海市政府和中国人民银行、中国银保监会、中国证监会共同主办的第十一届陆家嘴论坛(2019)在上海举行。论坛主题为"加快国际金融中心建设,推动经济高质量发展",共设有八场全体大会和一场浦江夜话。中共中央政治局委员、国务院副总理刘鹤在开幕式上发表主旨演讲。

6月14日,上海证券交易所公开科创板异常交易行为监控标准。这是上交所首次以业务规则形式向市场公开异常交易行为监控的定性定量标准。

6月17日,中国证监会和英国金融行为监管局发布联合公告,原则批准上海证券交易所和伦敦证券交易所开展沪伦通业务,沪伦通正式启动。同日,华泰证券发行的全球存托凭证(GDR)在伦交所挂牌交易。这是首家按沪伦通业务规则登陆伦交所的A股公司,意味着沪伦通西向业务迈出实质性一步。

6月21日,A股纳入富时罗素全球指数启动仪式举行,富时罗素宣布将A股纳入其全球股票指数体系,并于2019年6月24日开盘时正式生效。这是我国资本市场高水平双向开放的又一重大突破。

6月25日,上海证券交易所和日本交易所集团分别举行中日ETF互通开通仪式,4只中日ETF互通产品在上交所成功上市。

7月12日,为贯彻落实党中央、国务院关于深化自贸试验区改革开放的重大部署,进一步支持上海自贸试验区建设,经国家外汇管理局批准,国家外汇管理局上海市分局印发《关于印发〈进一步推进中国(上海)自由贸易试验区外汇管理改革试点实施细则(4.0版)〉的通知》,从简政放权、贸易和投资便利化、总部经济发展、离岸金融服务四个方面为上海自贸试验区创新试点增加新动能。

7月22日,上海证券交易所举行科创板首批公司上市仪式。上海市委书记李强、中国证监会主席易会满共同为科创板鸣锣开市。

7月31日,上海市人民政府办公厅印发《关于着力发挥资本市场作用促进本市科创企业高质量发展的实施意见》(简称"浦江之光"行动),围绕中央交给上海三项新的重大任务,从持续加大对科创载体建设、高新技术企业培育及改制挂牌上市、政府引导基金杠杆作用等的支持力度,进一步增强便捷专业高效的政府服务等方面,共提出18项具体举措。

8月6日,国务院印发《中国(上海)自由贸易试验区临港新片区总体方案》。《方案》明确发展目标,到2025年,新片区建立比较成熟的投资贸易自由化便利化制度体系，打造一批更高开放的功能型平台，区域创造力和竞争力显著增强，经济实力和经济总量大幅跃升；到 2035 年，建成具有较强国际市场影响力和竞争力的特殊经济功能区，形成更加成熟定型的制度成果，打造全球高端资源要素配置的核心功能，成为我国深度融入经济全球化的重要载体。

8 月 7 日，上海金融法院全国首例示范案件——原告潘某等诉被告方正科技集团股份有限公司证券虚假陈述责任纠纷一案二审由上海市高级人民法院判决驳回被告上诉，维持原判。该案是全国首例公开宣判并生效的示范案件，开创性地引入中证中小投资者服务中心作为第三方专业机构辅助法院进行损失核定，奠定证券领域投资者司法救济的里程碑。

8 月 12 日，20 号胶期货在上海国际能源交易中心正式挂牌交易。这是上期能源上市交易的第二个品种，是我国商品期货市场扩大对外开放、建设上海国际金融中心的重要举措。

8 月 15 日，上海票据交易所公告称，为加大对中小金融机构流动性支持，经中国人民银行同意，上海票据交易所创设标准化票据。首期标准化票据基础资产为锦州银行承兑的已贴现商业汇票，到期日分布在 2019 年 11 月 14 日—11 月 19 日之间。创设规模不超过 5 亿元人民币。2019 年第 1 期标准化票据在票据市场交易流通。

8 月 20 日，中国(上海)自由贸易试验区临港新片区正式揭牌。临港新片区目标是对标国际上公认的竞争力最强的自由贸易园区，实现新片区与境外之间投资经营便利、货物自由进出、资金流动便利、运输高度开放、人员自由执业、信息快捷联通，打造更具国际市场影响力和竞争力的特殊经济功能区，打造开放创新、智慧生态、产城融合、宜业宜居的现代化新城。

8 月 28 日，中国进出口银行通过上海证券交易所债券发行系统招标发行 50 亿元政策性金融债。这是进出口银行首次在上交所发行政策性金融债。

9 月 5 日，国务院国资委与上海市政府在沪签署深化合作共同推进落实国家战略合作框架协议。其中，上海银行与中国铝业集团有限公司签署新一轮战略合作协议。根据协议，上海银行给予中铝集团 300 亿元的集团意向性授信额度,同时,双方还在供应链金融领域进行探索,解决普惠金融难题。

9 月 10 日,上海保险交易所下属中保登公司与中央结算公司下属中债金融估值中心举行保险资产管理产品估值发布仪式及试用签约仪式,标志着保险资管产品第三方估值应用实现重要突破。

9 月 18 日,上海清算所、卢森堡证券交易所、中国建设银行合作备忘录签约仪式在上海举行。

9 月 23 日,首家落户上海的银行理财子公司——交银理财推出首批新产品,同时中证指数有限公司和交银理财有限责任公司共同发布"中证交银理财长三角指数"。

9 月 25 日,全球首个不锈钢期货正式在上海期货交易所上市交易。

9 月 30 日,瑞金医院与上海银行基于"医疗＋金融"的合作创新,共同推出沪上首个智慧住院服务机器人,成功实现上海首例通过机器人完成自助出院结算服务工作。

10 月 14 日,上海黄金交易所推出上海银集中定价合约,为国内市场提供白银基准价。

10 月 18 日,上海证券交易所作出大连大福控股股份有限公司股票终止上市的决定。*ST 大控成为沪市首家因股价连续低于面值而被强制终止上市的公司。

10 月 30 日,为贯彻落实国家战略,推动上海国际金融中心和科技创新中心联动发展,中国人民银行上海总部于近日向辖内金融机构印发《关于促进金融科技发展支持上海建设金融科技中心的指导意见》,从打造具有全球影响力的金融科技生态圈、深化金融科技成果应用、加大新兴技术研发、持续优化金融服务、加强长三角金融科技合作共享、提升金融科技风险管理水平、提升金融科技监管效能、加强人才培养和合作交流八个方面提出 40 项指导意见。

11 月 9 日,中国人民银行上海分行印发《关于做好配合打击惩治"套路贷"加大消费金融业务创新的通知》,从提高商业银行思想认识、加大消费金融创新力度、有效履行商业银行社会责任、严防信贷资金流向"助贷平台"等方面对商业银行信贷工作提出要求。

11 月 13 日,上海证券交易所资本市场服务北方基地正式挂牌落户于北京市海淀区。

11 月 14 日安联集团宣布,安联(中国)保险控股有限公司获银保监会批准开业。我国首家外商独资保险控股公司正式落户上海。

12 月 2 日，由上海证券交易所、哈萨克斯坦阿斯塔纳国际交易所（AIX）共同举办的"中国投资者投资中亚资本市场的门户——阿斯塔纳国际交易所"推介活动在上海举行。

12 月 16 日，银行间市场清算所与中国外汇交易中心正式推出外币回购业务。作为我国银行间市场第一个跨币种抵押融资产品，外币回购资金融入方可以自身持有的上海清算所托管债券为担保品，向资金融出方借入美元、欧元、港币、英镑、日元、澳元、加拿大元、新加坡元、新西兰元 9 个币种的外币资金，并通过上海清算所完成后续清算、结算操作。

12 月 18 日，摩根大通宣布，已获得中国证监会颁发的《经营证券期货业务许可证》，这标志着由摩根大通控股以及为实际控制人的证券公司——摩根大通证券（中国）有限公司可正式对外开展业务。

12 月 20 日，上海期货交易所举行黄金期权上市仪式，黄金期权正式挂牌交易。这是上期所上市的第三个商品期权品种。至此，国内已上市的商品期权品种达到 11 个。

同日，上海证券交易所正式发布《上市公司重大资产重组信息披露业务指引》，较大幅度简化信息披露要求，推动提高并购重组效率，突出对重组业绩承诺和重组整合实效的信息披露要求，发挥并购重组在提高上市公司质量的积极作用。

12 月 23 日，中国金融期货交易所开展沪深 300 股指期权上市交易。其拉开了我国期权市场指数期权发展的序幕，是我国资本市场第一个上市的指数期权产品，标志着我国多层次资本市场建设取得新进展。

12 月 31 日，上海证券交易所新一代市场监察系统正式上线运行。这是上交所落实中国证监会全面深化资本市场改革工作部署，推进科技与业务深度融合，加快提升科技监管能力的一项重要举措。

参考文献

[1] 中国人民银行上海总部货币政策分析小组:《上海市金融运行报告(2020)》,http://shanghai.pbc.gov.cn/fzhshanghai/113589/4029991/index.html,2020 年 5 月 29 日。

[2] 上海银保监局:《2019 年上海市普惠金融发展报告》,2020 年 6 月。

[3] 上海市统计局:《2019 年上海市国民经济和社会发展统计公报》,2020 年 3 月 9 日。

[4] 中国人民银行上海总部:《2019 年上海货币信贷运行情况》,2020 年 1 月 20 日。

[5] 新华社中国经济信息社:《2019 年上海国际金融中心建设十大事件》,http://news.xinhua08.com/a/20200121/1908740.shtml,2020 年 1 月 21 日。

[6] 中国银行保险监督管理委员会上海监管局:《2019 年上海银行业保险业创新报告》,2020 年 6 月。

[7] 张淑贤:《上海国际金融中心建设深入推进》,新浪网,https://k.sina.com.cn/article_2568784360_991c89e802000s9bg.html?from＝news&subch＝onews,2020 年 6 月 2 日。

[8]《上海全球资管中心又迈坚实一步》,《解放日报》2019 年 5 月 8 日。

[9]《全球金融中心指数发布 108 个金融中心进入榜单》,《经济日报》2020 年 3 月 26 日。

[10] 王佳妮、曹子琛:《外资银行保险机构去年在沪开创多项全国或上海"首家"》,东方网,2020 年 6 月 11 日。

[11] 外资资管加速中国布局:《上海再迎 10 家全球知名机构落户》,《第

一财经》2019 年 5 月 7 日。

[12]《多家跨国保险巨头成立长三角一体化保险创新研发中心》,《第一财经》2019 年 5 月 16 日。

[13] 姚玉洁、桑彤、陈云富:《标志性外资金融机构落户凸显"上海引力"》,新华网,http://www.xinhuanet.com/2019-12/27/c_1125394331.htm,2019 年 12 月 27 日。

[14] 曹振宁:《上海天然气市场和液化天然气的现状与展望》,《上海节能》2020 年第 2 期。

[15] 姚华群:《浅析下阶段上海天然气的营销策略与措施》,《上海煤气》2017 年第 5 期。

[16] 郭揆常:《上海天然气发展概况》,《上海节能》2012 年第 3 期。

[17] 上海市发展和改革委员会:《上海能源发展"十五"、"十一五"、"十二五"、"十三五"规划》。

[18] 程斌琪:《金融科技对金融服务贸易自由化的影响研究》,对外经济贸易大学 2019 年。

[19] 段世德、徐璇:《科技金融支撑战略性新兴产业发展研究》,《科技进步与对策》2011 年第 28 期。

[20] 房汉廷:《关于科技金融理论、实践与政策的思考》,《中国科技论坛》2010 年第 11 期。

[21] 封北麟:《我国科技金融市场体系的构建及财政支持研究》,《经济研究参考》2014 年第 15 期。

[22] 冯锐、高菠阳、陈钰淳、张婷婷:《粤港澳大湾区科技金融耦合度及其影响因素研究》,《地理研究》2020 年第 9 期。

[23] 洪银兴:《科技金融及其培育》,《经济学家》2011 年第 6 期。

[24] 胡苏迪、蒋伏心:《科技金融理论研究的进展及其政策含义》,《科技与经济》2012 年第 3 期。

[25] 黄瑞芬、邱梦圆:《基于 Malmquist 指数和 SFA 模型的我国科技金融效率评价》,《科技管理研究》2016 年第 20 期。

[26] 李心丹、束兰根:《科技金融:理论与实践》,南京大学出版社 2013 年版。

[27] 林伟光:《我国科技金融发展研究》,暨南大学 2014 年。

［28］刘宾、董谦、辛文玉、杨伟坤：《京津冀协同发展下河北省科技创新与金融协同研究》，《黑龙江畜牧兽医》2016 年第 18 期。

［29］刘萌萌、薛冰、邹慧君：《青岛市科技金融结合效率评价》，《金融经济》2017 年第 8 期。

［30］陆岷峰、黄百卉：《互联网金融下一站：金融科技》，《企业研究》2019 年第 3 期。

［31］中共中央、国务院：《长江三角洲区域一体化发展规划纲要》，http://www.gov.cn/zhengce/2019-12/01/content_5457442.htm?tdsourcetag＝s_pcqq_aiomsg。

［32］《上海市国民经济和社会发展第十三个五年规划》（2016 年 2 月 2 日），http://www.shanghai.gov.cn/nw2/nw2314/nw39309/nw39385/4。

［33］《浙江省国民经济和社会发展第十三个五年规划》（2016 年 12 月 29 日），http://zjnews.zjol.com.cn/ztjj/201612/t20161229_2494977.shtml。

［34］《江苏省国民经济和社会发展第十三个五年规划纲要》（2017 年 3 月 3 日），http://www.jsrd.gov.cn/huizzl/qgrdh/20181301/sycy/201802/t20180227_491059.shtml。

［35］《中国农村信用合作社六十年发展历程》（2011 年 11 月 18 日），http://finance.people.com.cn/bank/GB/16304439.html。

［36］张惠：《商业银行服务长三角区域一体化的发展策略研究》，《金陵科技学院学报》（社会科学版）2019 年第 4 期。

［37］范方志：《乡村振兴战略背景下农村金融差异化监管体系构建研究》，《中央财经大学学报》2018 年第 11 期。

［38］张婧：《区域经济一体化背景下长三角地区金融协调发展研究》，华东师范大学 2011 年。

［39］赵慧：《长江三角洲地区金融一体化研究》，华东师范大学 2011 年。

［40］闫彦明：《区域经济一体化背景下长三角城市的金融辐射效应研究》，《上海经济研究》2010 年第 12 期。

［41］刘力欣、刘开强、乔桂明：《商业银行零售客户大数据精准营销的方法和策略研究》，《农村金融研究》2019 年第 10 期。

［42］张洋子：《构建金融科技生态圈：内涵、国际经验与中国展望》，《科学管理研究》2019 年第 4 期。

［43］张伟、董伟、张丰麒、岳洋、赵毅:《德国区块链技术在金融科技领域中的应用、监管思路及对我国的启示》,《国际金融》2019年第9期。

［44］王君宇、吴清烈、曹卉宇:《国内区块链典型应用研究综述》,《科技与经济》2019年第10期。

［45］刘赞扬、孙靓:《围绕一体化　聚焦高质量　打造共同体——长三角区域科技创新合作的现状、问题及对策研究》,《安徽科技》2019年第7期。

［46］朱新天、詹静:《关于区域经济与区域金融问题的探讨》,《金融研究》1993年第9期。

［47］袁隆生、胡晓辉:《培育区域金融中心推动区域经济发展》,《浙江经济》1995年第6期。

［48］刘明志:《论区域经济发展与金融》,《财贸经济》1996年第8期。

［49］谈儒勇:《中国金融发展和经济增长关系的实证研究》,《经济研究》1999年第10期。

［50］何嗣江:《区域经济发展中的制度扭曲与金融安排:温州案例》,《浙江社会科学》2003年第2期。

［51］艾洪德、徐明圣、郭凯:《我国区域金融发展与区域经济增长关系的实证分析》,《财经问题研究》2004年第7期。

［52］赵奇伟、张诚:《金融深化、FDI溢出效应与区域经济增长:基于1997～2004年省际面板数据分析》,《数量经济技术经济研究》2007年第6期。

［53］杜云福:《区域金融发展与区域经济增长——基于门限模型的实证分析》,《金融理论与实践》2008年第10期。

［54］钱水土、金娇:《金融结构、产业集聚与区域经济增长:基于2000—2007年长三角地区面板数据分析》,《商业经济与管理》2010年第4期。

［55］丁苑春、程国雄:《基于面板数据的长三角区域金融发展和区域经济增长研究》,《金融理论与实践》2012年第4期。

［56］邓杨丰、张露:《区域经济一体化背景下的金融集聚及其变化趋势——基于三大经济圈的比较》,《浙江金融》2013年第4期。

［57］潘卫红:《金融集聚对区域经济增长的路径引导模型构建与政策启示》,《统计与决策》2015年第20期。

［58］严圣艳、徐小君:《金融产业集聚、技术创新与区域经济增长——基于中国省级面板数据的PVAR模型分析》,《北京理工大学学报》(社会科学

版)2019 年第 1 期。

　　[59] 李炜:《金融深化对区域经济结构和效率的影响》,《经济学动态》1999 年第 9 期。

　　[60] 王涛、赵闯、陈劲、李纪珍:《区域创新发展模式从"三螺旋创新理论"到"北斗七星模式"——以浙江清华长三角研究院为例》,《创新与创业管理》2016 年。

　　[61] 李慧、崔茜茜、孙克强:《对长三角先进制造业发展问题的研究》,《上海经济研究》2008 年第 4 期。

　　[62]《〈2019 长三角一体化区域协同创新指数〉五大亮点》,《中国科技财富》2019 年第 5 期。

　　[63] 陈建华:《长三角区域协同创新的"浙江元素"》,《浙江日报》2018 年11 月 16 日。

　　[64] 李苏洋:《服务长三角一体化打造创新创业"辐射场"》,《中国经贸导刊》2019 年第 15 期。

　　[65] 刘亮:《区域协同背景下长三角科技创新协同发展战略思路研究》,《上海经济》2017 年第 4 期。

　　[66] 史吉平:《关于促进长三角区域科技公共服务资源一体化联动发展及协同创新的建议》,民建中央网站。

　　[67] 吴大器:《长三角经济一体化高质量发展推进模型初论》,天津科技出版社,2020 年。

　　[68]"上海国际金融中心建设蓝皮书"(2006—2018 年每年一册),上海人民出版社。

编后记

　　《2019—2020年上海国际金融中心建设蓝皮书》是2006年首卷之后的第十四卷。本书的文稿，完成者为第一章：肖本华，朱文生；第二章：张红；第三章：李雪静；第四章：吴大器、肖本华；第五章：吴大器、顾晓鸣、周天成等；第六章：肖本华；第七章：刘明磊、张颢陇等；第八章：吴大器、马士群等；第九章：吴大器、魏华斌、马士群等；第十章：吴大器、沈晓阳等；第十一章：肖本华；第十二章：肖本华。吴大器对全书写作进行统稿和审定，陈虎、马士群负责全书排版、清样校对。

　　参加本书编写的作者是上海立信会计金融学院、上海市人民政府参事室和来自上海市金融行业及社会各界的理论、实务工作者，特别要感谢中国金融信息中心、浦东新区科技相关委办、上海张江集团、上海农村商业银行的合作与支持。还要感谢上海人民出版社屠玮涓编审的帮助与支持。真诚欢迎来自各界的批评。

图书在版编目(CIP)数据

2019—2020 年上海国际金融中心建设蓝皮书/吴大
器主编. —上海:上海人民出版社,2021
ISBN 978 - 7 - 208 - 16982 - 1

Ⅰ.①2⋯ Ⅱ.①吴⋯ Ⅲ.①国际金融中心-研究报
告-上海- 2019 - 2020 Ⅳ.①F832.751

中国版本图书馆 CIP 数据核字(2021)第 041678 号

责任编辑　屠玮涓
封面设计　陈　楠

2019—2020 年上海国际金融中心建设蓝皮书
吴大器　主编

出　　版　上海人民出版社
　　　　　　(200001　上海福建中路 193 号)
发　　行　上海人民出版社发行中心
印　　刷　上海商务联西印刷有限公司
开　　本　720×1000　1/16
印　　张　23
插　　页　2
字　　数　361,000
版　　次　2021 年 3 月第 1 版
印　　次　2021 年 3 月第 1 次印刷
ISBN 978 - 7 - 208 - 16982 - 1/F·2684
定　　价　98.00 元